Karl Vorländer

GESCHICHTE DER PHILOSOPHIE

mit Quellentexten

Auf der Grundlage der Bearbeitung von
Erwin Metzke und Hinrich Knittermeyer
und der Auswahl von Quellentexten von
Ernesto Grassi und Eckhard Keßler

Neu herausgegeben von
Herbert Schnädelbach unter
Mitarbeit von Anke Thyen

Band I

ALTERTUM

Durchgesehen und mit einem Nachwort
von Maximilian Forschner

ro
ro
ro

rowohlts enzyklopädie

rowohlts enzyklopädie
Herausgegeben von Burghard König

3.–4. Tausend März 1996

Veröffentlicht im Rowohlt Taschenbuch Verlag GmbH,
Reinbek bei Hamburg, Oktober 1990
Umschlaggestaltung Jens Kreitmeyer

Die Originalausgabe erschien 1949 unter dem Titel
Karl Vorländer, Geschichte der Philosophie

Satz Times (Linotronic 500)
Gesamtherstellung Clausen & Bosse, Leck
Printed in Germany
1990-ISBN 3 499 55492 5

Inhalt

Vorwort zur Neuausgabe

Die Philosophiegeschichte von Karl Vorländer erschien zuerst im Jahre 1903 und erlebte bis 1939 insgesamt acht Auflagen; so erwies sie sich als eine der erfolgreichsten Publikationen ihrer Art. Sie richtete sich an ein breiteres Publikum, dem sie ein fundiertes und zuverlässiges philosophiehistorisches Grundwissen vermittelte, und insofern galt der ‹Vorländer› schon bald mit Recht als Standardwerk. Die Neubearbeitung durch Erwin Metzke (Band 1) und Hinrich Knittermeyer (Band 2), die 1949 und 1955 als neunte Auflage erschien, brachte erhebliche Eingriffe in den ursprünglichen, wenn auch immer wieder überarbeiteten Text mit sich; obwohl sie mit Kant abschloß, vermochte auch diese Ausgabe an den alten Erfolg anzuschließen. Der große Durchbruch gelang dem ‹Vorländer› in Gestalt der fünfbändigen Taschenbuchausgabe in ‹rowohlts deutscher enzyklopädie› (rde), die 1964 bis 1967 von Ernesto Grassi und seinen Mitarbeitern besorgt wurde; denn sie führte dazu, daß der ‹Vorländer› bald in den Regalen fast aller philosophisch Interessierten zu finden war. Als besonders glücklich erwies sich dabei die neuartige Kombination der soliden Basisinformationen mit repräsentativen Quellentexten: die Verbindung zwischen Nachschlagewerk und Arbeitsbuch.

Die unverminderte Nachfrage nach dem inzwischen vergriffenen ‹Vorländer› ließ den Plan einer Neuausgabe entstehen, der aber zahlreiche Probleme aufwarf. Die Idee, auf die ursprüngliche Textgestalt zurückzugreifen und den ‹Vorländer› als einen philosophiehistorischen Klassiker wieder zu präsentieren, mußte bald verworfen werden; die völlig veränderte Forschungs- und Interpretationslage hätte einen Kommentar erfordert, der sich für die an Primärinformation Interessierten bald als der eigentliche Haupttext erwiesen hätte. Im übrigen zeigte sich, daß das Werk von Karl Vorländer fast vollständig in der Reihe der Bearbeitungen des ‹Vorländer› aufgegangen war. So mußte es bei der Fassung von Metzke und Knittermeyer als der Grundlage auch des ‹neuen Vorländer› bleiben – mit Ausnahme des Mittelalter-Teils, dessen Text angesichts der lebhaften Forschungsentwicklung in den letzten Jahrzehnten als veraltet gelten muß. Hier konnte für die völlige Neufassung Jan Peter Beckmann gewonnen werden, so daß der ‹neue Vorländer› nunmehr eine eigens geschriebene Monographie über die Philosophie des Mittelalters enthält. (Seinerzeit hatte Hinrich Knittermeyer den Kant-Teil neu verfaßt.) Die anderen Teile des ‹Vorländer› ließen sich nicht in vergleichbarer Weise auf den neuesten Stand bringen, aber dies erwies sich auch als nicht notwendig. Die Konsultation namhafter Experten der jeweiligen Gebiete ergab, daß es genügte, den Grundtexten jeweils ein kommentierendes Nachwort hinzuzufügen, das auf die neuere Interpretationsgeschichte und die wichtigsten Veränderungen der Forschungslage hinweist und im übrigen zum selbständigen Weiterstudium anregt.

Dieser Aufgabe haben sich die Verfasser der Nachworte in verschiedener Weise angenommen; sie waren auch beratend tätig bei der Überarbeitung und Aktualisierung der Bibliographien, die Anke Thyen erstellte, und dasselbe gilt für die Durchsicht und teilweise Neugestaltung der Quellentexte. Ungelöst mußte das Problem der Fortführung des ‹Vorländer› bis zur Gegenwart bleiben. Lutz Geldsetzer hatte 1975 einen Einzelband vorgelegt, der dies versuchte, aber ohne Nachfolger blieb; die rde-Ausgabe hingegen griff auf Johann Eduard Erdmanns zweibändigen ‹Grundriß der Geschichte der Philosophie› von 1865 bis 1867 zurück und ersetzte damit auch den Kant-Teil von Knittermeyer, was aber gleichfalls eine empfindliche Vollständigkeitslücke hinterließ, vom Bezug zu gegenwärtigen Forschungsperspektiven ganz zu schweigen. So mußte sich die Neugestaltung des ‹Vorländer› wieder auf die Geschichte der Philosophie von den Anfängen bis zu Kant beschränken und die Ergänzung bis zur Gegenwart offenlassen. Gleichwohl besteht Grund zu der Erwartung, daß auch der ‹neue Vorländer› den Weg finden wird zu denen, die über viele Jahre gern zur rde-Ausgabe des ‹Vorländer› gegriffen haben: Lehrer und Teilnehmer am Philosophieunterricht an Schulen, Hochschulen und in der Erwachsenenbildung, aber auch diejenigen, die sich der Philosophie im Selbststudium nähern.

Dem Felix Meiner Verlag danke ich, daß er für diese Neubearbeitung erneut den Text des ‹Vorländer› und zahlreiche Quellentexte zur Verfügung gestellt hat. Frau Dr. Anke Thyen hat ein großes Pensum an Kleinarbeit in den ‹neuen Vorländer› eingebracht, für das ihr besonderer Dank gebührt. Ich danke den Verfassern der Nachworte für ihre hilfreiche Mitarbeit sowie dem Autor des neuen Mittelalter-Teils für seine Bereitschaft, eine so schwierige und zeitlich kurz bemessene Aufgabe zu übernehmen; ohne ihn gäbe es den ‹neuen Vorländer› nicht. Mein Dank gilt auch Dr. Burghard König vom Rowohlt Verlag, der alles möglich gemacht hat: mit größtem Einsatz und strenger Geduld.

Hamburg, im Mai 1990 *Herbert Schnädelbach*

Ursprung der griechischen Philosophie

Mit der Vorstellung griechischer Kunst und Wissenschaft pflegt sich der Gedanke an den allen Musen geweihten Boden Attikas zu verbinden. Zu der Zeit indes, da wissenschaftliches Streben, d. h. Streben nach dem Wissen um seiner selbst willen, unter dem Hellenenvolke zuerst erwacht, um 600 vor Christi Geburt, waren die *Kolonien* dem Mutterlande an geistiger und wirtschaftlicher Kultur noch durchaus überlegen. Die Philosophie, die zunächst einerlei ist mit Wissenschaft überhaupt, hat ihre Entstehung nicht auf alt-, sondern auf neuhellenischem Boden, in Kleinasien, Unteritalien und Thrakien gehabt. Innerhalb der genannten drei Kolonialgebiete war aber die Westküste Kleinasiens und hier wieder die von dem regsamen *ionischen* Stamme besiedelte Mitte den anderen in der Entwicklung weit voraus. Hier war ein weitblickender Kaufmannssinn zu Hause, der mit kühnem Unternehmungsgeist, hinwegschreitend über den engen Gesichtskreis des Kleinstädters, in die Fremde zog und alle Küsten des Mittelmeeres mit neuen Pflanzstädten oder doch Handelsniederlassungen bedeckte, nachdem schon längst das Ägäische Inselmeer zu einer griechischen Binnensee geworden war. In den Städten Ioniens häuften sich die Erzeugnisse dreier Erdteile; der Wohlstand wuchs und schuf neue Möglichkeiten der Lebensgestaltung.

Es ist kein Zufall, daß auch die griechische *Kunst* hier ihre Geburtsstätte und erste Heimat fand. Bereits um 590 wird der Bau des großartigen Artemistempels zu Ephesos begonnen. Und auf dem Boden, wo schon Homers Gesänge entstanden und zuerst erklungen waren, in den Insel- und Küstenstädten der kleinasiatischen Griechen, findet nun auch die individuellere *Lyrik* ihre ersten Vertreter: Kallinos von Ephesos, Archilochos von Paros, Mimnermos von Kolophon, Sappho und Anakreon. Uns interessiert hier nur deren ‹gnomischer› Zweig, die Spruchweisheit. In diesen Sittensprüchen (Gnomen) oder kurzen Gedichten elegischen Versmaßes kommt nicht nur das persönliche Gefühl, sondern auch das *ethische Denken* zum erstenmal zu offenem Ausdruck. Als Meister der letzteren gelten der Überlieferung die *sieben Weisen*, von denen jedoch bloß vier (Thales, Bias, Pittakos und Solon) überall gleichmäßig erwähnt werden; nur von Solon ist noch manches erhalten. Ihr Erkenntnisstreben ist durch das bekannte: ‹Erkenne dich selbst!› gekennzeichnet; der hauptsächlichste Inhalt ihrer Moral liegt in der echt griechischen Betonung des Maßhaltens (‹Nichts zuviel!›), die zugleich ein Hinweis auf die Macht jener Kräfte im Hellenen ist, die der Mäßigung bedürfen.

Auch in *politischer* und *sozialer* Beziehung erfuhren die alten Verhältnisse starke Veränderungen. Die alten Adelsgeschlechter, deren sittliche Anschauungen den homerischen Epen noch durchaus das Gepräge geben, wie unserem Nibelungenlied die des mittelalterlichen Rittertums, erscheinen zurückgedrängt. Zum Teil über die Zwischenstufe der Tyrannis kam es zur Bildung der ‹Polis›, deren bald mehr aristokratische, bald mehr demokratische Verfassungsform die Kraft des einzelnen zu freierer Entfaltung kommen ließ. In der eben erwähnten Spruchdichtung spielen die politischen Parteikämpfe, die schon in des böotischen Bauerndichters Hesiod ‹Werke und Tage› spürbar werden, eine wichtige Rolle. Die ersten Philosophen, die genannt werden, sind zum Teil die Gesetzgeber ihrer Staaten gewesen.

Ferner war in den Kolonien am frühesten der für den Anfang des griechischen Philosophierens geradezu entscheidende Zusammenhang mit den *Wissenschaften* und der Technik ermöglicht. Durch ihre Handelsbeziehungen zu den alten Kulturvölkern des Morgenlandes war den Koloniegriechen um das Jahr 600 bereits ein reicher Schatz des Wissens zugeflossen. Wir dürfen annehmen, daß sie in Astronomie, Arithmetik und Geometrie den Chaldäern, Phöniziern und Ägyptern vieles verdankten. Ihre geographischen Kenntnisse hatten infolge ihrer weit ausgedehnten Seefahrten und Landreisen schon einen verhältnismäßig hohen Grad erreicht; und in der Geschichtsschreibung begann an Stelle der früheren Fabeleien die nüchterne Arbeit der Logographen zu treten. Wie es mit der Entlehnung *einzelner* Kenntnisse aus dem Orient beschaffen gewesen, ist eine Frage, die den Philosophiehistoriker weniger interessiert. Wichtig dagegen ist es, festzuhalten, daß die ersten Philosophen, wie wir sehen werden, zugleich Männer der Wissenschaft gewesen sind.

Für die Richtung endlich, in der sich die erste Problemstellung der griechischen Philosophie bewegt, wie für den Gegenstand ihrer Forschung ist eine Veränderung des *religiösen* Denkens zu beachten, die sich um diese Zeit vollzieht und schon in der ‹Theogonie›, der ‹Geschichte der Götter›, des böotischen Dichters Hesiod im Keime verborgen liegt: Die Auseinandersetzung mit Homer und der Welt der Dichtung fängt an. Der Gegensatz der göttlichen Wahrheit und der menschlichen, immer nur wahrscheinlichen Meinungen (später bedeutsames Thema bei Xenophanes und Parmenides) taucht im Prooimion auf. Und dann: von der *Götter*entstehungslehre des Mythos beginnt sich eine, freilich ebenfalls noch mythische, *Welt*entstehungslehre loszuringen. ‹Als erstes nun war das Chaos da›, aus dem das Gegensatzpaar von Tag und Nacht hervorgeht, ‹aber dann die Erde mit der breiten Brust›, aus der Himmel, Gebirge und Meer entstehen, und dann ‹Eros›. Jetzt erst folgen die Göttergeschlechter, bei denen wiederum Zeus nicht der erste, sondern erst der dritte Herrscher ist nach Uranos als dem ältesten Gott und Gemahl der Erde und Kronos als dem zweiten Götterkönig. Die Götter werden in die Gesamtordnung des Alls und seine Gesamtdarstellung vom Ursprung her einbezogen. Auch bei den sogenannten ‹Orphikern› – deren Ahnherr der sagenhafte thrakische Sänger Orpheus gewesen sein soll und deren religiöse Richtung sich durch eine Mischung von Mystik und Ekstase kennzeichnet – finden wir eine kosmogonische Herleitung alles Gewordenen aus seinem Urgrund, als den sie irgendein Unentwickeltes: die Nacht, das Chaos, den Himmel oder den Ozean betrachten, während eine andere, etwas jüngere Richtung, als deren Haupt Pherekydes von Syros (um 550), einer der ersten griechischen Prosaisten, genannt wird, neben Himmel und Erde die Zeit an den Anfang alles Gewordenen setzt.

Mit dieser kosmogonischen Richtung der altgriechischen ‹Theologen› (so nennt sie Aristoteles) hat die beginnende Wissenschaft der ‹ionischen Physiologen› den *Gegenstand* ihrer Forschung gemein. Auch sie fragt nach der Entstehung, nach dem Uranfang alles Gewordenen. Aber sie fragt und antwortet, wenn sie auch das Mythologische noch nicht ganz abstreift, doch nicht mehr in der Form des Mythos, sondern in derjenigen des *begrifflichen* Denkens. Sie forscht nicht mehr nach dem zeitlichen Uranfang und nach göttlichen Urwesen als seinen Trägern, sondern nach dem *Stoff*, der bei allem Wechsel der Dinge verharrt. Die erste Philosophie der Griechen ist *Natur*philosophie*, ihr erster Begriff, die ἀρχή (der Uranfang), im Grunde ein chemischer: der *Urstoff*.

* So wenigstens nach der bisherigen, schon vom Altertum überlieferten Anschauung. Da uns nur wenige Bruchstücke aus ihren Schriften erhalten geblieben sind, ist es freilich ebensogut möglich, daß sich die ‹Vorsokratiker› bereits in erheblichem Maße mit den Fragen der Lebensführung und der Politik beschäftigt haben. Von Heraklit (II, 2), Empedokles (III, 1) und Pythagoras (I, 2) ist es sogar gewiß.

Erste Periode:

VORSOKRATISCHE PHILOSOPHIE

I. Anfänge der Reflexion über den Kosmos

1. Die milesische Naturphilosophie (Thales, Anaximandros, Anaximenes, Hippon und Idaios)

Die älteste und mächtigste der ionischen Städte war das infolge seiner bevorzugten Lage zu außerordentlichem Reichtum gediehene *Milet*, die Mutterstadt von nicht weniger als 80 Kolonien, von denen die moderne Forschung etwa 45 feststellen konnte. Hier blühte, neben Seehandel und Industrie und durch sie angeregt, auch die wissenschaftliche Forschung, bis die Besiegung und Zerstörung der Stadt durch die Perser ihr ein Ende machte. In diesen Zusammenhang von Kolonialpolitik und geographischer Erschließung der damaligen Welt gehören auch die ältesten Naturphilosophen, von denen die Überlieferung nur drei Namen aufbewahrt hat: Thales, Anaximandros und Anaximenes.

Thales

Noch halb im Dunkel der Sage schwebt die Gestalt dieses ‹Oberanführers› oder ‹Ahnherrn› der Philosophie, wie ihn Aristoteles nennt. Nur weniges Sichere ist uns über Leben und Lehre des außerordentlichen Mannes überliefert. Ein Zeitgenosse von Kroisos und Solon, lebte er zwischen 624 und 545. Aus einer vornehmen, ihren Ursprung auf Kadmos zurückleitenden milesischen Familie stammend, erwarb er sich durch kluge Ratschläge auch politische Verdienste um seine Vaterstadt. Seine Kenntnisse in der Geometrie, Astronomie und Naturwissenschaft überhaupt, die er auf Handelsreisen nach Phönizien und Ägypten erwarb oder doch vermehrte, werden von den Alten gerühmt.

Was Thales zum ersten *Philosophen* stempelt, ist seine nicht mehr mythologische Erklärung der Weltentstehung. Aristoteles (‹Metaphysik› I, 3) bezeichnet ihn ausdrücklich als den Begründer derjenigen Philosophie, welche nicht mehr ein göttliches Wesen, sondern das Wasser als den Urgrund der Dinge, durch den ihre Vielheit auf ein einziges Sein zurückführbar wird, aufstellte. Sei es, daß die alte Theogonie mit ihrem Urvater Okeanos oder (was wahrscheinlicher) das Lebenselement seiner Heimat ihm diese Wahl des Wassers nahelegte – wir kennen seine Begründung nicht mehr. Selbst Aristoteles stellt, da schon zu seiner Zeit nicht mehr und vielleicht überhaupt nie etwas Schriftliches von Thales vorhanden war, nur Vermutungen darüber auf: weil die Nahrung und der Same von Pflanzen und Tieren feucht seien, die Lebenswärme sich somit aus dem Feuchten entwickle; wozu wir wohl auch die ungeheure Wandelbarkeit des flüssigen Elementes fügen dürfen.

Wenn Thales schließlich erklärt haben soll: der Kosmos, d.h. die Welt, sei voll ‹Dämonen›, so wollte er mit diesem der polytheistischen Anschauungsweise seines Volkes entnommenen Ausdruck keine außerhalb des Stoffes stehende, ihn bewegende göttliche Wesen, sondern nur die Belebung oder Beseelung des Stoffes selbst bezeichnen, um so z.B. die Anziehungskraft des Magneten und Bernsteins begreiflich zu machen. Die Kraft liegt im Stoff. Dieser *Hylozoismus* (Stoffbelebung) – oder Hylopsychismus (Stoffbeseelung), wie man ihn auch genannt hat – scheint allerdings nach neuerer Auffassung eher späterer Deutung (5. Jahrh.) als Thales selbst zuzuschreiben zu sein.

Anaximandros

Auch dieser Denker ist in der freien Seeluft Milets groß geworden. Etwas jünger (610–547) als Thales, ragte er gleich ihm durch mathematische und astronomische, außerdem auch geographische Kenntnisse hervor. Er verfertigte aus Erz die erste Weltkarte, entwarf eine

Himmelskarte zur Orientierung der Schiffer bei Nacht und soll auch den Gebrauch der Sonnenuhr in Griechenland eingeführt haben. Auch leitete er die Anlage der Kolonie Apollonia am Pontus, so daß es wohl begreiflich ist, wenn die Milesier ihrem Mitbürger eine Ehrenbildsäule setzten.

Eine Schrift von Anaximandros, die später (wie alle Schriften der ersten Naturphilosophen) den Titel ‹Περὶ φύσεως› beigelegt bekam, hat noch Theophrast exzerpiert. Aus ihr stammt ein Fragment, das als das älteste im Wortlaut überlieferte Stück aus dem Werk eines griechischen Philosophen gilt. Es lautet: ‹Woraus aber den Dingen das Entstehen ist, da hinein ist ihr Vergehen *nach der Notwendigkeit, denn sie zahlen einander Strafe* (δίκη) *und Buße für ihre Ungerechtigkeit* (ἀδικία) nach der Ordnung der Zeit›. Ob das ganze Gefüge oder nur der kursiv gesetzte Teil (was wenigstens den sicheren und genauen Wortlaut betrifft), echt ist, ist heute umstritten. Die Wirklichkeit ist jedenfalls für Anaximandros durch eine notwendige Ordnung bestimmt, die den Charakter einer Rechtsordnung trägt, gemäß der das Weltgeschehen in Werden und Vergehen eine Art Rechtsausgleich darstellt. Der Hinweis Werner Jaegers, daß es sich dabei um eine für das griechische Denken kennzeichnende Übertragung ethisch-rechtlicher Begriffe auf den Kosmos handele, ist für diese freilich nicht unangefochtene Deutung wesentlich geworden (‹Paideia› I, 216ff). Die Ungerechtigkeit, für die mit dem Vergehen bezahlt wird, dürfte dann auch nicht in der bloßen Tatsache des Entstehens zu suchen sein (wie häufig angenommen), sondern in dem Seinsanspruch des Existierenden, mit dem es anderem Existierenden entgegentritt und es verdrängt. Denn wesentlich ist, daß die Dinge ‹einander› die Buße zahlen, nicht einer höheren Instanz, daß also die Ordnung in dem Gleichgewicht besteht, das sich jeweils durch Ausgleich und Austausch wieder selbst herstellt, aber mit einer Notwendigkeit, der sich nichts entziehen kann.

Als gesichert darf über dieses Fragment hinaus auch gelten, daß Anaximandros in wesentlichem Fortschritt gegenüber Thales als Urgrund, als ἀρχή (Anaximandros soll nach den Doxographen diesen Begriff in die Philosophie erstmals eingeführt haben, doch ist er in der Theogonie bereits nachweisbar und wohl auch bei Thales vorauszusetzen), nicht mehr einen bestimmten Stoff, ein bestimmtes sinnliches Element angenommen hat, sondern das *Apeiron*, das Unbegrenzte, das Unbestimmte, das eben als Ursprung aller Qualität, aller qualitativen Bestimmung vorausliegt, das deshalb vielleicht auch, wie Gigon wahrscheinlich gemacht hat, als μεταξύ, als ursprüngliches unstoffliches Prinzip des ‹Zwischen› bestimmt worden ist – eine Lehre, die durch Aristoteles als vorsokratisch überliefert und bereits von dem gelehrten und scharfsinnigen Aristoteleskommentator Alexander von Aphrodisias auf Anaximandros bezogen ist. Dieses *Apeiron* wird von der Überlieferung weiter als unsterblich und unvergänglich beschrieben, also in bedeutsamer Übertragung mit den Prädikaten bezeichnet, die vorher nur den Göttern zugekommen sind. Besonderes Gewicht aber fällt auf die Unerschöpflichkeit, damit nämlich, wie Aristoteles berichtet, das Werden keine Unterbrechung erleidet. Dieser Unendlichkeitsbegriff Anaximandros' will also gerade die ununterbrochene Ganzheit wahren und ist darum durchaus griechisch. Diese Bestimmung war für Anaximandros um so wichtiger, als von ihm berichtet wird, er habe erstaunlicherweise unzählige Welten nebeneinander und nacheinander angenommen.

Die Entstehung dieser Welten aber wird als Aussonderung der Gegensätze (ἐναντία) dargestellt, zunächst des Kalten und Warmen (ursprünglich bei Anaximandros wohl der Nacht und des Lichts), eine Aussonderung, die in unendlicher Selbstbewegung immer wieder neu geschieht.

Mit der Weltentstehungslehre scheint eine Lehre von der Entstehung des Menschen verbunden gewesen zu sein, die eine Art Entwicklungs- und Anpassungslehre darstellte. Denn in seiner gegenwärtigen Lebensgestalt hatte der Mensch nach Anaximandros' Meinung wegen seiner Hilflosigkeit und Pflegebedürftigkeit als Kind nicht im Urzustand der Welt existieren können. Im Urmeer und Urschlamm, der die Erde bedeckte, konnten nur fischartige Wesen existieren, also sei dies auch die Urform des Menschen gewesen. Erst nach Festwerden des Landes sei er dann zum Landlebewesen geworden.

So bietet Anaximandros den ersten bestimmten überlieferten Versuch einer natürlichen Welterklärung im Ganzen. Denn wenn er einmal von seinem *Apeiron* den Ausdruck gebraucht, es ‹lenke› alles, und es deshalb ‹göttlich› nennt, so haben wir nach dem sonst über ihn Überlieferten keinen Grund, daraus auf die Annahme eines von dem Weltgrund unterschiedenen göttlichen Geistes bei ihm zu schließen.

Anaximenes

Auch er stammt aus Milet und ist etwa ein Menschenalter jünger als seine beiden Vorgänger; seine Lebenszeit fällt etwa zwischen 585 und 525. Viel mehr können wir über seine Person nicht erschließen. Für seine Lehre sind wir auf die Exzerpte Theophrasts angewiesen. Wenn Anaximenes wieder ein *bestimmtes* Element, die *Luft* (ἀήρ), als Urstoff setzt, so erscheint dies in gewisser Hinsicht als ein Rückschritt gegenüber Anaximandros. Indessen wurden doch mit der Wahl gerade dieses Stoffes die wesentlichsten Eigenschaften des anaximandrischen *Apeiron*, seine Grenzenlosigkeit, Beweglichkeit und unbegrenzte Wandlungsfähigkeit berücksichtigt. Zudem bezeichnet ἀήρ sowohl die Luft, die unsichtbar ist, wie die sichtbare, vermag also unmittelbar den Übergang vom Unsichtbaren zum Sichtbaren darzustellen. Vielleicht ist Anaximenes auch durch die Beobachtung des Atems als Lebensursprung zur Annahme seines Prinzips geführt worden. Wenigstens läßt der einzige aus seiner Schrift als echt geltende, aber auch, wenigstens in seiner Form, nicht völlig unbestrittene Satz das als möglich erscheinen: ‹Wie unsere Seele› – hier offenbar in ihrer Grundbedeutung (ψυχή) als animalisches Lebensprinzip gedacht – ‹Luft ist und uns dadurch zusammenhält, so umfaßt auch den ganzen Kosmos wehender Hauch und Luft›. Gleichzeitig taucht der Gedanke der wiederkehrenden Wechsel von Sich-Verdichten (Werden) und Sich-Verflüchtigen (Vergehen) auf, d. h. der Gedanke der Periodizität der kosmischen Vorgänge. Auch seine astronomischen Kenntnisse zeigen Fortschritte. Er erkannte die Beleuchtung des Mondes durch die Sonne und unterschied die Planeten von den Fixsternen. Kennzeichnend für den auch ihm eigenen Zug zur natürlichen Erklärung ist, daß für ihn der Regenbogen nichts mehr mit Iris, der homerischen Götterbotin, zu tun hat, sondern bereits eine atmosphärische Erscheinung ist.

Hippon und Idaios

Als Nachzügler der milesischen Naturphilosophie, der ‹ionischen Physiologen›, wie Aristoteles sie nennt, sind die im 5. Jahrhundert lebenden Denker Hippon und Idaios (von Himera) zu betrachten. Ersterer erklärte gleich Thales das Feuchte für den Urstoff alles Gewordenen, während der sonst ganz unbekannte Idaios sich dem Anaximenes angeschlossen haben soll. Über den gleichfalls durch die

Milesier angeregten Diogenes von Apollonia siehe Kap. III, 2. Die weitere Ausbildung der griechischen Philosophie sollte zunächst auf einem anderen Schauplatz vor sich gehen und in einer anderen Richtung sich vollziehen.

2. Pythagoras und die Pythagoreer

Während in der zweiten Hälfte des 6. Jahrhunderts die Ionier Kleinasiens bereits um ihr nationales Sonderdasein mit den Persern zu ringen hatten, standen noch in der Vollkraft ihrer Macht und Kultur die hellenischen Pflanzstädte des Westens, die in blühendem Kranze die Gestade Unteritaliens und Siziliens umsäumten. Ein ‹Großgriechenland› im wahren Sinne des Wortes, mit reicherem Dasein als das Mutterland, war dort entstanden: gleichfalls im bunten Wetteifer der griechischen Stämme, nur daß die Dorier hier das Übergewicht besaßen. In eine dieser dorischen Städte wanderte zwischen 540 und 530 der Samier Pythagoras ein.

Pythagoras und seine Jünger

Über Pythagoras und seine Schule mangelt es zwar keineswegs an Nachrichten; aber der in ihnen enthaltene echte Kern ist dermaßen von späteren Entstellungen und Fabeleien überwuchert, daß es schwerhält, die Wahrheit herauszuschälen, zumal wir keine einzige Zeile von seiner Hand besitzen.

Pythagoras ward um 580 auf der Insel Samos geboren, die damals bereits einen hohen Grad von Kultur, namentlich auch in der Technik (Heratempel, Tunnelbohrungen) erreicht hatte, und bereicherte überdies sein Wissen auf den mannigfachsten Gebieten durch Studien und Reisen. Sein Gegner Heraklit wirft ihm ‹Vielwisserei› vor. In der Kraft seiner Mannesjahre wanderte er, vielleicht um sich der Tyrannis des Polykrates zu entziehen, nach dem unteritalischen Kroton aus und gründete dort eine religiöse Bruderschaft, wenn man will, einen Orden, der sich mit den Formen des damaligen Mysterienwesens umgab. Die religiöse Bewegung, die um diese Zeit durch die gesamte griechische Welt ging und auf eine Reformation der Volksreligion abzielte, suchte er, indem er sie mit wissenschaftlichen Bestrebungen verquickte, auch in die höheren Gesellschaftsschichten einzuführen.

Die Geweihten verpflichteten sich zu einer ernsten sittlich-religiösen Lebensführung. Im Anschluß an dorische oder vielleicht auch italische, der altrömischen verwandte Stammesart galten Mäßigkeit, Einfachheit, Abhärtung, Gesundheit des Leibes und der Seele, unbedingte Treue gegen Götter, Eltern, Freunde und Gesetz sowie eine weitgehende Selbstbeherrschung und Unterordnung als die Haupttugenden des ‹pythagoreischen Lebens›. Tägliche Selbstprüfung war jedem Mitgliede auferlegt: Was tat ich? Worin fehlte ich? In theoretischer Beziehung war besonders Beschäftigung mit Musik und Mathematik vorgeschrieben. Vielleicht war die Entdeckung der Tonintervalle auf der gespannten Saite, die Pythagoras zugeschrieben wird, der erste Anlaß zu der mathematischen Spekulation, die dann alle Schranken der Besonnenheit durchbrach. Das religiöse Hauptdogma war die Lehre von der Seelenwanderung und der Vergeltung nach dem Tode; daneben die Verwandtschaft des Menschen mit dem Tiere, daher Enthaltung von der Fleischnahrung: so daß aus ihrer engen Ordensgemeinschaft doch schließlich der Gedanke einer weltweiten Gemeinschaft hervorwächst, die alles Beseelte umfaßt und von den Göttern bis zu den Tieren reicht.

Parteikämpfe veranlaßten den greisen Pythagoras, noch in hohem Alter nach dem benachbarten Metapont auszuwandern, wo er um 500 gestorben sein soll. Noch längere Zeit behielten die Pythagoreer einen bedeutenden Einfluß in den Städten Großgriechenlands, bis um 440 (?) die Verbrennung des pythagoreischen Vereinshauses zu Kroton das Signal zu einer allgemeinen Verfolgung der Pythagoreer gab, infolge deren viele umkamen, andere nach Griechenland hinüberflüchteten, um dort nunmehr in rein theoretischer Weise des Meisters Lehren zu verbreiten. Als der bedeutendste dieser frühen, selbständigeren Pythagoreer, die nicht mehr so ängstlich auf des Meisters Worte schwuren (αὐτὸς ἔφφ), galt lange Philolaos, der ähnlich Archimedes Theorie und Praxis verbunden und sich neben Lysis, dem späteren Lehrer des Epaminondas, in Theben niedergelassen haben sollte. Als seine Schüler wurden die in Platons ‹Phaidon› erwähnten Simmias und Kebes genannt. Vieles spricht jedoch dafür, daß er in die platonische, vielleicht sogar nachplatonische Zeit gehört. Gesicherter erscheinen die Nachrichten über Alkmeion von Kroton, einen um 500 lebenden Arzt, der den Pythagoreern nahestand, und Archytas von Tarent, um 400, mit dem als Regent seiner Vaterstadt wieder ein Pythagoreer an der Spitze eines mächtigen Gemeinwesens erscheint. Auf ihn und den um ihn gescharten Kreis italischer Mathematiker bezieht sich die aristotelische Bezeichnung der ‹sogenannten Pythagoreer›. Bald nach ihm scheint die pythagoreische Lehre ausgestorben zu sein, um erst ein halbes Jahrtausend später in den sogenannten Neupythagoreern in gewandelter Gestalt wieder zu erstehen (siehe unten Kap. XIV, 1).

Seelenlehre und religiöse Ethik als ursprünglicher Kern der pythagoreischen Gedankenwelt – Alkmeion

Auf Pythagoras selbst läßt sich mit Sicherheit nur die Lehre von der Seelenwanderung und die Aufstellung gewisser religiös-sittlicher Gebote und Verbote zurückführen. Nun ist freilich gerade der Glaube an die Seelenwanderung und die Wiederkehr aller Wesen schon früh mit der Orphik in Verbindung gebracht worden, also jener rätselvollen religiös-ekstatischen Bewegung, die in Zusammenhang steht mit den thrakischen Dionysosmysterien und auf die wir schon bei den Theogonien stießen. Durch diese Lehre kam in die abendländische Philosophie eine Vorstellung hinein, die bis dahin den Griechen fremd gewesen war: daß die menschliche Seele ein selbständiges, persönliches Geistwesen sei, auf dessen Beschaffenheit allein Wohl und Wert des Menschen beruhe. Das war der Beginn des antiken Bemühens um Eigensein und Autonomie des Geistes im Gegensatz zur Körperlichkeit. Auch der mit der Seelenwanderung verbundene Gedanke der leibhaften Wiederverkörperung hebt diesen Gegensatz nicht auf, sondern zeigt gerade, daß zwischen Seele und Leib keine Wesensverbindung besteht, jede Seele vielmehr in jedem Körper wohnen kann und die Seele das Höhere, Vollkommenere ist, das im Leibe gefangen ist. Wieweit sich von hier aus der Begriff der ‹individuellen› Seele entwikkelt, ist Problem. Daß aber jedenfalls das Gewicht auf das Schicksal der Einzelseele fällt, ist als Neuorientierung des Denkens wesentlich.

Mit der Unsterblichkeits- und Seelenwanderungslehre hängt unmittelbar die religiös-ethische Pädagogik zusammen, deren sittlich-idealer und politisch-sozialer Charakter oben bereits gekennzeichnet worden ist und die in mannigfachen praktischen Lebensregeln und symbolischen Sinnsprüchen sich fortgepflanzt hat (eine Sammlung solcher sittlichen Vorschriften enthält u. a. das frühestens aus dem 1. Jahrh. v. Chr. stammende ‹goldene Gedicht›). Denn die jeweils nächste Lebensgestalt bei der Wiederverkörperung richtet sich nach dem Maße der Reinheit des Lebens. Das führt unmittelbar zur Entwicklung praktischer Lehren und Vorschriften, die die ‹Reinigung› (κάθαρσις) der Seele als die eigentliche Aufgabe des Lebens betreffen. Doch muß hinzugefügt werden, daß es sich dabei nicht um irgendeine philosophische Ableitung oder Systematik von Geboten und Verboten handelt, die uns vielmehr im einzelnen weithin dunkel und fremd bleiben.

In der Sorge um die rechte, auch und gerade Leib und Leibdiät (zahlreiche Speiseverbote) betreffende Lebensführung darf man wohl auch eine Wurzel der physiologischen Forschung suchen, auf die wir im Kreise der Pythagoreer stoßen und als deren Vater der um 500 lebende Alkmeion von Kroton gilt, über den wir verhältnismäßig faßbare Nachrichten haben. Schon hier sehen wir, wie von Pythagoras aus wissenschaftliche Entwicklungen möglich werden. – Nach Alkmeion ist die Gesundheit die Gleichberechtigung (*Isonomia*) von Warm und Kalt, Trocken und Feucht, Süß und Bitter usw.; Krankheit aber deren Störung durch einseitige Herrschaft (*Monarchia*) des einen oder anderen, wobei die Anwendung politischer Begriffe auffällt, die späteren Vergleichen zwischen Einzelmensch und Staat (Platon) präludiert. Alkmeion soll auch bereits durch Tiersektionen die Einsicht gewonnen haben, daß das Gehirn das Zentralorgan der Wahrnehmungstätigkeit ist, der seine besondere Aufmerksamkeit gegolten zu haben scheint. Theophrast führt auf ihn auch die erste Unterscheidung zwischen dem Tier, das nur wahrnimmt, und dem Menschen, der auch zu begreifen vermag, zurück. Zugesprochen wird ihm ferner die Lehre von der Selbstbewegung der Seele: eben auf der Unendlichkeit dieser Selbstbewegung, durch die die Seele den ewig im Kreise sich bewegenden Gestirnen gleiche, beruhe ihre Unsterblichkeit. Philosophisch bedeutsam ist schließlich der aus seinem Werk erhaltene, vielleicht seinen Anfang bildende Satz: ‹Über das Unsichtbare haben Gewißheit zwar die Götter, wir als Menschen aber vermögen nur aus Anzeichen zu schließen.› Dieser Satz schlägt ein Thema an, dessen Bedeutung gerade die neuere Forschung erkannt hat: den Schluß vom Sichtbaren auf das Unsichtbare und die gleichzeitige Orientierung am Gegensatz von göttlich vollkommener Wahrheit und menschlicher Unvollkommenheit.

Auch die berühmt gewordenen wissenschaftlichen Leistungen der Pythagoreer auf dem Gebiete der Musiklehre und Mathematik dürften sich aus den Wurzeln religiös-sittlicher Praxis entwickelt haben. Jedenfalls hat die Musik in den Reinigungsriten der Pythagoreer eine wichtige Rolle gespielt. Freilich fehlt uns hier die Kenntnis der genaueren Zusammenhänge. Was in dieser Hinsicht an philosophischen und wissenschaftlichen Ansätzen möglicherweise auf Pythagoras selbst zurückgeht, ist nicht mehr feststellbar. Doch geht die moderne Kritik jedenfalls zu weit, wenn sie ihm überhaupt alle eigenen kosmologischen und zahlentheoretischen Lehren absprechen möchte. Die eigentliche Ausbildung der mathematischen Lehren ist allerdings mit dem Namen des Archytas aus Tarent (nach 400 v. Chr.) verknüpft. Der in der Überlieferung als eigentlicher Begründer der pythagoreischen Mathematikschule genannte Hippasos ist historisch nicht mehr recht faßbar.

Die Zahl als Grundprinzip. Die ἀρχή, das Grundprinzip der Pythagoreer, ist die Zahl: also nicht mehr ein sinnlicher Stoff, sondern ein ideeles Formprinzip. Aristoteles berichtet: ‹Sie beschäftigten sich zuerst mit der Mathematik, förderten sie, und, in ihr auferzogen, hielten sie die mathematischen Prinzipien (ἀρχάς) für die Prinzipien alles Seienden... Und in den Zahlen die Eigenschaften und Gründe der *Harmonie* erblickend, da ihnen das andere seiner ganzen Natur nach den Zahlen nachgebildet erschien, die Zahlen aber als das Erste in der ganzen Natur, so faßten sie die Elemente der Zahlen als die Elemente aller Dinge auf und das ganze Weltall als Harmonie und Zahl› (‹Metaphysik› I, 5). ‹Nichts von Lug nimmt die Natur der Zahl, die Harmonie besitzt, in sich auf›, sagt Philolaos, denn ‹Lug ist der Natur unversöhnlicher Feind, die Wahrheit aber eigen und angeboren dem Geschlechte der Zahl› (Philolaos, Fragm. II). Eine glänzende Bestätigung dieser mathematischen Gesetzlichkeit ergab sich ihnen sodann bei ihren musikalischen und astronomischen Studien. So meinten sie denn, erfüllt von der neuen Entdeckung, die ganze Natur, ja das geistige Leben müsse sich nicht bloß in Maß und Harmonie, sondern auch in Zahlen und deren Proportionen begreifen lassen.

Durchführung des Prinzips. So leiteten sie aus dem Gegensatz der geraden und ungeraden Zahl einen solchen des *Unbegrenzten* und *Begrenzenden* ab. Letzteres Prinzip stellen die Ungeraden dar, da sie der Zweiteilung eine Grenze setzen. Dieser Gegensatz des Begrenzenden und Begrenzten nun gehe, so spannen sie allmählich ihre Lehre weiter aus, durch die ganze *Natur* hindurch. Aus Gegensätzen besteht die Welt. Aber sie sind verbunden zu *einer* ‹Ordnung›. Ihr Band bildet die *Harmonie* als ‹buntgemischter Dinge Einigung und verschieden gestimmte Zusammensetzung›. Sie erst macht die Wirklichkeit zu dem nach Maß und Zahl zusammengefügten Ordnungsganzen, zum ‹Kosmos›, in dessen Gesetzmäßigkeit auch der Mensch sich einzufügen hat.

Wissenschaftliche Verdienste. Bei aller Phantastik haben sich die Pythagoreer doch, soweit sich aus den vielfach unsicheren und unvollständigen Nachrichten entnehmen läßt, manches *wissenschaftliche Verdienst* erworben. Sie haben u. a. die Quadratverhältnisse der Zahlen, wie $3^2 + 4^2 = 5^2$, aufgestellt und sind wahrscheinlich auch von solchen arithmetischen Gesichtspunkten aus zu *geometrischen* Lehrsätzen wie dem bekannten, der den Namen ihres Meisters trägt, gekommen. Auch auf den Begriff des *Leeren*, der erst in der Atomistik (Kap. IV) zu rechter Entfaltung kommt, haben sie bereits aufmerksam gemacht und ihn auf die Intervalle zwischen den Tönen und die Zwischenzahlen zwischen den Quadratzahlen angewandt. Ferner haben sie die *mathematische Grundlegung der musikalischen Harmonie* geschaffen, indem sie die Zahlenverhältnisse der Saitenlänge, aus denen Tonhöhe und Wohlklang hervorgehen, genau bestimmten* und bereits Klanggeschlechter und Tonarten unterschieden. Und drittens waren sie in der *Astronomie* ihrer Zeit voraus. Mindestens der Kreis um Archytas und die späteren Pythagoreer haben bereits gelehrt, daß die Erde und die anderen Gestirne leuchtende Kugeln seien, die in zahlenmäßig bestimmten Abständen ihre Kreise um das heilige Zentralfeuer, die ‹Burg des Zeus›, den ‹Herd des Alls›, zögen. Andere Pythagoreer – die Überlieferung nennt die Syrakusaner Hiketas und Ekphantos (im 4. Jahrhundert v. Chr.) – haben schon die *Drehung der Erde* um ihre eigene *Achse* gelehrt.

Zahlenspekulationen und Zahlenymbolik. Freilich liefen manche künstliche und phantastische Spekulationen bei diesen wissenschaftlichen Entdeckungen mit unter, da sie dabei, um Aristoteles' Worte zu gebrauchen, ‹nicht im Hinblick auf die Tatsachen nach Erklärungen und Theorien suchten, sondern im Hinblick auf gewisse Theo-

* Die Erkenntnis, daß Saitenlänge und Tonhöhe in einem mathematisch bestimmbaren Verhältnis stehen, schloß die erste Entdeckung eines ‹Naturgesetzes› in sich.

rien und Lieblingsmeinungen an den Tatsachen zerrten und sich (man möchte sagen) als Mitordner des Weltalls aufspielten›. Zur Vervollständigung der heiligen Zehnzahl z. B., der Platons Nachfolger in der Schulleitung der Akademie die Hälfte seines Buches über pythagoreische Zahlen gewidmet hat, wurde zu Erde, Mond und Sonne, den fünf Planeten und dem Fixsternhimmel als zehnte Kugel (Sphäre) eine ‹Gegenerde› erdichtet. Die Abstände der Gestirne wurden nach den Tonintervallen der Musik berechnet und so, da alles in rascher Umdrehung Befindliche tönt, eine himmlische *Sphärenharmonie* zustande gebracht: kindliche mit geistvollen und hochpoetischen Vorstellungen gemischt. Wie öfters mit nüchternstem Scharfsinn phantastische Mystik sich verbindet (Beispiele aus älterer und neuerer Zeit: die Araber, Kepler, Fechner, Zöllner, von Bruno und A. Comte zu schweigen), so begegnen wir auch bei den Pythagoreern den sonderbarsten Phantasmen. Aus der Zahlenspekulation wird häufig die unfruchtbarste Zahlen*symbolik*, die willkürlichste Zahlen*spielerei*. Die Sieben, noch mehr die Zehn (als Summe der Grundzahlen 1 + 2 + 3 + 4) galten als heilige Zahlen, bei denen geschworen wurde. Noch hören läßt es sich, wenn 1 den Punkt, 2 die Linie, 3 das Dreieck, 4 die Pyramide bedeuten soll. Sehr gekünstelt aber klingt es, wenn 4 zugleich (als Gleiches und Gleiches) die Gerechtigkeit, 5 die Hochzeit (weil = 3 + 2, Verbindung der ersten männlichen mit der ersten weiblichen Zahl), 6 die Seele, 7 den Verstand, die Gesundheit oder das Licht, 8 Liebe und Klugheit symbolisieren soll u. a. m.

II. Xenophanes, Heraklit, Parmenides (Eleaten) – Anfänge des Nachdenkens über das Denken vom Kosmos

1. Xenophanes

Zu den Ioniern, die durch den Einbruch der Perser um 540 aus ihrer Heimat fortgetrieben wurden, gehörte auch der um 565 zu Kolophon geborene Xenophanes. Nach einem ruhelosen und überaus langen Wanderleben – er selbst gibt es auf 67 Jahre an –, das ihn vor allem in

Städte Siziliens, aber auch in das unteritalische Elea, die Heimatstadt des Parmenides, führte, ist er hochbetagt gestorben.

Xenophanes ist nicht von der Naturwissenschaft, sondern von der *Poesie* und *Reflexion* her zur Philosophie gekommen; er war und blieb in erster Linie Dichter. Seine in verschiedenen Maßen verfaßten Gedichte soll er als wandernder Rhapsode, um seinen Lebensunterhalt zu gewinnen, in vielen Städten von Hellas und Großgriechenland vorgetragen haben.

Wirkung und Bedeutung des Xenophanes sind vor allem von den Versen her zu begreifen, in denen er als Religions- und Kulturkritiker Lieblingsanschauungen des griechischen Volkes und seiner Dichter schroff entgegengetreten ist. Er warnt vor Überschätzung der Körperkraft; selbst der Ruhm der Olympiasieger gilt ihm nichts. Besser als der Männer und Rosse Kraft dünkt ihm ‹unsere Weisheit› (Fragm. 2f). Er verwirft die ganze antike Mythologie und bekämpft Homer und Hesiod, weil sie den Göttern menschliche Laster wie Diebstahl, Ehebruch und Betrug angedichtet haben (Fragm. 11f). Aber die Kritik greift tiefer. Auch Idealgestalten sind Wahn. Das Göttliche hat nicht Menschengestalt (Fragm. 14, 23). Alle menschlichen Vorstellungen von den Göttern bleiben relativ auf den vorstellenden Menschen.* Die afrikanischen Äthiopier stellen sich ihre Götter schwarz und stumpfnasig, die Thraker die ihren blauäugig und rothaarig vor. Wenn Rinder oder Löwen Hände zum Bilden von Gestalten hätten, würden sie die Götter wie Rinder und Löwen bilden (Fragm. 15, 16). Begreiflich genug, daß solche Verse von Clemens von Alexandrien und anderen Kirchenvätern mit Vorliebe zitiert werden. Diese kühne Kritik des Volksglaubens und der anthropomorphen Gottesanschauung überhaupt, die wohl mit der religiösen Reformbewegung des 6. Jahrhunderts (Kap. I, 2) in Zusammenhang stand, ist bei Xenophanes zugleich mit einer eigenen positiven Gotteslehre verbunden gewesen.

Den vielen Göttern des Volksglaubens stellt Xenophanes den *einen* höchsten Gott gegenüber, ‹bei Göttern und Menschen den größten, weder an Gestalt den Sterblichen ähnlich noch an Gedanken› (Fragm. 23). Er ist ‹ganz Auge, ganz Geist, ganz Ohr› (Fragm. 24). Nun aber

* Daß das Problem der Relativität überhaupt zu den Kernthemen des Xenophanes gehört hat, verrät Fragm. 38 über die relative Geltung sinnlicher Wahrnehmung: ‹Wenn Gott nicht den gelblichen Honig erschaffen hätte, so würde man meinen, die Feigen seien viel süßer als alles andere.›

wird der bis hierher religiöse Gedanke theoretisch gewendet. Diese Gottheit ist völlig unbeweglich und unwandelbar, ‹im Selbigen bleibend›; und nicht ziemt es ihr, ‹bald hierin, bald dorthin zu wandern› (Fragm. 26). Das Gewicht fällt dabei auf den Gedanken der Einheit und Ganzheit. Das Göttliche wird deshalb auch als σφαιροειδής, als einer Kugel ähnlich, bezeichnet. ‹Auf das All hinblickend, nannte er das Eine Gott›, sagt Aristoteles und nennt ihn den ersten Einheitslehrer unter den Eleaten. Die übliche pantheistische Deutung dieses von Xenophanes begründeten und für die ganze antike Philosophie maßgebend gewordenen Monotheismus, die zugleich die Gottheit mit der Kosmoskugel des Anaximandros gleichsetzen möchte, geht zwar schon auf Platon und Aristoteles zurück, verkennt aber die Strenge, mit der der eine unwandelbare Gott von der sich wandelnden Wirklichkeit des Weltgeschehens geschieden wird, was auch durch Fragm. 25 bestätigt wird: ‹ohne Mühe erschüttert er das All mit der Denkkraft des Geistes›.

Neben den religionskritischen und theologischen Dichtungen aber stehen bei Xenophanes kosmologische, die er möglicherweise auch öffentlich vorgetragen hat. Auch ein größeres zusammenhängendes Lehrgedicht ‹Über die Natur› scheint existiert zu haben, mit dem er an die ionische Kosmologie anknüpfte. Die Tradition bezeichnet ihn als Schüler Anaximanders. Doch ist nur Weniges und Lückenhaftes erhalten, das nur einen sehr begrenzten Einblick in seine Naturauffassung gestattet. Bemerkenswert ist, daß er bereits das ehemalige Bedecktsein der Erde durch das Meer an Versteinerungsfunden nachgewiesen haben soll. Um irgendeine Systematik seiner Beobachtungen war er wenig bekümmert. Das würde auch mit dem Inhalt einiger Fragmente zusammenstimmen, die merkwürdig sind durch die in ihnen sich aussprechende kritische oder gar skeptische Stimmung: Volle Gewißheit über die Götter und das All hat noch keiner erlangt und wird keiner jemals erlangen; denn ‹Schein ist über alles gebreitet› (Fragm. 34); und ‹nicht von Anfang offenbarten die Götter den Sterblichen alles, sondern durch ihr Suchen finden diese im Laufe der Zeit Besseres› (Fragm. 18). Das ist eine durch den Gegensatz von Gott und Mensch bestimmte Kritik des menschlichen Meinens, die hinter dem zufälligen Nebeneinander von Theologie und Kosmologie eine tiefer begründete Zweiheit von göttlicher Wahrheit und sterblicher Weltauffassung sichtbar werden läßt, die auch für das Verständnis sowohl Heraklits wie des Parmenides (und seiner zweiteiligen Lehrgedichte) wesentlich wird. Gleichzeitig aber enthält das zweitgenannte

Fragment den Gedanken eines echten Fortschreitens im Wissen, das – ohne den Gegensatz von Gott und Mensch abzuschwächen – wider Resignation und Dogmatismus zugleich dem Geist den Weg in die Zukunft öffnet.

2. Herakleitos

Leben. Mit Heraklit kehren wir wieder nach der Urheimat der griechischen Philosophie, dem ionischen Kleinasien, zurück. Er stammte aus Ephesos, und zwar, wie das für fast alle diese älteren Philosophen kennzeichnend ist, aus vornehmem Geschlechte. Dieser Abstammung entsprach auch seine schroff-aristokratische Gesinnung, die ihn nach dem Siege der Volkspartei von dem öffentlichen Leben sich völlig – wie es heißt, in die Waldeinsamkeit oder in den berühmten Artemistempel seiner Vaterstadt – zurückziehen ließ. Sein Leben fällt wahrscheinlich in die Zeit zwischen 535–475.

Mensch und Logos. Heraklit stellt sich in bewußten Gegensatz nicht nur zur Menge, sondern auch zu seinen nächsten philosophischen Vorgängern und Zeitgenossen; nur die milesischen Naturphilosophen tadelt er nicht, an deren zweiten (Anaximandros) er in der Tat auch in manchem erinnert. Die Menge sei taub für die Wahrheit, auch wenn diese ihr nahetrete, und halte sich in ihrem Unverstande lieber an die Gesänge der Dichter, von denen er besonders Homer, Hesiod und Archilochos bekämpft, und den Troß vorgeblicher Lehrer. Vielwisserei sei eine schlechte Kunst und belehre den Geist nicht; das sehe man an Hesiod und Pythagoras, Xenophanes und Hekataios (Fragm. 40, ein Sammelangriff; vgl. 42, 56, 57, 81, 105, 106, 129). Er selbst ist sich offenbar bewußt, eine völlig neue Bahn zu eröffnen, die er durch eigenes Ringen gefunden hat. *‹Ich erforschte mich selbst›* sagt er einmal voll stolzen Selbstgefühls (Fragm. 101).

Diese Selbstbesinnung aber darf nicht psychologisch-subjektivistisch mißdeutet werden. In ihr stieß Heraklit vielmehr auf den *Logos*, der das Gemeinsame, das Verbindende ist, dem es zu folgen gilt. Denn der *Logos* als das Allgemeine im Gegensatz zum nur Subjektiv-Individuellen (ξυνόν κοινόν im Gegensatz zu ἴδιον, Fragm. 2, 89) ist nicht allein die einende Ordnungskraft im menschlichen Dasein, sondern auch im Kosmos. Und es nähren sich letztlich ‹alle menschlichen Gesetze von dem Einen Göttlichen, das schlechthin gebietet, allem genügt und noch darüber ist› (Fragm. 1, 114). Niemand also kann sich dem alles durchwaltenden Logos entziehen, dem die Wissenden, die immer nur wenige sind, mit Bewußtsein gehorchen, die ‹Schlafenden› ohne Bewußtsein (Fragm. 75, 71, 72, auch 106).

Die Einheit der Gegensätze. Was aber ist nun der Inhalt dieses *Logos*? Wenn man lange im Werden, im ewigen Fluß der Dinge das Grundprinzip der Heraklitischen Philosophie im Gegensatz zum Seinsprinzip des Parmenides gesehen hat, so ist das mißverständlich und gibt ein schiefes Bild von Heraklits Gedanken. Das vielzitierte πάντα ῥεῖ (alles fließt) ist so gar nicht als Wort Heraklits überliefert. Es geht ihm nicht um den Gegensatz von Sein und Werden. Keinesfalls will er das Sein in ein unendliches Strömen auflösen, das jeder bleibenden Ordnung widerstreitet. Das tun erst die Herakliteer (Kratylos), mit denen sich Platon auseinandersetzt. Sie sehen nur noch die Veränderung. Heraklit geht es um nichts anderes als um die Ordnung, die das Geschehen in der Spannung der Gegensätze ganzheitstiftend und maßgebend zur Einheit zusammenfügt. Wogegen sich Heraklit wehrt, das ist das bloße isolierte Nebeneinander, aber auch jedes bloße Nacheinander. Das wirft er Hesiod, von dem man sage, er wisse am meisten, als Grundirrtum vor, daß er nicht erkannt habe, daß Tag und Nacht ‹Eines› sind (Fragm. 57). Dieser Gedanke des Zusammenfalls der Gegensätze, zugespitzt in der These, daß ‹alles eins› ist (Fragm. 10, 50), kehrt in den verschiedensten Formulierungen wieder. Leben und Tod, Wachen und Schlafen, Mischung und Trennung, Entstehen und Vergehen, Alt und Jung, Sterblich und Unsterblich, Gerade und Krumm, Männliches und Weibliches, Hohes und Tiefes, ja auch Gutes und Böses: – es ist alles *dasselbe* (Fragm. 36, 48, 58, 59, 60, 61, 88, 126). Genauer: es ist das eine nicht ohne das andere. Es schlägt ineinander um, weil es damit zuerst das Gesetz seines Wesens nach der Notwendigkeit erfüllt. In diesen Zusammenhang gehört auch das rätselhafte Fragment 62: ‹Unsterbliche: sterblich, Sterbliche: unsterblich: sie leben gegenseitig ihren Tod und sterben ihr Leben›. Wenn Heraklit also sagt, daß alles in stetem Wechsel, in stetem Austausch sich befindet, der Kosmos so einem beständig umgerührten Mischkrug gleicht, also auch dem, der in denselben Fluß steigt, stets neue Wasser zuströmen (Fragm. 12), so daß ‹wir in denselben Fluß steigen und doch nicht in denselben, sind und nicht sind› (Fragm. 49a, 91), so will das alles nicht ein Bild der ewigen Unruhe des Daseins sein, sondern darauf hinweisen, daß erst in der Bewegung des

Hin *und* Her, des Auf *und* Ab, des Seins *und* Nichtseins, also durch den ‹Gegenlauf›, das wahre Ganze sich bildet, das nur ist als Einheit der Gegensätze. Deshalb ist der Krieg, der *‹Streit›* nicht bloß der Herr und ‹König›, sondern auch der *‹Vater›* aller Dinge (Fragm. 8). Entgegengesetztes vereinigt sich zum Heilsamen. Krankheit macht die Gesundheit süß, Hunger die Sättigung, Arbeit die Ruhe (Fragm. 58 u. 111). So wird die Welt der Gegensätze zu einer großen *Harmonie*, ‹in sich zurückkehrend, gleich der des Bogens und der Leier›, wie das von Heraklit gern gebrauchte, etwas dunkle Bild für das Auseinanderstrebende, das wieder ineinandergeht, lautet (Fragm. 8 u. 51).

Das Urfeuer. Diese eine Ordnung der Dinge nun, die kein Gott und kein Mensch geschaffen hat, wird von ihm öfters bezeichnet als *Feuer*. Wie haben wir uns das zu denken? Bei Heraklit, dem Bilderreichen, scheint das ‹ewig lebendige Feuer›, das der Kosmos ‹immer war, ist und sein wird, nach Maßen sich entzündend und verlöschend nach Maßen› (Fragm. 30) kaum buchstäblich verstanden werden zu können, zumal da es von Heraklit auch als φρόνιμον, vernünftig, bestimmt werden konnte (Fragm. 64). Aber es ist auch nicht nur ideell-symbolisch aufzufassen. Es hat Machtcharakter und ist Realität, nur nicht als gegenständliche Gegebenheit in der Welt, sondern als umfassende Wirklichkeit, die ursprünglicher ist als jeder Weltbereich. Aus diesem Urfeuer geht der Kosmos erst hervor, und zwar in der Weise eines Umschlagens vom einen in das andere. Heraklit spricht von des Feuers τροπαί, von des Feuers Wenden (nicht Umwandlungen, wie man meistens übersetzt): ‹erstens Meer›, also das, was gerade dem Feuer am meisten entgegengesetzt ist; aus dem Meer treten dann ‹Erde› und ‹Glutwind› hervor (Fragm. 31). Aus Feuer ist das Weltall einstmals geworden, in Feuer wird es sich im Gegenlauf dereinst auflösen, um sich alsdann aufs neue zu bilden. (Eine Lehre, die von manchen Gelehrten als spätere stoische Umdeutung dargestellt wird.) Daß jedenfalls das Verhältnis zwischen Feuer und Kosmos als ein solches des Umschlagens des einen in das andere in ewiger Austauschordnung von Heraklit aufgefaßt worden ist, zeigt Fragm. 90: ‹In Feuer setzt sich alles um und das Feuer in alles, wie Ware in Gold und Gold in Ware.› Wie wenig aber irgendeine Formel genügt, um die Bedeutung des Feuers bei Heraklit zu bestimmen, zeigt sich auch darin, daß er es (über alle stofflich-reale Vorstellung hinaus) mit dem Göttlichen identifiziert und mit der allwaltenden *Dike* oder dem Verhängnis (εἱμαρμένη): eine Auffassung, die an das Fragment des Anaximandros erinnert. Es hat Macht zu ‹ergreifen› (Fragm. 66, das eben dort stehende deutlichere ‹richten› kann nach Reinhardt nicht von Heraklit stammen), und niemand kann sich vor ihm verbergen (Fragm. 16). In diesen Zusammenhang gehört wohl auch der Spruch: ‹Alles lenkt (eigentlich: steuert) der Blitz.›

Psychologisches, Ethisches, Politisches. Auch auf die menschliche Seele wird das Bild des Feuers übertragen. Die ‹trockene‹ Seele ist die weiseste und beste (Fragm. 118), sie ist ein Teil des göttlichen Urfeuers, das sie, wie der Blitz die Wolke, durchzuckt. Aber die meisten Menschen folgen – damit kehren wir zu den bereits anfangs gestreiften erkenntnistheoretischen Spuren in Heraklits Lehre zurück – nicht der Weltvernunft, dem *Logos*, den sie nicht erkennen, sondern dem eigenen Wähnen (οἴησις) – obgleich der Seele der *Logos* eigen sei, der sich selbst zu mehren vermöge (Fragm. 115). Es sind auch die sonst vertrauenswürdigen ‹Augen und Ohren schlechte Zeugen (der Wahrheit), wenn sie Barbarenseelen angehören› (Fragm. 107). Solche ‹feuchte› Seelen gleichen dem Trunkenen, der von einem bartlosen Knaben geführt wird und strauchelt (Fragm. 117). Aber ‹sein Ethos ist des Menschen Dämon›, d. h. des Menschen Charakter ist sein Schicksal (Fragm. 119). In welche Tiefen der Menschenseele Heraklits Erkennen reicht, verrät sein Wissen um ihre Unergründlichkeit: ‹Der Seele Grenzen kannst du nicht auffinden, und ob du jeglichen Weg abschrittest, so tiefen Grund hat sie› (Fragm. 45). Er hat in der Seele selbst die metaphysische Dimension entdeckt. Nach Diogenes Laertios zerfiel denn auch seine Schrift * neben dem naturphilosophischen in einen politischen und einen theologischen Teil. Doch handelt es sich dabei in jedem Falle nur um eine ganz äußerliche, nicht irgendwie sachlich-systematisch bedeutungsvolle Ordnung seiner Gedankenwelt, die von irgendwelchen Fachabgrenzungen her überhaupt nicht zu fassen ist. – Aus dem politischen Teil werden, falls man also die Einteilung annehmen will, Sätze stammen wie die: ‹Für das Gesetz muß das Volk kämpfen wie für eine Mauer›, ‹Überhebung muß man löschen gleich einer Feuersbrunst›. Deshalb müssen auch Strafen sein, um die Menge im Zaume zu halten. Auch auf diesem Gebiete fordert er dieselbe Unterordnung des Einzelnen unter das Allgemeine, die er auf theoretischem Gebiet verlangt. Erst durch sol-

* Der Stoiker Diodotos behauptete, das Buch Heraklits handle im Grunde nur von Politik; die Ausführungen über die Natur hätten nur die Bedeutung eines Beispiels. Der Titel des Buches lautete nach Diodotos ‹Scharfes Steuerruder nach des Lebens Ziel› (Diog. Laert. IX, 12 u. 15).

ches Sichfügen unter das Allgemeine (Gesetz, Schicksal) werde dem Menschen die wahre Befriedigung (eigentlich das ‹Wohlgefallen›, εὐαρέστησις) zuteil. Freilich ist es oft nur der einzelne, der das Gemeinsame erkennt, der Heraklit deshalb mehr gilt als Zehntausend, falls er der Beste ist (Fragm. 49). Sein Herz hängt übrigens nicht an *einer* Stadt oder *einem* Volk. Nur selten redet er von Ephesiern und Hellenen, um so mehr von ‹Menschen›. Wie sein Gott ein Weltgott, so ist sein Staat ein Weltstaat.

Theologie. Daß Heraklits Philosophie nicht nur gegen bildliche Darstellung der Götter und blutige Opfer eifert, sondern zugleich Theologie ist, wird leicht übersehen, eine Theologie, die in allen Aussagen zugleich um die Unzulänglichkeit alles Menschlichen gegenüber Gott weiß (Thema schon des Xenophanes). ‹Kinderspiele sind die menschlichen Meinungen vor Gott› (Fragm. 70). ‹Kindisch heißt der Mann vor der Gottheit so wie der Knabe vor dem Mann› (Fragm. 79). Menschliches Wissen bleibt immer relativ und in den Gegensätzen befangen. ‹Für Gott ist alles schön und gut und gerecht. Die Menschen allein halten das eine für ungerecht, das andere für gerecht› (Fragm. 102). Und Gott weiß nicht nur um die Einheit der Gegensätze, er ist selbst ‹Tag und Nacht, Winter und Sommer, Krieg und Frieden, Überfluß und Hunger...› (Fragm. 67). Das ist die ‹unsichtbare Fügung›, die stärker ist als alle ‹sichtbare› (Fragm. 54). Ob das eine Theozidee genannt werden darf, ist fraglich. Das Walten der Zeit – Heraklit denkt wesenhaft zeitlich – nennt er ‹Knabenregiment› (Fragm. 52). Und noch vom ‹schönsten Kosmos› scheint er gesagt zu haben, er sei gleich einem ‹hingeschütteten Kehrichthaufen› (Fragm. 124). Aber die ‹Natur› liebt es, ‹sich zu verbergen› (Fragm. 123).

Nachwirkung. Unser Wissen von Heraklit bleibt begrenzt. Aber die Tiefe und erregende Kraft seines Fragens ist unverkennbar. Ein ursprünglicher Denker, dessen starke Seite offenbar im metaphysischen Durchbruch, nicht in der wissenschaftlichen Einzelforschung lag, hat er nicht bloß auf seine, sondern auch auf die nachfolgende Zeit bedeutsam eingewirkt. Platon hat in seiner Jugend Heraklits Einfluß erfahren, selbst Aristoteles ist nicht unberührt von ihm geblieben. Am meisten aber hat er auf die Naturphilosophie und Theologie der Stoiker gewirkt, die insbesondere seine Logoslehre weiter ausgebaut haben, und durch sie unmittelbar auf die alexandrinische Religionsphilosophie jüdischer (Philon) und christlicher (Clemens) Richtung.

Hat auch der einsame und eigenartige Mann keine ‹Schule› begründet, so hat es doch schon früh ‹Herakliteer› gegeben. Bekannt von ihnen ist jedoch nur Platons Lehrer Kratylos (nach dem auch ein platonischer Dialog benannt ist), der, den Satz des Meisters überbietend, behauptete: auch nicht einmal könne man in denselben Fluß hineinsteigen; Aristoteles spottet, Kratylos habe schließlich gar nichts mehr behaupten zu dürfen geglaubt, sondern nur noch den Finger bewegt. Auch in einer dem Arzte Hippokrates untergeschobenen Schrift ‹Von der Diät› (um 400 v. Chr.) werden heraklitische Sätze verwandt.

3. Die Eleaten (Parmenides, Zenon, Melissos)

Parmenides

Leben und Werke. Parmenides' Heimat war Elea, dasselbe unteritalische Elea, in dem sich auch Xenophanes zeitweilig aufgehalten hat. Die Angaben über seine Lebenszeit schwanken bedeutend. Nach Diogenes Laertios müßte er um 540, nach der Darstellung in dem platonischen Dialoge, der seinen Namen trägt, etwa 515 geboren sein. Übereinstimmend dagegen war das Altertum in dem Lobe seiner Persönlichkeit. Er scheint mit Xenophanes, aber auch mit den Pythagoreern in nähere Berührung gekommen zu sein. Umstritten ist die Beziehung zu Heraklits Gedankenwelt, auf die man früher die parmenideische Seinslehre gern als Antithese bezog. – Von seinem Lehrgedicht ‹Περὶ φύσεως› sind ziemlich ansehnliche Bruchstücke, im ganzen 155 meist zusammenhängende Verse (Hexameter), erhalten. Gleich der Eingang (32 Verszeilen) ist von seltener Schönheit der Sprache und des Gedankens. Der Dichter wird von Rossen, denen die Töchter des Sonnengottes den Weg zeigen, hoch in den Äther emporgetragen zu dem Heiligtum der Wahrheit. Dort begrüßt ihn die Göttin und verspricht, falls ihn allein die Liebe zur Gerechtigkeit und Wahrheit hierher geführt, ihm alles zu verkünden: sowohl die ewige Wahrheit als auch die trügerischen Meinungen der Menschen. Dementsprechend zerfällt das Gedicht in zwei Teile: 1. die Lehre von der *Wahrheit*, 2. die Lehre vom *Schein*.

Wahrheits- und Seinslehre. Zur Wahrheit führen, wie der Schluß des Eingangsfragments bereits andeutet, nicht die Sinne, die uns Vielheit und Veränderung der Dinge vorspiegeln, sondern nur die Vernunft oder das *Denken* (ὁ λόγος, τὸ νοεῖν), welches das Sein des Seienden als notwendig, das des Nichtseins als unmöglich erkennt. Denn, so lautet sein Kernsatz, die Wahrheit liegt in der Erkenntnis, daß *nur das Seiende ist* und das *Nichtseiende nicht ist*; der Schein in der trügerischen Meinung, daß auch das Nichtsein sei. Nur die rat- und urteilslose ‹doppelköpfige› Menge, taub und blind zugleich, kann schließlich Sein und Nichtsein für ein und dasselbe erklären und gleichzeitig für nicht dasselbe. Es muß hier genügen, die Kernthemen zu verdeutlichen, durch die Parmenides zum Bahnbrecher der Ontologie geworden ist. Erstens: die Bestimmung des Verhältnisses von Sein und Denken – ein bleibender Anstoß onto-logischen Nachdenkens. These ist: Nur ein Seiendes kann gedacht werden; ja, Parmenides erhebt sich zu der kühnen Abstraktion: dasselbe ist *Denken* und *Sein*. Man darf hier nicht das Gegenüber von Subjekt und Objekt hineinbringen, wie es für die neuere Erkenntnistheorie kennzeichnend ist, sondern muß die Ursprünglichkeit der Korrelation erkennen, in der Sein und Denken wechselseitig bestimmt und begrenzt werden, und zwar so, daß man auch sagen kann: es ist dasselbe, was das Sein zum Sein und das Denken zum Denken macht und was alles Nichtsein als das zugleich nicht Denkbare streng und notwendig ausschließt. Aber das läßt bereits das zweite Thema in seiner fundamentalen Bedeutung hervortreten: die Lehre vom einen Sein als einzigem Gegenstand des Denkens und der Philosophie. Es ist das Unentstandene und Unvergängliche. ‹Es war nicht und wird nicht sein, weil es jetzt zusammen vorhanden ist, Eines, Zusammenhängendes.› Aller zeitlichen und räumlichen Zerdehnung radikal entzogen, wird damit das Sein in die reine Gegenwärtigkeit des ewigen Jetzt gehoben und in ihr festgehalten. ‹Darum hat weder zum Werden noch zum Vergehen Dike das Seiende freigegeben, es in den Fesseln lockernd, sondern sie hält es fest.› Es ist bemerkbar, daß die Seinskonzeption des Parmenides noch diesseits der Gegensätze von Idealismus und Realismus, Materialismus und Spiritualismus liegt. Es handelt sich aber auch nicht um das Sein als abstraktesten, inhaltsleersten Allgemeinbegriff, sondern konkret um das Sein im Seienden, um das, was bewirkt, daß das Seiende sich nicht auflöst, nicht auseinanderfällt; es ist das Ganze, in dem und durch das alles lückenlos zusammenhängt (ξυνεχές). ‹Denn es ist ganz und unerschüttert und ohne Ziel.› Sonst nämlich hätte es noch etwas außer sich, wäre also unvollständig, mangelhaft. ‹Aber die mächtige Notwendigkeit hält es in den Banden der Grenze, die es rings umschließt, weil das Seiende nicht ohne Abschluß sein darf, denn es ist nicht bedürftig.› Es ist deshalb aber auch ‹unbewegt›. Nicht ein dunkles irrationales Fatum, sondern die helle Notwendigkeit der logisch zwingenden ‹Entscheidung: es ist oder es ist nicht› schließt alle Bewegung vom Sein aus und gibt ihm seine geschlossene Umgrenztheit. So ist es ‹vollendet nach allen Seiten, vergleichbar der Masse einer wohlgerundeten Kugel›. Es gibt kein abgesondertes Seiendes, keine Trennungen, kein Mehr oder Weniger des Seins, sondern das Sein ist in allem und jedem Seienden das ganz und vollständig Gegenwärtige. Deshalb kann Parmenides sagen: ‹Schaue jedoch mit dem Geiste, wie durch den Geist das Abwesende anwesend ist mit Sicherheit. Denn er wird das Seiende von dem Zusammenhang mit dem Seienden nicht abtrennen, weder als eines, das sich überall gänzlich zerstreute im Gefüge, noch als eines, das zusammenträte.›

Es ist nun immer als merkwürdig empfunden worden, daß Parmenides nach der Entfaltung der Lehre von dem einen, wahren Sein und der scharfen Abgrenzung gegen alles Nichtsein noch einen zweiten Teil folgen ließ über die ‹trügerischen Meinungen der Sterblichen›*. Man hat ihn lange lediglich als Anhang, als bloßes Referat der Lehren anderer Philosophen u. ä. gedeutet. Inzwischen hat sich die Erkenntnis immer entschiedener durchgesetzt, daß ein tiefer und notwendiger Zusammenhang zwischen beiden Teilen besteht. Gerade das Gegenüber von Wahrheit und Schein ist ja von Anfang an Thema des Parmenides gewesen. Es handelt sich um ein Doppelthema, das erst in seiner gegensätzlichen Zweiheit das Ganze darstellt. Auch der Schein hat seine bestimmte Notwendigkeit in bezug auf den Menschen, ohne daß der Gegensatz von Wahrheit und Schein gemindert wird, der gerade in der Beziehung sich nur noch schärfer abhebt. Parmenides hat also so, wie seine Vorgänger, auch eine Weltbildungslehre geben können, wie sie nämlich die Dimension des Scheins, d. h. den Meinungen der Sterblichen, entspricht. Er geht dabei von zwei Urstoffen aus, die an die erste Ausscheidung des Anaximander, teilweise auch an Heraklit erinnern. Dem ätherischen, *lichten*, leichten Element des überall sich selbst gleichen Feuers tritt ein zweites gegenüber: die dichte, *dunkle*, schwere Masse, aus der die Erde entstanden ist.

---

* Genauer (Fragm. 8, V. 55ff): Auf die zuverlässige ‹Rede› (λόγος) und den Gedanken über die Wahrheit folgt die trügerische Ordnung der ‹Wörter› (ἔπη) über die menschlichen Meinungen. Dem Seinsbereich der Wahrheit entspricht also logisch das Gedachte, sprachlich der Satz (als Ausdruck des Urteils); dem Bereiche des Scheines aber entsprechen logisch die bloße Meinung, sprachlich die bloßen Wörter. Der Satz ist Symbol der im Sein liegenden Ganzheit, die Wörter sind Symbol der dem Schein anhaftenden Stückhaftigkeit.

Jenes stellt das wirkende, dieses das leidende Prinzip dar. Zum grundlegenden Begriff der Kosmologie wird der der Mischung von beiden, der die Bewahrung des Seienden in seiner Unveränderlichkeit und Geschiedenheit von allem Nichtseienden erlaubt und doch eine Erklärung der Weltbildung ermöglicht. Die Vermischung erfolgt seitens einer alles lenkenden Gottheit durch den ersten Erreger aller Dinge, den *Eros* (Liebestrieb). Von der dann weiter folgenden Lehre über die Entwicklung der Welt und Entstehung des Menschen sind uns leider nur einzelne Verse erhalten. Es scheint, daß er bereits die Kugelgestalt der Erde gelehrt hat, jedoch nicht aus empirischen (geographischen oder astronomischen) Gründen, sondern aus rein spekulativen. Von psychologischem Interesse ist die Bemerkung, daß, wie das All, so auch des Menschen Denkart aus beiden Elementen gemischt sei, doch so, daß das (übrigens eigentümlich an die Beschaffenheit, die φύσις, der Erkenntnisorgane gebundene) Geistige vorwiege.

Schüler des Parmenides

Eher als des dunklen Heraklit konnte des Parmenides Philosophie eine *Schule* bilden. Ihr Denken in reinen Begriffen forderte geradezu zur dialektischen Durch- und Fortbildung, wie sie ohnehin dem ‹aufklärenden› fünften Jahrhundert eigen ist, heraus. Diese leistete der eleatischen Lehre vor allem Parmenides' Lieblingsschüler

a) Zenon (etwa 490–430).

Gegenüber den Angriffen und dem Spott, den die wunderbare Einheitslehre seines Meisters vielfach hervorgerufen hatte, verteidigte Zenon sie mit solchem Scharfsinn, daß er von Platon der eleatische ‹Palamedes› (Tausendkünstler) genannt und von Aristoteles als Erfinder der *Dialektik* bezeichnet wird. Er suchte den Beweis indirekt zu führen, indem er die der Lehre vom einen unbewegten Sein entgegengesetzte Annahme des *Vielen* und der *Bewegung* als *widerspruchsvoll* nachzuweisen suchte: das in der Geschichte des griechischen Philosophierens so wichtig gewordene hypothetische Verfahren (*Hypothesis* = Grundannahme) hat hier seinen Ursprung. Wir erwähnen nur das Wichtigste. Gegen die Annahme der Vielheit des Seienden macht er z. B. geltend: Gibt es viele Dinge, so sind sie als viele eine bestimmte und begrenzte Anzahl. Andererseits gibt es zwischen den vielen Dingen wiederum vieles bis ins Unendliche, so daß die Zahl des Vielen zugleich begrenzt und unbegrenzt wäre. Bekannter ist das gegen die Wahrheit der Sinneswahrnehmung gerichtete Argument: Ein einzelnes Hirsekorn gibt beim Fallen kein Geräusch. Folglich kann auch eine Summierung kein Geräusch ergeben. Also ist das Geräusch, das wir beim Schütten eines Scheffels Korn hören, nur Schein. Berühmt aber sind vor allem die Widersprüche, in die Zenon das Denken bei Annahme der Bewegung sich verwickeln sieht: 1. die Bewegung kann nicht anfangen (jeder Raum enthält wieder einen Raum in sich, jeder Ort liegt wieder an einem Ort); 2. der schnellfüßige Achilleus kann die langsam kriechende Schildkröte nicht einholen; denn während er an ihren Standort A gelangt ist, ist sie schon in B angelangt; ist er dort, ist sie in C usw.; 3. der fliegende Pfeil ruht; denn er ist in jedem Augenblicke nur an derselben Stelle, ruht also während der ganzen Zeit seiner scheinbaren Bewegung.

Zenons Beweise lösen die Probleme nicht, sie wollen nur die Aporien (Weglosigkeiten, Verlegenheiten) zeigen, in die man gerät, wenn man die eleatische Seinslehre ablehnt und die Bewegung oder das Viele zu denken sucht. Sie haben aber das Verdienst, auf die Schwierigkeiten, die in diesen Problemen liegen, hingewiesen und so die Infinitesimalrechnung vorbereitet zu haben.

b) Melissos

Melissos von Samos, der 441 in der Nähe seiner Vaterstadt die Flotte der Athener besiegte, vertrat den Standpunkt der Eleaten mit dem Unterschiede, daß er die strenge parmenideische Ausschließung alles Zeitlichen vom Sein nicht festhielt, sondern das Zeitliche hineinnahm, deshalb das Sein als zeitlich unendlich fassen mußte. Aus dem zeitlosen Jetzt des Parmenides, das Vergangenheit und Zukunft ausschließt, wird die Vergangenheit und Zukunft einschließende ewige Zeitdauer. Entsprechend nimmt er in Umwandlung der parmenideischen Gedanken räumliche Unendlichkeit des einen Seienden an; als Konsequenz folgerte er die Unmöglichkeit eines leeren Raumes. Ob er zu der Rücksichtnahme auf das letztere Problem durch die später (Kap. IV) zu behandelnden Atomisten angeregt war oder sie angeregt hat, ist zweifelhaft. Gleichzeitig aber mußte er um so ausdrücklicher das Sein gegen ein zeitliches Erleiden oder eine körperliche Auffassung sichern. Das Eine ist ihm nicht bloß unentwegt, sondern auch völlig gleichartig mit sich selbst, es wird weder größer noch kleiner, es empfindet weder Lust noch Schmerz, ist überhaupt unkörperlich. Die sinnliche Wahrnehmung ist eben darum trügerisch, weil sie uns statt des einen und dauerhaften Seins eine Vielheit veränderlicher Dinge vorspiegelt.

III. Die jüngeren Naturphilosophen: Empedokles, Anaxagoras u. a.

1. Empedokles

Leben und Schriften. Mit Empedokles treten wir auf den Boden der Insel Sizilien, und zwar auf dorisches Gebiet. Er war um 490 in der damals in vollster Blüte stehenden reichen Handelsstadt Akragas (Agrigent) geboren. Er schloß sich den Freiheitsbestrebungen der Volkspartei an und half ihr zum Siege; die angebotene Herrscherwürde soll er abgelehnt haben. Nicht bloß als Philosoph und Dichter, sondern auch als Redner, Ingenieur, Arzt, Naturforscher und schließlich Weihepriester war er hochberühmt. Wahrscheinlich starb er um 430, nachdem er, der lange Zeit Vergötterte, doch schließlich die Volksgunst verloren, als Verbannter im Peloponnes. Es kennzeichnete seine Eigenart, daß er außer dem kosmologischen Lehrgedicht ‹Περὶ φύσεως› noch ein zweites Werk religiös-mystischen Inhalts verfaßte: ‹καθαρμοί› (Sühnungen). Von beiden zusammen, die sich ergänzen (vgl. jedoch Bibliographie), sind etwa 450 eindrucksvolle und bilderreiche Verse erhalten.

Religiöse Lehre und Seelenwanderung. Im Mittelpunkt seiner religiösen Vorstellungswelt stand seine offenbar von den Pythagoreern und Orphikern übernommene, mystisch-religiöse Lehre von der *Seelenwanderung* (Fragm. 126f). Die Seelen, aus ihrer himmlischen Heimat verstoßen, sind dazu verurteilt, in dem irdischen Jammertal (dem ‹freudlosen Orte›) in den mannigfachsten Gestalten zur Buße ihrer Sünden umherzuirren, so auch Empedokles selbst, der bereits einmal Mädchen, Vogel, Fisch und Busch gewesen sein will (Fragm. 117, 112ff). Nur in stufenweisen, langen Läuterungsperioden (mit der sittlichen Vervollkommnung gehen äußere Zeremonien: Weihungen, Besprengungen, Reinigungen, Vegetariertum u. ä. Hand in Hand) geht es langsam wieder empor, bis die höchste menschliche Stufe (Seher, Hymnendichter, Ärzte, Fürsten) erreicht ist, von wo die endliche Rückkehr in die Urheimat möglich ist (Fragm. 146, 140ff). (Über Zusammenhänge der Seelenwanderungslehre mit der Erkenntnislehre s. u.) Übrigens treten bei Empedokles auch Zeichen einer reineren Gottesauffassung, im Sinne des Xenophanes, hervor: nicht menschenähnlich sei die Gottheit zu denken, sondern als ‹ein heiliger und unaussprechlicher Geist, der mit schnellen Gedanken den ganzen Weltenbau durchfliegt› (Fragm. 134).

Naturphilosophie. Mit den Eleaten leugnet er, daß Etwas aus Nichts entstehen oder in Nichts vergehen kann: ‹Denn wie aus dem nirgend Seienden unmöglich etwas entstehen kann, so ist es unausführbar und unerhört, daß das Seiende je ausgetilgt werden könne.› Ebensowenig kann es ein ‹Leeres› geben (Fragm. 12f). Den ionischen Physiologen gleicht er dabei wiederum darin, daß sein Interesse mehr den kosmisch-realen, biologischen, anthropologischen Fragen als den mathematischen und dialektischen Problemen zugewandt ist. Nicht Entstehen und Vergehen gibt es, lehrt Empedokles also, sondern nur *Verbindung* (‹Mischung›) und *Trennung* (‹Entmischung›) des in seiner Gesamtmenge unveränderten Stoffes oder vielmehr der unendlich kleinen Stücke, aus denen er besteht (Fragm. 8, 9, 11, 12), bewirkt von zwei Kräften, die von jeher waren und ewig sein werden: *Liebe* und *Haß* (Zwist) (Fragm. 16f), womit dem Stoff zwei allerdings irrationale Bewegungsprinzipien dualistisch gegenübergestellt werden. Aus den zwei Elementen der parmenideischen Lehre vom Schein sind bei Empedokles vier unveränderliche, aber teilbare ‹Wurzeln aller Dinge› geworden, indem zu dem Wasser des Thales, der Luft des Anaximenes, dem Feuer Heraklits als viertes die Erde hinzukommt; also die bekannten (durch Aristoteles dem Mittelalter überlieferten) *‹vier Elemente›*: Feuer, Wasser, Luft und Erde, die bei ihm zugleich elementare, göttliche Mächte sind, die als Zeus, Nestis, Aidoneus, Here erscheinen (Fragm. 6.f). Im Anfang aller Dinge ruhten alle diese Stoffe, von dem einigenden Band der ‹Liebe› zusammengehalten, ungesondert und unvermischt nebeneinander, in der Gestalt einer in sich geschlossenen Kugel (σφαῖρος, wie bei Parmenides). Allmählich aber fand der ‹Haß› Eingang, und mit ihm kam die Trennung, die zur Bildung der Welt und der Einzelwesen führte und schließlich zur Alleinherrschaft gelangte, damit den Untergang der Lebewesen bewirkend, bis schließlich die Liebe wieder Macht gewann und das Getrennte wieder vereinte, das sie dereinst zum Anfangszustand der allumfassenden Kugel, des ‹allerseligsten Gottes›, zurückführen wird; worauf dann in gleicher Weise neue Weltperioden, sich stetig ablösend, einander folgen werden (Fragm. 13ff, 26ff).

Die Entwicklung des organischen Lebens, auf die das Hauptinteresse unseres Philosophen gerichtet ist, erfolgt also in der Periode des *Kampfes* beider Kräfte, durch unaufhörliche Mischung und Entmischung der vier Grundstoffe. Und zwar bewirkt der *quantitative* Unterschied der Zusammensetzung auch einen *qualitativen* Unterschied in den Sinneseigenschaften, ein ‹anderes Antlitz› des Zusammengesetzten. Von den organischen Wesen keimten zuerst die empfindungsbegabten Pflanzen aus der Erde hervor. Von den Tieren entstanden zunächst einzelne Gliedmaßen (Köpfe, Arme, Augen), die durch ihre anfangs zufälligen Vereinigungen Anlaß zu wunderbaren Mißbildungen gaben, bis sie sich schließlich, durch *zahlen*mäßige Mischungsverhältnisse, zu zweckmäßigen und lebensfähigen Organismen entwikkelten (Fragm. 57ff). Denn Verwandtes und Gleiches zieht einander an, Feindliches bleibt sich fern. Den Mischungsvorgang im einzelnen denkt Empedokles sich so, daß kleinste Teile des einen Stoffes bzw. Körpers mit denen des anderen sich mengen, indem sie als *Ausflüsse* (ἀπόρροαι) des einen in die Spalten oder Poren (πόροι) des anderen eindringen.

Psychologisches und Erkenntnistheoretisches. Von diesem Grundsatze machte nun Empedokles Anwendung auch auf die *Sinneswahrnehmungen*. Auch zu ihnen sind zwei verschiedene Dinge nötig: 1. die Teilchen der Objekte und 2. die der aufnehmenden Sinneswerkzeuge (was er besonders für die Gesichtswahrnehmung ausführte). Damit sie eintritt, müssen auch hier beide Teile ineinanderdringen können, also zueinander passen, von gleicher Art sein. Wir erkennen das Element in der Welt mit dem Element in uns: ‹Mit der Erde erkennen wir die Erde, mit dem Wasser das Wasser, mit der Luft die göttliche Luft, mit dem Feuer aber das verderbliche Feuer, die Liebe mit der Liebe, den Haß aber mit dem traurigen Haß› (Fragm. 109). Es ist bei Empedokles sehr realistisch gefaßt: ‹Je nach vorhandenem Stoffe wächst dem Menschen die Einsicht› (Fragm. 106, 108), wie ihm denn auch von der Mischung des Blutes das Denken abhängt (Fragm. 105): ‹Das Herzblut ist Gedanke› (Anfang der Lehre von den Temperamenten). Das klingt geradezu materialistisch. Und doch ist es kein Materialismus im eigentlichen Sinne, weil Empedokles nicht den Gegensatz von Materie und Geist zur Grundlage nimmt, sondern ganzheitlich denkt; alle Materie ist in seinen Augen, wie in denen des Thales, Heraklit und Parmenides, beseelt, ‹alles besitzt Denkkraft›. Berührung des Ähnlichen erweckt zugleich die Empfindung der Lust, Berührung des Entgegengesetzten Hemmung des Lebensgefühls, also Unlust. Bedeutsam erscheint noch sein Gedanke, daß jeder Sinn seine besondere und begrenzte Funktion hat. Deshalb sollen wir der Sinnesempfindung nur soweit trauen, als ihr enger Bezirk reicht. Das wahre Wissen ist nur der Denkkraft erreichbar (Fragm. 2, 4, 110). Gelegentlich taucht auch aus dem Zusammenhang der Seelenwanderungslehre heraus der Gedanke eines Wissens auf, das über die Möglichkeiten des Individuums hinaus aus ‹zehn oder zwanzig Menschenleben› seine Kraft und Weite empfängt (Fragm. 129). Vollkommene Erkenntnis freilich kommt allein der Gottheit zu.

2. Anaxagoras und die Ausläufer der Naturphilosophie

Leben. Anaxagoras, um 500 in dem kleinasiatischen Klazomenai bei Smyrna geboren, wie die meisten seiner Vorgänger aus angesehenem Geschlecht, hat zuerst die Philosophie nach *Athen* verpflanzt, wohin er etwa 456 kam. Als Freund des Perikles, des Euripides und anderer bedeutender Männer übte er dort drei Jahrzehnte lang in geistigen Dingen einen mächtigen Einfluß aus. Vom öffentlichen Leben hielt er sich fern und widmete sich ganz der theoretischen Forschung. Dennoch mußte er, durch die Gegner seines großen Freundes der Gottlosigkeit angeklagt (vor allem wegen seiner astronomischen Lehren, die die Gestirne ihrer Göttlichkeit entkleideten und für glühende Steinmassen erklärten), noch in hohem Alter (434) Athen verlassen und verbrachte seine letzten Lebensjahre hochgeachtet zu Lampsakos in Kleinasien, wo er um 428 starb. Auch Anaxagoras ist zugleich Physiker, Chemiker, Astronom und, was Empedokles nicht war, Mathematiker. Von seiner Prosaschrift ‹Περὶ φύσεως›, die noch zu Platons Zeiten in Athen für eine Drachme zu kaufen war, haben sich eine Reihe Bruchstücke erhalten.

Naturphilosophisches Grundprinzip. Anaxagoras stimmt mit den Eleaten und Empedokles insoweit überein, als auch er kein Entstehen und Vergehen annimmt. ‹Das Werden und Vergehen nehmen die Hellenen mit Unrecht an; denn kein Ding wird, noch vergeht es, sondern aus vorhandenen Dingen setzt es sich durch Mischung zusammen und zerfällt wieder in sie durch Scheidung; so würden sie richtiger das Werden Mischung und das Vergehen Scheidung nennen› (Fragm. 17). Nur sind es bei ihm nicht, wie bei Empedokles – seinem Vorgänger nicht der Zeit, wohl aber der Sache nach –, vier, sondern unbestimmt, ja *unendlich viele Samen* (σέϱματα), die in unendlich kleinen Bestandteilen zu allen Dingen (z. B. Fleisch, Gold, Blumen) von Anfang an vorhanden waren. ‹Zusammen (ὁμοῦ) waren alle Dinge (χρήματα), unendlich (ἄπειρα) der Menge wie der Kleinheit nach› beginnt Fragment 1. Durch das gesamte Weltall in unendlich feiner Weise verteilt, unterscheiden sie sich durch Gestalt, Farbe und Geschmack (Fragm. 1f, 4). Auch bei ihm verbinden sich die gleichartigen Teilchen, von Späteren im Anschluß an Aristoteles *Homoiomerien* genannt; die ungleichartigen stoßen sich ab. Aber ‹vollständig scheidet sich nichts vom anderen ab oder auseinander› (Fragm. 12). Es gibt in dem einen Kosmos nichts, was für sich existierte (Fragm. 6); nichts ist ‹mit dem Beil abgehauen›, ‹weder das Warme vom Kalten, noch das Kalte vom Warmen› (Fragm. 8). *Alles ist aus allem zusammengesetzt, alles hat an allem teil.* ‹Denn wie sollte Haar aus Nichthaar und Fleisch aus Nichtfleisch werden› (Fragm. 10). Der Weltkörper ist ein in sich grundsätzlich einheitliches und (in eleatischer Weise) lükkenloses *Ganze*. In dieser Theorie bedeutet die Unbestimmtheit der Zahl, verbunden noch dazu mit der Teilbarkeit ins Unendliche (Fragm. 3), gegenüber Empedokles' Vierzahl einen ähnlichen Fortschritt wie Anaximanders *Apeiron* gegenüber dem bestimmten Urstoff des Thales. Zugleich bildet sie, als eine Art *qualitativer Atomismus*, einen Übergang zu Demokrit, jedoch mit der Einschränkung, daß es sich nicht eigentlich um Atome, um unteilbare Elemente, sondern um kontinuierlich ins Unendliche, ins *Apeiron* verfließende Momente handelt. Für die Kontinuität der vorsokratischen Philosophie ist kennzeichnend, daß übrigens nicht nur der Begriff des Unendlichen, sondern auch Fragment 2 mit seiner Aussonderung des Urgegensatzes von Luft und Äther (αἰθήρ) auf Anaximandros zurückweist.

Die Nūs-Lehre. Berühmter noch ist Anaxagoras, und zwar schon im Altertum, bei Platon und Aristoteles, durch die Aufstellung eines anderen Prinzips geworden, mit dem er einen Dualismus begründet, der freilich weit nüchterner und ärmer als der des Empedokles ist. Er fragt: Welche Kraft bewegt die Teile? und antwortet darauf: der *Nūs* (νοῦς), also eine Vernunftkraft. Anaxagoras ist bemüht gewesen, den *Nūs* möglichst zu vergeistigen und von der unendlichen Masse der stofflichen Urpartikel abzusondern. Der *Nūs* allein existiert für sich, ist ein Selbstmächtiges (αὐτοκρατές). Es werden ihm Erkennen (γνωρίζειν) und Einsicht (γνώμη) zugesprochen. Er ist, sich allenthalben stets gleich, das Ewige, das zugleich immer ‹jetzt› ist (Fragm. 12, 14). Aber zugleich bleibt er das ‹dünnste und feinste aller Dinge›, bleibt also dem Bereich zugehörig, dem er gegenüberstehen soll, bleibt Materie, wenn auch, um mit Kantischen Worten zu reden, so ‹überfein› gedacht, ‹daß man darüber schwindelig werden möchte›.

Jedenfalls ist er sicher nicht als geistiges, persönliches Wesen und nicht als nach Zwecken handelnde Intelligenz aufzufassen (erst die späteren Doxographen bringen den *Nūs*begriff mit dem Gottesbegriff zusammen); teleologische Erwägungen, die Aristoteles bei ihm suchte*, fehlen und sind auch sehr unwahrscheinlich. Das zeigt sich auch, wenn man die Kosmogonie, an deren Anfang der *Nūs* bei Anaxagoras so vielversprechend seinen Platz hat, näher betrachtet.

Weltentstehung. Dem Chaos des Urzustandes machte der *Nūs* dadurch ein Ende, daß er an einem Punkte der Materie eine Wirbelbewegung hervorbrachte, die eine Scheidung der Stoffe zur Folge hatte. Zunächst entstanden der helle, leichte Äther und die dunkle, dichte Dunstluft, aus der letzteren die Erde und die anderen als glühende Steinmassen (daher die Meteoriten) gedachten Himmelskörper. Aus der anfangs in schlammartigem Zustande befindlichen Erde gingen, befruchtet von den aus Luft und Äther niederfallenden Keimen, die lebenden Wesen hervor.

Sonderlehren. Besondere Erwähnung verlangt die eigentümliche *Wahrnehmungslehre* des Anaxagoras, von der Theophrast ausführlich berichtet. Im Gegensatz zu Empedokles lehrte er, daß wir nicht durch das Gleichartige, sondern durch das Entgegengesetzte empfinden, z. B. das kalte Wasser durch die warme Hand, das Süße durch das Saure usw. Der Tastsinn ist ihm der Ursinn, der Mensch das vernünftigste der Tiere, weil er Hände hat. Jede Wahrnehmung ist von Unlust, als dem Ausdruck des Entgegengesetzten, begleitet.

Eine Lehre von den Göttern gibt es bei Anaxagoras nicht. Gerechtigkeit erscheint ihm als die Haupttugend. Daß besondere ethische Fragmente von ihm nicht vorhanden sind, scheint ebenfalls gegen die Auffassung des *Nūs* als eines geistig-sittlichen Prinzips zu sprechen.

Nachfolger. Der bekannteste und interessanteste von Anaxagoras' Jüngern ist der berühmte Tragödiendichter Euripides, der in offenbarem Hinblick auf die ehrwürdige Persönlichkeit des Klazomeniers die Glückseligkeit des reinen Forscherlebens im Hinschauen auf die ewigen Gesetze des Alls preist.

Daß der *Nūs* des Anaxagoras keineswegs in idealistischem Gegensatz zur Materie stand, machen auch die Lehren zweier von ihm beeinflußter späterer Denker wahrscheinlich, von denen der erstere sogar als sein Schüler bezeichnet wird: des Archelaos von Athen, der

* Aristoteles, Metaph. I, 984b ff.

dem Sokrates philosophische Anregungen gegeben haben soll, und des Diogenes von Apollonia (auf Kreta). Archelaos nannte das anfängliche Chaos, dem Anaximenes folgend, Luft und ließ ihr den *Nūs* beigemischt sein; Wärme und Kälte schienen als Bewegungsprinzipien wesentlich gewesen zu sein; ob er auch ethische Fragen erörtert hat, ist unsicher. Bedeutender erscheint sein Zeitgenosse Diogenes. Auch er verbindet Anaxagoras mit Anaximenes. Es muß ein gemeinsamer Urstoff aller Dinge angenommen werden, da sonst weder Mischung noch Wechselwirkung derselben möglich wäre. Anderseits weisen die Ordnung und Verteilung aller Dinge nach Maß und Schönheit auf die Tätigkeit einer Vernunft (νόησις) hin. Dieses ewige ‹gewaltige und zugleich vernünftige und viel wissende Wesen› ist ihm die alles durchdringende und steuernde *Luft*, auf der er dann, gleich Anaximenes, die Welt des Gewordenen durch Verdichtung und Verdünnung hervorgehen läßt. Auch die Seele ist warme Luft und bringt als solche in den lebenden Wesen Leben, Bewegung und Denken hervor. Ja, die Luft wird ihm schließlich zu einer Art Weltseele, ja Weltvernunft, so daß er, neben Sokrates, in den ‹Wolken› des Aristophanes kräftig verspottet wurde. Den Homer suchte er durch rationalisierende Allegorisierung (z. B. Zeus = Luft) zu retten: ein Verfahren, das in Metrodoros von Lampsakos und Theagenes von Megara seinen Gipfelpunkt erreichte und später in der Stoa fortwirkte.

IV. Demokritos

Persönliches. Als den Vorgänger und Freund (ἑταῖρος) Demokrits nennt Aristoteles einen gewissen Leukippos, von dem wir aber sonst nichts Sicheres wissen, so daß schon von Epikur seine Existenz bezweifelt worden ist. Das war nur dadurch möglich, daß seine Schriften, darunter eine ‹Große Weltordnung› und ein Buch ‹Vom Geist› (περὶ νοῦ), bald unter diejenigen Demokrits gekommen sind.

Demokrits Heimat war die damals blühende und reiche, später in den Ruf der griechischen Schildbürgerstadt (vgl. Wielands ‹Abderiten›) gekommene, von ionischen Kolonisten gegründete Handelsstadt Abdera in Thrakien. Seine Geburt fällt wahrscheinlich in die Zeit um 470. Sein bedeutendes Vermögen verwandte er auf große Forschungsreisen, besonders nach dem Orient und Ägypten. Zurückgekehrt führte er in seiner Vaterstadt, fern von dem geräuschvollen Treiben Athens, ein stilles, der wissenschaftlichen Forschung im allerweitesten Sinne gewidmetes Gelehrtenleben. Geist und Leidenschaft seines Erkenntnisdranges bezeugt in charakteristischer Weise ein von ihm überliefertes Wort, er wolle lieber einen einzigen Naturvorgang erklären als Perserkönig werden. Im hohen Alter von 90 oder 100 Jahren soll er aus dem Leben geschieden sein.

Die 60 Schriften (in 15 Tetralogien), die das Altertum ihm zuschrieb, umspannten den ganzen Kreis des damaligen Wissens: Mathematik, Naturwissenschaft, Ethik, Ästhetik, Grammatik, Technik, Politik und Kriegskunst. Die verhältnismäßig spärlichen, namentlich aus seinen ethischen Schriften erhaltenen Bruchstücke lassen den Verlust des Übrigen um so bedauernswerter erscheinen.

Die Atomlehre. Der bekannteste und hervorstechendste Teil von Demokrits Philosophie ist der physikalische, seine Lehre von den *Atomen*, die von ihm, wenn nicht begründet, so doch zuerst voll ausgebildet, ein Fundament der modernen Physik geworden ist.

Mit den Eleaten hält Demokrit an einem ewigen, in allem Wechsel beharrenden Seienden fest. Diese Welt des Seienden besteht aber aus *unendlich vielen* Substanzen. Das All ist in zahllose kleinste, mit den Sinnen nicht mehr wahrnehmbare Körperchen geteilt, die, weil nicht mehr weiter teilbar, von ihm *Atome* (ἄτομα = *individua*) genannt werden. Ihnen legt er die Eigenschaften des anaximandrischen Ἄπειρον und des eleatischen Ὄν bei: ungworden, unvergänglich, dazu voll (μεστά) und körperlich. Sie sind gleichsam das in unendlich viele Teile zerschlagene ὄν der Eleaten. Ohne sinnliche Qualität, sind sie verschieden nur an Gestalt, Ordnung und Lage (Aristoteles verdeutlicht das an den Buchstaben, die ja ebenfalls Elemente von Gefügen sind: Form A oder N, Ordnung AN oder NA, Lage N oder Z), ihre Unterschiede sind also rein geometrische. Sie heißen auch σχήματα oder ἰδέαι, d.i. Formen oder Gestalten. Damit nun ihre *Bewegung* ermöglicht werde, nimmt Demokrit neben dem ‹Vollen› ein ‹Leeres›, also einen *leeren Raum* an. Damit vollzieht sich ein entscheidender Durchbruch durch die parmenideische Seinslehre. Durch das An- und Abprallen der Atome entstehen Seiten-, Kreis- und Wirbelbewegungen, wobei sich die leichteren nach außen, die größeren und schwereren im Inneren zusammenschließen. So ist der Anfang der Weltenbildung gegeben. Wir gehören nur einer unter *zahllosen* Welten an. Aus den zur Mitte sich niedersenkenden schweren Atomen entstand in ihr unsere Erde, aus den emporsteigenden leichteren der Himmel, die Luft und das Feuer. Die aus diesen sich ausscheidenden dichteren Massen wurden durch schnelle Bewegung glühend und zu Gestirnen.

Der Atomismus stellt zugleich eine streng *mechanistische* Weltanschauung dar. Aus der Welt der Atome ist jeder Zufall und jede etwa hinter ihr stehende, nach bewußten Zwecken handelnde Gottheit ausgeschlossen. ‹Nichts geschieht zufällig, sondern alles aus einem Grunde und unter dem Zwang der Notwendigkeit.›

Erkenntniskritisches Prinzip Demokrits. Mit den Begriffen des Atoms und des Leeren setzt sich das Denken gegen die Sinneswahrnehmung durch, wozu auch die Notiz des Sextus Empiricus (VIII, 6) stimmt: ‹Die Anhänger des Platon und Demokrit nahmen an, daß allein die Gedankendinge (τὰ νοητά) wahr seien.›

Erkenntnistheoretisch erfahren die damit auftauchenden Fragen und Gegensätze durch Demokrit selbst noch weitere Erläuterungen. Zu dem ‹eigentlich› Seienden (κυρίως ὄν), d. i. den Atomen und dem Leeren, steht im Gegensatz das Sein der ‹Satzung›, d. i. der herrschenden Meinung nach (νόμῳ ὄν). ‹Der Satzung nach› gibt es Süß und Sauer, Warum und Kalt, Farbe. ‹An sich› ist nur die reine Form (σχῆμα), d. i. das Atom, ‹das Süße aber und überhaupt das sinnlich Wahrnehmbare im Verhältnis zu einem anderen und in anderem›. Somit wird die *Relativität* und *Subjektivität aller Sinnenerkenntnis* ausdrücklich anerkannt, die an anderer Stelle auch als ‹unebenbürtige› oder ‹dunkle› bezeichnet wird, und zu der ‹alles Sehen, Hören, Riechen, Kosten und Tasten gehört›. Im Gegensatz dazu steht die *‹echte›* oder ‹vollbürtige› (γνησίη), von Sextus Empiricus als *‹Verstand›* bezeichnete Erkenntnis, die beginnt, wo jene nicht mehr ausreicht (Fragm. 11). Auf die Subjektivität der Sinnenerkenntnis gehen wohl auch gelegentliche skeptische Aussprüche, wie, daß wir ‹in Wahrheit nichts wissen›, daß der Mensch von dem ‹in Wirklichkeit› fern ist, daß die Wahrheit ‹in der Tiefe› verborgen ruht (Fragm. 117). Demokrit leugnet also die sinnlichen Erscheinungen nicht, aber er will sie mit den Mitteln begrifflichen Denkens erklären. Er will durch sie hindurch auf den unsichtbaren Grund der Dinge kommen.

Psychologisches. Die *Seele* stellt er sich – darüber war ja auch Anaxagoras nicht hinausgekommen – materiell vor, indes wenigstens aus einem besonderen, und zwar mathematisch bestimmten Stoff bestehend. Die Atome, welche die Seele zusammensetzen, sind fein, glatt und rund, gleich denen des Feuers. Sie sind durch den ganzen Körper verteilt und werden durch das Atmen von ihm eingesogen und zurückgehalten. Die Sinneswahrnehmungen läßt er, ähnlich wie Empedokles, durch Ausflüsse der Dinge (oder εἴδωλα, ‹Bilder›) entstehen, die in dazu passende Öffnungen der Sinnesorgane eindringen. Alles Wahrnehmen ist eigentlich ein Tasten. Von einer Unsterblichkeit der Seele weiß er nichts.

Ethisches und Kulturtheoretisches. Es ist bei der Lückenhaftigkeit der Überlieferung freilich kaum möglich zu sagen, welche Stellung seine Ethik im Ganzen seiner Philosophie einnimmt, ob er sie schon als eigene systematische Disziplin neben die Kosmologie gestellt hat, ob sie überhaupt Glied des Systems ist oder nur persönliche Mahnungen zur rechten Lebenshaltung gibt. Sicher ist, daß er eine Schrift ‹Über die Wohlgemutheit› (‹Περὶ εὐθυμίης›) verfaßt hat. Umstritten sind die ‹Mahnsprüche› (vielleicht späterer Auszug aus Demokrits ethischen Schriften). Demokrit geht von Lust und Unlust als dem nächstgegebenen Regulator aus, aber als Endziel (τέλος) gilt ihm nicht die sinnliche Lust (ἡδονή), sondern die *Wohlgemutheit* (εὐθυμία), die Wohlbestelltheit (εὐεστώ), die Unerschütterlichkeit (ἀταραξία), die dadurch erreicht wird, daß man Unruhe und heftige Bewegung fernhält und in allem das Maß zu wahren sucht. Der eigentliche Feind der εὐθυμίη ist die Maßlosigkeit. ‹Wohlgemutheit erringen sich die Menschen durch Maßhalten in der Lust und durch Symmetrie der Lebensführung. Mangel und Überfluß pflegt umzuschlagen und große Erregungen in der Seele zu verursachen. Die von starken Gegensätzen bewegten Seelen sind weder beständig noch wohlgemut. Man muß also sein Denken auf das Mögliche richten und sich mit dem Vorhandenen begnügen ...› (Fragm. 191). ‹Schön in allem ist das Gleichmaß, Übermaß aber und Mangel gefallen mir nicht› (Fragm. 102). ‹Wenn einer das richtige Maß überschreitet, so wird leicht die höchste Lust zur höchsten Unlust› (Fragm. 233). Schon von hier aus ergibt sich Demokrits kritische Einstellung gegenüber einem Hedonismus, der in der sinnlichen Lust das Höchste sieht. Dazu kommt seine ausdrückliche Forderung, die Lust solle sich nicht auf das Sterbliche richten (Fragm. 189), nur die mit Edlem und Schönem verknüpfte Lust sei erstrebenswert, und der immer wiederholte Appell, nicht der Torheit zu erliegen (Fragm. 197ff). Die Sittlichkeit ist wesentlich nicht von äußerlich-zufälligen Umständen abhängig, sondern ist gekennzeichnet durch gerechte und gesetzmäßige Handlungen (Fragm. 170). Hier auch wird der Zusammenhang mit der Naturphilosophie faßbar: in der Abwehr nämlich der Herrschaft des Zufalls, den sich die Menschen zum Idol gemacht haben, um ihre eigene

Ratlosigkeit zu beschönigen. Denn der Zufall kann wohl gelegentlich freigebig sein und Gewinn bringen, aber er ist unzuverlässig, die Natur dagegen gründet fest in sich. Und in Wahrheit wirkt der Zufall nur in seltenen Fällen der Klugheit entgegen: das meiste im Leben vermag ein vernünftiger Scharfblick ins Gerade zu richten (Fragm. 119, 176, 210).

Daß diese Ethik von keinen persönlichen Unsterblichkeitshoffnungen oder -befürchtungen begleitet war, beweist (zugleich in erneuter Zusammenstimmung mit der Naturphilosophie) Fragm. 297: ‹Einige, die von der Auflösung der sterblichen Natur nichts wissen, der Übeltaten aber in ihrem Leben sich bewußt sind, bringen ihre ganze Lebenszeit in Verwirrung und Ängsten zu, indem sie sich lügenhafte Märchen über das Leben nach dem Tode vorspiegeln.›

Erst neuere Forschung hat gezeigt, daß Demokrit auch bereits eine Theorie der *Kulturentwicklung* aufgestellt hat, in der er sich mit dem bedeutendsten Sophisten, Protagoras, der ebenfalls aus Abdera stammt, berührt. Nach dieser Theorie haben sich die Menschen aus Not und Bedürftigkeit zusammengeschlossen und ihre Lebensformen entwickelt. Von der Natur lernten sie die Künste, so von der Spinne das Spinnen, von der Schwalbe den Hausbau, von den Vögeln das Singen. Das fügt sich organisch in das Ganze der demokritischen Philosophie ein, die überall natürliche Ursachen und Zusammenhänge zu finden sucht.

Bedeutendere *Schüler* hat Demokrit anscheinend nicht besessen. Metrodor von Chios und Anaxarch, die als ‹Demokriteer› genannt werden, sind für uns wenig mehr als bloße Namen. Im gegnerischen Sinne knüpft Aristoteles, in freundlichem knüpfen Epikur und die Skeptiker an ihn an. Im ganzen aber zeigte sich für sein Prinzip mechanistischer Naturerklärung die Zeit noch nicht reif. Es wurde durch die teleologischen Systeme in den Hintergrund gedrängt und sollte erst nach zwei Jahrtausenden in den Begründern der modernen Naturwissenschaft zu neuem Leben erwachen.

Zweite Periode:

DIE SOPHISTEN UND SOKRATES

V. Die sophistische Aufklärung

1. Entstehung und Grundzüge der Sophistik

Bisher hatte man, wie neuere Untersuchungen wahrscheinlich gemacht haben, die Wissenschaft in engeren, festgeschlossenen Genossenschaften gepflegt. Um die Mitte des 5. Jahrhunderts tritt die Philosophie aus der Stille der Schule hinaus auf den geräuschvollen Markt des öffentlichen Leben, das sich in vordem ungeahnter Fülle und Lebendigkeit in Hellas zu entfalten begann. Der gewaltige Aufschwung des nationalen und des bürgerlichen Lebens, der sich mit der siegreichen Abwehr der persischen Übermacht verbunden hatte, machte sich auf allen Gebieten bemerkbar. Die Erbin des zerstörten Milet ward *Athen*, die ‹Bildungsschule› von Hellas, wie Thukydides den großen Staatsmann dieser Epoche sagen läßt. Hier konzentrierten sich neben den politischen und wirtschaftlichen auch die wissenschaftlichen und künstlerischen Interessen der Zeit und riefen jene Blüte in allen Zweigen des Geisteslebens hervor, die unter dem Namen des perikleischen Zeitalters noch auf uns ihren unvergänglichen Zauber ausübt. In diesem Athen, wo zugleich die Volksherrschaft sich immer breiter und mächtiger entwickelte, ward der allgemeine Bildungsdrang ein immer stärkerer. Wer politisches und soziales Ansehen gewinnen wollte, bedurfte jetzt nicht mehr oder doch nicht mehr bloß adeliger Geburt, persönlicher Tapferkeit oder Lauterkeit des Charakters, sondern auch höherer Bildung und Redegewandtheit. Das *Wort* war es, das im Rat, in der Volksversammlung, an den Gerichtsstätten den Sieg erringen half. Diesem Drange kamen die *Sophisten* entgegen.

‹Sophist› (σοφιστής) bedeutet ursprünglich jeden auf irgendeinem Gebiete hervorragenden Mann, den ‹Meister› einer Sache, besonders aber einen Meister im Wissen, ähnlich etwa wie unser heutiges ‹Gelehrter›. Nicht bloß Solon und Pythagoras heißen Sophisten, sondern bei Xenophon auch noch Sokrates und Antisthenes, ja bei Isokrates selbst Platon. Um die Mitte des 5. Jahrhunderts aber beginnt daneben der Name von denjenigen insbesondere gebraucht zu werden, welche von Stadt zu Stadt wandernd sich nicht mehr an auserlesene Kreise, sondern an alle wandten und (was dem griechischen Vollbürger auffiel) gegen Bezahlung als Lehrer der Redegewandtheit, der praktischen Lebensweisheit und der Staatskunst auftraten, indem sie vor allem die Jugend zum ‹richtigen Denken, Sprechen und Handeln in öffentlichen und Privatangelegenheiten› erziehen wollten.

Sehen wir von Demokrit ab, dessen Wirksamkeit übrigens mit der der wichtigsten Sophisten gleichzeitig, wenn nicht später fällt, so waren die bisherigen Philosophen im wesentlichen *Natur*philosophen geblieben. Hauptgegenstand ihres Denkens war der *Kosmós*; erst Anfänge von Erkenntnistheorie, Psychologie, Kulturphilosophie und Ethik hatten wir bei ihnen bemerken können. Der Beruf der Sophisten, Kenntnisse im allgemeinen zu verbreiten, insbesondere aber ihre Schüler ‹zum Handeln und Reden, zur Leitung des Haus- und Gemeinwesens geschickt› zu machen, veränderte diese Sachlage durchaus. Ihr Studium war vielmehr der *Mensch* mit seinem Wahrnehmen und Denken, seinem Wollen und Begehren, seiner privaten und öffentlichen Betätigung – auch und gerade in der Verschiedenheit seiner Sitten und Gebräuche, für die nicht erst das Wanderleben der Sophisten, sondern ein ursprünglicheres ethnographisches Interesse der Griechen den Blick geöffnet hatte. Die Beschäftigung mit sprachlichen, logischen, erkenntnistheoretischen, ethischen, kulturphilosophischen Problemen verdrängte fast alles andere, wie schon die erhaltenen Büchertitel – von den Schriften selbst ist fast nichts auf uns gekommen – beweisen. Auch die Frage nach der Natur rückte in den Horizont der anthropologischen Problematik, indem das Verhältnis von φύσις und νόμος, von Natur und Menschensatzung (vgl. unten) zum zentralen Thema wurde. Die mathematische und naturwissenschaftliche Forschung dagegen beginnt sich um dieselbe Zeit, zunächst der Sache, später auch den Personen nach, von der gemeinsamen Mutter Philosophie abzulösen. Die mathematische Einzelforschung der jüngeren Pythagoreer, die astronomische des Hiketas u. a., vor allem die medizinische des berühmten Hippokrates (460–377) gehört hierher, in der die alte Hinwendung zur Natur ebenso wirksam war wie die neue Hinwendung zum Menschen.

Jetzt erhebt sich – das ist die grundlegende Bedeutung der Sophisten in der Geschichte der Philosophie – zum erstenmal die Frage: Gibt es überhaupt allgemeingültige Wahrheit? Und zwar dehnten sie die Frage von dem theoretischen auch auf das ethische Gebiet aus. Infolge der reißend schnellen Entwicklung, die das politische und soziale, geistige und materielle Leben Griechenlands, in erster Linie natürlich wieder Athens, im fünften Jahrhundert genommen hatte, war die Umwandlung aller sittlichen Anschauungen, eine Abwendung von den althergebrachten Sitten und religiösen Gebräuchen, ein Schwanken von Recht und Gesetz, eingetreten, das nur noch des 27jährigen Bruderkrieges zwischen dem attischen und dem peloponnesischen Bunde bedurfte, um zu einer Zerrüttung aller Verhältnisse zu führen.

Dieser Lage der Dinge geben die Sophisten auf philosophischem Gebiete auch dadurch Ausdruck, daß sie mit der Frage nach der *Subjektivität* auf dem Felde des Erkennens wie des Wollens zugleich die Fundamentalfrage nach dem Recht des *Individuums* in der Gesellschaft entfachten.

2. Ältere Sophisten (Protagoras, Gorgias)

Der Relativismus des Protagoras

Der ernsteste und bedeutendste der Sophisten steht auch zeitlich an ihrer Spitze. Es ist Demokrits Landsmann Protagoras, um 480 zu Abdera geboren. Um seine Lehren in weiteren Kreisen zu verbreiten, führte er von seinem 30. Jahre ab ein Wanderleben, das ihn besonders oft und auf längere Zeit nach Athen führte. 411 (nach anderen schon 415) unter der Herrschaft der 400 wegen Gottlosigkeit angeklagt und verurteilt, ertrank er, wie es heißt, auf der Flucht nach Sizilien; seine Schriften wurden auf dem Markte zu Athen auf Staatsbeschluß verbrannt. Sie erstreckten sich vorzugsweise auf Ethik nebst den verwandten Fächern der Rechtswissenschaft, Politik und Pädagogik, wie die zahlreich erhaltenen Schriftentitel, von denen eine den streitbaren Titel ‹Die Niederboxer›* führte, beweisen. Von den Schriften selbst sind kaum 20 Zeilen überliefert, so daß wir auf andere Quellen mit angewiesen sind. Die wichtigste in betreff der Lehre ist Platons ‹Theätet›.

Der berühmte Fundamentalsatz des Protagoras lautet: ‹*Der Mensch ist das Maß aller Dinge*, der seienden, wie sie sind, der nicht seienden, wie sie nicht sind.› Und zwar bedeutete hierbei ‹der Mensch› nicht etwa den Menschen überhaupt, sondern, wenn anders wir Platons ‹Theätet› (152 A) wie auch späterer Berichterstattung Glauben schenken dürfen, schlecht und recht das einzelne Individuum mit seinen wechselnden Vorstellungen und Empfindungen. Jede Vorstellung besitzt relative Wahrheit, nämlich für den Wahrnehmenden unter den Bedingungen seines jedesmaligen Wahrnehmens. Es gibt keine allgemeingültigen Wahrheiten; dem Kranken z.B. erscheinen gewisse Dinge anders als dem Gesunden, dem Frierenden ist der Wind kalt, dem Nichtfrierenden nicht usw. Wie für die Herakliteer, so ist auch für Protagoras alles in beständigem Verströmen begriffen. Man kann von dem nämlichen Dinge zwei einander entgegengesetzte und dennoch gleichberechtigte Ansichten haben. Es ist vollendeter *Relativismus* und, insofern er sich auf die sinnliche Wahrnehmung als einzige Erkenntnisquelle stützt (eine Auslegung seiner Lehre, welcher Protagoras mindestens nicht vorgebeugt zu haben scheint), *Sensualismus*.

Dieser Relativismus dient jedoch dem Protagoras im wesentlichen nur dazu, um die Menschen von den seines Erachtens unfruchtbaren theoretischen Spekulationen auf die *praktischen* Aufgaben des Lebens hinzulenken, für die er seinen ‹guten Rat› anbietet, um sie kluge Voraussicht und sinnvolles Verhalten in den gegebenen Lagen zu lehren. Denn nicht alles ist für alle heilsam. Wenn also auch alle Wahrnehmungen gleichberechtigt sein mögen, beispielsweise die des Kranken wie die des Gesunden, so ist doch der Zustand des Gesunden besser als der des Kranken. Dieser bessere Zustand ist also zu erstre-

* Genauer wohl ‹Ἀλήθεια ἤ καταβάλλοντες› (zu ergänzen λόγοι), also: Wahrheit oder die niederwerfenden Gründe, wobei der erstgenannte Titel des Parmenides Lehrgedicht treffen sollte, dessen erster Teil ebenfalls von der Wahrheit handelte.

ben. Das gilt ähnlich für alle menschlichen Verhältnisse, insbesondere auch für die politischen. Hier ist Protagoras durchaus kein Umstürzler. Sitte (αἰδώς) und Recht (δίκη) erscheinen ihm vielmehr – wie der Mythos, den der platonische Dialog ‹Protagoras› (320 C) ihm zuschreibt, verrät – als die unentbehrlichen Stützen des Staates und der Gesellschaft, wie er selbst denn auch 443 im Auftrage des Perikles Gesetze für die neugegründete athenische Kolonie Thurioi in Unteritalien entwarf. Absolute Gültigkeit haben sie zwar nicht, aber sie sind verbindlich als Gesetze dieses bestimmten Staates und dieser bestimmten menschlichen Gemeinschaft.

Bezüglich der *Götter* bekannte er, ‹nicht zu wissen, ob sie existieren oder nicht›; vieles verhindere ein sicheres Wissen über sie, ‹die Dunkelheit der Sache und die Kürze des menschlichen Lebens› (Fragm. 4). Allerdings ist nur dieser Satz von seiner Schrift über die Götter erhalten, dessen skeptischer Freimütigkeit er seine Verurteilung wegen ‹Gottlosigkeit› zu danken hatte. Verdienstlich waren auch seine grammatischen und sprachkritischen Untersuchungen.

Gorgias

Im Sommer 427 sandte seine Vaterstadt, das sizilische Leontinoi, Gorgias an der Spitze einer Gesandtschaft nach Athen, um Hilfe gegen Syrakus zu erbitten. Hier und in vielen anderen Gegenden Griechenlands feierte seine hinreißende Beredsamkeit glänzende Triumphe. Prunkend, wie seine Rede, soll auch sein äußeres Auftreten gewesen sein. Später zog er sich nach Thessalien zurück, wo er um 380 über 100 Jahre alt starb.

In der Physik und Naturphilosophie, mit der sich Gorgias zunächst beschäftigt hat, schloß er sich seinem Landsmann Empedokles an. Seinen eigentlichen Beruf aber fand er im Lehren und Ausüben der Redekunst, so daß er gegenüber dem philosophischeren Protagoras in erster Linie als *Rhetor* zu charakterisieren ist. Von seiner Art und seinen formalen Zielen zeugen noch zwei unter seinem Namen überlieferte, wohl echte Prunk- und Musterreden: ‹Lob der Helena› und ‹Verteidigung des Palamedes›. Vielleicht war es auch nur ein rhetorisches Kunststück, wenn er in seiner Hauptschrift, die den Titel ‹Von der Natur oder dem Nicht-Seienden› trug, folgende drei berühmten Sätze aufstellte: 1. Es existiert nichts. 2. Wenn aber auch etwas existierte, so wäre es doch für den Menschen unfaßbar. 3. Wenn es aber auch faßbar wäre, so wäre es doch unaussprechbar und unmitteilbar.

Die nähere Begründung dieser Sätze, wie sie sich bei dem Skeptiker Sextus Empiricus und in der pseudo-aristotelischen, wohl von einem Peripatetiker des 3. Jahrhunderts herrührenden Schrift ‹De Melisso Xenophane Gorgia› findet, war gegen die Eleaten gerichtet.

Wie es für Gorgias keine objektive Wahrheit, sondern höchstens Wahrscheinlichkeit gibt, so auch keine absoluten ethischen Normen. Jedes Volk, jeder Beruf, jedes Lebensalter hat seine eigenen besonderen Maßstäbe. Neuerdings ist auch auf die Bedeutung des Gorgias für die Ästhetik hingewiesen worden, die er insbesondere durch Gedanken über Sinn und Recht der künstlerischen Täuschung, der Illusion gefördert habe.

Die entscheidenden Leistungen des Gorgias bleiben die auf dem Gebiet der Rhetorik. Nicht zufällig war sein bedeutender Schüler Isokrates (436–338), der große Redner und Gründer einer Rednerschule.

Zu den Sophisten gehört auch der sogenannte Anonymus Jamblichi, d. h. ein unbekannter Denker des 5. Jahrhunderts, aus dessen Schrift der Neuplatoniker Jamblichus einen längeren Auszug in seine ‹Ermahnung zur Philosophie› (Kap. XV, 2) einflocht. Er fordert Zusammenhalten aller auf dem Boden von Recht und Gesetz stehenden Bürger gegen die Gewaltherrschaft eines einzelnen. Eine andere im Auszug erhaltene recht dürftige, aber wegen der Verluste an sophistischer Literatur doch lehrreiche Schrift ‹Zweierlei Reden› (Δισσοὶ λόγοι) führt mit ihrer Verwertung sokratischen Gutes von der Sophistik bereits in die spätere Zeit hinüber.

3. Jüngere Sophisten (Prodikos, Hippias, Antiphon)

Prodikos. In Athen erwarb sich Beliebtheit und Einfluß Prodikos von der benachbarten Insel Keos, der von manchen sogar als ‹Vorgänger des Sokrates› bezeichnet wird. Er schrieb und hielt Vorträge über Synonymik, also Bedeutungsverwandtschaften und Bedeutungsunterschiede von Wörtern und Sprachrichtigkeit. In seiner Schrift ‹Die Horen› (Ὧραι, die Vegetationsgöttinnen; die Jahreszeiten) gab er eine Theorie der Kultur, deren Grundlage er im Ackerbau sah, der die Menschen zu Seßhaftigkeit, Fleiß, sittlicher Lebensführung und zur Staatsgründung erziehe. Die Entstehung der Religion wagte er bereits in sehr rationalistischer und zugleich utilitaristischer Weise zu erklären: Die Menschen der Vorzeit hätten alles vergöttert, was ihnen Nutzen brachte, wie das Brot als Demeter, den Wein als Dionysos, das Wasser als Poseidon, das Feuer als Hephaistos u. a. Am bekanntesten aber wurde Prodikos durch seine moralisierenden Vorträge, vor allem durch die berühmte, von Xenophon (‹Memorabilien› II, 1) überlieferte mythische Erzählung von ‹Herakles am Scheidewege›, der, zwischen Lust (ἡδονή) und Tüchtigkeit (ἀρετή) gestellt, die letztere wählt. Sie ist in die Weltliteratur eingegangen und insbesondere im ganzen Altertum und im Frühmittelalter einflußreich gewesen.

Hippias. Von noch weit größerer, wahrhaft erstaunlicher Vielseitigkeit war der ihm und Sokrates etwa gleichaltrige Hippias von Elis, der nicht bloß Astronomie, Mathematik, Mnemonik, Chronologie, Sagen- und Völkerkunde, Theorie der Künste trieb und lehrte und in moralischen Mahnreden, wie Prodikos, glänzte, sondern daneben auch noch Dichter und Kunsthandwerker war, der uns aber nur schwer faßbar ist. Philosophisch interessiert uns nur der für diese Zeit der sophistischen Aufklärung, die alles bisher Feststehende in Wissen und Sitte, Recht und Staat in Zweifel zog, charakteristische Gegensatz, der nach Platon bei Hippias zuerst zutage trat, zwischen φύσει und νόμῳ, d. h. zwischen dem, was von Natur ewige und unveränderliche Geltung besitzt, und den vergänglichen und veränderlichen Satzungen der Menschen.* Hippias stellt in Platons Dialog ‹Protagoras› 337 D den Satz auf: das Gesetz sei der Tyrann der Menschen und setze mit Gewalt vieles Naturwidrige durch. An derselben Stelle erscheint als seine Lehre, daß es eine geistige Gemeinschaft der Menschen gibt, die nicht an die Grenzen von Volk und Staat gebunden ist.

Antiphon. Antiphon, in der Verknüpfung von Naturphilosophie und Ethik übereinstimmend mit Hippias, verkündete im ersten Buch seines Werkes ‹Über die Wahrheit›, das von Denken und Sinneswahrnehmung, Wesen und Schein gehandelt hat, im Anschluß an die Eleaten, eine hohe Gottesvorstellung. ‹Gott ist unendlich** und bedürf-

* Bedeutsam ist die Wert- und Bedeutungswandlung des Begriffs *nomos* (νόμος), der ursprünglich die verpflichtende, heilige Ordnung bezeichnete (Pindars ‹νόμος ὁ πάντων βασιλεύς›), dann die geltende, aber sich wandelnde Sitte, schließlich das unverbindliche Brauchtum und zuletzt die willkürliche Satzung und Meinung als Gegenbegriff zur ‹Wahrheit›.

** Unendlich im Sinne des Einen Ganzen, Allgemeinen, Umfassenden. Nicht zu

nislos›, nimmt deshalb auch von niemandem etwas an. In dann anscheinend folgenden naturrechtlichen Erörterungen betrachtete er, wie Hippias, ‹Gesetz und Brauch› als eine Fessel des wahren natürlichen Rechtes, das im Interesse der Schwachen zu wirken habe. Auch der Gedanke einer natürlichen Gleichheit aller Menschen taucht bei ihm bereits auf, mit dem er den Gegensatz von Hellenen und Barbaren, Freien und Sklaven zu überwinden sucht. Das zweite Buch hat eine Naturlehre enthalten (insbesondere wohl meteorologische Erörterungen). Die ihm auch zugeschriebene Rede über die Eintracht und den Gemeinsinn (‹Περὶ ὁμονοίας›) als Grundlage des politischen und privaten Lebens ist möglicherweise auch einem vom Sophisten Antiphon zu unterscheidenden Rhetor und Staatsmann Antiphon von Rhamnus zuzuweisen.

Politische Theorien. Andere verfolgten diese, wie es scheint, bei Hippias und Antiphon ziemlich gemäßigt auftretenden naturrechtlichen Theorien bis zu *radikaleren Konsequenzen*. Berechtigt ist nur, was ‹die Natur› bestimmt. Daher haben alle seit Anbeginn der Menschengeschichte von Menschen gemachten Gesetze und Rechte nur einen sehr bedingten Wert und sind im Interesse derer, die sie aufstellten, erlassen: sei es der Gewalthaber, wie Thrasymachos im I. Buche der platonischen ‹Republik› (338ff) ausführt, oder der Masse der Schwachen, wie Platons ‹Gorgias› will. Jeder beansprucht unter Berufung auf die Natur das Recht zur Befriedigung seiner Triebe. Maßzuhalten ist töricht, ja schimpflich. Kallikles in Platons ‹Gorgias› (483ff) führt aus, daß durchaus nicht immer die Gesetzlichkeit glücklich mache, vielmehr weit häufiger eine durch keine Rücksicht auf Maß und Gesetz gehemmte Lebensführung. Der Stärkste ist am glücklichsten, weil er sich am besten auszuleben vermag.

Von solchen Anschauungen aus ist man schon damals zu einer tief einschneidenden *Kritik der bestehenden Gesellschaftsordnung* gekommen; mindestens sind von einzelnen sehr tiefgreifende, revolutionäre Forderungen gestellt worden. Im Namen des gleichen Rechts für alle forderte Lykophron offen die Abschaffung der Adelsvorrechte, Alkidamas und andere (siehe Antiphon), was selbst Platon und Aristoteles nicht wagten, die der Sklaverei – ‹die Gottheit hat alle frei erschaffen, die Natur niemanden zum Sklaven gemacht› –, Pha-

---

verwechseln mit der spätantiken und christlichen Bedeutung des unendlichen Gottes als des ‹jenseits› des Ganzen der Welt zu denkenden schlechthin Unbedingten.

leas von Chalkedon Gleichheit des Besitzes, der Erziehung und Kollektivwirtschaft für die freien Bürger, während ‹der erste Privatmann, der es unternahm, etwas über den besten Staat zu sagen›, der pythagoreischen Kreisen nahestehende Architekt Hippodamos von Milet, sich noch innerhalb der Grenzen der bestehenden Gesellschaftsordnung gehalten zu haben scheint (Quelle für diese Nachrichten: Aristoteles' ‹Politik›).

Eristik. Dieser Umwertung der sittlich-sozialen Vorstellungen folgte allgemach auch ein immer radikalerer Skeptizismus auf theoretischem Gebiete, dem wir ja schon Gorgias huldigen sahen und der sich zu dem Satze verstieg: alles sei Trug, jede Vorstellung und Meinung falsch. Bei anderen führte das zur leeren Wortstreiterei (Eristik), zu Effekt machen sollenden Fang- oder Trugschlüssen (Sophismen), wie sie Platon in seinen Dialogen ‹Euthydem› und ‹Kratylos›, Aristoteles in seiner Schrift ‹Über die sophistischen Trugschlüsse› vorführt.

VI. Sokrates

1. Sokrates' Persönlichkeit

Der Lebensgang des Sokrates kann hier nicht im einzelnen geschildert werden. Es genüge, kurz an die wichtigsten Daten seines äußeren Lebens zu erinnern: daß er, als Sohn eines Bildhauers und einer Hebamme 470 oder 469 zu Athen geboren, anfangs selbst Bildhauer war, die Schriften der alten Weisen – später auch zusammen mit seinen Schülern – las sowie die Vorträge der Sophisten hörte; daß er an mehreren Feldzügen seiner Vaterstadt teilnahm, bei Potidäa dem Alkibiades das Leben rettete, als Prytane mutvoll in der Sache der Arginusen-Feldherrn dem Terrorismus der Masse entgegentrat und 399, wegen ‹Einführung neuer Götter und Verführung der Jugend› verurteilt, den Giftbecher trinken mußte. (Höchst unsicher dagegen ist, was über seine Ehe berichtet wird.)

Früher herrschte die Auffassung vor, daß die Darstellung Xenophons (in seinen ‹Memorabilien› und seinem ‹Symposion›) bei aller Nüchternheit und Plattheit doch die ‹objektivere›, weil historisch treuere, und deshalb der künstlerischen, aber ‹subjektiven›, idealisierenden Platons in fast allen seinen Dialogen vorzuziehen sei. Nachdem zuerst Dissen (1812) und Schleiermacher (1815) an dieser Auffassung gerüttelt, nachdem dann gezeigt worden war, daß Xenophon, selbst kein Philosoph, gar nicht die Fähigkeit besaß, das philosophische Ziel des Sokrates in seiner vollen Tiefe zu erfassen und darzustellen, haben neuere Untersuchungen wahrscheinlich zu machen gesucht, daß auch Xenophons Ohrenzeugentum, der damaligen literarischen Mode entsprechend, nur Fiktion ist, daß seine ‹Memorabilien› (erst 30 Jahre nach Sokrates' Tod abgefaßt) zu der üblichen Gattung rhetorischer Lobschriften gehören und die Erwiderung auf das Pamphlet eines Rhetors sind, daß endlich seine philosophische Auffassung, soweit er überhaupt eine solche besitzt, durch den Kyniker Antisthenes (siehe Kap. VII, 2) beeinflußt ist.

Als bester Ausgangspunkt erscheinen, bei Erwägung aller in Betracht kommenden Verhältnisse, doch immer noch diejenigen Dialoge Platons (auf die sich augenscheinlich auch Aristoteles stützt), die des Meisters Lehre noch am wenigsten vermischt mit eigenen Zusätzen darstellen. Es sind das unter den frühesten, den sogenannten ‹sokratischen› Dialogen folgende: in erster Linie die des Meisters Andenken gewidmete ‹Apologie›, dann ‹Kriton›, ‹Laches› und ‹Protagoras›, aus der späteren Zeit die Alkibiadesrede im ‹Symposion›. Zu deren Ergänzung und zur Vergleichung, aber auch zur Korrektur, sind sodann Xenophon und Aristoteles heranzuziehen.

2. Die sokratische Methode

Alle Quellen zeigen uns den fragenden Sokrates. Als den Inbegriff seiner Weisheit erklärte er (nach Platons ‹Apologie›), daß er um sein Nichtwissen wisse, während andere sich einbildeten, etwas zu wissen. Das Wesentliche für ihn und zugleich das Neue in der Geschichte der Philosophie ist also, daß er nicht zu irgendwelchem Wissens*inhalt* drängt, sondern sich und andere zur *Selbstbesinnung* treibt, zur *Prüfung alles* vermeintlichen *Wissens* auf sein Begründetsein. Er will nicht, gleich den Sophisten, seinen Schülern fertige Schablonen einhämmern, sondern sie selbst die Wahrheit finden lassen. Dabei kann man ein prüfendes, untersuchendes Element und ein erweckendes, protreptisches unterscheiden, aber gerade das Ineinander von beiden ist Sokrates eigentümlich.

Noch stärker als die Sophisten wendet er sich von der Naturphilosophie, ja sogar von der Naturbetrachtung ab. Felder und Bäume, sagt er, können mich nichts lehren. Wer den Menschen studiert, hat zum Naturerkennen keine Zeit. Seine Forschung gilt dem *Menschen* mit seinem gesamten Denken und Wollen. Worin aber besteht das Wesen des Menschen, worin das Wesen der Gerechtigkeit, der Tapferkeit, eines guten Staatsbürgers und einer guten Verfassung, worin das Wesen der guten Beschaffenheit selbst? Das waren die Fragen, welche Sokrates sich stellte und stellen mußte, weil ihn, im Gegensatze zu den Sophisten, nach einer *allgemein-verbindlichen* Wahrheit verlangte. In diesem Ringen nach Wahrheit, nach wahrem Wissen besteht seine ganze Philosophie. Ein Leben ohne philosophisches Forschen und Prüfen scheint ihm nicht ‹lebenswert›. Nur eines erscheint ihm als wahrhaft gut: das Wissen (ἡ ἐπιστήμη), die Selbsterkenntnis. Daher sein Lieblingsspruch, das delphische ‹Erkenne dich selbst!›. Damit gerät er also nicht ins Subjektiv-Psychologische, sondern will es überwinden.

Indem nun Sokrates untersucht, ‹was ein jedes Ding sei› (τί ἕκαστον εἴη), scheint er das Ziel und die Grundlage aller wissenschaftlichen Arbeit in dem *Begriff** (dem ‹Was ist?›, τί ἐστιν) des Dinges, seiner Definition gefunden zu haben. Nicht freilich als ob er bereits die Logik wissenschaftlich begründet und in ein System gebracht hätte – das tut erst Aristoteles –, aber er handhabt sie als Mittel der dialektischen Unterredung und Selbstprüfung mit einer Art natürlicher Genialität. Und wie gewinnt er den sicheren Begriff einer Sache? Auf dem Wege des hinführenden induktiven Verfahrens.

Sokrates war weder ein Bücherschreiber noch ein einsamer Grübler, noch ein dozierender Professor. Er ging auf den Markt und die Straßen. Es war ihm Bedürfnis, die Wahrheit im *Zwiegespräch* mit anderen zu finden. Wo sich ihm nur die geringste Aussicht auf Erfolg bot, knüpfte er es an. Dabei ging er von dem, was dem Betreffenden – war er nun Handwerker oder sonstiger Praktiker oder Politiker oder Dichter – am nächsten lag, seiner Arbeit oder Beschäftigung, aus und bat ihn um Aufschluß über Wesen und Zweck seiner Tätigkeit. Dann

* Daher bezeichnete man die mit Sokrates beginnende Epoche der antiken Geistesgeschichte als die der attischen Begriffsphilosophie. Alle vorangehenden Denker wurden von den Alten in die mit Thales beginnende, von der Physik ausgehende ionische und die mit Pythagoras beginnende, von der Mathematik ausgehende italische Philosophie eingeteilt. Vgl. Diog. Laert., Proömium.

aber zeigte er dem also Befragten durch geschickte Kreuz- und Querfragen, daß er im Grunde nicht wisse, was er zu wissen vorgegeben habe, und deshalb noch weniger wisse als er (Sokrates selbst), der doch wenigstens von sich gewußt habe, daß er das, wonach er gefragt, in der Tat nicht wisse. Das ist die sogenannte *Ironie* des Sokrates. Wer sich aber so in seiner falschen Selbstsicherheit erschüttern und durch die beschämende Einsicht in die eigene Unwissenheit nicht von der weiteren Unterhaltung abschrecken ließ, den führte er in ernsthaftem Gespräche, indem er die in dem Mitunterredner noch schlummernden Gedanken aus ihm herauszulocken suchte, Schritt für Schritt weiter, um ihn schließlich selbst zu dem Begriff zurückgelangen zu lassen, der einer bestimmten sprachlichen Bezeichnung, z. B. Gerechtigkeit, zugrunde liegt. Das nannte er, unter Anspielung auf den Beruf seiner Mutter, seine *Maieutik*, d. i. Entbindungskunst. Die Wahrheit soll aus der eigenen Seele des anderen herausgeboren werden.

Sokrates entwickelt keine Ethik als isolierte Disziplin. Er kennt keine Fächergrenzen. Er geht unbefangen dem Zug der Fragen selbst nach. Nur insofern, als allerdings in der Frage ‹Was ist gut?› alle Fragen kulminieren, ist von einer sokratischen Ethik zu sprechen.

3. Die sokratische Ethik

Worin besteht das Wesen und damit der Zweck irgendeines Dinges, z. B. dieses Tisches? In seiner Tüchtigkeit zu etwas, seiner ‹Güte› (ἀρετή). So besteht auch das Wesen und damit der Zweck des Menschen in seiner Tüchtigkeit oder Tugend – wobei jedoch, wenn wir den Begriff der Tugend hier anwenden und beibehalten, alle christlichen Vorstellungen fernzuhalten sind. Was aber hat man dann näher unter dieser Tugend, die alle, namentlich auch die Sophisten, im Munde führen, zu verstehen? Ist sie erlernbar? so fragt Sokrates und macht damit zum erstenmal die Tugend, sonach die Ethik zum Problem – nicht als Fach der Philosophie, sondern als dringendste Frage des Menschseins. Gerade das Problemstellen ist auch hier wieder seine wichtigste Leistung, nicht etwa die positive Antwort. Worin das Gute seinem Inhalt nach bestehe, scheint Sokrates vielmehr gar nicht bestimmt formuliert zu haben. Er betont nur, daß die Tugend ein *Wissen* sei, daß sie auf der richtigen Einsicht oder Besinnung (φρόνησις) beruhe, die in der Selbstbeherrschung (ἐγκράτεια) praktisch wird. Wird doch auf allen Gebieten des Lebens derjenige als tüchtig anerkannt, der seine Sache versteht; wieviel mehr auf dem des sittlichen Handelns! Wer aus unklaren Gefühlen oder aus überlieferter Gewohnheit handelt, wird immer nur zufällig das Rechte treffen. Also auf das feste Bewußtsein, auf die Erkenntis allein kommt es an. Diese Überzeugung steigert sich dann zu dem merkwürdigen Satze: Niemand handelt mit Absicht schlecht. Denn sonst würde er ja gegen die eigene Erkenntnis vom Rechten handeln, die, wie die Wahrheit selbst, nur *eine* sein kann. Handelt er aber wirklich unrecht, so hat er eben die rechte Einsicht nur scheinbar besessen; mindestens ist sie unvollständig oder unklar gewesen, wenn sie sich von der Unkenntnis, die in den Trieben liegt, hat überwinden lassen, anstatt ihrerseits dieselben zu überwinden. Wenn und während die Erkenntnis herrscht, kann nicht zugleich auch etwas anderes wie Lust, Zorn, Schmerz, Furcht, Begierde über den Menschen herrschen.

Der sogenannte *Eudämonismus** der sokratischen Ethik darf nicht im Sinne einer platten Nützlichkeitsauffassung verstanden werden. Das Gute erscheint als das Gesunde, Heilsame, Förderliche. Denn so haben wir es wohl zu verstehen, wenn es bei Xenophon mit dem *Nützlichen* gleichgesetzt wird. Der Prüfstein der Tugend ist der durch Vernunftüberlegung und Erfahrung zu ermittelnde Einfluß der betreffenden Handlung auf menschliches Wohlergehen. (Man darf auch nicht vergessen, daß εὖ πράττω zugleich heißt: ich handle gut, und: es geht mir gut.) An sich zwar würde das stark verstandesmäßig-praktische Element in Sokrates' Persönlichkeit, worin u. a. seine Abneigung gegen Dichter und Rhetoren begründet liegt, auch einer eigentlichen Nützlichkeitsethik nicht widerstreben. Indessen scheint doch dieser Zug von dem selbst prosaischen Xenophon übertrieben worden zu sein. Andere Züge stehen wenigstens dem entgegen: seine Überzeugung, daß Unrecht leiden besser sei als Unrecht tun, die Gesetzestreue, vermöge deren er sich seinem Schicksal nicht durch die Flucht entziehen wollte, seine Neigung zu schönen Jünglingen und zu Freundschaftsbündnissen, deren Zweck es sei, einander in gemeinsamem Leben und gegenseitiger Förderung immer besser zu machen, und nicht am wenigsten – seine tiefe *Religiosität*.**

---

* Eudaimon (εὐδαίμων) ist, wer sich mit seinem eigenen Dämon gut steht. Hierauf beruht das wahre Wohlergehen, die ‹Glückseligkeit› des Menschen, die, wenn erreicht, durch keine Macht oder Gewalt gefährdet werden kann.

** Das eudämonistische Prinzip in der sokratischen Ethik ist selbst schon religiö-

Die letztere lag allerdings mehr in seiner Persönlichkeit, als daß er sie systematisch zu begründen versucht hätte. Schon die zweckmäßige Einrichtung des Weltalls wies zwar nach seiner Überzeugung auf eine weise, alles lenkende Gottheit hin. Ihr vertraut er überall da, wo menschliches Verstehen nicht mehr ausreicht. Auch unsere Seele ist ein Teil des Göttlichen, das die Welt geordnet hat. Ja, er fühlt die Gottheit auch in der eigenen Brust als innere Stimme zu ihm reden, insbesondere ihn warnen, wenn er nicht auf dem richtigen Wege war. Denn so ist wahrscheinlich das geheimnisvolle *Daimonion* zu verstehen, von dem er zuweilen redet (und über das sich bereits eine ganze Sonderliteratur angesammelt hat). Noch Sophokles mißt die Sittlichkeit an der Religion: ‹Nichts ist ja bös, was Götter anbefehlen.› Sokrates dürfte sich mehr dem Euripides nähern, der sagt: ‹Wenn Götter Böses tun, sind's keine Götter.› Aber das alles ist mehr praktische Frömmigkeit bei ihm als Gegenstand einer Lehre.

Des Sokrates Religiosität ist in der *Polis* verwurzelt. Die Sorge um das Wohl der ‹Seele› ist für ihn Sorge um die *Polis*, der er von ‹Gott› selbst als ‹Sporn› beigegeben zu sein glaubt (‹Apol.› 30E). Auch sein gewiß sehr persönliches *Daimonion* ist darin sehr eindeutig, daß es ihm stets abrät, gegen den Sinn der *Polis* zu handeln – auch noch in jener letzten Entscheidung, ob er aus dem Kerker fliehen soll. Er forderte und übte den unbedingten Gehorsam gegen die Staatsgesetze, und wenn er doch an die Richter und Gesetze im Hades appelliert, so deshalb, weil ihn der Gegensatz zwischen dem bestehenden Staat und dem wahren Staat der Gerechtigkeit dazu zwingt. Über die persönliche *Unsterblichkeit* scheint er sich zweifelnd ausgedrückt zu haben (‹Apol.› 40Cf). Was uns nach dem Tode erwartet, wissen wir nicht; wohl dagegen, daß Rechttun gut, Unrechttun übel für uns ist. Jedenfalls sind ihm die Götter in erster Linie Vertreter des sittlichen Gedankens. Das ergibt sich aus dem Schluß der platonischen ‹Apologie›. Hatte er vorher seinen Anklägern zugerufen: ‹Ich glaube an Götter ebensogut wie ihr, ja noch mehr›, so offenbart sich hier der sittliche Grund, auf dem sein Glaube ruht, in den von festem Vertrauen eingegebenen Worten: ‹Dem Guten kann nichts Übles geschehen, weder im Leben noch nach dem Tode, und seine Sache wird von den Göttern nicht verlassen.›

---

ser Art. Denn die Tatsache, daß der, der sich mit seinem Dämon gut steht, dadurch unbedingt glücklich ist, ist eine Überzeugung des religiösen Bewußtseins: Gott hat das in der Weltordnung so gefügt.

VII. Die sokratischen Schulen

Die Wirksamkeit des Sokrates hörte mit seinem Tode nicht auf. Zwar hatte er seiner ganzen Natur nach eine eigentliche ‹Schule› weder gebildet noch bilden wollen, aber zahlreiche Männer und Jünglinge hingen mit inniger Verehrung an ihm und suchten nach seinem Vorbild zu dem Ideal des ‹Schönen und Guten› (der καλοκἀγαθία) zu gelangen. Zu ihnen gehören zunächst solche, die ohne eigene philosophische Bedeutung sind, wie Xenophon und Aischines von Sphettos, die beide in ‹sokratischen Gesprächen› des Meisters Lehre nach ihrer praktischen und gemeinverständlichen Seite hin darzustellen suchten, ohne ihn doch in seiner ganzen menschlichen und namentlich philosophischen Größe zu erfassen. Von den Dialogen des Aischines, die besonders treu nach dem Leben abgefaßt gewesen sein sollen, besitzen wir leider nur eine Anzahl Fragmente, die sich u. a. auf die Beziehungen des Sokrates zu Alkibiades und Aspasia beziehen; während die weniger zuverlässigen ‹Ἀπομνημονεύματα› Xenophons (siehe oben Kap. VI, 1) erhalten geblieben sind. Als Philosophen und Stifter philosophischer Schulen kennen wir vier von Sokrates' Jüngern: Aristipp, Antisthenes, Euklid von Megara und Platon. Die drei ersteren pflegt man, weil sie nicht den ganzen Sokrates, sondern nur einzelne Seiten desselben in sich aufgenommen haben, um sie dann selbständig weiterzubilden, die *einseitigen* oder *unvollkommenen Sokratiker* zu nennen.

1. Aristipp und die Kyrenaiker

Aristipp von Kyrene

Aristipp, dessen Lebenszeit zwischen 435 und 355 fällt, stammte aus dem schön gelegenen, reichen und genußliebenden Kyrene an der nordafrikanischen Küste. Er war, ehe er zu Sokrates kam, bereits mit der Lehre des Protagoras bekannt geworden und soll auch schon vor Sokrates' Tod als Lehrer aufgetreten sein. Später führte er, wie die meisten Sophisten, ein Wanderleben, das ihn unter anderem an den Hof des älteren und des jüngeren Dionys zu Syrakus führte. Der Schule, die er später in seiner Vaterstadt gründete, der *kyrenaischen*, gehörte seine Tochter Arete an, die erste weibliche Erscheinung, die uns in der Geschichte der Philosophie begegnet. Sie führte dann wieder ihren Sohn, den jüngeren Aristipp, in die Lehre des Großvaters ein, die nach einer alten Überlieferung erst durch diesen (den ‹von der Mutter belehrten› μητροδίδακτος) ihre systematische Ausbildung empfangen und weitere Verbreitung erfahren haben soll.

Wie Sokrates hielt auch Aristipp mathematische und physikalische Studien für unnütz, weil sie nicht nach dem fragten, was nützlich und schädlich sei. Aber nicht bloß die Physik, auch die Logik tritt bei ihm und seiner Schule durchaus hinter die *Ethik* zurück. Maßstab und Ausgangspunkt der letzteren bildet für ihn nicht mehr die sokratische Begriffsbestimmung, sondern die Rücksicht auf das eigenen Wohlbefinden, nach dem, wie die Erfahrung lehrt, schon die Kinder und die Tiere instinktmäßig streben, die Lust- und Unlustgefühle des einzelnen. Daher wurden die Kyrenaiker auch *Hedoniker* (ἡδονή = Lust) genannt. Es ist des Protagoras μέτρον ἄνθρωπος, von ihm auch in erkenntnis-theoretischer Hinsicht, und zwar zugespitzt zum Empfindungssubjektivismus, übernommen und auf das ethische Gebiet übertragen, daher Aristipp mehr als dessen wie als des Sokrates Fortbildner zu betrachten ist; er wird auch von Aristoteles als ‹Sophist› bezeichnet. Und zwar scheint er noch kein allgemeines höchstes Gut, die Glückseligkeit (εὐδαιμονία), wie später Epikur, aufgestellt, sondern in der Tat die Lust des Augenblicks als das Maßgebende betrachtet zu haben. Nur die Gegenwart ist unser; um das Vergangene soll man sich nicht kümmern, noch um die Zukunft sorgen. Auch von den Pflichten und Sorgen des öffentlichen Lebens halte man sich fern; der einzelne und sein Wohlergehen sind vielmehr Zweck und Ziel der Welt. ‹Tugend ist Genußfähigkeit›, so faßt ein neuerer Philosoph (Windelband) des Kyrenaikers Lehre zusammen. Freilich soll man diejenige Lust wählen, die den dauerhaftesten, intensivsten und am wenigsten durch folgende Unlust gestörten Genuß verspricht, und dazu bedarf man – nun zeigt sich noch ein *sokratisches* Moment – der Einsicht oder Besinnung (φρόνησις). Die letztere ist jedoch nicht Selbstzweck, sondern nur Mittel zum Zweck der Lust, also des Nutzens wegen erstrebenswert, den sie bringt. Es kommt so geradezu (bei ihm oder in seiner Schule) zur Ausbildung einer μετρικὴ τέχνη, einer ‹Meßkunst› der Lust als Bedingung des Lebensgenusses.

Bei sehr energisch ausgesprochenem Grundprinzip ist es wissenschaftlich unerheblich, ob Aristipp die Lust etwas feiner oder gröber definiert hat. Unbedingt zuverlässige Nachrichten über seine Lehre sind uns ohnehin nicht erhalten. Daß ein geistreicher Mann wie er, der des Sokrates Umgang genossen und ihn hochgestellt hat, sein höchstes Ziel nicht in grober Sinnenlust sehen konnte, ist selbstverständlich. Er wollte lieber ein Bettler als ungebildet sein; denn dem Bettler fehle es nur an Geld, dem Ungebildeten aber an ‹Humanität› (ἀνθρωπισμός): ein Ausdruck, der nach Nestle hier zuerst vorkommt. Skrupelloses, freies Genießen dessen, was das Leben bietet, aber zugleich *Herrschaft über den Genuß* erschien ihm das Erstrebenswerteste.

Die jüngeren Kyrenaiker

Nicht Aristipp selbst, sondern erst seine Nachfolger scheinen sich mit der theoretischen bzw. psychologischen Ausbildung seiner Lehre befaßt zu haben. Leider sind uns nur dürftige und einseitige Berichte darüber erhalten. Nach Sextus Empiricus (200 n. Chr.) bezogen sich die Untersuchungen ‹derer von Kyrene› vorzugsweise auf fünf Probleme: 1. Was zu begehren und zu fliehen sei, 2. die Leidenschaften, 3. die Handlungen, 4. die äußeren Ursachen, 5. die Bürgschaften der Wahrheit (Beweisgründe). 4. und 5. scheinen eine Art Physik und Logik als Ergänzung zu der voraufgegangenen Ethik (1.–3.) enthalten zu haben. Mit Gewißheit kennen wir nur unsere eigenen Empfindungen (πάθη), aber weder deren Ursachen noch auch, was die anderen empfinden. Jede Empfindung ist eine Art Bewegung, die Lust eine sanfte, die Unlust eine stürmische; der Ruhestand entspricht der vollendeten Lust- und Schmerzlosigkeit.

Wir haben nun noch besondere Wendungen des kyrenaischen Grundgedankens zu verfolgen. Theodoros, ein Schüler des jüngeren Aristipp, verfeinerte die Lustlehre, indem er als das zu erstrebende Ziel (τέλος) nicht den einmaligen und Augenblicksgenuß, sondern eine durch die Einsicht vermittelte *dauernde* Gemütsstimmung, die *Heiterkeit* oder Freude (χαρά), aufstellte. Dazu stimmt schlecht der Bericht, daß er in einem rücksichtslosen Naturalismus unter Umständen auch Diebstahl, Ehebruch und Tempelraub für erlaubt erklärt habe. Der ihm beigelegte Beiname ‹der Atheist› (ἄθεος) bezieht sich wohl auf seine offene Bestreitung der Volksreligion.

Auch Annikeris suchte die kyrenaische Lehre zu veredeln, indem er den Hauptwert auf die feineren Lustempfindungen der Dankbarkeit, Freundschaft und Liebe legte. Zur Einsicht müsse Gewöhnung hinzutreten. Er leitet bereits zum Epikureismus (Kap. XI, 1) über.

Hegesias dagegen zog aus den Sätzen der hedonischen Schule die umgekehrte Schlußfolgerung. Da die gepriesene Glückseligkeit doch nur sehr selten erreichbar sei, solle man sich mit der Freiheit von Sorgen und Schmerzen begnügen und sich mit möglichster Gleichgültigkeit gegen alle Launen des Schicksals wappnen. Sei auch dieser Zustand nicht zu erreichen, so solle man das alsdann wertlose Leben lieber wegwerfen. So schlägt die Lustlehre hier in ihren Konsequenzen ganz naturgemäß in den *Pessimismus* um. Hegesias, ‹der zum Tod Überredende› (πεισιθάνατος), soll in Alexandrien so viele Zuhörer zum Selbstmorde veranlaßt haben, daß seine Vorträge verboten wurden.

Eine gewisse Verwandtschaft mit diesen gegen Ende des 4. Jahrhunderts wirkenden Kyrenaikern wie anderseits freilich, ja vielleicht noch mehr, mit der Sophistik zeigt der etwas jüngere, um 300 am Hofe des Kassander lebende Euemeros. Er suchte in der ‹Heiligen Schrift›, einem der Form nach utopischen Reiseroman, nachzuweisen, daß die Götter und Heroen der Mythologie nur ausgezeichnete Menschen gewesen seien, denen man nach ihrem Tode göttliche Ehren erwiesen habe. In diesen Zeiten der Auflösung des alten Glaubens fand solch aufklärerischer Rationalismus vielen Anklang; er wurde u. a. durch den Dichter Ennius nach Rom verpflanzt.

So haben bereits die Kyrenaiker des Altertums in verschiedenen, zum Teil an ganz moderne Erscheinungen erinnernden Wendungen des Gedankens so ziemlich alle möglichen hedonistischen Standpunkte erschöpft. Eine ganz entgegengesetzte Richtung vertraten Antisthenes und die Kyniker.

2. Antisthenes und die Kyniker

Antisthenes

Antisthenes, um 440 zu Athen, jedoch von einer thrakischen Mutter geboren, hatte schon den Unterricht des Gorgias genossen und wie dieser Unterricht in der Redekunst erteilt, ehe er, in ziemlich vorgeschrittenem Alter, zu Sokrates kam, bei dessen Tode er anwesend war. Selbst – wenigstens später – arm, fühlte er sich als Wortführer der niederen Klassen. Er lehrte im Gymnasion Kynosarges; wahrscheinlich deshalb, weniger ihres ‹hündischen› Lebens wegen, haben seine Anhänger den Namen *Kyniker* (κύων = Hund) bekommen. Er war ein fruchtbarer Schriftsteller, von dem freilich nur kleine Gedankensplitter auf uns gekommen sind. Er starb nach 366.

Wie Gorgias zeigte er sich in der Erkenntnislehre als Skeptiker. Er war zugleich ein Vorläufer des Nominalismus. Jedem Dinge solle nur sein eigener Name, kein fremdes Prädikat gegeben werden, beispielsweise: Der Mensch ist gut. Das Einfache könne höchstens mit anderen Dingen verglichen, das Zusammengesetzte durch Aufzählung seiner Bestandteile erklärt werden. Nur körperliches Sein erkannte er als wirklich an. Er befehdete Platons Ideenlehre heftig – ‹ich sehe ein Pferd, keine Pferdheit› – und wurde auch von diesem in seinen Schriften vielfach, wiewohl ohne Namensnennung, bekämpft. Alle Wissenschaft, die nicht auf das Praktische geht, galt ihm als eitler Tand.

Denn als Philosophie gilt als Antisthenes einzig und allein die *Ethik*. Den *Inhalt* zu dieser aber gab ihm nicht so sehr die Lehre als die Persönlichkeit des Sokrates. Zur wahren Glückseligkeit, zur ‹reuelosen Lust› führt den Menschen nicht das Wissen, sondern allein das Handeln. Zur *Tugend* bedarf es nichts weiter als der sokratischen Kraft, der *Selbstbezwingung*. Zwar nennt auch Antisthenes die Tugend lehrbar, aber Lehre fällt ihm mit Übung und Gewöhnung, Einsicht und Weisheit mit Willensfestigkeit zusammen. Dem *einen* Guten steht auch nur *ein* Übel, die Schlechtigkeit, gegenüber. Alle anderen Dinge: Vermögen, Ehre, Gesundheit, Freiheit, Familie, Staat, Vaterland (man erinnere sich an sein Halbgriechentum!) sind gleichgültig. Die Tugend ist nur *eine*, für Mann und Weib, Herrn und Knecht; Sklave ist bloß der, welcher sich von seinen Lüsten beherrschen läßt. So erscheint sein Tugendideal wesentlich negativ, als Enthaltsamkeit vom Schlechten wie von den vermeintlichen Gütern des Menschen. *Tugend ist ihm Bedürfnislosigkeit.* In schroffem Gegensatz zu Aristipp sagt Antisthenes: ‹Ich möchte lieber verrückt werden als der Lust erliegen!›* Eine Art antiker Rousseau, empfahl er Abhärtung des Körpers, Rückkehr von der überfeinerten Kultur zur einfachsten Natur und zur ehrlichen Arbeit.

---

* In seinem ‹Erotikos› erklärte er, er würde Aphrodite erschießen, wenn er sie treffen könnte. Die Liebe sei eine Verderbnis der Natur. Von den Unseligen, die ihr unterliegen, werde die krankhafte Leidenschaft eine Gottheit genannt (Frg. 40).

Die jüngeren Kyniker: Diogenes, Krates u. a.

Die soeben geschilderten Züge bildeten sich in der kynischen Schule immer stärker aus. Der Bruch mit allen bestehenden Anschauungen, zu dem Antisthenes' Lehre hinleitete, wurde von seinen Jüngern ins Praktische übersetzt. Die Überspannung des Prinzips der Bedürfnislosigkeit führte die Kyniker bald zu einer Oppositionsstellung gegenüber aller Zivilisation, einer Verherrlichung des die Tiere und den Urmenschen zum Muster nehmenden *Naturzustandes*, wie sie in der kulturgeschichtlich so bekannten, legendenhaft ausgestalteten Person des Diogenes von Sinope (gest. 323 zu Korinth) sich darstellt: jenes Sonderlings mit seinem Bettlerleben, ohne feste Wohnung, mit dürftigster Kleidung und Gerät und diese Bedürfnislosigkeit gern zur Schau tragend, dabei derbwitzig, schlagfertig und willensstark. Übrigens werden nicht bloß von Antisthenes, sondern auch von Diogenes Schriften, von letzterem sogar Dramen erwähnt. Der bedeutendste und gebildetste von Diogenes' Schülern war der freiwillig seines Reichtums sich entäußernde Thebaner Krates, dem zuliebe die vornehme und geistreiche Hipparchia sein Bettlerleben teilte. Charakteristisch ist, daß Krates das Wahrzeichen dieser griechischen Bettlerphilosophen oder ‹Philosophen des griechischen Proletariats›, wie man sie neuerdings genannt hat, den Ranzen, dichterisch besingt als die ‹nimmer vom Joche der Lust gebeugte und nimmer geknechtete unsterbliche Königin Freiheit›. Vom Schwarzen Meer stammten auch die späteren Kyniker Bion, Menippos, der ursprünglich Sklave war, und Teles. Von ihm sind verhältnismäßig die meisten Bruchstücke erhalten.

Mit der berechtigten Auflehnung gegen die Übel der Kultur, einer Art Umwertung aller Werte – Diogenes sprach vom ‹Umprägen der geltenden Münze› –, verbindet sich bei den meisten dieser jüngeren Kyniker eine Verwerfung aller ihrer Segnungen, mit dem Dringen auf das Natürliche eine ins Rohe gehende Übertreibung ihres Grundsatzes ‹Nichts Natürliches bringt Schande›. Diese Übertreibung, die keine Rücksicht auf das Gefühl anderer Menschen kannte, hat es verschuldet, daß noch heute die Worte ‹zynisch› und ‹Zynismus› zur Bezeichnung des Schamlosen in Worten und Handlungen dienen. Bemerkenswert bleibt ihre Willensstärke, Einfachheit, Selbständigkeit, endlich ihr geläuterter Gottesglaube, der nicht in Kulthandlungen, sondern allein in der Ausübung der Tugend den wahren Gottesdienst finden hieß. Revolutionär mußte auf hellenisches Empfinden wirken ihr Eintreten für die Aufhebung aller menschentrennenden Schranken der Stände, Geschlechter, Staaten und Nationalitäten. Sie erkannten nur eine wahre Ordnung an, den Kosmos, und begründeten so die Idee des Kosmopoliten, des Weltbürgers. Eine Art Nachblüte erlebte ihre Lehre im ersten und zweiten nachchristlichen Jahrhundert (siehe unten Kap. XIII, 3). Philosophisch wesentlich war ihr Fortwirken in der Stoa (vgl. Kap. X).

3. Euklid und die Megariker

Euklid und seine Schüler (die ‹Eristiker›)

Einer der ältesten und treuesten Schüler des Sokrates war Eukleides von Megara. Er besuchte den Meister auch dann, als die dorischen Megarer den Aufenthalt in dem feindlichen Athen bei Todesstrafe untersagt hatten, und öffnete nach Sokrates' Tod den flüchtigen Freunden sein Haus in Megara. Dort entstand seine, wie es scheint, durch das ganze 4. Jahrhundert hindurch blühende Schule. Von seiner Lehre wissen wir leider sehr wenig, zumal da Schleiermachers Annahme nicht mit Sicherheit feststeht, daß die in Platons Dialog ‹Sophistes› (246 ff) entwickelte Lehre auf ihn zu beziehen ist. Nur das scheint sicher, daß Euklid eine Verbindung des *eleatischen* Ἕν mit dem sokratischen Ἀγαθόν erstrebte, somit die eleatische Metaphysik ethisierte, die sokratische Ethik objektivierte oder auch die sokratischen Begriffe zu Substanzen machte, was manche noch heute fälschlich dem Platon andichten. Es gibt, lehrte er, nur *ein* Seiendes, nämlich das Gute, das unveränderlich und sich gleich ist, wenn es auch mit verschiedenen Namen wie Einsicht, Gott, Geist, Tugend genannt wird.

Gegner dieser Ansicht, welche die Unvereinbarkeit einer solchen Einheit mit der tatsächlichen Vielheit der Einzeldinge betonten, wurden von Euklid, in Zenons (Kap. II, 3) Art durch scharfsinnige Dialektik, mehr noch dann von seinen Schülern, den Megarikern, bekämpft. Diodoros Kronos aus Karien (gest. 307) z. B. suchte die zenonischen Beweise gegen die Bewegung noch zu verstärken und den Begriff der Möglichkeit aufzuheben, indem er behauptete: Nur das Notwendige sei wirklich; möglich aber nur, was wirklich sei oder doch wirklich sein werde. Wegen ihrer Vorliebe für solche Polemik erhielten die Megariker den Beinamen ‹Eristiker› (Streithähne).

Stilpon aus Megara

Stilpon aus Megara, der um 330 v. Chr. zu Athen lehrte, verband die megarische mit der kynischen Lehre. Vom ersterem Standpunkte aus bekämpfte er die platonische Ideenlehre. In der Ethik vertrat er einen gemilderten Zynismus und stellte die Leidenschaftslosigkeit (Apathie, ἀπάθεια) als höchstes Ziel des Weisen auf. Um seiner Vorträge und seiner Sittenreinheit willen war er hochgeachtet in ganz Griechenland. Sein und des Krates Schüler Zenon von Kition begründete die stoische Schule (Kap. X, 1). Auch die ersten Skeptiker, Pyrrhon und Timon, scheinen Anregungen von ihm empfangen zu haben.

Andere Abzweigungen

Mit der megarischen war die *elische* Schule verwandt. Sie ward begründet durch Phaidon, den bekannten Lieblingsschüler des Sokrates, dessen Namen Platon durch den nach ihm benannten Dialog unsterblich gemacht hat. Doch wissen wir über seine Lehre nichts Bestimmteres.

Der edle und gastfreundliche Philosoph und Staatsmann Menedemos verpflanzte um 300 die elisch-megarische Lehre, mit Stilpons ethischem Zynismus durchsetzt, nach seiner Heimatstadt Eretria auf Euböa, die er eine Zeitlang auch politisch lenkte. Nach Cicero erblickten diese ‹Eretriker› das höchste Gut in der Geistesschärfe.

Eine dauernde philosophische Nachwirkung hat die philosophisch wenig bedeutsame megarisch-eretrische Schule nicht erzielt, während die kyrenaische und kynische in Epikureismus und Stoa ihre bedeutendere Fortsetzung fanden.

Dritte Periode:

DIE KLASSISCHE PHILOSOPHIE DER GRIECHEN PLATON UND ARISTOTELES

VIII. Platon

1. Platons Leben

Platon, nach der wahrscheinlichsten Rechnung 427 v. Chr. zu Athen (nach anderen auf Ägina) geboren, entstammte, wie dies für die meisten älteren griechischen Philosophen charakteristisch ist, einer vornehmen Familie: die Mutter leitete ihr Geschlecht von einem Verwandten Solons ab; zu seinen Vettern gehörte der bekannte Oligarch Kritias. Der geistig wie körperlich hochbegabte Knabe erhielt eine sorgfältige Ausbildung, u. a. auch in Zeichnen, Malerei und Musik. Seine Lieblingsdichter waren Homer, Epicharm und Sophron; durch letzteren wurde er vielleicht zu der mimischen Form seiner Dialoge angeregt. Dazu kam noch der sehr wesentliche Einfluß der Kunst des Aristophanes, ‹innerlich Menschliches durch die Komödie transparent zu machen›. Platon selbst versuchte sich in verschiedenen Gattungen der Poesie, soll aber diese Gedichte verbrannt haben, als er tiefer in die Philosophie einzudringen begann.

Lehrjahre. Erst durch den vertrauten Umgang mit Sokrates, den er vom 21. bis zum 28. Jahre hatte, geriet sein Geist auf die ihm gemäße Bahn. Innerhalb des sokratischen Kreises wurde er dann durch Kebes und Simmias (Kap. I, 2) mit der pythagoreischen, durch Euklid (Kap. VII, 3) mit der eleatischen Lehre bekannt. Mit dem letzteren siedelte er nach dem Tode des Meisters, den er vergeblich zu retten suchte, nach Megara über, doch ist er dort anscheinend nicht lange geblieben.

Wanderjahre. Es begannen die Wanderjahre, die ihn u. a. nach Kyrene führten, wo er sich wahrscheinlich bei dem Mathematiker Theodoros in dessen Wissenschaft ausbildete, vielleicht auch in das Land uralter Priesterweisheit, Ägypten. Darauf scheint er eine Zeitlang, etwa 395–390, in Athen schriftstellerisch tätig gewesen zu sein und zugleich eine Schar begeisterter Anhänger um sich gesammelt zu haben. Um 390 ging er nach Unteritalien, wo er mit dem weisen Pythagoreer und Staatsmann Archytas von Tarent, sodann nach Sizilien, wo er mit dem älteren Dionys in Verbindung trat. An dem Hofe des letzteren gewann er dessen jungen Schwager Dion für seine Anschauungen, reizte aber den Tyrannen selbst durch seinen Freimut, vielleicht auch durch seine entgegengesetzten politischen Ansichten dermaßen, daß dieser ihn als Kriegsgefangenen behandelte und auf den Sklavenmarkt zu Ägina bringen ließ.

Reifejahre. Von Annikeris aus Kyrene losgekauft, gründete er nunmehr, etwa 40jährig (387), wahrscheinlich beeinflußt von dem Vorbild des pythagoreischen Bundes, den er in Tarent durch Archytas kennengelernt hatte, die *Akademie*, eine Art Hochschule, nahe einem dem Heros Akademos geweihten Gymnasium seiner Vaterstadt. Einmal in jedem Monat fanden gemeinsame Symposien der Philosophen-Genossenschaft statt, die von ihrem Leiter wohl auch als Vorbereitungsanstalt zu späterer staatsmännischer Tätigkeit gedacht war. Noch zweimal (367 und 361) rissen den alternden Denker der Ruf seines Freundes Dion und sein eigener hoffnungsfroher Idealismus aus der Stille dieser Lehrtätigkeit heraus in die politischen Händel von Syrakus, wo beide auf den jüngeren Dionys im Sinne ihres Staatsideals einzuwirken hofften; ein Zeugnis dieser Betätigung sind die in die ‹Gesetze› eingeschalteten Gesetzes-Vorsprüche. Beide Male wurde er enttäuscht. Dion, auf den er seine Hoffnungen gesetzt hatte, wurde von Kallipos, der selbst zum Kreise der Akademie gehört hatte, 353 ermordet. Platon beschränkte sich fortan ganz auf seine ‹akademische› Lehrtätigkeit. Achtzigjährig ist er im Jahre 347 gestorben, ‹schreibend›, d. h. doch wohl: noch in der Ausarbeitung seiner Philosophie begriffen.

2. Die platonischen Schriften

Als Werke Platons sind uns aus dem Altertum 35 Dialoge, eine Sammlung Briefe und eine Anzahl Epigramme überliefert. Die Prosaschriften sind von dem alexandrinischen Grammatiker Aristophanes von Byzanz (um 200 v. Chr.) in Trilogien, von dem Neupythagoreer Thrasyllos (zu Tiberius' Zeit) in neun Tetralogien geordnet. Indessen ist die Echtheit einiger, namentlich aber die Abfassungszeit vieler von ihnen umstritten, so daß sich in der Altertumswissenschaft neben der ‹homerischen› allmählich eine ‹platonische› Frage herausgebildet hat, die freilich inzwischen weitgehend geklärt worden ist.

Wie in manchen anderen philosophiegeschichtlichen Fragen gab Fr. Schleiermacher auch hier den Anstoß, indem er eine neue Anschauung von der *Reihenfolge* der platonischen Schriften und damit von der philosophischen Entwicklung ihres Autors aufstellte. Demgegenüber hoben andere den *historischen* Gesichtspunkt hervor.

Wie die Frage der Abfassungszeit, so hat auch diejenige der *Echtheit* die verschiedensten Beurteilungen gefunden. Ein maßgebendes Kriterium bildet die Erwähnung bei Platons unmittelbarem Schüler Aristoteles. Dieser bezeichnet ausdrücklich als platonische Werke: den ‹Staat›, die ‹Gesetze› und den ‹Timaios›; mit deutlicher Beziehung auf ihn nennt er ‹Phaidon›, ‹Symposion›, ‹Phaidros› und ‹Gorgias›; mit Namensnennung Platons zitiert er Sätze aus ‹Theätet› und ‹Philebos›. Diese neun Dialoge sind demnach als sicher echt anzunehmen: was selbstverständlich auch bei den anderen, von Aristoteles zufällig nicht genannten der Fall sein kann. Dahin gehören ‹Apologie›, ‹Kriton›, ‹Euthydemos›, ‹Euthyphron›, ‹Laches›, ‹Lysis›, ‹Menon›, ‹Protagoras›, ‹Parmenides›, ‹Sophistes› und ‹Politikos› und der ‹7. Brief›, während die anderen Briefe umstritten bleiben. Sicher unecht sind einige kleinere Dialoge (z. B. ‹Hipparchos›, ‹Anterastai›, ‹Minos›); anderes muß als zweifelhaft gelten (z. B. ‹Hippias maior› und ‹Alcibiades maior›), da entscheidende Kriterien noch fehlen. Der Grundstock des Überlieferten ist also echt, und wir besitzen in ihm *alles*, was Platon – soviel wir wissen – geschrieben hat.

a) Frühwerke

1. Zur Charakterisierung des Sokrates: ‹Apologie› (die von Platon fingierte Verteidigungsrede des Sokrates), ‹Kriton› (Sokrates' Gesetzestreue).

2. Die kleineren Dialoge: ‹Ion› (Wissenschaft und Dichtung), ‹Euthyphron› (Frömmigkeit), ‹Laches› (Tapferkeit), ‹Charmides› (Besonnenheit), ‹Lysis› (Freundschaft und Liebe), ‹Protagoras› (Zusammenfassung der kleinen ‹Tugenddialoge›, Überlegenheit der Philosophie gegenüber der Sophistik).

b) Werdezeit

‹Gorgias› (wichtige Programmschrift aus der Gründungszeit der Akademie, ausgehend von der sophistischen Rhetorik), ‹Euthydem› (übermütige Verspottung der sophistischen Trugschlüsse), ‹Kratylos› (gegen die sprachlichen Untersuchungen der Sophisten), ‹Menon› (Lehrbarkeit der Tugend; ‹Wiedererinnerung›), Buch I der ‹Politeia› (Dialog über die Gerechtigkeit).

c) Zeit der Reife (Ideenlehre)

‹Symposion› (bei Aristoteles ‹die Liebesrede›, schildert den Eros als den philosophischen Grundtrieb), ‹Phaidon› (von der wahren Unsterblichkeit), ‹Politeia› II-X (der beste Staat), ‹Theätet› (Erkenntnistheorie), ‹Parmenides› (die Ideen und das Eine), ‹Phaidros› (Ideenlehre; Dreiteilung der Seele); dieser Dialog vielleicht sogar richtiger an den Anfang der Alterswerke zu stellen.

d) Alterswerke

‹Sophistes› (Wesen des Sophisten), ‹Politikos› (Begriff des Staatsmanns), ‹Philebos› (die Idee des Guten, im Gegensatz zu der Lust), ‹Timaios› (Kosmologie), ‹Kritias› (geschichtsphilosophisches Fragment, vom Urzustand der Menschheit), ‹Nomoi› (Gesetze; der Gesetzesstaat als der zweitbeste Staat).

3. Platons Begründung des Idealismus: Charakter und Bedeutung der Idee im allgemeinen

Einleitung. Sowohl eleatische wie herakliteische, pythagoreische wie wahrscheinlich auch atomistische Gedanken, obgleich er Demokrit nie namentlich erwähnt hat, sind in Platons Denken eingegangen. Aber auch von der hippokratischen Heilkunde hat er gelernt. Und über Wissenschaft und Philosophie hinaus holt er ausgreifend uralte religiöse und mythische Überlieferung herauf. In der Auseinandersetzung mit der Sophistik und ihrer subjektivistischen Auflösung alles Allgemeinverbindlichen aber sind die unmittelbaren Anstöße zur Entwicklung der Ideenlehre zu suchen. Sokrates' Fragen nach der ἀρετή und der Erkenntnis des Guten wird zum bleibenden Impuls.

Erkenntnistheoretischer Zugang. Die erkenntnistheoretischen Vorstufen entwickelt am eingehendsten der ‹Theätet›. Die unterste Stufe des Erkenntnisweges ist die der sinnlichen Wahrnehmung (αἴσθησις) auf Grund der Empfindung. Aber bei dem Zustande des beständigen Fließens und Werdens, in dem sich alle Sinnendinge befinden, können die Sinne keine feste und deutliche Erkenntnis liefern; für sich allein führen sie nur zu der Annahme einer vollkommenen Relativität, wie sie sich in dem Satze des Protagoras aussprach. Die Wahrnehmung setzt jedoch – denn die Sinne sind nur ihre Werkzeuge – bereits eine zusammenfassende, vergleichende, überlegende Tätigkeit, eine Art Einheit der Seele (ἕν τι ψυχῆς) voraus, die zur Bildung einer Meinung oder Vorstellung (δόξα) führt. Diese mag nun zwar, zumal wenn sie sich zur ‹richtigen› Vorstellung (δόξα ἀληθὴς μετὰ λόγον) erhebt, für das gewöhnliche Denken und Handeln von großer Wichtigkeit sein: das wahrhaft philosophische Streben (der Eros) kann sich bei ihr nicht beruhigen. Es ist auf das Bleibende im Flusse der Erscheinungen gerichtet. Nur die *Erkenntnis* dieses Bleibenden oder *Seienden* (ὄν) kann in Wahrheit *Wissenschaft* (ἐπιστήμη) heißen. Dieses Sein aber kann nicht das körperliche Sein der Vorsokratiker sein, sondern nur das der Wesensbegriffe im Sinne des Sokrates. Das von ihm her wirksame ethische Moment bleibt dabei wesentlich: es ist in der Spannung zwischen Idee und Erscheinungswelt spürbar und kommt auch in der Fassung der Idee als Vorbild zum Ausdruck.

Bedeutung der Idee. Damit stehen wir an der Quelle des *Idealismus.* Platon faßt zum erstenmal in voller grundsätzlicher Klarheit den Gedanken eines anderen als des körperlichen Seins (Daseins), nämlich den eines rein ideellen Seins, das nicht durch die Sinne, sondern nur in rein geistigen, noetischen Akten faßbar wird. Idee und Noesis (νόησις als Bezeichnung dieser Akte) sind einander zugeordnet. Nicht als ob das wahre Sein etwa des menschlichen Denkens bedürfte, um von ihm hervorgebracht zu werden: Die Korrelation von Erkennen und Sein ist eine tiefere, selbst ontologische, durch das Sein der Ideen bestimmte und begründete. Denn dieses Sein der Ideen ist nichts Vages, Unterschiedsloses, Negatives, das alle Realität aufhöbe, sondern besteht aus einer ganzen ‹Welt› geordneter und einheitlich vom höchsten Prinzip durchwalteter Wesensformen. Dies sind die ‹Ideen›.

Sie machen den *absoluten* Bereich aus im Gegensatz zu allem bloß Relativen; sie machen das rein Noetische aus im Gegensatz zu allem bloß Sinnlichen; aus ihnen besteht die urbildliche, wesenhafte, ewige Welt des wahren Seins. Die Idee wird daher schlechthin als ‹Sein› (οὐσία) bezeichnet. Keineswegs in dogmatischem Tone wird diese Behauptung aufgestellt. Vielmehr rührt uns gerade an den Stellen, welche die Ideenlehre zuerst entwickeln, die Bescheidenheit des Entdeckers, das Staunen über die eigene Weisheit, die Kritik, die an den eigenen Gedanken geübt wird. Den Theätet läßt er einen Schwindel überkommen beim Anhören der neuen Lehre, die dem großen Haufen als etwas Kindisches (‹Theätet›, ‹Philebos›), als ein Geschwätz (‹Phaidon›, ‹Parmenides›), ja ihm selbst bisweilen als ein Traum (‹Kratylos›) erscheint. Er gerät ins Stammeln, in eine Art heiligen Schauers (‹Phaidros›), in dem ihm die Worte fehlen für das, was ihn beim Schauen der Ideen bewegt. Denn das Erfassen der *Idee* ist, wie ihr Name (von ἰδεῖν) sagt, mehr ein künstlerisches *Schauen*, ein ‹seherisches Ahnen› (‹Phileb.› 64 A) als verstandesmäßiges Erkennen. An einer ganzen Reihe von Stellen wird denn auch das Wort ἰδέα in Verbindung mit den Bezeichnungen des Schauens (ὁρᾶν, βλέπειν, ἰδεῖν) gebraucht. ‹Auf die Idee hinschauend› verfertigt der Tischler seine Bettstelle, der Künstler sein Werk.

Zur Ideenschau wird daher erfordert Abkehr von der Außenwelt, Ruhe und Sammlung der Seele (‹Phaidon›) und ein ‹Nachspüren bei sich selbst›, das die Ideen als Erkenntnisbedingung findet. In diesen Zusammenhang gehört der zuerst im ‹Menon› angewandte, im ‹Phaidros› mit dem Motiv des Eros verbundene Mythos von der *Wiedererinnerung* (ἀνάμνησις, *Anamnesis*): wonach die im Schauen begriffene Seele sich an das wiedererinnert, was sie einst vor ihrem Erdendasein droben geschaut hat, da sie als Reigengenossin eines Gottes durch den Himmel zog.

Die Idee ist also das *wirkliche* Sein (ὄντως ὄν, eigentlich das ‹seiend› Seiende), das sich *Gleich*bleibende (κατὰ ταὐτὸ ὄν, ὡσαύτως ὄν), das *an sich* Seiende (τὸ αὐτὸ καθ' αὑτό, τὸ αὐτὸ ἕκαστον), das dem vielen Gleichnamigen *eine* Gemeinsame (ἓν ἐπὶ πολλῶν). Das Sein der Ideen kann daher nur gedacht, nie aber ‹handgreiflich› gemacht werden. Die Idee heißt deshalb geradezu = das Gedachte, *Noeton* (νοητόν) oder auch Gedanke (νόημα); was also nicht psychologisch-subjektivistisch verstanden werden darf, sondern nur den noetischen Charakter kennzeichnet. Die Ideen heißen gelegentlich auch λόγοι, d. i. Vernunftgründe: Sie sind das einzige rein Denkbare und zugleich Denknotwendige. Weil Platon nun sein neues Sein von der bisherigen Seinsauffassung (im Sinne des räumlich-zeitlichen Daseins) aufs nachdrücklichste scheiden will, sucht er mit allen sprachlichen Mitteln jede Versinnlichung der Ideen von vornherein auszuschließen und die Andersheit möglichst eindringlich zu machen.

Der Eros. Doch darf nicht übersehen werden, daß das Verhältnis zu den Ideen nicht ein lediglich wissenschaftlich-theoretisches ist. Dagegen spricht auch die Bedeutung, die der Eros bei Platon sowohl im ‹Symposion› wie im ‹Phaidros› als Erkenntniskraft hat, die durch die emporreißende Erfahrung des Schönen den Weg zu den Ideen öffnet. Der Eros ist als Verlangen nach dem Schönen, durch das er entzündet wird und dem er nachjagt, ein ‹dämonisches› Mittleres und Vermittelndes zwischen Unten und Oben, zwischen Menschlichem und Göttlichem, Sterblichem und Unsterblichem, Nichthaben und Haben, Nichtwissen und Wissen. Es ist gerade als ein solches Hinübergehen von Einem zum Andern auch das Wesen der Philosophie. Denn wahre Philosophie ist *Philia* (Liebe) zur *Sophia* (Weisheit), ist Leidenschaft für die Wahrheit. Wie wenig auch dies nur theoretisch gemeint ist, wird an Sokrates' Bericht von der Diotimarede, die den Höhepunkt des ‹Symposion› bildet, offenbar. Eros besteht nicht nur im Verlangen nach dem Schönen, aber auch nicht in seinem Genuß, sondern im Streben nach *Zeugung* im Schönen – leiblich wie geistig, um so lebendige Unsterblichkeit zu erlangen (206ff). Der Weg aber führt in der wahren Erotik von dem Beglücktsein durch den einzelnen schönen Leib über die Liebe zur leiblichen Schönheit überhaupt zur Liebe des Seelisch-Schönen und von ihm zur Liebe jener Schönheit, die den Gedanken, dem Ideellen eignet. Wer die Stufen dieses Aufstiegs durchschritten hat, dem aber öffnet sich auf höchster Stufe der Blick für die reine Gestalt des einen wahren Schönen an sich, das immer ist, nicht entsteht und nicht vergeht, nicht größer und nicht kleiner wird, das an keinen bestimmten Ort und an keine bestimmte Zeit gebunden ist, das sich überhaupt nicht in irgendeinem Raum, weder auf der Erde noch im Himmel, befindet, sondern rein und lauter und unvermischt als ein an und für sich bestehendes einzigartiges Sein ewig in sich ruht, an dem alles andere teilhat (μετέχει), jedoch in der Weise, daß sein Werden und Vergehen jenes wahre Schöne nicht berührt (210ff).

4. Platons Begründung des Idealismus: Verhältnis der Ideen zu der Sinnenwelt. Die erkenntnistheoretische Bedeutung der Mathematik

Die Idee und die Sinnendinge. Platon spricht an zahlreichen Stellen von einem Teilhaben (μετέχειν) der Sinnendinge an den Ideen, von einer Gemeinschaft (κοινωνία) beider. An anderen wird das Verhältnis als Nachahmung (μίμησις) oder Ähnlichkeit, eigentlich Verähnlichung (ὁμοίωσις) bezeichnet. Die Idee heißt weiter das Ur- oder Musterbild (παράδειγμα), dessen Abbilder (εἴδωλα, ὁμοιώματα) die Dinge sind, in denen sie gegenwärtig ist. Wie ist ein solches Teilhaben (μέθεξις), ein solches Gemeinschaftsbesitzen (κοινωνεῖν), eine solche ‹Gegenwart› (παρουσία) zu fassen? Es ist schwer zu begreifen, wenn man die Ideen *außer* uns als starre Wesenheiten an irgendeinem ‹überhimmlischen› Orte sucht. Das Urbild thront eben nicht außerhalb, sondern in der Seele des Schauenden, und das Sinnending ‹nimmt teil› an den Ideen und erhält ‹Gemeinschaft› mit ihnen, insofern es in seiner begrifflichen Reinheit gedacht ist. Ein Gegenstand wird z. B. dadurch schön, daß er als teilnehmend an der Idee, d. i. dem Wesen, dem Gesetz des Schönen gedacht wird. Indes, damit wird nicht nur das Problem vereinfacht und verharmlost, es wird auch die Unabhängigkeit der Ideen von den Denkakten relativiert. Etwas ist nicht deshalb schön, weil es als teilnehmend an der Idee nur ‹gedacht› wird. Sondern das, wodurch es seinsmäßig schön ist, ist die Idee des Schönen, die durchaus von den sehr verschiedenen schönen Einzeldingen zu unterscheiden ist. Gerade die Teilhabe aber fordert deshalb die Unterscheidung und Trennung, den χωρισμός, wie auch die Bestimmung des Idee-Erscheinungs-Verhältnisses als Urbild-Abbildverhältnis Sonderung und Verknüpfung zugleich ist.

Die Ideen sind, was sie sind, in ihrem allem Werden entzogenen Eigensein doch gerade in der Beziehung auf die Sinnendinge. Das aber ist die Basis, um zu begreifen, was immer als Problem empfunden worden ist, daß es Ideen nicht nur von Werten und idealen Gegenständen gibt, sondern in universeller Weise von allem Seienden. So gibt es denn auch Ideen von allen möglichen Dingen: konkreten (Mensch, Tisch, Bett) wie abstrakten (Größe, Gesundheit, Stärke, Hauptwort, Einheit, Vielheit), Kunst- wie Naturerzeugnissen.* In den späteren Dialogen werden neben den ethisch wertvollen die mathematischen Bestimmungen bevorzugt: das Große und Kleine, Gerade und Ungerade, Doppelte und Einfache usw.

Die Mathematik. Platons Verdienste um die Förderung einzelner mathematischer Probleme wie der Mathematik als Wissenschaft überhaupt sind von den Historikern der Mathematik anerkannt.

Welche Wissenschaft, fragt Platon bei Erörterung der Erziehung im Idealstaate, führt vom Werdenden zum Seienden? Zunächst, lautet die Antwort, die *Arithmetik*. Es gibt (‹Politeia›, 7. Buch, 523) ‹in den Wahrnehmungen einiges, was das reine Denken (die νόησις) gar nicht zur Betrachtung herbeiruft, weil eben die Wahrnehmung als Maßstab genügt, anderes aber, was es auf alle Weise dazu auffordert›, da die Wahrnehmung allein dabei ‹nichts Gesundes› ausrichtet. Dieser Erwecker zum reinen Denken ist die Zahlenkunst. Deshalb sollen die künftigen Philosophen sie auch genau ergründen, bis sie in ihrem Denken zur ‹Schau› (θέα, wie bei den Ideen!) und dem Wesen (φύσις) der Zahlen vorgedrungen sind, und zwar nicht um des banausischen und technischen Nutzens, sondern rein um der Erkenntnis willen. Desgleichen die *Geometrie*, denn diese ist ‹die Erkenntnis des beständig Seienden› (526) und zieht die Seele zur Wahrheit empor. Die Mathematik deckt das innere Gesetz und das Wesen des Wissens überhaupt auf. Die Mathematiker bedienen sich der sichtbaren Gestalten (εἴδη), etwa eines Kugelmodells, nur als *Beispiele* und Schatten, indem sie, von dem Viereck *selbst* und der Diagonale *selbst* ihre Beweise führend, ‹auf jenes Selbst hinschauen (ἰδεῖν), das man nicht wohl anders sehen kann als mit dem Verstande› (510). In bedingtem

* Über das Problem der Einteilung der Ideen in Gruppen vgl. ‹Parmenides› 130 Aff. Die Frage, ob es neben den Ideen der ‹Werte› auch Ideen der Unwerte gebe, neben ‹guten› Ideen auch ‹schlechte›, ist folgendermaßen zu beantworten: Kriterium für das Sein der Idee ist ihre Denknotwendigkeit; rein denkbar aber ist für Platon immer nur etwas Gutes, niemals ein Schlechtes. Denkbar und denknotwendig (für den Sachverständigen) ist z. B. der gute, der wahre Kreis, welcher der vom Denken begriffenen Definition genügt; der falsche, schlechte Kreis ist nur Mißbildung und Fehlform, gemessen an demjenigen Modell, das ist, wie es sein soll. Die Idee des Kreises ist also die Idee des ‹guten› Kreises: an ihr haben alle empirischen Kreise in besserer oder schlechterer Weise teil. So gibt es z. B. auch keine Idee des Sophisten, sondern der Sophist stellt die Entartung der Idee des (guten) Lehrers dar. Deshalb sagt Platon, daß sämtliche Ideengruppen durchwaltet seien von der höchsten Idee, dem Guten an sich. Alles Schlechte hat den Ort seines Entstehens erst in der weltlichen Sphäre des Veränderlichen.

Maße sind auch die Stereometrie und die Astronomie beteiligt; sie sind jedoch, namentlich die erstere, als Wissenschaften noch nicht genug entwickelt (528). Platon hat dabei vom Pythagoreismus zweifellos Anregungen empfangen. Aber er hat mit der letzten Phase seines Denkens ebenso auf ihn gewirkt. Doch muß man dabei beachten, daß Platon nicht nur die Idee an die Zahl, sondern auch die Zahl an die Idee herangerückt hat. Die einzelnen Zahlen 1, 2, 3, 4 sind nicht beliebige Glieder der Zahlenreihe, sondern haben eine je eigene Bedeutung und Seinsgestalt. Die Vierheit ist nicht lediglich eine aus vier Größeneinheiten bestehende Zahl für Platon, sondern z. B. in der Raumwelt dem Körper, in der Erkenntnis der Sinnesempfindung zugeordnet, ähnlich der Dreiheit der Fläche und der Vorstellung, die Zweiheit der Linie und dem Wissen, die Einsheit dem Punkt und dem νοῦς, der Vernunft selbst.

Die Hypothesis. Im ‹Menon› findet sich auch eine weitere, wichtige Bezeichnung der Idee, die der mathematischen Methode entlehnt ist: die Idee als *Hypothese* (ὑπόθεσις). Auf die Idee angewandt, bedeutet die *Hypothesis* die sichere Voraussetzung oder Grundannahme, von der aus sich eine befriedigende Erklärung der Erfahrungswelt gewinnen läßt. So bezeichnet sie im ‹Parmenides› (128 D, 137 B) den Kern und obersten Satz eines philosophischen Systems, der den Schlüssel und die Erklärung zu dessen einzelnen Sätzen gibt. Besonders deutlich bezeichnet Platon im ‹Phaidon›, gerade bei der Einführung in seine Ideenlehre, das hypothetische Verfahren ausdrücklich als seine eigene Methode, als ‹gar nichts Neues, sondern, was ich sonst immer, so auch in der eben durchgeführten Rede gar nicht aufgehört habe zu sagen›, indem ich ‹jedesmal den Vernunftgrund zugrunde lege (ὑποθέμενος), den ich für den stärksten halte, und, was mir mit diesem übereinzustimmen scheint, als wahrhaft seiend setze› (99 ff, ähnlich ‹Staat› IV, 437 A). So tritt auch in dieser neuen Bezeichnung der undingliche, vielmehr erkenntnistheoretische Charakter der Idee klar hervor. Sie ist die letzte Voraussetzung, Unterlage, selbst unbedingte (ἀνυπόθετον) Bedingung alles wissenschaftlichen Denkens.

Dianoetik und Dialektik im Unterscheidungszusammenhang der Erkenntnis- und Seinsweisen. Doch darf die Mathematik, die Dianoetik, wie Platon den gesamten mathematischen Erkenntnisbereich auch bezeichnet, nicht etwa absolut gesetzt werden. Es bleibt von ihr zu unterscheiden die Wissenschaft von den reinen Ideen selbst, die Dialektik, die im Hin- und Hersprechen, im Zwiegespräch und im Hin- und Herdenken zum Reich der Ideen emporführt. Sie ist gleichsam der Sims über den Wissenschaften (‹Staat› VII, 534 E), die höchste Gabe der Götter, das wahre Feuer des Prometheus; sie hat die Aufgabe, durch Zurückführen des Mannigfaltigen auf einen Gattungsbegriff (συναγωγή) und dann wieder Zerlegung des letzteren in seinen Arten (διαίρεσις) die richtige Vorstellung durch Abstreifung alles Schwankenden und Subjektiven zur Objektivität, Realität und Einheitlichkeit der Idee zu läutern. Nur wer ‹zusammenschauen kann› (συνοπτικός), also der Systematiker, ist der wahre Dialektiker (‹Staat› 537 C).

Die Unterscheidung aber von Dianoetik und Dialektik wird noch deutlicher, wenn man erkennt, daß sie mit einer Reihe fundamentaler Unterscheidungen der Erkenntnis- und Seinsweisen zusammenhängt, auf die wir im Zentrum des großen Dialogs ‹Politeia› (Ende des 6. und Anfang des 7. Buches) stoßen. Dort wird sowohl im sogenannten Liniengleichnis (Aufteilung einer Linie in verschiedene Abschnitte zur Veranschaulichung des Verhältnisses zwischen den verschiedenen Erkenntnis- und Seinsweisen) wie auch im berühmten Höhlengleichnis unterschieden zwischen zwei Gesamtbereichen: 1. dem des Sinnlichen, Sichtbaren, der zugleich der Bereich des Werdens ist und dem das sinnliche Wahrnehmen zugeordnet ist, und 2. dem des Intelligiblen, Noetischen (νοητόν), das zugleich der Bereich des Seins ist und dem Vernunft und Wissenschaft zugeordnet sind.

Zur scharfen Unterscheidung von Mathematik (Dianoetik) und philosophischer Dialektik ist noch darauf hinzuweisen, daß die Mathematik nach Platon bestimmte Begriffe voraussetzt. Er geht von ihnen, die er an anschaulichen Figuren demonstriert, eben als Voraussetzungen aus, ohne von ihnen weiter Rechenschaft abzulegen, um ableitend, progressiv, zu den erstrebten Erkenntnissen weiterzuschreiten. Die Dialektik dagegen stützt sich, ohne der Bilder oder Figuren als Hilfsmittel zu benötigen, lediglich auf reine Begriffe und ihre Wesenszusammenhänge', um von diesen Voraussetzungen aus, die sie nicht als Erstes, Oberstes ansieht, regressiv zu dem Ursprung, zum Voraussetzungslosen (ἀνυπόθετον) zurückzugelangen.

Über die vier unterschiedenen Bereiche noch hinaus aber liegt als letztes Ziel die Ideensonne des *Guten*. Wie die natürliche Sonne nicht nur das Sehen ermöglicht, sondern auch dem, was gesehen wird, Werden und Wachstum schenkt, so ist die Idee des Guten das, was sowohl dem Erkennen die Kraft des Erkennens wie dem Seienden, das erkannt wird, die Wahrheit und das Sein gibt. Es ist so nicht mit dem Sein identisch, sondern überragt es wesenhaft an Würde und Kraft.

Die Mathematik als methodischer Faktor des Weltbegreifens. Schon der ‹Politikos› (283–285) macht das Werden und Bestehen der Sinnendinge als zweckmäßiger Daseinsgebilde davon abhängig, daß sie nach festen ‹im Hinblick auf die Idee› gesetzten Maßbestimmungen meßbar (μέτρια) sind. Und im ‹Philebos› (55 ff) wird der Wert der technischen Künste in bezug auf Sicherheit, Genauigkeit und Wissenschaftlichkeit nach dem Maße bestimmt, in dem sie sich der Mathematik bedienen; die Musik z. B. wird von der Baukunst bei weitem an Genauigkeit übertroffen, die letztere wieder von der Rechenkunst, Meßkunst und Statik. Die tiefere Begründung dieser grundlegenden Bedeutung der Mathematik ist in einem früheren Abschnitte des ‹Philebos› (23 ff) gegeben worden. Platon unterscheidet dort drei Klassen des sinnlichen Seins (der Naturdinge): 1. das Unbestimmte oder Unbegrenzte (ἄπειρον), z. B. das Warme und Kalte, Trockene und Feuchte, Schnelle und Langsame, Hohe und Tiefe u. ä. Dieses Unbestimmte harrt seiner Bestimmung durch die 2. Gattung des Seienden: die Bestimmung oder die Grenze (πέρας), deren mathematische Natur unverkennbar aus den von Platon gewählten Beispielen hervorgeht. Aus der Vereinigung des mathematisch Bestimmbaren und der Zahl- und Meßbestimmungen selbst entsteht als Resultat 3. das aus beiden Gemischte, d. i. die zweck‹mäßig› eingerichtete Natur. Die Bedeutung des rechten Maßes (μέτριον), das ja überhaupt im hellenischen Charakter lag, findet sich also bei Platon, nicht erst in der aristotelischen Ethik. Auch hier erscheint die Mathematik als die Brücke zwischen den Ideen und der Sinnenwelt. Das Werden formt sich zum Sein, das Unbegrenzte zur Begrenzung, das Ungeordnete und Maßlose zum Maß.

5. Die platonische Naturphilosophie und Psychologie

Naturphilosophie. Es ist kennzeichnend für Platons philosophische und wissenschaftliche Spannweite, daß er auch auf physikalischem Gebiet ein bedeutendes Wissen besaß. So hatte er nach neueren Untersuchungen bereits eine deutliche Vorstellung von der Schwere der Luft, faßte den Schall schon als Schwingungsbewegung auf, kannte gewisse Erscheinungen des Magnetismus und der Elektrizität und nahm später eine Achsendrehung der Erde an. Er war vertraut mit den medizinischen Grundsätzen seines Zeitgenossen Hippokrates, von denen seine Natur- und Seelenlehre, bis zu den Fachausdrücken des Wohlbefindens, der Ordnung, der Harmonie, stark beeinflußt ist; hat doch ferner die Medizin ihrer Natur nach ebensowohl das rein kausale Geschehen wie den Zweck im Auge.

Er selbst betrachtet seine naturphilosophischen Theorien nur als einen Versuch, als ein geistreiches ‹Spiel› und scheidet sie im Eingang des diesen Erörterungen gewidmeten ‹Timaios› scharf und ausdrücklich von der Wissenschaft (ἐπιστήμη). Er beansprucht für sie nicht Wahrheit (ἀλήθεια), sondern nur Wahrscheinlichkeit (πίστις), bezeichnet sie als ‹wahrscheinliche Mythen› (εἰκότες μῦθοι), mit denen sich der Philosoph als einer ‹angemessenen und verständigen Unterhaltung›, zur Erholung von der ernsten Erforschung des Seienden befassen könne. Aber das darf nicht dazu verführen, die geschichtliche Bedeutung dieser Gedanken zu unterschätzen. Wieweit Platon sie in seinen mündlichen Vorträgen weiter ausgeführt hat, wissen wir nicht, jedenfalls bezieht sich Aristoteles nur auf den ‹Timaios›. Wir heben nur den Grundriß dieses Weltbildes hervor, für das der teleologische Zug kennzeichnend ist: der letzte Grund der Welt ist die Abzweckung auf das Gute (siehe Kap. VIII, 6).

Der göttliche Weltbildner (Demiurg) hat die Welt ‹im Hinblick auf das Ewige›, d. h. als ‹Abbild› der Ideenwelt als die schönste, vollkommenste und einzig mögliche geschaffen. Noch bevor die Elemente entstanden, mischte er – so lautet die mythische Weisheit von Platons Spätwerk – aus der unteilbaren, nur sich selbst gleichen Wesenheit der Ideen und dem körperlich Teilbaren des Raumes ein Drittes, dem er das sich selbst Gleiche (ταὐτόν) und das Verschiedenartige (θάτερον) beilegte. Dieses Mittelding zwischen dem Einen und den Vielen, Schaffendem und Geschaffenem ist die *Weltseele*, die im Kosmos den Urquell des Lebens und alles Guten vertritt, das sie in der Welt zu verwirklichen strebt. Sie ist zugleich die zur Substanz erhobene Kraft zahlengesetzlicher Bewegung. Als mathematisch bestimmt und bestimmend (siehe Kap. VIII, 4) teilt sie sich auf Grund harmonischer Verhältniszahlen in die Kreise des Fixsternhimmels, der verschiedenen Planeten usw. (vgl. Kap. I, 2). Auch die Elemente entstehen auf mathematischem Wege: das Feuer aus kleinsten Körperchen von Tetraeder-Form, die Luft aus Oktaedern, das Wasser aus Ikosaedern, die Erde aus Würfeln. Das Weltall im ganzen besitzt die vollkommenste, also die Kugelgestalt, ebenso die in dessen Zentrum befindliche Erde; die als ‹sichtbare Götter› geschilderten Gestirne bewegen sich ringförmig um die Weltachse. Aus den kleinsten (dreieckigen) Flächen werden die physikalischen und chemischen Eigenschaften, wie ihre Bewegung und Verteilung im Raume, hergeleitet. Der Schlußteil des Buches beschäftigt sich ziemlich eingehend mit psycho-physiologischen Betrachtungen, läßt z. B. die Begierde durch Spiegelung der Vorstellungen auf der glänzenden Fläche der Leber entstehen.

Psychologie. Denn die Psychologie Platons ist zunächst auch nur ein Teil der *Physik*. Die menschliche Seele teilt, wenngleich sie von der Gottheit unmittelbar geschaffen worden ist, die Eigenschaften der Weltseele. Sie ist wie diese aus der Natur des Sich-selbst-Gleichen und des Verschiedenartigen gemischt; sie ist gleich ihr in erster Linie Prinzip des *Lebens* als das *sich selbst Bewegende* (τὸ αὐτὸ κινοῦν). Steine werden bewegt; Pflanzen, Tiere und Menschen bewegen sich selbst, d. h. leben. Aus diesem physikalischen Begriff der Seele als Lebenskraft wird auch der ‹Beweis› für die Unsterblichkeit der Seele im ‹Phaidros› gewonnen. Über die *persönliche* Unsterblichkeit spricht sich die ‹Apologie› zweifelnd aus, das ‹Symposion› kennt nur eine solche der Menschheit, der Dialog ‹Phaidon› glaubt sie nicht mit mathematischer Sicherheit (85 C), sondern nur hypothetisch (91 B) beweisen zu können, für den großen Mythos endlich im ‹Staat›, Buch X (608 D bis 611 A), ist sie bloß sittliche Forderung.

Die Seele ist, was sie ist, jeweils in bestimmten Beziehungen: zu der Sinnenwelt, zu den Ideen, zur höchsten Idee des Guten.* Die Erkenntnisstufen der αἴσθησις, δόξα und νόησις sind schon S. 76 erwähnt worden; es sind erkenntnistheoretische Unterscheidungen, nicht psychologische Schubfächer. Jener Dreiteilung der Erkenntnis entspricht (im ‹Staat› 439ff und im ‹Phaidros›) eine andere für die Welt des Willens und als Unterlage für die Ethik: 1. das ἐπιθυμητικόν, der begehrende Teil der Seele, 2. das θυμοειδές, d. i. das, ‹womit wir uns ereifern›, das ‹Mutartige›, die Willenskraft, 3. das λογιστικόν, das vernunftgemäße Wollen. 1. kommt den Pflanzen, 1. und 2. kommen den Tieren, alle drei den Menschen zu: nach dem schönen Mythos im ‹Phaidros› (246f): der Wagenlenker (die Einsicht) mit dem

* Die verschiedenen Aussagen Platons über das Wesen der Seele sprechen daher nicht für einen Wechsel seiner Überzeugungen, sondern gehen auf sein Bemühen zurück, die individuelle Seele als dasjenige Erotische und Dämonische zu erfassen, in welchem die ‹Teilhabe an den Ideen›, das ‹Werden zum Sein›, das ‹Streben nach dem Guten› als *Aufgabe* sichtbar werden. Legt die Dialektik den scharfen Schnitt zwischen Ideenreich und Sinnenwelt, so ist der vernünftigen Seele aufgegeben, den Weg von hier nach dort zu finden.

Zweigespann, von denen das edlere Roß (die Willenskraft) das zügellose (die Begierde) bändigen hilft. So lebt die Seele in steter Spannung. Das wahre Ziel ihrer Bewegung aber ist die Idee des Guten. Damit stehen wir an der Schwelle des letzten Teiles der platonischen Philosophie: der *Ethik*.

6. Platons Begründung der Ethik

Erhebt sich die Ethik des jugendlichen Platon auch ihrem Inhalte nach noch nicht wesentlich über die seines Meisters Sokrates, so bereitet sich doch schon in den ‹sokratischen› Jugenddialogen, noch mehr natürlich in und mit der Polemik gegen den Sensualismus und Hedonismus der Sophisten die wissenschaftliche Begründung der Reifezeit vor. Die Einheit der in ihnen (siehe Kap. VIII, 2) erörterten Tugenden der Freundschaft, Tapferkeit, Frömmigkeit und Besonnenheit besteht in ihrer gemeinsamen Abhängigkeit vom Wissen, das sich über sich selber Rechenschaft zu geben hat, ein ‹Wissen des Wissens› sein soll (‹Charmides›), und dessen Begriff in Höherem zu suchen ist als in der bloßen Abwägung von Lust und Unlust (‹Protagoras›). Schon der ‹Lysis› spricht von einem *an sich* Wertvollen, und der ‹Gorgias› bezeichnet als das Ziel aller unserer Handlungen das Gute, das seinerseits keiner weiteren Begründung in einem anderen, etwa der Lust, mehr bedarf. Der Stärkere kann nur der Bessere oder Einsichtsvollere sein (‹Gorgias›).

Was erstrebt denn nun philosophische Ethik? fragen diejenigen Dialoge weiter, in denen die platonische Ethik in ihrer reifsten Gestalt erscheint. Etwa eine Sammlung edler Vorschriften für unser Handeln? Dazu würde allenfalls die δόξα ἀληθής (wahre Meinung) ausreichen. Platon faßt die Frage vielmehr in ihrem Kernpunkt: Wie ist Sittlichkeit begründbar? Worauf gründet sie sich? Was gewährleistet ihre Wahrheit und unbedingte Gültigkeit? Die Antwort kann nach dem, was wir bereits von der allgemeinen Begründung der platonischen Philosophie wissen, nicht anders lauten als: der Rückgang auf die Idee.

Von allen Ideen die höchste ist die *Idee des Guten*. Sie ist das Ziel der höchsten Erkenntnis (μέγιστον μάθημα), die Sonne im Reiche der Ideen; das Letzte alles Erkennbaren, ‹nur mit Mühe zu schauen› (μόγις ὀφθεῖσα). Von der Idee des Schönen gibt es Abbilder hienieden, von der des Guten nicht; nur ihren ‹Sproß› vermag Platon zu schildern (die Sonne). So einsam und unvergleichlich hoch über allem Sinnlichen thront das Gute, so erhaben über dem Vielen ist das Eine. Die Idee des Guten überragt sogar noch die Erkenntnis der Wahrheit an ‹Würde und Kraft› (πρεσβείᾳ καὶ δυνάμει, ‹Staat› 509 B). Ja, so ergriffen ist der Philosoph von seiner Entdeckung, daß ihm dieser letzte Zweck sogar als die Ursache (αἰτία) alles Richtigen und Schönen (517), das letzte Ziel des Denkens zugleich als der erste Anfang des Seins erscheint. In diesem Sinne findet sich die Idee des Guten bei Platon zuweilen auch mit dem Begriffe gleichgesetzt, mit dem der Mensch das Höchste, was er – nicht mehr ausdenken, sondern nur noch empfinden kann, in ein Wort zu kleiden sucht: dem Begriffe der *Gottheit*. Abgesehen von aller mythischen Einkleidung aber hat die Idee des Guten philosophisch die Bedeutung des Unbedingten (ἀνυπόθετον), von allem anderen Unabhängigen, Freien; nicht im Sinne eines dogmatischen Satzes, sondern als ein alle direkte Aussagbarkeit Transzendierendes (‹7. Brief›, 341 Cff, ‹Timaios›, 28ff).

Die in Vorstehendem dargelegte erkenntnistheoretische Begründung von Platons Ethik bedarf nur noch weniger weiterer Züge zu ihrer Ergänzung. Die Abtrennung vom *Psychologischen*, die mit dem erkenntniskritischen Charakter der Idee von selbst gegeben ist, braucht nicht näher ausgeführt zu werden. Theoretisch wird die Trennung des Guten von der Lust am eingehendsten im ‹Philebos› durchgeführt. Die Lust ist meist mit Unlust gemischt, beruht vielfach auf Täuschung und Irrtum und gehört nicht der Welt des Seins, sondern des Werdens an; ihre Verteidiger betrachten die Tiere als ‹vollgültige Zeugen› (κυρίους μάρτυρας). Zum *höchsten Gute* gehören vielmehr, wie Platon am Schlusse seiner Laufbahn (‹Philebos›) lehrt, außer dem ‹Maße›, jenem echt hellenischen Begriffe, die Einsicht und die mit der Freude am Schönen und der Erkenntnis verbundenen *‹reinen›* Lustgefühle (καθαραὶ ἡδοναί), womit das Unhellenische an Sokrates, die Einseitigkeit der Kyniker und das Unsittliche der Kyrenaiker zugleich überwunden ist. Allein als *bestimmendes* Motiv dürfen auch sie nicht auftreten wollen, sondern nur die Idee (das Gesetz) des Guten, das die Seele zu einer inneren Harmonie stimmt, deren Seligkeit aller vergänglichen Lust weit überlegen ist.

Bei dieser Gelegenheit sei noch ein Wort über das Verhältnis des Guten zum *Schönen*, der Ethik zur Ästhetik eingeflochten. Er brauchte die Ästhetik nicht als gesonderte Wissenschaft zu entwikkeln, weil das Schöne und Gute bei ihm nicht abstrakt getrennt waren, sondern eine tiefere Einheit bildeten, entsprechend dem griechischen Ideal des καλὸν κἀγαθόν – allerdings unter dem Primat des *Agathon*. Von der Glut seines sittlichen Enthusiasmus getrieben, wohl auch in Opposition gegen die sittliche Laxheit der Sophisten und den religiösen Anthropomorphismus der alten Dichter (‹Staat› III), hat er das Schöne ins Gute sich ‹flüchten› lassen. Das Gute ist ihm an und für sich schon schön.

Auch Platons ethische Gedanken würden durchaus mißverstanden, suchte man in ihnen primär eine abstrakte Systematik. Es ist allerdings mit Recht von einem Bemühen Platons um die theoretische Begründung der ethischen Prinzipien zu sprechen.

Die δικαιοσύνη (Gerechtigkeit), deren Wesen zu ‹erjagen› ist, befindet sich (wie Fausts ‹Mütter›) an einem ‹dunklen, unzugänglichen und schwer erforschbaren› Orte; ‹aber dennoch müssen wir uns dahin aufmachen›. Sie überragt und faßt als höchste und allgemeinste die übrigen drei *Kardinaltugenden* zusammen: die Einsicht (φρόνησις) oder Weisheit (σοφία), die Mannhaftigkeit (ἀνδρεία) und die Besonnenheit (geistige Gesundheit, Selbstbeherrschung, σωφροσύνη). Das Eigenartige Platons besteht nicht sowohl in der Aufstellung dieser vier Grundtugenden, als in ihrer Ableitung aus den Seelenkräften (siehe Kap. VIII, 5 Schluß). Dem begehrlichen Teil des Menschen (ἐπιθυμητικόν) entspricht die ihn regelnde, die Triebe mit der Vernunft harmonisierende σωφροσύνη, dem mutigen (θυμοειδές) die Mannhaftigkeit oder Willenskraft, dem vernünftigen (λογιστικόν) die Weisheit oder Einsicht. Der sie alle beherrschende Begriff der δικαιοσύνη aber führt hinaus über die Grenzen der Individual-Ethik. Das sittliche Leben kann sich – ein echt griechischer Gedanke – voll verwirklichen nur im Abbild des Menschen im Großen, d. i. im *Staate*. So vollendet sich die Sittenlehre bei Platon in der Staatslehre.

7. Das platonische Staatsideal

Realist ist Platon schon gleich in seinen geschichtsphilosophischen Betrachtungen über den Ursprung und die *Entwicklung* des Staates (‹Staat› II, 369 ff). Dessen wirtschaftliche Grundlage wird unumwunden anerkannt, sein Entstehen aus den ersten wirtschaftlichen Bedürfnissen heraus geschildert. Die Teilung der Arbeit infolge der fortschreitenden Technik, die Warenerzeugung und der Handel, die

Fixierung des Geldes als Tauschwert, die allmähliche Herausbildung einer erwerbenden, kriegerischen und regierenden Klasse werden bereits hier in klarster Weise entwickelt (vgl. dazu auch das ‹Kritias›-Fragment). Reinstem, deshalb aber doch mit tiefster Einsicht in die Natur des wirklichen Staates gepaartem Idealismus entspringt anderseits das Ziel seines Staatswesens: höchste Glückseligkeit *aller* durch die höchste Tugend, die nur durch die Philosophie wissenschaftlich erkannt und zur Ausführung gebracht werden kann. Ein ausgeführtes Bild des platonischen Zukunftsstaates kann hier nicht gegeben werden; wir müssen uns auf eine kurze Skizze, unter Hervorhebung der philosophischen Zusammenhänge, beschränken.

Wie der Mensch eine Art Staat im kleinen, so ist der Staat ein Mensch im großen. Die Grundtätigkeiten des einen kehren im anderen wieder. Daher entsprechen den drei Seelenkräften in Platons Staat drei voneinander abgesonderte Stände*:

a) Dem ἐπιθυμητικόν das ‹Volk›, die Menge der Ackerbauer, Handwerker und Kaufleute, mit ihrer dem Begehren entspringenden Sorge für die alltäglichen Bedürfnisse. Sie sind die ‹Lohngeber und Ernährer› der beiden anderen Stände und bilden die wirtschaftliche Grundlage des Staates, ohne indes Anteil an der Regierung zu erhalten; sie werden jedoch von jenen geschützt und gefördert. Für sie bleiben Privateigentum und Familie bestehen. Die Begabten unter ihnen können zu den oberen Klassen aufsteigen. Auch sie sind ‹Bürger›, ‹Freunde› und ‹Brüder› *der anderen.*

b) Dem θυμοειδές entsprechend, haben die ‹Hüter› (φύλακες) oder ‹Helfer› (ἐπίκουροι) die Aufgabe, den Bestand des Staates nach außen durch Abwehr der Feinde, nach innen durch Durchführung der Gesetze zu sichern. Um jede Selbstsucht bei ihnen nach Möglichkeit auszurotten, sollen ihnen Erziehung, Frauen und Kinder, ja alles gemeinsam sein. Kein persönliches Interesse soll sie an der Hingabe für das Ganze hindern. Alles Zueigenhaben wird als Übel betrachtet; alle bilden *eine* große Familie. Die Frauen sollen im wesentlichen die gleiche Erziehung wie die Männer erhalten: Platon ist einer der frühesten

---

* Die parallele Entsprechung scheint mir bei Platon von einer Ursprünglichkeit zu sein, die die Frage, ob die seelische oder staatliche Dreigliederung den Vorrang hat, nicht mehr gestattet. Platon will die Polis und ihre Gesellschaftsordnung durch Erziehung erneuern. Das ist das Primäre. Das gibt auch den ‹Ständen› ihre Eigentümlichkeit: sie sind weder Klassen noch bloße Geburtsstände, sondern entstehen durch Erziehung.

Verkünder der Frauenrechte. Die edelsten und weisesten der Krieger erheben sich zu der

c) dem λογιστικόν entsprechenden obersten Klasse: der *Regierenden* (ἄρχοντες) oder *Philosophen*. Ihr Beruf ist die Gesetzgebung und Überwachung von deren Ausführung, vor allem der Erziehung. Sie bekleiden, sobald sie das Los dazu beruft, die höchsten Ämter und widmen die übrige Zeit philosophischer Betrachtung, d. h. den Wissenschaften und der Idee des Guten, die eben in diesem Zusammenhange als der Gipfel der platonischen Ethik erscheint.

Auch die vier Kardinaltugenden werden mit dieser Dreiteilung in Beziehung gesetzt. Die Haupttugend des dritten oder Nährstandes ist die Zügelung der Triebe durch Besonnenheit und Selbstbeherrschung (σωφροσύνη), die des zweiten oder Wehrstandes Mannhaftigkeit (ἀνδρεία), die des ersten oder Lehrstandes Geistesbildung (σοφία). Die δικαιοσύνη (Gerechtigkeit, Sittlichkeit) endlich in ihrer Vollendung stellt der Idealstaat in seiner Gesamtheit dar; denn nicht das Wohl der einzelnen Klassen, sondern das des Ganzen soll für ihn bestimmend sein.

Seinem wesentlichen Charakter nach ist Platons Staat *Erziehungs*einrichtung der menschlichen Gesellschaft (wenn auch nur mit Beziehung auf das hellenische Volkstum durchgeführt) zum höchsten sittlichen Ideal. Freilich wird diese Erziehung im höchsten Sinne für die beiden oberen bzw. den obersten Stand gefordert; indessen wird auch für den Erwerbsstand die ‹einfache› musisch-gymnastische Erziehung verlangt. Jene höhere wird bis ins kleinste geregelt. Für die Tüchtigkeit seiner künftigen Hüter und Erhalter ist der Staat schon vor ihrer Geburt besorgt. Die edelsten und kräftigsten Männer sollen sich mit den edelsten und kräftigsten Frauen verbinden; der Philosoph scheut zu diesem Zwecke vor starken Eingriffen in das persönliche Leben nicht zurück. Selbst die Zeiten der Zeugung werden von Staats wegen bestimmt. – Auffallend ist auch das Ausschalten der Familie aus dem Erziehungsgang. Nach den drei ersten Jahren rein leiblicher Pflege soll sich die von nun an gemeinsame Erziehung der Jugend, auf daß sie vollkommen harmonische Menschen heranbilde, gleichmäßig auf die körperliche wie auf die geistige Ausbildung richten. Die letztere erfolgt zunächst durch Mythenerzählungen, aus denen jedoch die unsittlichen und unwürdigen Züge (von den Göttern, den Heroen und der Unterwelt) streng ausgeschieden sind; später durch Lese- und Schreibunterricht. Dem begeisterungsfähigen Alter von 14–16 Jahren werden Dichtkunst und Musik, dem angehenden Jünglingsalter

(16. bis 18. Jahr) die ernsteren mathematischen Wissenschaften als geistige Kost dargeboten. Alles Üppige und Weichliche, Sittenverderbende und Zweideutige aus Musik und Poesie ist zu verbannen, sogar Homer; nur die veredelnde, auf das wahrhaft Gute und Schöne gerichtete Kunst soll zugelassen werden, damit ein ernster sittlicher Sinn, eine hohe und reine Gottesvorstellung, eine mutige Verachtung des Todes und der vergänglichen Lebensgüter in den jungen Seelen erzeugt werde. Dem musisch-mathematischen Kursus folgt dann vom 18. bis 20. Lebensjahre die kriegerische Ausbildung. Danach tritt eine erste Auslese ein. Die wissenschaftlich minder Begabten bleiben im Kriegerstande, die übrigen betreiben nun die Wissenschaften intensiver und in mehr systematischer Form. Während dann – zweite Auslese – die minder Vorzüglichen unter ihnen zu praktischen Staatsämtern übergehen, widmen sich die Ausgezeichnetsten noch fünf weitere Jahre der Erkenntnis des Seienden (Ideenlehre, Dialektik) und übernehmen dann ihrerseits höhere Regierungsämter. Haben sie sich darin 15 Jahre lang bewährt, so sind sie im fünfzigsten Lebensjahre reif, unter die Zahl der ‹Herrscher› oder Philosophen aufgenommen zu werden. Wenn sie als solche, sobald die Reihe sie trifft, die sorgenvolle Last der staatlichen Geschäfte übernommen und andere zu gleicher Tätigkeit im selben Sinne erzogen haben, dann sollen sie auf ‹die Inseln der Seligen› versetzt und ihr Andenken fortan als das ‹glückseliger und göttlicher› Menschen vom Staate geehrt werden.

Mit seinem Entwurf eines neuen Staatsideals verbindet Platon (besonders in ‹Staat› VIII) eine äußerst scharfe *Kritik der bestehenden Staats- und Gesellschaftsordnung.* Schon hier (551 D) findet sich das Wort von den ‹zwei Staaten›, dem der Reichen und Armen. Mit den schärfsten Worten geißelt er den Mammonismus, das ‹Drohnen-› und Spekulantentum, den schwelgerischen Müßiggang der ‹goldenen› Jugend, die notwendig zur Katastrophe führen müssen; ja auch den perikleischen Machtstaat mit seinen Häfen, Werften, langen Mauern ‹und dergleichen Possen›. An anderer Stelle (‹Gesetze› I, 626 D) wird der gegenwärtige Zustand bereits als der ‹Krieg aller gegen alle› bezeichnet. Reformen auf dem Boden des Bestehenden würden dürftige Notbehelfe bleiben und die Mißstände nur verlängern. Eine radikale Umwälzung der Gemüter, eine gründliche Reinigungskur durch ‹Schneiden und Brennen› tut not.

Gegen Ende seines Lebens entwirft er in den ‹Gesetzen› (Νόμοι, Leges), die dem Umfange nach ein Fünftel seiner gesamten Autorschaft ausmachen und seine denkerische Kraft, große Stoffmassen (und zwar auch und gerade in der Richtung auf das Geschichtlich-Konkrete hin) zu durchdringen, in erstaunlicher Weise bezeugen, die Grundzüge eines *zweit*besten Staates, der ihm, den bestehenden Verhältnissen angepaßt, mehr Aussicht auf Verwirklichung zu bieten schien.

Platon denkt ihn sich als eine Kolonie im Inneren Kretas, von wesentlich agrarischem Charakter. Statt der Philosophen regiert ein Verein der Einsichtigsten und Bewährtesten nach geschriebenen, aber fortzubildenden Gesetzen, während in der ‹Politeia› solche nicht vorhanden zu sein brauchten. An die Stelle der Ideenerkenntnis treten ein mathematisch-musischer Kurs und eine geläuterte Staatsreligion – der religiöse Zug tritt in diesem Spätwerke stärker hervor –, an die Stelle der Aufhebung von Familie und Privateigentum eine sorgfältige Überwachung der Ehen und des häuslichen Lebens und eine wohl nach altspartanischem Muster getroffene Teilung des Staatsgebietes in 5040 gleiche Landlose. Indessen sind mit dieser größeren Demokratisierung des Staatswesens doch – im allgemeinen von den Historikern der Philosophie zu wenig beachtete – Fortschritte verbunden. Die starre Trennung der Stände ist gemildert, die Kluft zwischen Herrschenden und Beherrschten fast geschlossen, die Regierenden sind an strenge Gesetze gebunden, der ideale Wert der wirtschaftlichen Arbeit wird stärker gewürdigt, der Volksbildung *aller* Klassen, auch der weiblichen Jugend, größere Aufmerksamkeit geschenkt. Ja, was besonders merkwürdig und erst von Natorp mit voller Deutlichkeit hervorgehoben worden ist, diese Demokratisierung führt dahin, daß der Halbkommunismus der ‹Republik› hier, wenigstens in der Idee, zur vollen wirtschaftlichen Gemeinschaft *aller* Bürger (zu denen freilich die unfreien Landarbeiter nicht gehören) erweitert wird. Jeder soll sein Ackerlos, ja ‹sich selbst und sein Vermögen› als Gemeingut des ganzen Staates ansehen. Ein gemeinsames Besitzen und Bebauen des öffentlichen Grund und Bodens wäre noch zu ‹groß für das jetzige Geschlecht und die Art, wie es aufwächst und erzogen wird›. Es wäre, zusammen mit der Gemeinschaft der Frauen, Kinder und aller Habe und der Ausrottung alles sogenannten Eigentums mit Stumpf und Stiel, ein Ideal ‹vielleicht für Götter und Göttersöhne›, von dem er nicht weiß, ‹ob es irgendwo existiert oder dereinst kommen wird› (‹Gesetze› V, 739 Cf).

Damit haben wir die Grundzüge von Platons Philosophie zur Darstellung gebracht. Einen besonderen Hinweis verlangt nur noch seine *Theologie*, deren Bedeutung für das platonische Philosophieren oft unterschätzt worden ist. Sie findet ihre, der anthropozentrischen Formel des Protagoras bewußt entgegengesetzte, zusammenfassende Formulierung im Wort der ‹Gesetze› 716 C: ‹Aller Dinge Maß ist Gott›.

8. Platons Schule oder die ältere Akademie

Die von Platon gestiftete wissenschaftliche Genossenschaft, die unter dem Namen ‹Akademie› an der durch den Meister geweihten Stätte blieb, hat sich durch ihre feste Organisation länger als irgendeine andere antike Philosophenschule, fast ein Jahrtausend, erhalten. Freilich nur unter mannigfacher Umbildung der Lehre. Man unterscheidet in dieser Beziehung unter den vorchristlichen Platonikern drei Richtungen: die ältere, mittlere und neuere Akademie. Die beiden letzteren gehören indes erst der nacharistotelischen Periode der griechischen Philosophie an (siehe Kap. XII, 2). Als Scholarchen oder Schulhäupter der *älteren Akademie* werden genannt: Platons Neffe Speusippos (347–339), Xenokrates (339–314), Polemon (314–270) und Krates (271–268). Neben ihnen ragten Herakleides vom Pontus, Philipp von Opus, Hermodor und Krantor hervor.

Gemeinsam ist diesen älteren Akademikern einmal, daß sie die *pythagorisierenden* Tendenzen von Platons Alter pflegen und mit stark mystisch-religiöser Tendenz weiter ausbilden. Und zweitens, daß sie sich, ähnlich den einseitigen ‹Sokratikern›, vorzugsweise den *praktisch*-ethischen Untersuchungen (ebenfalls meist mit religiöser Färbung) zuwenden.

Ein von Speusippos erhaltenes Bruchstück klingt ganz pythagoreisch. Er scheint auch biologische Studien getrieben zu haben, die vor allem auf die Gliederung und Einteilung der Wirklichkeit zielten und deren Ergebnisse er in einem größeren Werke über die *Ähnlichkeiten* (Ὅμοια) zusammenfaßte. In der damaligen Diskussion über die ἡδονή (Lust) hat er ebenfalls in zwei Dialogen ‹Aristipp› und ‹Über die Lust› Stellung genommen. Sein Nachfolger Xenokrates wird als eine ernste und strenge Persönlichkeit gerühmt. Die Ideen oder (!) Zahlen gehen ihm aus dem Urgrund des Einen und der unbestimmten Zweiheit hervor, aus ihnen die sich selbstbewegende Weltseele, aus dieser wiederum eine unendliche Stufenreihe von Kräften und Wesen, die zum Teil mit den Namen von Göttern und Dämonen bezeichnet werden. Er hat die Philosophie zuerst in Physik, Logik und Ethik gegliedert. Ähnliches lehrte Philipp von Opus, der höchstwahrscheinlich die gewöhnlich hinter Platons ‹Gesetzen› abgedruckte ‹Epinomis› verfaßt und ersteres Werk herausgegeben, vielleicht auch überarbeitet hat.

Wichtiger als ihre an Platons ‹Timaios› sich anlehnende phantastische Metaphysik sind die *mathematischen* und *astronomischen* Leistungen dieser Platoniker, von denen der vielseitige Herakleides in seiner Schrift ‹Über die Vorgänge am Himmel› bereits die tägliche Achsendrehung der Erde und den Stillstand des Fixsternhimmels gelehrt sowie eine Bewegung der Erde um die Sonne für möglich erklärt hat, was dann 19 Jahrhunderte später Kopernikus zu seiner These anregte.

Die damalige wissenschaftliche Bedeutung der Akademie zeigt sich beispielhaft daran, daß sich ihr der von Archytas herkommende hervorragende Mathematiker, Astronom und Geograph Eudoxos von Knidos (gest. 340) mit seinen Schülern anschloß. Bemerkenswert für die philosophische und wissenschaftliche Entwicklung war seine Annahme einer Immanenz der Ideen und seine Tendenz, die Wissenschaft von der Philosophie unabhängig zu machen.

Wieviel wissenschaftliches Streben und sittliche Tüchtigkeit aber auch in diesen älteren Akademikern gewohnt haben mögen, so hat doch keiner von ihnen die Weiterentwicklung der Philosophie nennenswert gefördert.* Der bedeutendste von Platons Schülern schied verhältnismäßig früh aus dem Schulverbande und entwickelte seine eigene Philosophie, die auf einen weiteren Höhepunkt griechischen Denkens führt: Aristoteles.

* Sie haben jedoch derjenigen Umbildung des Platonismus zur Mystik vorgearbeitet, welche beim Ausklang der Antike auf den Orient, Byzanz und die philosophierende Theologie des Christentums eingewirkt hat.

IX. Aristoteles

1. Aristoteles' Leben und Schriften

Leben

Aristoteles, der ‹Stagirite›, wurde 384 v. Chr. in dem unansehnlichen Stagira auf der thrakischen Chalkidike als Sohn des makedonischen Leibarztes Nikomachos geboren. Auch bei ihm können wir a) Lehr-, b) Wander-, c) Meisterjahre unterscheiden.

a) Früh verwaist und von Verwandten erzogen, kam er als 17- bis 18jähriger Jüngling nach Athen und trat dort in die platonische Genossenschaft ein, der er zwei Jahrzehnte bis zum Tode seines Lehrers angehörte.

b) Nach Platons Tod ging er mit Xenokrates zu dem gemeinsamen Freunde und Akademiegenossen beider, dem Fürsten Hermias von Atarneus, nach Assos in Troas. Diese Zeit (347–344) bezeichnet für ihn eine Periode wachsender Selbständigkeit gegenüber dem Meister, kritische Umbildung von dessen Ideenlehre, und zugleich realpolitische Schulung durch den klugen Hermias, dessen Nichte und Adoptivtochter Pythias er zur Frau nahm. Er hat dort auch eine eigene Tochterschule der Akademie eröffnet, deren Programmschrift der damals verfaßte Dialog ‹Über die Philosophie› gewesen zu sein scheint. Nach einem dann folgenden etwa einjährigen Aufenthalt bei seinem späteren Schüler Theophrast auf Lesbos nahm er 342 einen Ruf König Philipps von Makedonien an dessen Hof an, um die Erziehung des 14jährigen Alexander zu übernehmen.

c) Noch ehe Alexander seinen Zug nach Asien antrat (334), siedelte Aristoteles mit Theophrast nach Athen über und gründete dort seine eigene Schule, das *Lykeion*, so genannt nach dem dem Apollon Lykeios geweihten Gymnasium, in dessen schattigen Laubengängen (περίπατοι) umherwandelnd (περιπατοῦντες) seine Schüler mit ihm philosophierten; daher ihr Name: *Peripatetiker.* Durch eigene Wohlhabenheit sowie durch seine nahen Beziehungen zum makedonischen Königshause mit reichlichen Mitteln versehen, vermochte er zuerst eine größere Bibliothek anzulegen.

Nach dem Tode Alexanders des Großen (323) formell wegen ‹Gottlosigkeit›, in der Tat wahrscheinlich wegen jener makedonischen Beziehungen angeklagt, floh er von Athen – er wolle den Athenern, soll er gesagt haben, nicht zum zweitenmal Gelegenheit geben, sich an der Philosophie zu versündigen – nach Chalkis auf Euböa, wo er schon im folgenden Jahre an einer Magenkrankheit starb.

Schriften

Ihrem literarischen Charakter nach zerfallen sie in drei Gattungen:

1. Von ihm selbst ‹herausgegebene› (ἐκδεδομένοι) *populäre* Abhandlungen (ἐξωτερικοὶ λόγοι). Jedoch sind nur vereinzelte Fragmente erhalten; Hauptzeuge dieser platonisierenden Zeit des Aristoteles ist der Dialog ‹Eudemos›, neuerdings sind größere Abschnitte aus einer philosophischen Mahnrede (‹Προτρεπτικός›) und einem drei Bücher umfassenden Dialog ‹Περὶ φιλοσοφίας› bekannt geworden.

2. *Sammelwerke*, d. h. wohl unter Mitwirken seiner Schüler zusammengestellte Aufzeichnungen (ὑπομνήματα) zum Gebrauche im Lykeion. Sie enthielten Zusammenstellungen verschiedenster (naturwissenschaftlicher, geschichtlicher, literaturhistorischer) Art. Einen guten Einblick in Form und Gehalt derselben gewährt die 1891 aufgefundene ‹Ἀθηναίων πολιτεία› (athenische Staatsverfassung). Sie war nur ein Teil des großen Sammelwerkes der ‹Politien›, das nicht weniger als 158 verschiedene Staatsverfassungen schilderte und in einem Anhange auch Rom und Karthago in den Kreis seiner Betrachtung zog. Sonst sind sie leider sämtlich verloren.

3. Zum Glück größtenteils erhalten ist dagegen der für uns wichtigste Teil seiner Werke: die rein wissenschaftlichen *Lehrschriften*, die schon in der Antike als ‹akroamatische› (d. h. zum Hören bestimmt) bezeichnet wurden und erst später in die Literatur eingegangen sind. Die Hauptmasse der unter Aristoteles' Namen uns überlieferten Schriften ist sicher echt – das beweist nicht bloß der äußerliche, sondern noch schlagender der festgefügte innere Zusammenhang –, und die meisten sind während der zwölf letzten Jahre zu Athen verfaßt. Wir teilen sie nach ihrem *Inhalt* in:

a) *Logische* Schriften, in byzantinischer Zeit unter dem Titel ‹Organon› (d. i. geistiges Werkzeug) zusammengefaßt. Dazu gehören: die ‹Kategorien› (Arten des Seienden), ‹Περὶ ἑρμηνείας› (‹De interpretatione›, ‹Satz und Urteil›), die ‹Analytica priora› (Schlüsse) und ‹Analytica posteriora› (Beweis, Definition und Einteilungen) und die ‹Topik› (die dialektischen oder Wahrscheinlichkeitsschlüsse), eine Art Leitfaden der Disputierkunst, nebst den auch wissenschaftlich wertvollen Sophistischen Trugschlüssen.

b) *Naturwissenschaftliche* Schriften, die einen breiten Raum einnahmen, von denen insbesondere zu nennen sind: Die ‹Physik› (8 Bücher), ‹Vom Himmel› (4 Bücher), ‹Vom Entstehen und Vergehen› (2), ‹Meteorologie› (4), die ‹Große Tiergeschichte› (10, aber nicht alles aristotelisch), ‹Über die Teile der Tiere›, über Gang und Bewegung der Tiere. Ferner schließen sich die *psychologischen* Schriften an: ‹Von der Seele› (3) und eine ganze Reihe kleinerer Aufsätze (die sogenannten ‹Parva naturalia›).

c) *Ethische:* 1. Das Hauptwerk ist die sogenannte ‹Nikomachische Ethik› (in 10 Büchern), genannt nach seinem Sohne aus einer zweiten Ehe, Nikomachos, und vielleicht auch erst von diesem veröffentlicht; 2. die ‹Eudemische Ethik› in 7 Büchern (wohl ein früher Entwurf – vgl. Literaturübersicht), benannt nach dem Aristotelesschüler Eudemos als ihrem Bearbeiter; 3. ein aus beiden zusammengestellter nacharistotelischer Auszug, eine merkwürdigerweise den Titel ‹Große Ethik› (‹Magna Moralia›) führende kleinere Schrift (in 2 Büchern). In das Gebiet der angewandten Ethik gehört die ‹Politik› (8 Bücher), unvollendet und nicht in der richtigen Ordnung erhalten.

d) *Ästhetische:* ‹Rhetorik› (3 Bücher, von denen das dritte zweifelhaft ist) und ‹Poëtik› (auch diese lückenhaft und mehrfach überarbeitet).

e) *Allgemein-philosophischen* Inhalts: die ‹Metaphysik› in 14 Büchern (der Name rührt von dem ganz äußerlichen Umstande her, daß sie von einem späteren Ordner hinter die physikalischen Schriften, μετὰ τὰ φυσικά, gestellt wurde, das Wort *Metaphysica* kommt erst bei Boethius im 6. Jahrhundert n. Chr. vor), eine erst nach dem Tode des Aristoteles veranstaltete Zusammenstellung dessen, was sich in seinem Nachlasse von auf die sogenannte ‹Erste Philosophie› Bezüglichem vorfand.

Überlieferung und Ausgaben. Die aristotelischen Schriften haben ihre eigene, beinahe romanhafte Geschichte. Nach Strabon sollen sie im 3. und 2. Jahrhundert v. Chr., um vor der Sammelwut der Fürsten von Pergamon bewahrt zu bleiben, in einem feuchten Keller zu Skepsis (in Troas) aufbewahrt und erst um 100 v. Chr. nach Athen, von da durch Sulla nach Rom gebracht worden sein. Das kann sich aber nur auf die aristotelische Handschrift selbst beziehen, denn fast alle uns überlieferten Schriften sind das ganze 3. und 2. Jahrhundert hindurch als bekannt bezeugt. In Rom erfolgte nach Plutarch um 50 v. Chr. eine Neuausgabe, wie es scheint, sämtlicher Schriften durch den Peripatetiker

Andronikos von Rhodos. Sie liegt der heutigen Überlieferung zugrunde. Im Druck sind die aristotelischen Schriften zuerst lateinisch, zusammen mit den Kommentaren des Arabers Averroes, in Venedig 1489, darauf griechisch, ebenda 1495 ff herausgegeben worden, sodann bis 1668 öfters. Dann erlahmt das Aristotelesstudium längere Zeit, um erst im 19. Jahrhundert wieder aufzuleben.

2. Einleitendes zur Philosophie des Aristoteles, insbesondere sein Verhältnis zu Platon. Einteilung des Systems

Bis vor kurzem fehlte uns beinahe jede Kenntnis von Aristoteles' philosophischer *Entwicklung*. Erst das schon genannte bedeutende Buch von W. Jaeger hat die Erstarrung gelöst, in der man die aristotelische Gedankenwelt in dogmatischer Weise zu sehen pflegte.

Die entscheidende selbständige Entfaltung seiner Philosophie erfolgt in der Zeit in Assos (347–344), und zwar in der kritischen Auseinandersetzung mit der Ideenlehre Platons und vornehmlich wohl mit der seiner platonischen Mitschüler. Wir stoßen auf diese Auseinandersetzung sowohl in dem großen Programmdialog ‹Über Philosophie› (2. Buch), wie in der Schrift ‹Über die Ideen›, wie schließlich in den ältesten ‹Metaphysik›-Entwürfen.

Wesen und Art der aristotelischen Philosophie sind schon in den ersten Auseinandersetzungen mit Platon sichtbar und prägen sich in steigendem Maße aus. Dabei müssen wir im Auge behalten, daß die Lehrschriften, die wir allein als Zeugnisse seiner Reifezeit haben, lediglich Vorlesungsmanuskripte mit all ihrer Unfertigkeit sind und nicht literarische Kunstwerke. Aristoteles will mit seiner Philosophie keine zweite überirdische Welt errichten, sondern er will diese gegebene Welt erkennend durchdringen. Er will nicht von vorgegebenen Prinzipien aus herabsteigen zur sichtbaren Welt, sondern von ihr aus und in ihr selbst die tragenden und bestimmenden Prinzipien finden. So geht er vom Einzelnen in seiner natürlichen Tatsächlichkeit aus. Der Unterschied gegenüber Platon ist deutlich. Das Gewicht verlagert sich in schwerwiegender Weise von der Ideenwelt zur Realwelt.

Wir halten uns im allgemeinen an die in der obigen Übersicht seiner Schriften befolgte Anordnung und behandeln 1. die *Logik*, die als allgemeine Theorie des wissenschaftlichen Verfahrens gleichsam die

Einleitung zu der 2. dann folgenden ‹ersten› Philosophie oder *Metaphysik* enthält, 3. seine *Natur-* und *Seelenlehre*, 4. die auf letzterer ruhende ‹praktische› Philosophie: *Ethik* und *Politik*, und endlich 5. deren ‹poietischen› Anhang: *Rhetorik* und *Kunstlehre.*

3. Die Begründung der formalen Logik

Den Mittelpunkt der aristotelischen Logik bildet die Lehre vom Schließen und von der Beweisführung, wie sie in seinem logischen Hauptwerke, der ‹Analytik›, d. h. Zergliederung des Denkens, niedergelegt ist. Das führt zur Besinnung auf die einfachen Aussagesätze (λόγοι ἀποφαντικοί), zu deren Wesen es gehört, wahr oder falsch zu sein. Sie zerfallen in bejahende und verneinende, ferner allgemeine, partikulare und einzelne usw. Aus zwei Urteilen mit drei Begriffen (z. B. Sokrates, Mensch, sterblich) baut sich der *Schluß* (Syllogismus) auf. Die Syllogistik zeigt die Regeln, nach denen aus gegebenen Sätzen oder Voraussetzungen (Prämissen) andere Sätze folgen; von den heute geltenden vier Schlußfiguren finden sich die drei ersten bereits bei Aristoteles. Aus Schlüssen setzt sich die *Beweisführung* (ἀπόδειξις) zusammen. Ihre Aufgabe ist Ableitung des Bedingten aus dem Unbedingten, des Einzelnen aus den allgemeinsten Prinzipien (siehe Kap. IX,4), welche letztere durch die Vernunft (νοῦς) selbst unmittelbar erkannt werden. Ihr oberstes Prinzip ist der Satz des Widerspruchs (a = a und nicht = non a). Umgekehrt wie der Syllogismus oder *deduktive* (ableitende) Beweis, verfährt die *Induktion* (ἐπαγωγή), zu deutsch: ‹Heranbringung›, die von dem bekannten Einzelding zu dem erst festzustellenden Allgemeinen hinführt, z. B.: Der Mensch hat wenig Galle und lebt lange, das Pferd ebenfalls, das Maultier usw. desgleichen: also sind alle Tiere mit wenig Galle langlebig. Der solchermaßen gewonnene Induktionsschluß ist, weil er vom Bekannten und Sinnlich-Wahrnehmbaren ausgeht, für *uns* vielfach überzeugender und deutlicher; der Syllogismus aber ist *an sich* zwingender und beweiskräftiger. Daher eignet sich ersterer mehr für den mit Wahrscheinlichkeitsschlüssen arbeitenden, auf die Menge zu wirken bestrebten Redner; wissenschaftliche Gültigkeit kann er nur bei erreichter ‹Vollständigkeit› der Induktion beanspruchen (ist dann aber eigentlich bereits deduktiv). Teils auf dem Beweis, teils auf Induktion beruht die Begriffsbestimmung oder *Definition* (ὁρισμός).

Sie will das Wesen (οὐσία, εἶδος, τὸ τί ἐστι, τὸ τί ἦν εἶναι) der Dinge begriffsmäßig bestimmen. Zu einer guten Definiton ist die Unterscheidung von Gattungen (γένη) und Arten (εἴδη) erforderlich. Die Gattung trennt das Ding von allen andersartigen Dingen, die Art von den übrigen Dingen derselben Gattung. Was innerhalb der Gattung am weitesten voneinander entfernt ist, steht in konträrem, was schlechthin entgegengesetzt ist (verneint wird), in kontradiktorischem Gegensatze.

Ein vieldiskutiertes Sonderproblem bildet die Schrift von den ‹Kategorien›. Die Zahl der Kategorien liegt nicht fest. Aristoteles zählt bald 10, bald 8, bald noch weniger auf. Es sind (die folgenden Beispiele sind *aristotelisch*):

1. Substanz (οὐσία), z. B. Mensch, Pferd
2. Quantität (ποσόν), z. B. zwei oder drei Ellen lang
3. Qualität (ποιόν), z. B. weiß, literarisch gebildet
4. Relation (πρός τι), z. B. doppelt, halb, größer
5. Ort (ποῦ), z. B. auf dem Markte, im Lyzeum
6. Zeit (ποτέ), z. B. gestern, im vorigen Jahre
7. Lage (κεῖσθαι), z. B. liegt, sitzt
8. Zustand (ἔχειν), z. B. ist beschuht, bewaffnet
9. Tätigkeit (ποιεῖν), z. B. schneidet, brennt
10. Leiden (πάσχειν), z. B. wird geschnitten, wird gebrannt.

Die grundlegendsten sind ohne Zweifel die vier ersten, und von ihnen wieder die wichtigste, die Substanz, die uns in der ‹Metaphysik› wieder begegnen wird. Die lose Art der Aufstellung und Behandlung der Kategorien darf nicht nur negativ als Fehler gesehen werden, wie es vor allem seit Kants kritischem Einwurf zu geschehen pflegt. Das zeigt, daß es sich eben nicht um ein dogmatisch festgelegtes, fertiges Kategoriensystem handelt, sondern um noch im Gang befindliche philosophische Forschung. Sie zielt auf die verschiedenen Grundweisen, in denen das ‹ist›, d. h. aber für Aristoteles das ‹Sein›, von etwas ausgesagt werden kann. Es geht in den Aussageweisen um die Seinsweisen. Das Kategorienproblem führt so bereits über die Logik hinaus in die Ontologie.

4. Die Metaphysik oder ‹erste Philosophie› des Aristoteles

Aristoteles' Problemstellung geht vom sinnlichen Einzeldinge (τὸ ἕκαστον), ‹diesem hier› (τόδε τι), aus. Aber von ihm ist ‹weder Begriffsbestimmung noch Beweis› möglich, sondern nur vom Allgemeinen (τοῦ καθ' ὅλου). Dieses Allgemeine ist jedoch nicht im Fortblikken vom Einzelnen zu finden, sondern nur so, daß man dem Einzelnen auf den Grund geht und die Prinzipien aufsucht, durch die es allgemein und notwendig bestimmt ist. Das heißt: Man muß auf die Seins- und Wesensgrundlagen des Einzelnen zurückgehen. Ihre Erforschung ist das zentrale Anliegen der Philosophie. Denn in ihr geht es um das, was dem Sein nach das Ursprüngliche, das Erste ist. Die darauf gehende Philosophie ist Fundamentalphilosophie, ‹erste Philosophie›, wie Aristoteles sagt. Als Wissenschft vom Seienden als Seiendem und seinen Prinzipien ist sie zugleich von den anderen Wissenschaften wesenhaft unterschieden, die immer nur einzelne Bereiche des Seienden zum Gegenstand haben. Sie ist zugleich frei von der Frage des Nutzens. Sie ist Wissen um des Wissens willen.

Ihre Kernprobleme seien kurz umrissen:

Einzelnes und Allgemeines. Der Erkenntnis des Allgemeinen muß vorangehen die Sinneswahrnehmung der Einzeldinge. Aus ihr bildet sich, mit Hilfe der Induktion, das der Zeit und Veranlassung nach zuerst von uns Erkannte (πρότερον πρὸς ἡμᾶς), wohl zu unterscheiden von dem ‹von Natur› oder ‹an sich› Ersten (πρότερον ἁπλῶς oder πρότερον τῇ φύσει). Wir Menschen, mit unserem beschränkten Erkenntnisvermögen, beginnen mit dem πρότερον πρὸς ἡμᾶς, um im Laufe unseres Forschens immer tiefer in das πρότερον τῇ φύσει einzudringen. Nur das bestimmte Einzelding (τόδε τι), der Mensch hier (ὁ τὶς ἄνθρωπος), das Pferd dort (ὁ τίς ἵππος), ist für ihn, wenigstens für den späteren, selbständigen Systematiker, wirklich, ist Substanz (οὐσία) im eigentlichen Sinne. Die Gattungsbegriffe (der Mensch schlechthin, das lebende Wesen) bedeuten nur sprachlich etwas Einzelnes, sind in Wahrheit bloß uneigentliche, sekundäre Substanzen (δεύτεραι οὐσίαι). Ihrem wahren Sinne nach bezeichnen sie nur eine Eigenschaft (ποιόν τι) und drücken die Übereinstimmung vieler Einzeldinge in bezug auf diese aus. Anderseits wird die Substanz freilich auch wieder als das ‹An sich› (καθ' αὑτό), das Wesentliche, im Gegensatz zu dem Akzidentellen (κατὰ τὸ συμβεβηκός), d. i. dem den

Dingen zufällig Anhaftenden, gebraucht. Man wird beachten müssen: 1. daß Aristoteles daran liegt, die Aporien, die Schwierigkeiten, auf die das Denken stößt, klarzustellen und die Probleme aufzurollen, ohne sofort Lösungen zu geben; 2. daß Aristoteles eine erste Substanz (οὐσία), das selbständig existierende Einzelding, und eine zweite Substanz, die essentielle Species als Wesensbestimmung unterscheidet, die nun freilich nur für uns das Zweite, dem Sein nach aber das Erste ist.

Stoff und Form. Aristoteles sucht die Idee so zu fassen, daß sie nicht mehr getrennt ist von dem, was durch sie bestimmt wird, sondern daß sie als Bestimmungsgrund dem Bestimmten zugehörig und immanent ist. Zu diesem Zwecke führt er ein seitdem in der Philosophie eingebürgertes Begriffspaar ein: *Form* (mit dem platonischen εἶδος, aber auch als μορφή = Gestalt bezeichnet) und *Stoff* oder *Materie* (ὕλη, von ihm selbst erfundener t. t.). Der Stoff ist die gestaltlose Grundgegebenheit, das ‹zugrunde Liegende› (ὑποκείμενον), die Form ist dessen Gestaltung. Erz und Marmor z. B. sind der Stoff, die fertige Bildsäule die Form; Holz, Steine und Erde der Stoff, das Haus ihre Form; bei dem Menschen sein Leib der Stoff, Leben und Seele die Form. Nie existiert ein Stoff ohne alle Form, wohl dagegen ein selbständiges Formprinzip: der reine Begriff oder das bleibende Wesen der Dinge (τὸ τί ἦν εἶναι). Doch ist ein formloser, gänzlich unbestimmter Stoff, eine ‹erste› Materie (πρώτη ὕλη) als Grundlage alles Werdens vorauszusetzen. Von ihr ist die ‹zweite Materie› zu unterscheiden, eine schon geformte Materie, die nun aber wieder mitsamt ihrer Form Materie für weitere Formung werden kann. Denn der Gegensatz zwischen Form und Materie ist ein durchaus relativer. Was in der einen Beziehung Stoff ist, kann in einer anderen Form sein; so ist das Bauholz Form im Verhältnis zum unbehauenen Stamme, Stoff im Verhältnis zum fertigen Haus, die Seele Form im Verhältnis zum Körper, Stoff für die Vernunft, welche ‹die Form der Form› (εἶδος εἴδους) darstellt.

Möglichkeit und Wirklichkeit (Potenz und Akt). Das Gegenüber von Materie und Form wird noch vertieft durch eine andere Bestimmung. Materie ist für Aristoteles nämlich das, was nur der Möglichkeit nach ist; sie ist reine Möglichkeit, reine Potentialität, die erst durch die Form die Bestimmtheit der Wirklichkeit erhält. Die Form ist das Verwirklichende (ἐνέργεια) und Bestimmung Gebende (ἐντελέχεια). Aristoteles hat das selbst am organischen Werden wie am künstlerischen Gestalten verdeutlicht. Die Materie ist ‹ein Etwas bloß der Möglichkeit nach›, wie der Baum, der im Keim, der Mann, der im Knaben steckt und erst durch die Form sich verwirklicht. Oder der

Marmorblock ist die Materie, aus der eine Marmorstatue werden kann: er ist die Möglichkeit zu ihr. Alles Werden ist so Übergang vom bloß Möglichen zum Wirklichen. So ist die Materie zugleich das Unvollkommene (z. B. der Schlafende, der denken Könnende), die Form seine Vollendung (z. B. der Wachende, der wirklich Denkende). Reine Form ist nur der göttliche Geist. Das Einzelding ist weder je reine Anlage noch völlig verwirklichte Form. Die Hauptsache ist eben für Aristoteles die Beleuchtung des dazwischenliegenden *Entwicklungsprozesses.* Verfolgen wir nun weiter die Frage: Wie wird aus dem bloß Möglichen ein Wirkliches?, so lautet die Antwort: durch die bewegende Ursache. So erscheint ein neues Begriffspaar:

Bewegtes und *bewegende Ursache* (Gott). Der Übergang aus der Möglichkeit in die Wirklichkeit ist notwendigerweise mit *Bewegung* (κίνησις) verbunden, d. h. nicht räumlicher Bewegung, sondern *Veränderung*, von der die Ortsbewegung nur einen Einzelfall bildet (vgl. Kap. IX, 5). Bewegung ist noch unvollendete Wirklichkeit, wie z. B. das Gehen, Lernen, Bauen, Abnagen im Gegensatz zum Gegangensein, Wissen usw. Wie alles in der Erfahrung, so muß auch das Bewegte seine Ursache haben. Verfolgen wir nun diese immer weiter zurück, so gelangen wir, da Raum und Zeit ohne Anfang und Ende sind, schließlich zu einem immateriellen *ersten Bewegenden* (πρῶτον κινοῦν), das, selbst unbewegt und unbeweglich, ein einziges, schlechthin vollkommenes, unkörperliches, also vernünftiges Wesen ist, d. i. die Gottheit oder der *göttliche Geist* (νοῦς). Für ihn nimmt Aristoteles alle die Eigenschaften in Anspruch, die Platon seiner Idee des Guten beigelegt hatte: ewig, unveränderlich, für sich, getrennt von allem Übrigen und doch die Ursache desselben. Aber ihm fehlt, mindestens in der späteren Epoche, ganz das Ethische. Er genügt sich selbst, und seine Selbstbetrachtung (θεωρία) bildet seine ewige Seligkeit.

So erscheint hier zum erstenmal der *Monotheismus* begrifflich formuliert, zwar mit einzelnen pantheistischen Zügen, aber im ganzen doch kennzeichnender und wirksamer in der *theistischen* Form der Außerweltlichkeit Gottes, und im Gegensatz zu Platon und noch mehr zu Sokrates nicht sittlich oder gar religiös, sondern rein verstandesmäßig*, während er in seiner früheren platonisierenden Periode

* Hierin lag der Grund, warum die Hochscholastik den Aristoteles zum Philosophen der Kirche machte: von ihm war der rein ‹theoretische› Beweis für das Dasein Gottes zu erhalten.

auch um den Aufschwung der Seele zum Göttlichen weiß, der ‹im Enthusiasmus› sich vollzieht.

Alles Unvollkommene strebt zum Vollkommenen hin, alles Werden ist um des Seins (Wesens) willen (τῆς οὐσίας ἕνεκα) vorhanden. So kommen wir zu dem wichtigsten der vier aristotelischen Grundprinzipien, dem

Zweck (οὗ ἕνεκα). Während sich Aristoteles für die bisher genannten Prinzipien auf Vorgänger wie die Ionier, Empedokles, Anaxagoras, Platon bezieht, stellt er selbst, wie er ausdrücklich hervorhebt, das *Zweck*prinzip zum erstenmal auf. Genauer gesagt: Er unterscheidet vier Ursachen bzw. Prinzipien: 1. die Materie (ὕλη, später lat. *causa materialis*), das, woraus etwas wird; 2. die Formursache (εἶδος, später lat. *causa formalis*), die Wesensform; 3. Die Bewegungsursache (τὸ ὅθεν ἡ ἀρχὴ τῆς κινήσεως, später lat. *causa efficiens*), das kausal Wirkende; 4. die Zweckursache (τὸ οὗ ἕνεκα, später lat. *causa finalis*), das, um dessentwillen etwas geschieht. Die Naturforschung soll gewiß ‹auch› das mechanische Prinzip haben, ‹mehr aber› das des Zwecks (μᾶλλον δέ τινος ἕνεκα). Aristoteles orientiert sich dabei zunächst vornehmlich am menschlichen Tun, das durch Zwecke in Bewegung gesetzt wird: Das Spazierengehen geschieht zum Zweck der Gesundheit; die Wand ist zwar aus Stoff entstanden, aber doch nur, um Gegenstände zu bergen u. dgl. Nach Analogie der menschlichen Kunst verfährt auch die *Natur*. Sie schafft nach dem ihr vorschwebenden Zweckideale, z. B. der Tiergattung, ihre einzelnen Exemplare. Nicht bloß die Tiere, wie Spinnen und Ameisen, verfahren offenbar zweckvoll, auch die Blätter der Pflanze sind zu deren Schutz, die Wurzeln zu ihrer Nahrung da, der Zweck des Samenkorns ist der Baum.

Während dabei beim künstlichen und künstlerischen Bilden die vier aristotelischen Prinzipien zu unterscheiden sind – er selbst bezeichnet z. B. an dem zusammenfassenden Beispiele des Hauses als den Stoff die Bausteine, als Form den Begriff des Hauses, als bewegende Ursache den Baumeister, als Zweck das wirkliche Haus –, so fallen in der schaffenden Natur die drei letzten Prinzipien (Form, bewegende Ursache, Zweck) zusammen, es sind verschiedene Ausdrücke für dieselbe Sache. Denn während der Marmor (Stoff) der von außen kommenden Tätigkeit (Bewegungsursache) der Zwecke (Zweckursache) setzenden Menschen bedarf, um Statue zu werden, ist im Samen als der materiellen Möglichkeit zugleich die Verwirklichungskraft und die Zweckbestimmung mitenthalten.

5. Natur- und Seelenlehre

Naturlehre

Physik. Zur Natur gehört alles, was den Grund der Bewegung und Ruhe, also der Veränderlichkeit seines Zustandes, *in sich selbst trägt.* Sowohl kontinuierlich wie bewegt sind die Gegenstände der *Physik*, d.h. des Kosmos. Die Physik ist die Lehre von der Bewegung. Die letztere ist von dreierlei Art: 1. die räumliche oder Ortsveränderung (φορά), 2. die qualitative oder Stoffveränderung (ἀλλοίωσις), 3. die quantitative oder Zu- und Abnahme (αὔξησιςκαὶφθίσις). Die erste läßt sich – in moderner Sprache – als die Grundlage der Mechanik, die zweite als die der Chemie, die dritte als die des organischen Geschehens bezeichnen.

Die Welt besteht von Ewigkeit her. Der vollkommenste Teil des Alls ist der vom gegensatzlosen Äther erfüllte Himmelsraum. Niederer ist schon die Sphäre der Planeten, einschließlich Mond und Sonne, deren Einfluß auf die Erde ein Kernthema der mittelalterlichen Astrologie wurde. Weit tiefer aber steht die ‹sublunarische› Welt des Vergänglichen und Unvollkommenen, unsere Erdkugel, gleichwohl der unbewegliche Mittelpunkt des Alls: eine Lehre, deren Fraglichkeit schon von den Epikureern erkannt wurde, da es in einem Unendlichen überhaupt keinen Mittelpunkt geben kann. Ihre Bestandteile, die vier Elemente, werden nicht auf mathematisch-quantitative, sondern auf qualitative, dem Tastsinn sich erschließende Unterschiede zurückgeführt. Das Feuer ist das warm-trockene, die Luft das warm-flüssige, das Wasser das kalt-flüssige, die Erde das kalt-trokkene Element. Sie gehen beständig ineinander über und vermischen sich miteinander.

Biologie. Aus den Elementen bilden sich zunächst die gleichartigen Teile des *Organischen*, z.B. Knochen und Fleisch der Tiere, aus diesen dann das Ungleichartige, z.B. Gesicht, Hände mit ihren Unterteilen, deren jeder seine bestimmte ‹Aufgabe oder Verrichtung› hat. Der Übergang vom Leblosen zum Lebendigen und wieder von den Pflanzen zu den Tieren vollzieht sich ganz allmählich und stetig. In der Stufenreihe des zu immer höherer Vollkommenheit fortschreitenden Organischen dient das Niedere dem Höheren, wie die Pflanzen den Tieren, die Tiere den Zwecken des Menschen.

Psychologie ist die Lehre von den Lebenstätigkeiten. In seiner platonischen Zeit war ihm die ‹ganze› Seele des Individuums unsterblich gewesen, später ist es nur ihr vernünftiger Teil. Seele (ψυχή) bedeutet ihm jetzt nur, wie übrigens fast überall im Altertum: Leben, Lebensprinzip. Leib und Seele verhalten sich zueinander wie Stoff und Form, wie Auge und Sehkraft. Die Seele ist als ‹erste Entelechie des organischen lebendigen Körpers› dessen Form, bewegende Ursache und Zweck. Das ist die ontologisch-metaphysische Grundlage seiner Psychologie.

Auch das seelische Prinzip entwickelt sich von einer niedersten bis zu einer höchsten Stufe. Die niedrigste ist 1. die Pflanzen- oder *vegetative* Seele (ψυχὴ θρεπτική), das Prinzip des Lebens überhaupt, der Ernährung und Fortpflanzung insbesondere, noch ohne Lebenszentrum (μεσότης). Dies tritt in 2. der Tier- oder *Sinnen*seele (ψ. αἰσθητική) hinzu und damit Tastsinn, Empfindung von Lust und Schmerz, Begierde, freiwillige Ortsbewegung. Die höchste ist 3. die menschliche oder *Vernunftseele* (ψ.λογική oder νοητική). Die niedere Tätigkeit ist jedesmal in der höheren enthalten ‹wie das Dreieck im Viereck›. Auf dem Gebiete der Lehre von den Sinnen, von denen der Tastsinn der allgemeinste, unentbehrlichste und der größten Verfeinerung fähigste ist, hat Aristoteles zahlreiche wertvolle Anregungen gegeben.

Die durch die sinnliche Wahrnehmung der äußeren Gegenstände – beide stehen in genauer Korrespondenz – erweckten Vorstellungsbilder (φαντασίαι) hinterlassen in der Seele Eindrücke oder abgeschwächte Bilder, die das Gedächtnis (μνήμη) aufbewahrt. Diese unwillkürliche Erinnerung und ihre Folgen: Vorstellung, Empfindung und Begierde kommen auch der animalen Seele zu, die bewußte Erinnerung aber, das Sichbesinnen auf etwas (ἀνάμνησις), nur dem Menschen. Aristoteles streift bereits (‹De anima› III, 2) das moderne Problem des *Bewußtseins.* Er redet wie Platon von ‹einer Art Einheit der Seele› (ἕν τι ψυχῆς), ‹wodurch sie alles wahrnimmt›. Es ist diese nicht als ein besonderes, neues Seelenzentrum zu verstehen, sondern als die Einheit der Sinnestätigkeit, die sich tatsächlich in den spezifischen Energien der einzelnen Sinne verwirklicht, eine Art ‹Gemeinsinn› (κοινὸν αἰσθητήριον), mit dessen kombinierender Tätigkeit, nebenbei bemerkt, die Möglichkeit des Irrtums eintritt. Freilich ist zu beachten, daß Aristoteles ihn auch den meisten Tieren zuspricht und als seinen physiologischen Sitz – damit hinter Demokrit und Platon zurückgehend – nicht das Gehirn, sondern das Herz annimmt. Er unterscheidet im übrigen nicht physische und psychische, sondern nur niedere und höhere Funktionen des Organismus.

Die dem Menschen eigentümliche Form der Seele, durch die sie ‹nachdenkt und auffaßt›, zu erkennen und zu wollen vermag, ist der Geist (νοῦς). Auch auf ihn findet die Unterscheidung von Stoff und Form Anwendung. Es gibt nämlich 1. einen ‹leidenden› (ν. παθητικός), 2. einen ‹tätigen› Geist (ν. ποιητικός, bei Aristoteles selbst τὸ ποιοῦν genannt). Jener ist formempfangend, dieser formgebend; jener mit dem Körper verbunden und vergänglich, dieser göttlich, leidlos und ewig; jener *wird* alles, dieser *tut* alles. Der ‹leidende› Geist gleicht einer unbeschriebenen Tafel, die jedoch bestimmt ist, beschrieben zu werden. Ohne Einwirkung ‹des Tätigen› ist er nicht zu denken, wie umgekehrt das letztere in dem an Vorstellung und Wahrnehmung gebundenen ‹leidenden› Geiste des Einzelindividuums erst zu seiner unablässig wirkenden Tätigkeit kommt. Freilich, erst losgelöst von diesem seinem vergänglichen Bruder wird der eigentliche, der reine, der ‹göttliche› Geist, wie er einst von der Zeugung ‹von oben herab› (eigentlich von außen her, θύραθεν) in uns kam, zu seinem wahren und unsterblichen Sein gelangen. Ob damit eine persönliche Unsterblichkeit behauptet oder geleugnet ist, steht nicht mit Sicherheit fest, obwohl die Waage nach der letzteren Seite zu neigen scheint, woran die Averroisten des Mittelalters und die Naturphilosophen der Renaissance wieder anknüpfen.

Was die menschliche Willenstätigkeit anbetrifft, so ist sie einerseits körperlich bedingt, anderseits aber durch Überlegung geleitete, nur dem Menschen eigentümliche, Freiheit des Willens voraussetzende ‹praktische Vernunft› (νοῦς πρακτικός), die sich gedachte Zwecke zum Handeln setzt. Wesentlich ist dabei die Unterscheidung zwischen dem weiteren Begriff des freiwilligen, spontanen Tuns, das ohne Zwang aus einem inneren Prinzip erfolgt und von Aristoteles auch Kindern und Tieren zugesprochen wird, und dem engeren Begriff des ‹Vorsatzes› (προαίρεσις), der nur dem erwachsenen Vernunftwesen zukommt und aus zwei Faktoren, einem intellektuellen (vernünftige Überlegung) und einem voluntativen (freie Wahl besteht. Er ist die Voraussetzung des spezifisch sittlichen Handelns. Damit sind wir an die Grenze der in die letzten Erörterungen bereits hineinspielenden Ethik gelangt.

6. Die aristotelische Ethik

Das Gute, so beginnt die ‹Nikomachische Ethik›, in jeder Kunst und jeder Handlung ‹das, wonach alles hinstrebt›, also der Zweck des betreffenden Dinges: für die Heilkunst die Gesundheit, für die Kriegskunst der Sieg, für die Wirtschaftslehre der Reichtum usw. Man kann die Maßstäbe des Wollens nicht losgelöst von diesen konkreten Zusammenhängen bestimmen wollen. Denn unser Ziel ist nicht Erkenntnis, sondern Handeln. Nicht ‹der Theorie halber›, ‹nicht, damit wir wissen, was die Tugend ist, sondern damit wir tüchtige Leute werden›, treiben wir Ethik (II 2, 1).

Ein Gutes gibt es, das von allen Menschen um seiner selbst willen begehrt wird: die *Glückseligkeit* (εὐδαιμονία), der oberste aller Zwecke, das höchste aller Güter. Es gehören dazu: 1. die Entwicklung zur vollen Reife des Mannes (*nicht* Weibes!), 2. gewisse äußere Güter wie Gesundheit, Wohlhabenheit, schöne Gestalt, wenigstens als Förderungsmittel, 3. das Leben mit anderen im Staate. Ziel seiner Ethik ist das harmonisch-vernünftige menschliche Leben in seiner Konkretheit.

Die Vorzüge der Seele, welche jene vollkommene Tätigkeit (ἐνέϱγεια) hervorrufen, bestehen in solchen des Denkens und des Wollens. Daraus ergibt sich die Einteilung der Tugenden in *dianoëtische* und *ethische*, also in Denk- und Charakter-Tugenden. Die höheren sind die aus dem Wissen stammenden dianoëtischen: Vernunft, Wissenschaft, Weisheit, Kunst und praktische Einsicht. Durch sie ist auch der Charakter des Menschen erziehbar.

Die vom 2. bis 5. Buche der ‹Nikomachischen Ethik› beschriebenen *ethischen* Tugenden, wie sie dem freien Bürger eines freien Staates ziemen, sind: Mannhaftigkeit, Mäßigkeit, vornehmer Sinn, Selbständigkeit, richtige Selbstschätzung, Milde, Wahrhaftigkeit, Fröhlichkeit, Freundschaft und Gerechtigkeit. Und zwar bildet jede dieser Tugenden die richtige Mitte (μεσότης) zwischen zwei zu vermeidenden Extremen, z. B. die Tapferkeit zwischen Feigheit und Tollkühnheit, die Freigebigkeit zwischen Geiz und Verschwendung. Von besonderer Wärme ist die Schilderung der ‹Seelengröße› (μεγαλοψυχία) als Mitte zwischen Aufgeblasenheit und kleinmütiger Selbstunterschätzung. Dieses auf die Harmonie der Seele sich gründende Mittlere ist keine starre, absolute Norm, sondern die für seine praktische Einsicht jeweils rechte Mitte zwischen dem Zuviel und dem

Zuwenig. Die ethischen Tugenden werden definiert als diejenigen Willens- oder Gesinnungs(ἦϱϑος)-Beschaffenheiten, welche die unserer Natur angemessene Mitte einhalten, gemäß einer vernünftigen Bestimmung (λόγος), wie sie der Einsichtige geben wird. Es sind eigentlich nur Versittlichungen des sinnlichen Teils unserer Seele, dauernde Fertigkeiten (ἕξεις) in der Beherrschung der Affekte, hervorgebracht durch jene den innersten Kern von Aristoteles' Ethik bildende vernünftige Betätigung der Seele, die von selbst zur Tüchtigkeit (Tugend, ἀϱετὴ) und zum Glücke führt. Die vollkommenste der ethischen Tugenden und zugleich die Grundlage des staatlichen Lebens ist die *Gerechtigkeit* (‹Eth. Nic.› V); als *austeilende* Gerechtigkeit verteilt sie Ehre und materiellen Nutzen nach der Würdigkeit, als *ausgleichende* gibt sie bei Rechtsgeschäften und Strafvergehen jedem das ihm Zukommende.

7. Staats- und Kunstlehre des Aristoteles

Staatslehre

Die sittliche Aufgabe ist nur im *Staate* lösbar. Der Mensch trägt von Natur den Trieb zur Gemeinschaft mit seinesgleichen in sich, ist ein ‹politisches Lebewesen› (ζῷον πολιτικόν). Zeitlich gehen allerdings dem Staate (der Stadt) die Familie und die aus Familien sich zusammensetzende Dorfgemeinde voraus; seiner ‹Natur› aber, d.i. seinem Zweck nach steht er über jenen, wie das Ganze über seinen Teilen, und muß das Recht regelnden Eingreifens in die menschlichen Verhältnisse besitzen. Sein Ziel ist Erhaltung, Sicherung und Vervollkommnung nicht bloß des physischen Daseins, sondern auch des sittlichen Lebens seiner Bürger und läuft so auf dasselbe hinaus, was die Ethik bereits für das private Leben als höchstes Gut bezeichnet hatte: die Glückseligkeit. ‹Entstanden um des (nackten) Lebens willen, besteht der Staat um des Gut-Lebens (εὖϱ ζῆν) willen›.

Eine wesentliche Basis der Staatslehre war für Aristoteles die Sammlung von 158 (auch nichtgriechischen) ‹Verfassungen›, ‹Politien›; diese enthalten mehr, als der Name besagt, nämlich, wie schon die erhaltenen Bruchstücke zeigen, ganze Sitten- und Kulturgeschichten. Die Abschaffung des Privateigentums geht wider die Natur. Sein Maßstab ist nicht der ideale, sondern der Durchschnittsmensch. Da er seinen Staat ‹organisch› auf Familie und Privatbesitz aufbaut, muß er natürlich die platonische Güter-, Weiber- und Kindergemeinschaft verwerfen. Die Sklaverei findet er in der ‹Natur› begründet, solange noch keine Maschinen erfunden seien, die deren Arbeit verrichteten. Es gebe von der Natur zu niedriger Arbeit bestimmte Menschen nicht bloß, sondern auch Völker, wie die Barbaren im Vergleich mit den Griechen. Alle banausische Erwerbsarbeit, insbesondere auch Geldgeschäfte, ja selbst die berufsmäßige Ausübung der schönen Künste dünkt ihm des Freien und Vollbürgers unwürdig. Die Tugend bedarf der Muße. Der Schwerpunkt des Staatslebens fällt für ihn in den wohlhabenden Mittelstand.

Seine Einzellehren, insbesondere die bekannte von den sechs Grundformen der Staatsverfassung – den zweckmäßigen: Monarchie, Aristokratie, gemäßigte Volksherrschaft (πολιτεία) und ihren Entartungen: Tyrannis, Oligarchie, Pöbelherrschaft (bei ihm δημοκρατία) – genauer zu entwickeln, kann nicht unsere Sache sein.

Die Kunstlehre

Ein Dialog über die Dichter ist verloren. Von seiner Schrift ‹Über die Dichtkunst› ist im wesentlichen nur der die Tragödie und das Epos betreffende Teil erhalten, der eine Fülle von Gedanken enthält, die geschichtlich wirksam geworden sind. Aristoteles leitet die Kunst ab von dem allen Geschöpfen gemeinsamen, besonders aber den Menschen eigenen Naturtrieb der *Nachahmung*. Freilich soll die Nachahmung nicht im bloßen Kopieren des Zufälligen bestehen, sondern das ‹Wahrscheinliche› und ‹das, was meistenteils geschieht›, so, ‹wie es geschehen müßte›, darstellen, also doch, ohne bloße Ideenkunst zu sein, über das zufällig Gegebene hinaus die wesenhaft gestaltende Tendenz der Natur selbst in ihrer Bildungskraft sichtbar machen. Das heißt aber bei Aristoteles: nicht das Ewige und Unveränderliche, sondern die Welt des Veränderlichen ist ihr Gebiet. Der Zweck der Kunst ist – abgesehen von den dem unmittelbaren praktischen Nutzen dienenden technischen Künsten – zunächst Erholung und edle Unterhaltung des Geistes, indes doch auch ein höherer: zeitweilige *Befreiung (Läuterung,* κάθαρσις) der Seele von den sie überwältigenden Affekten.

Zweck der *Rhetorik*, deren verschiedenen Gattungen (der beratenden oder Staats-, der gerichtlichen und der Prunkrede) Aristoteles ausführliche, auch mit interessanten psychologischen Abschnitten

(Lehre von den Affekten, Charaktertypen, Lebensaltern) untermischte Erörterungen gewidmet hat, ist die Überzeugung durch Wahrscheinlichkeitsgründe.

8. Die Peripatetiker. Einfluß auf die Folgezeit

Die Geschichte der aristotelischen Schule, die in den Peripatoi des Lykeions (Kap. IX, 1) blieb und deshalb den Namen der ‹peripatetischen› behielt, ist hier anzuschließen, da sie sich, ausgenommen Straton, von der Lehre des Meisters nur wenig entfernt, auch in die Entwicklung der übrigen nacharistotelischen Philosophie, ebenso wie die ältere Akademie, kaum eingegriffen hat. Aristoteles' Nachfolger in der Leitung der Schule war fünfunddreißig Jahre lang sein treuer Freund:

Theophrast von Lesbos (um 372–287). Theophrast war nicht nur ein glänzender Redner, sondern schrieb auch in erstaunlicher Produktivität über fast alle Gebiete des menschlichen Wissens. Von diesen Schriften sind jedoch außer einigen naturwissenschaftlichen, besonders botanischen, nur die ‹Ethischen Charaktere›, ein Stück ‹Metaphysik› und eine Anzahl ‹Fragmente› erhalten. Seine Pflanzenkunde, in der er bereits 500 Arten aufzählt, der erste Versuch einer wissenschaftlichen Botanik, machte ihn zum Lehrer des gesamten Mittelalters. Von stärkster Wirkung waren seine ‹Charaktere›, 30 naturwahre Schilderungen menschlicher Typen und ihrer Schwächen, z. B. der Schmeichler, der Prahler, der Mürrische – von Wieland ins Deutsche, von La Bruyère schon 1688 ins Französische übersetzt. Grundlegend für die antike Doxographie und von weitreichender Wirksamkeit waren seine ‹Φυσικῶν δόξαι›, eine kritische Geschichte der bisherigen Naturlehren und Naturphilosophie. Kennzeichnend für die im Hellenismus sich durchsetzende Solidaritätsgesinnung ist, daß er alle Menschen als einander von Natur verwandt bezeichnet. – Von geringerer Bedeutung ist der dem Theophrast nahestehende Eudemos von Rhodos, der die Schriften des Meisters, so die logischen und physischen, auch die ethischen, überarbeitete und hier und da durch eigene Zutaten ergänzte. Wir wissen, daß er ferner eine Geschichte der Mathematik und Astronomie geschrieben hat. Er wird als der treueste, aber auch unselbständigste von Aristoteles' Schülern bezeichnet.

Eine selbständige Gruppe unter den Peripatetikern scheinen Aristoxenos und Dikaiarch gebildet zu haben, die auch beide in Zusammenhang mit dem Pythagoreismus gebracht werden. Aristoxenos von Tarent hat sich als Theoretiker und Historiker der Musik einen Namen gemacht und die Seele einer Harmonie von Tönen verglichen. Dikaiarch von Messene verherrlichte in seiner Kulturgeschichte (βίος) Griechenlands den Naturzustand und sah die Entwicklung des Privateigentums als Abfall vom Naturgesetze an. Rousseau erwähnt ihn.

Der letzte bedeutende Peripatetiker dieser Zeit war Theophrasts Nachfolger als Schulhaupt zu Athen (287–269), Straton der ‹Physiker› aus Lampsakos, ein entschiedener *Materialist* und Pantheist, der durch seine physikalischen Experimente die Ärzte wie die Mechaniker seiner Zeit in gleicher Weise anregte. Er trat dem Dualismus und Spiritualismus in Aristoteles' Philosophie entgegen und verlegte den ersten Beweger in die Natur, die als unbewußt wirkende an die Stelle der Gottheit trat. Statt der aristotelischen Teleologie, die an Stelle der Atome Grundkräfte wie das Warme und Kalte setzte, forderte er in – allerdings kritischer – Anknüpfung an Demokrit eine rein physikalische Erklärung der Dinge. Nur ihre erste Entstehung sei eine zufällige, alles Weitere folge naturgesetzlich auseinander. Auch in Erkenntnislehre und Psychologie beseitigte er alle Reste des Dualismus. Das Anschauen sei stets mit Denken, das Denken stets mit Anschauen verbunden, der Geist kein selbständiges Wesen neben der animalischen Seele, er habe vielmehr seinen Sitz zwischen den Augenbrauen. Natürlich bestreitet er infolgedessen auch die Unsterblichkeit der Seele.

Die folgenden Peripatetiker, deren Reihe durch Lykon und Ariston von Keos eröffnet wird, scheinen sich mit einer verflachenden Popularisierung der altaristotelischen Lehre (unter Dominanz der Rhetorik und Ethik) begnügt zu haben. Von ihnen sind fast nur Namen und Schriftentitel überliefert. Der Schwerpunkt der Schule, wie der Wissenschaft überhaupt, fällt immer mehr nach Alexandrien. Einzelne Wissenschaften gelangten hier unter Loslösung von der Philosophie zu hoher Blüte, wie etwa die Astronomie durch Stratons Schüler Aristarch von Samos, den Begründer des heliozentrischen Systems. Ein anderer wesentlicher Anstoß ging aus von der Neuherausgabe der Werke durch Andronikos im ersten Jahrhundert v. Chr. Mit ihr begann seitens der Peripatetiker eine rastlose *philologische* Tätigkeit in Auslegung und Berichtigung der aristotelischen Schriften, verbunden mit ihrer Verteidigung gegen stoische und akademische Widersacher. Der bedeutendste dieser Kommentatoren ist der zu Anfang des 3. Jahrhunderts n. Chr. zu Athen lebende Alexander von Aphrodisias (in Karien), mit dem Beinamen der ‹Exeget› (Erklärer), von dem, außer verschiedenen Kommentaren zu Aristoteles' logischen Schriften und der ‹Metaphysik›, auch einige eigene Schriften erhalten sind.* Allmählich verschmelzen die letzten Peripatetiker mit dem Neuplatonismus (Kap. XV, 1), der auch der Träger der späteren Aristoteleserklärung wird.

Des Aristoteles Einfluß auf die *Weiterentwicklung* der Philosophie beschränkt sich jedoch bei weitem nicht auf seine engere Schule – wie schon um 100 v. Chr. das eigentliche aristotelisch-theophrastische Gedankenerbe von dem Stoiker Poseidonios übernommen wird –, sondern wird uns noch an verschiedenen Stellen wiederbegegnen. Hier seien nur die Hauptetappen des Fortwirkens erwähnt. Die ältere christliche Philosophie übernimmt sein ‹Organon›. Seit dem 8. Jahrhundert beschäftigt sich die arabische Philosophie mit ihm, desgleichen die jüdische. Durch beide lernt 1200 das christliche Abendland die aristotelischen Schriften vollständiger und gründlicher kennen. Aristoteles wird *der* Philosoph, maßgebend in allen Fragen weltlicher Wissenschaft, von Dante als der ‹Meister aller Wissenden› gepriesen. Die vollendetste Synthese von Aristotelismus und Kirchenlehre stellt sich in der Blüte der Scholastik (Albertus Magnus und Thomas von Aquino) dar. Auch die Renaissance greift zu der echten, aus den Quellen geschöpften Lehre, um sie weiterzubilden (Pomponazzi); Melanchthon führt ihn in etwas modernisierter Gestalt auf den protestantischen Universitäten ein. Die Jesuiten fundierten ihre Metaphysik aristotelisch. Aber eine eigentliche Aristotelesrenaissance hat es nicht gegeben. Dagegen schöpfte man aus ihm auch dann noch, wenn man ihn kritisierte. Diese Kritik erfolgte vor allem von der neueren Philosophie und Naturwissenschaft her (Galilei, Descartes), dann auch durch Kant, in seiner Auseinandersetzung vor allem mit der Leibniz-Wolffschen Ontologie, in die aristotelische Gedanken beherrschend eingegangen waren. Im 19. Jahrhundert haben Hegel und Trendelenburg, Bolzano und Brentano die Aufmerksamkeit auf Aristoteles gelenkt. Verstärkt geschah das durch die aufstrebende Neuscholastik, die entschlossen auf die aristotelisch-thomistische Grund-

* So ‹Über die Seele› und ‹Über das Schicksal›.

lage zurückging (allerdings mit stark dogmatischer Tendenz und der damit verbundenen Gefahr der Unfruchtbarkeit). In der Gegenwart hat die erneuerte Ontologie die Bedeutung des Aristoteles neu erkennen gelehrt.

Vierte Periode:

DIE HELLENISTISCH-RÖMISCHE PHILOSOPHIE

Allgemeine Charakteristik der Epoche

Aristoteles' Alter fällt schon in die Zeit, in der Griechenland seine politische Selbständigkeit verlor, dafür aber seine Bildung in die durch Alexanders Eroberungen erschlossene Welt hinaustrug. Griechische Kultur, insbesondere griechische Wissenschaft, ward in fortschreitendem Maße Gemeingut aller Völker, die das Mittelmeer umwohnten. Es ist die Zeit des *Hellenismus*, in der das staatlich ohnmächtige Hellas geistig die Welt erobert.

Die Wendung der Wissenschaft vom Allgemeinen zur *Einzelforschung*, die zur Zeit der Sophistik schon begonnen hatte (Kap. V, 1), tritt nun auf allen Gebieten ein. Diese Spezialisierung der Wissenschaften, die Sammlung von Fachkenntnissen, die sich schon bei Aristoteles und seiner Schule fand, trug zwar vielfach den Charakter toter Gelehrsamkeit, hat jedoch gerade auf dem Gebiete der strengeren Wissenschaften reiche Erfolge errungen, so daß für sie die Bezeichnung des *Alexandrinismus*, dem für die schönen Wissenschaften der Charakter des Künstlichen, Geistlosen und Pedantischen anhaftet, eher als eine ehrende gelten darf. In dem Hauptsitz dieser Gelehrsamkeit, dem ägyptischen Alexandrien, das nicht zum wenigsten durch die Freigebigkeit seiner Fürsten mit Observatorien, Instrumenten, botanischen und zoologischen Gärten, einer Anatomie und besonders einer großartigen *Bibliothek* wohlausgerüstet war, sowie in den davon beeinflußten Städten Pergamon, Rhodos, Syrakus u. a. feierten in der nun folgenden Epoche fast alle Wissenschaften ihre Sondertriumphe: die *Grammatik* in Aristarch von Alexandrien, die *Geometrie* in Euklid mit seinen ‹Elementen› und in Apollonius von Perge, der ein Werk über Kegelschnitte schrieb, die *Astronomie* in Hipparch und Aristarch von Samos, die *Geographie* in Eratosthenes und Ptolemäus, die *Mechanik* in Archimedes (der auch eine kürzlich wiederaufgefundene ‹Methodenlehre der mechanischen Lehrsätze› schrieb), die *Medizin* in Praxagoras, dem Schüler des Diokles, in Herophilos und Erasistratos, die vor allem mit Hilfe der Anatomie zu neuen Erkenntnissen gelangten. Die induktive Methode, das Experiment, die Hypothese kommen immer reichlicher zur Anwendung. Durch die Bibliotheken wird nicht nur der Sammelfleiß, sondern auch die wissenschaftliche Arbeit unterstützt.

Die Philosophie aber wendet sich von dem für sie entweder durch bestimmte Schulformeln erledigten oder als unfruchtbar angesehenen Streit um die großen metaphysischen Probleme in immer steigendem Maße ab. Naturphilosophie und Erkenntnistheorie treten zugunsten materialistischer und rein erfahrungsmäßiger Anschauungen zurück. Man begnügt sich in der Regel mit der Vereinfachung oder Modifizierung früherer Systeme. Dagegen wendet man sich mit erhöhtem Interesse den *praktischen* Fragen zu, die Philosophie will *Lebensweisheit* lehren, der Philosoph Seelenarzt sein: ein Bild* für seinen Beruf, das von Antisthenes und Platon bis Mark Aurel und Dion Chrysostomos immer wieder angewandt wird.

Wir teilen diese philosophische Gesamtepoche in zwei Abschnitte:

A. Die *hellenistische Periode*, d. h. die Entwicklung der Philosophie in den Reichen und zur Zeit der Diadochen. Sie trägt noch ganz griechischen oder wenigstens ‹hellenistischen›, ihrem Inhalt nach vorzugsweise ethischen Charakter. Es gehören dahin: die ältere Stoa, die Schule Epikurs, der ältere Skeptizismus. Sie umfaßt etwa die Zeit um 300–150 v. Chr.

B. Die *Philosophie auf dem Boden des römischen Weltreichs.* Neben den Griechen beteiligten sich fortan auch Römer und andere Nationen an der philosophischen Arbeit. Der ethische Charakter, aber auch die immer wieder aufflackernden theoretisch-wissenschaftlichen Interessen erhalten eine stetig sich steigernde religiöse Färbung. Hierhin gehören: die mittlere und jüngere Stoa, der jüngere Skeptizismus, Lukrez, die Neupythagoreer und endlich der Neuplatonis-

* Vgl. Cicero, Tuscul. disput. III, 1.

mus, durch den die Philosophie noch einmal einen spekulativen Aufschwung erfährt (Plotin), um dann aber fast ganz in Theosophie auszulaufen. Dieser Abschnitt der Philosophiegeschichte beginnt mit der Eroberung Griechenlands durch die Römer (Mitte des 2. Jahrhunderts v. Chr.) und endet erst mit den letzten Ausläufern der antiken Philosophie im 6. Jahrhundert nach Christi Geburt.

X. Die Stoiker

1. Die Hauptvertreter der älteren Stoa

Die Heimat fast sämtlicher vorchristlicher Stoiker ist bezeichnenderweise nicht mehr das eigentliche Griechenland, sondern die Landschaften Kleinasiens mit ihrer Umgebung, während sie ihre Schulwirksamkeit allerdings in der alten Philosophenstadt Athen ausüben. Der Stifter der stoischen Schule ist

Zenon aus Kition auf Cypern (um 336–264), vielleicht Halbphönizier. Um 314 als junger Kaufmann nach Athen gelangt, wurde er hier ein Schüler des Kynikers Krates (Kap. VII, 2), ließ sich dann, von diesem nicht befriedigt, von dem Megariker Stilpon (Kap. VII, 3) dialektisch schulen und hörte außerdem die Akademiker Xenokrates und Polemon (Kap. VIII, 8). Noch vor 300 gründete er seine eigene Schule in der mit Polygnots Fresken geschmückten ‹bunten Halle› (στοὰ ποικίλη) am Markte von Athen; woher seine Genossenschaft den Namen *Stoiker*, d. i. Hallenphilosophen, erhielt. Er schied in hohem Alter freiwillig aus dem Leben. Sein Nachfolger als Schulhaupt war

Kleanthes aus der Landschaft Troas (um 331 bis ewa 230), der, ursprünglich Faustkämpfer, seinen Unterhalt durch nächtliche Tagelöhnerarbeit (Wassertragen und Teigkneten) verdient haben soll, um tagsüber Zenons Vorträge hören zu können. Langsamen, aber zäh festhaltenden Geistes und sittenstreng wie sein Meister, scheint er als Denker weniger selbständig gewesen zu sein. Erhalten ist von ihm ein schon im Altertum berühmter, pantheistisch gehaltener Hymnus auf Zeus. Auch er soll durch freiwilligen Hungertod sein Leben selbst beendet haben.

In der Leitung der Schule folgte dem Kleanthes

Chrysippos aus Soloi in Kilikien (um 280–207), der das stoische Lehrgebäude mit dialektischer Technik allseitig ausbaute, so daß man sagte: ‹Gäbe es keinen Chrysipp, so gäbe es keine Stoa.› Uns sind nur kurze Fragmente erhalten.

Auf einen zweiten Zenon (von Tarsos) folgte

Diogenes der Babylonier (aus Seleukia am Tigris), der zusammen mit dem Peripatetiker Kritolaos und dem Akademiker Karneades 155 v. Chr. als athenischer Gesandter nach Rom ging und dort philosophische Vorträge hielt. Sein Schüler Panaitios verpflanzte die stoische Philosophie für dauernd nach Rom (siehe Kap. XIII, 1). Dem Diogenes folgte als Schulhaupt Antipater von Tarsos, der mathematische Gedanken in die Logik einzuführen suchte und ebenfalls hochbetagt aus dem Leben schied. Von den großen alexandrinischen Gelehrten stehen der Geograph Eratosthenes und der Philologe Apollodor der Stoa nahe. Eratosthenes tadelt schon mit harten Worten die aristotelische Zweiteilung des Menschengeschlechtes in Hellenen und Barbaren.

Da nicht mehr genau nachweisbar ist, was ihren einzelnen Vertretern angehört, schildern wir die Lehre der älteren Stoa als ein einheitliches Ganzes. Die Stoiker betrachten sich im allgemeinen als die Abkömmlinge der alten Kyniker; Antisthenes und Diogenes von Sinope stehen bei ihnen in höchstem Ansehen. Philosophie und Lebenszweck bestehen ihnen, gleich jenen, in der Übung der Tugend. Gleichwohl halten sie eine solche nicht für möglich ohne Erkenntnis. Die allmählich sich einbürgernde Einteilung der Philosophie in *Logik, Physik* und *Ethik* bleibt deshalb auch bei ihnen bestehen. Aber die Wertschätzung dieser Gebiete ist ganz verschieden. Die Logik – so lautet einer ihrer Vergleiche – ist der Umzäunung eines Gartens ähnlich, die Physik dessen Bäumen, die Ethik allein enthält das eigentlich Wertvolle: die Frucht.

2. Die Logik und Physik der Stoiker

Logik

Die stoische Logik hat zwei Teile: *Rhetorik* und *Dialektik*. Diese wiederum zerfällt in Grammatik und eigentliche formale Logik. Denn sie unterscheiden Worte oder ‹Zeichen› (‹Bezeichnendes›) und Gedanken. Um die Sprachlehre haben sich die Stoiker große Verdienste erworben. Von ihnen rühren zum großen Teil die üblichen grammatischen Bezeichnungen her. Sprache war ihnen nicht willkürliche Setzung des Menschen, sondern eine Hervorbringung der Natur. Zur Logik gehört bei ihnen auch die philosophisch wichtige Lehre von den Normen oder Kriterien und ihrer Entstehung, eine Art Erkenntnistheorie auf psychologischer Grundlage. Hier scheinen sie, was man bei den Vertretern einer idealistischen Tugendethik nicht erwartet, wesentlich sensualistisch zu denken. Bei der Geburt gleicht die Seele einer unbeschriebenen Tafel, in die sich die Außendinge ‹wie Siegel in das Wachs› eindrücken und so Vorstellungen (φαντασίαι) hervorrufen. Von diesen bleiben in der Seele Erinnerungsbilder zurück; durch deren Verknüpfung entsteht die Erfahrung. Aber anderseits sprechen sie von allen gemeinsamen Begriffen (κοιναὶ ἔννοιαι) oder ‹natürlichen Vorannahmen› (ἔμφυτοι προλήψεις), die erst zur wahrhaften Erfassung der Dinge (κατάληψις) durch den vernünftigen Begriff (ὀρθὸς λόγος) führen, so daß doch das rationale Element beherrschend zum Durchbruch gelangt. Die lange übliche Rede vom groben Sensualismus der stoischen Erkenntnislehre bedarf also einer Korrektur. Es geht zwar alle Erkenntnis von der Wahrnehmung aus, aber es ist bei ihrem Zustandekommen immer noch ein zweiter apriorischer Faktor wirksam. Er besteht freilich nicht in einem expliziten Wissen, einem fertigen Besitz von Begriffen und Prinzipien, sondern in einer potentiellen Anlage, auf die auch der Begriff des *logos spermatikos*, der also wie ein Samen in uns gesät ist, verweist. Das ‹Kriterium›, d. i. Prüfungsmittel der Wahrheit, liegt in der φαντασία καταληπτική, d. h. der Vorstellung, die ihren Gegenstand so klar erfaßt, daß sie unmittelbare Evidenz erzeugt und so Zustimmung hervorruft.

Die Logik im engeren Sinne hat es mit dem Ausgesprochenen (λεκτόν) zu tun, das sowohl vom Lautkomplex wie vom Gegenstand zu unterscheiden ist, ihnen gegenüber eine eigene Sphäre der Aussagebedeutungen bildet. Chrysipp vor allem baute die Logik zu einem umfangreichen Lehrgebäude aus.

Logistische Forschung hat in diesem Zusammenhang die ersten Grundlagen der modernen ‹Aussagelogik› entdeckt, bei der im Gegensatz zur aristotelischen ‹Namenlogik› die Variablen nicht Namen (z. B. Pferd, Mensch), sondern Aussagen (z. B. es ist hell, es ist Tag) sind. So lautet etwa der Identitätssatz in der aristotelischen Logik: alles A ist A, in der stoischen Aussagelogik: wenn p, so p.

Monistische Naturlehre (Physik) und teleologischer Pantheismus

Die Stoiker suchen den aristotelischen Dualismus *monistisch* umzubilden. Stoff und Form, Körper und Geist sind ihnen eins, die ganze Welt ist eine einheitliche, stofflich-körperliche, kraftbegabte Substanz; viele Welten würden einen Widerspruch* in sich enthalten. So trägt ihre Physik zunächst einen geradezu materialistischen Charakter. Wirklich ist nur, was Körper hat. Wirken erfolgt nur durch stoffliche Ursachen. Nicht bloß die Sinnendinge, sondern alles Seiende, Gott und die Seele, Tugenden und Affekte, ja selbst Weisheit und Wahrheit sind körperlicher Natur! Unkörperlich sind nur der Raum, das Leere, die Zeit und die Aussagebedeutungen. Allein, im Stoffe wirksam sind immanente vernünftige Kräfte (λόγοι). Die Urkraft aber, aus der sie alle ausstrahlen, ist die Gottheit. Der Materialismus schlägt in Pantheismus um. Die stoische Physik enthüllt sich als Theologie.

Allerdings wird diese ewige allbelebende Urkraft wiederum sehr naturalistisch aufgefaßt. Sie ist eine Einheit von Materie und Kraft. Sie heißt – ähnlich wie bei Heraklit – das Feuer, welches alle Dinge erzeugt, belebt und bewegt, wie das Feuer glühendes Eisen durchdringt oder das warme Leben unseren Leib. Noch kennzeichnender ist der Begriff des Pneuma (πνεῦμα), des belebenden Atems und Hauchs, der alles stofflich-dynamisch durchströmt und die Welt zu einem beseelten Ganzen macht. Alles in der Welt folgt gemäß dieser einen Urkraft mit Naturnotwendigkeit aus einander; diese unerbittliche Notwendigkeit nennt der Mensch auch Verhängnis (εἱμαρμένη) oder Schicksal. Das scheint die *Teleologie* ganz auszuschließen. Aber für die Stoa ist gerade die Notwendigkeit zweckvoll und gut. Sie bildet die kosmische Ordnung, die von Ewigkeit her besteht und in der alles seinen Sinn hat. Das Ur-Feuer ist zugleich Vernunftkraft, das Pneuma zugleich Logos. So wird das Verhängnis zur ‹Vorsehung›. Eine ausführliche Theodizee oder Kosmodizee sucht diese unsere Welt als die beste nachzuweisen.

Die menschliche *Seele* ist ein Abbild der Allseele. Sie ist ‹göttlichen Geschlechts›, wie der Apostel Paulus (Apostelgeschichte 17, 28) aus

* Über die Frage, ob es unendlich viele Welten oder eine begrenzte Zahl von Welten oder nur eine einzige Welt gebe, stritten Epikureer, platonisierende Pythagoreer und Stoiker. Vgl. Plutarchs Schrift über den Verfall der Orakel.

dem Hymnus des Kleanthes zitiert, damit zugleich aber auch, wie jene, körperlicher Natur, ohne daß deshalb die bleibende Auszeichnung des Menschen als Vernunftwesen gemindert wird. Unsterblich ist allein die Weltseele. Die Einzelseelen erhalten sich nur eine Zeitlang nach dem Tode, und zwar die schlechten und unwissenden, weil aus weniger reinem und dauerhaftem Stoffe gefertigt, bloß eine kürzere Zeit, während die guten an einem Orte der Seligen harren, bis sie in dem nächsten großen Weltenbrand mit allem, was da ist, wieder in die Einheit des göttlichen Urfeuers zurückkehren, bis aus diesem eine neue Weltgeburt erfolgt. Denn Weltentstehung, Weltverlauf, Weltuntergang kehren periodisch wieder. Es gibt keine eigentliche Höherentwicklung im Weltgeschehen, keinen Fortschritt, sondern nur eine *ewige Wiederkunft* des Gleichen (wie sie später einmal Nietzsche neu lehren sollte).

3. Die stoische Ethik

Grundlage. Die Ethik wird von den Stoikern auf den mächtigsten und ursprünglichsten der menschlichen Triebe gegründet. Das ist aber ihnen zufolge nicht die Lust, sondern der *Selbsterhaltungstrieb*. Aus ihm steigt auch der Wille des Menschen zur Verwirklichung seiner eigenen Natur als Vernunftwesen empor. Das Ziel des Menschen, das ihm allein innere Befriedigung und Glück bringen kann, ist daher, mit sich einstimmig (ὁμολογουμένως), sich selbst getreu (Zenon) oder, wie Kleanthes es ausdrückte, mit der Natur (τῇ φύσει) einstimmig, der Natur gemäß zu leben. Welcher Natur gemäß? Der des Alls, des Einzelnen oder beider? Auf diese Frage haben anscheinend nicht alle Stoiker dieselbe Antwort gegeben. Die meisten kommen mit Chrysipp darin überein, daß beides miteinander im Einklang sei. Denn das Vernunftlose gehorcht der ewigen Notwendigkeit aus ehernem Zwange, das Vernünftige aber fügt sich dem Logos oder göttlichen Weltgesetz aus freier Selbstbestimmung. So vereint sich – freilich nicht ohne Widerspruch mit ihrer Physik – die Freiheit des sittlichen Wollens mit der unentrinnbaren Naturnotwendigkeit, der sie bei der Gestaltung ihres Handelns unterworfen ist. Höchstes Ziel des Individuums ist, aufzugehen im Allgemeinen: ein Gedanke, der in dieser Reinheit nur in der indischen Philosophie, in der neueren Zeit erst bei Spinoza zu finden ist.

Der Natur gemäß heißt zugleich: der sich selbst bestimmenden Vernunft gemäß leben; denn der Entschluß dazu folgt aus freier Wahl (αὐϑαίρεσις), entspricht einem ursprünglich in uns gelegten Naturtriebe, der nicht irren kann. Die *Tugend* wird in scharfen Gegensatz zur *Lust* gestellt, welche letztere höchstens als ‹Zuwachs› oder ‹Nachgeburt› zu ersterer hinkommt. Die Tugend allein ist hinreichend zur Glückseligkeit. Darin besteht ihre Autarkie, d. i. Selbstgenügsamkeit. Sie ist durch Wissen zu erlangen, also lehrbar. Doch ist dieses Wissen kein theoretisches, sondern ein durchaus praktisches; die dianoëtischen Tugenden treten hinter den ethischen durchaus zurück. Der Tugendhafte ist an sich der Weise. Dies sind die wesentlichsten Grundlagen der stoischen Ethik. Aber die Vernunft hat den natürlichen Trieb, sich in der Wirklichkeit zu betätigen. Damit kommen wir zur

Angewandten Ethik oder *Tugend-* und *Güterlehre.* Die Autarkie der Tugend ist das positive Ideal des Weisen. Ihr negativer Ausdruck ist die völlige Ausschaltung der Affekte, auch der Trauer und des Mitleides, in der Apathie (ἀπάϑεια), d. h. der Freiheit von den Leidenschaften: Lust, Begierde und Furcht, die als unvernünftige Regungen, ja als Krankheiten der Seele zu bekämpfen sind. In stärkster Gegnerschaft zu Aristoteles und seiner Schule werden die sogenannten äußeren Güter wie Ehre, Besitz, Gesundheit, ja selbst das Leben als gleichgültige Dinge (ἀδιάφορα) behandelt. Das einzige Übel ist die Schlechtigkeit (κακία), das einzige Gut die Tugend. Der Weise allein ist frei, reich, glücklich, ein wahrer König, ja den Göttern gleich, der Tor dagegen elend, unwissend, ein Bettler, ja ein Verrückter. In *einer* Hinsicht übertrifft der Weise sogar noch die Gottheit: er kann seine Seelenstärke im Dulden der Übel beweisen, Gott nicht.

Ebensowenig führt der *individual-ethische* Standpunkt zu starrer Isolierung des einzelnen. Bei aller ‹Selbstgenügsamkeit› der Tugend wurde doch betont, daß der Mensch um der Gemeinschaft, um des großen Ganzen willen da sei, daß alle Vernunftwesen einander von Natur verwandt seien. So werden, wenn auch von einzelnen Stoikern, wie dem Stifter der Schule, Zenon, kynische Züge berichtet wurden, Freundschaft, Ehe, Staat nicht verworfen, sofern sie sittlich gestaltet oder zu gestalten sind. Auch hier handelt es sich nicht um einen Kompromiß. Denn da in allen Menschen eine und dieselbe Vernunft lebt, so kann es im Grunde nur *ein* Gesetz, *ein* Recht, *einen* Staat geben. Alle Menschen sind Brüder, die Sklaverei wird verworfen. Der wahre Stoiker ist Weltbürger. So hat sich die aristotelische Politik jetzt zum

Kosmopolitismus erweitert. Zenon selbst hat das Ideal eines Weltstaates entworfen, in dem keine Gerichtshöfe, Tempel, Gymnasien und Tauschmittel mehr nötig sind.

XI. Die Epikureer

1. Epikur und seine Schule

Leben. Epikuros, im Jahre 341 als Sohn eines athenischen Schullehrers geboren, verlebte seine Jugend auf der Insel Samos, hörte später zu Athen Philosophen verschiedener Richtungen, besonders den Demokriteer Nausiphanes, und bezeichnete sich anfangs auch selbst als Anhänger Demokrits. 306 gründete er seinen Garten – daher der Name ‹Gartenphilosophen› (οἱ ἀπὸ τῶν κήπων) –, eine eigene Schule, die er bis zu seinem Tode 270 leitete. Mit den Studien war in dieser Genossenschaft, der auch Frauen und Sklaven angehörten, ein heiter-geselliger Ton verbunden, entsprechend der liebenswürdigen Persönlichkeit ihres Stifters, dessen sittlichen Charakter seine Gegner – und ihnen folgend das ganze christliche Mittelalter – zu Unrecht verdächtigt haben.

Schriften. Erhalten sind nur a) ‹Drei Lehrbriefe›, einen kurzen Abriß der Physik, Meteorologie und Ethik enthaltend (bei Diog. Laert. X), b) von seinen 37 Büchern ‹Über die Natur› Buch II und IX zum Teil, auf Papyrusrollen zu Herculanum gefunden (ed. Orelli 1818), neuerdings weitere Stücke, insbesondere aus Buch XXVIII, c) die ‹κύριαι δόξαι›, ‹Hauptlehren› oder Sprüche, eine Art Katechismus, zum Auswendiglernen für seine Schule bestimmt, dazu eine 1888 im Vatikan entdeckte neue Spruchsammlung ‹Also sprach Epikuros›, d) eine größere Anzahl Fragmente aus seinen übrigen Schriften.

Schule. Von seinen zahlreichen Schülern und Nachfolgern erwähnen wir als die bekanntesten: Metrodor von Lampsakos, der jedoch noch vor seinem Freund und Meister starb; Hermarchos, der Epikurs Nachfolger im Lehramte wurde; Kolotes, gegen den Plutarch schrieb; den Vielschreiber Apollodor; dessen von Cicero besonders gerühmten Schüler Zenon von Sidon; Phaedrus (von Cicero in Rom gehört) und Philodemus (um 50 v. Chr. in Rom), von dessen Schriften ‹Über

Zeichen und Beziehungen›, ‹Über Frömmigkeit›, ‹Über die Götter›, ‹Über den Tod›, ‹Über die Musik›, ‹Über die Gedichte› ebenfalls ein Teil auf herkulanischen Papyrusrollen entdeckt worden ist. Der berühmteste und glänzendste Vertreter der Schule und Apostel jener Lehre wurde der jung gestorbene römische Dichter Lukrez, von dem unten (Kap. XIII, 2) noch besonders zu handeln ist. Die epikureische Schule als solche hat sich zwar nicht als langdauernd erwiesen, sondern sie endete im ersten vorchristlichen Jahrhundert, aber sie gewann einen starken praktischen Einfluß (vgl. unten Kap. XIII, 2). Ihr Lehrinhalt blieb fast unverändert. Im ganzen Mittelalter, ja bis in die neue Zeit hinein verketzert und kaum gekannt, erlebte Epikurs Philosophie eine Wiedererstehung in Gassendi.

Auch sie gliedert sich in Logik, Physik und Ethik.

2. Die sensualistische Erkenntnislehre (Kanonik) und atomistische Naturlehre Epikurs

Kanonik

Die epikureische Erkenntnislehre ist der stoischen verwandt. Ähnlich wie dort, wird sie nicht sowohl um ihrer selbst willen, sondern vielmehr als Einleitung zur Physik betrieben, so wie diese als Einleitung in die Ethik. Sie soll die Kanones, d. i. Normen der Erkenntnis und Kriterien der Wahrheit, lehren, ist also Erkenntnistheorie, nicht Logik oder Dialektik. Im Grunde gibt es für die Epikureer nur einen Maßstab der Erkenntnis: die *sinnliche Wahrnehmung*. Der Augenschein allein führt unmittelbare Evidenz (ἐνάργεια) mit sich. Jedem Begriffe muß unmittelbare Wahrnehmung voraufgehen. Werden die Objekte der Wahrnehmung aufgehoben, so wird alles Denken mit aufgehoben. Die durch Ansammlung von Wahrnehmungen entstandenen Vorstellungen (προλήψεις), nicht zu verwechseln mit den *stoischen* begrifflichen Charakter tragenden (προλήψεις oder ἔννοιαι), die zu Meinungen (δόξαι) und Annahmen (ὑπολήψεις) führen, sind trüglicher Natur, insbesondere, wenn sie sich auf Zukünftiges oder Unsichtbares beziehen, und nur wahr, wenn direkte Wahrnehmungen für sie oder wenigstens nicht gegen sie zeugen. Auch die Vernunft erwächst aus der Wahrnehmung und hängt ganz und gar von ihr ab. Mit den verwickelteren logischen Operationen (Schlüssen usw.), die einer solchen rein empirischen Wahrnehmungslehre schon durch die bloße Annahme einer Gesetzlichkeit in den Veränderungen einen Stoß geben mußten, haben sich, wie es scheint, erst die späteren Epikureer, wie Zenon und Philodemus, beschäftigt.

Naturlehre

Epikurs Naturansicht ist nicht selbständigem naturwissenschaftlichen Interesse entsprungen, sondern durch seine ethische Arbeit diktiert, alle übernatürlichen Kräfte aus der Welterklärung auszuscheiden, weil sie dem Menschen seine Gemütsruhe rauben und ihn in beständiger Furcht und törichtem Aberglauben erhalten. (In diesem Sinne formuliert Lukrez sein bekanntes: *Tantum religio potuit suadere malorum*). Eine solche Weltanschauung fand Epikur am folgerichtigsten durchgeführt in der *Atomlehre* Demokrits.

Atomismus. Ganz folgerecht kann zwar Epikur seinen Sensualismus doch nicht durchführen. *Ein* festes, im Wechsel der Dinge Beharrendes muß es geben, weil sonst aus Nichts Etwas würde oder Etwas in Nichts verschwände. ‹Von Ewigkeit her existieren die Atome und der leere Raum.› Die Teilung eines jeden Zusammengesetzten, immer weiter fortgesetzt, führt zuletzt auf nicht mehr weiter teilbare Urkörperchen oder Atome als die unzerstörbaren und unwandelbaren Elemente der Dinge. Soweit geht Epikur mit Demokrit. Aber im Vergleich zu Demokrit vergröbert Epikur sie sensualistisch. Er hebt ihre sinnlich-reale Wirklichkeit hervor. Sie sind nur zu klein, um von *unseren* Sinnen wahrgenommen zu werden; ‹Wahrnehmung an sich› könnte sie erblicken. Den Charakter strenger Naturnotwendigkeit, den Demokrits Lehre trägt, durchbricht Epikur, indem er statt der ursprünglich richtungs*losen* Bewegung eine durch ihre Schwere bewirkte senkrechte Fallrichtung – eine Art ‹Landregen› – der Atome annimmt. Dadurch sieht er sich dann zur Annahme einer *willkürlichen* Abweichung einzelner Atome ‹um ein Kleinstes› von dieser senkrechten Richtung genötigt, um das erste Zusammenprallen erklären zu können, aus dem alles Weitere folgt.

Verhältnis zur Theologie. Es kommt Epikur in erster Linie eben nur darauf an, alles natürlich zu erklären und den Menschen so vor allem von zwei Arten der Furcht zu befreien: der Furcht vor den Göttern und der Furcht vor dem Tode. Jede Zweckbestimmung und göttliche Leitung wird mit Bestimmtheit abgewiesen. Gegen die Ausübung der Volksreligion hatten die Epikureer nichts einzuwenden.

Psychologie. Die menschliche Seele besteht aus einem feinen, durch das ganze Aggregat (αϑροισμα) des Leibes zerstreuten luftähnlichen Stoff, dem ein feuerähnliches und ein ‹unnennbares› Element beigemischt sind. Die von diesem Empfindungsorgan (αἰσϑητικόν) ausgehende Wahrnehmung wird durchaus materiell gedacht. Sie entsteht dadurch, daß feinste Teilchen von der Oberfläche der Dinge ausstrahlen und als deren Abbilder (εἴδωλα) in unsere Sinnesorgane eingehen, wie z. B. die Luftströmungen in unsere Ohren.

3. Epikurs Ethik

Grundlage. Die erhaltenen Titel seiner ethischen Schriften (‹Über das höchste Gut›, ‹Was zu wählen und zu meiden ist›, ‹Über Lebensrichtungen›) zeigen eine rein praktische Tendenz. Als Ausgangspunkt wird ausdrücklich die Lust (ἡδονή) des einzelnen, als Ziel, auf welches das natürliche Streben jedes Wesens gerichtet ist, das *glückselige Leben* (μακαρίως ζῆν) bezeichnet. Zur völligen Glückseligkeit aber genügt die bloße Bedürfnisbefriedigung des Augenblicks, die Lust ‹in der Bewegung› nicht, sondern es muß die bleibende Lust ‹der Ruhe› erreicht werden, die der Befriedigung nachfolgt. Die höchste Frucht des sittlichen Lebens ist daher – ein demokritisches Moment – die Ataraxie (ἀταραξία), eigentlich das ‹Ungestörtsein›, d. h. die unerschütterliche Ruhe des Gemüts, das *nil admirari* des Horaz. Der *Maßstab* der Lust ist zwar zunächst das *Gefühl* (πάϑος); aber nicht jede Lust ist zu erstreben, nicht jeder Schmerz zu fliehen, z. B. nicht der, welcher eine höhere Lust im Gefolge hat. Die geistige Lust ist ungleich höher zu schätzen als die des ‹Fleisches›. (Hier zum erstenmal das im Neuen Testament so gebräuchliche σάρξ!)

Anwendungen. Wie Epikur persönlich ein durchaus musterhaftes und sittenreines Leben in Mäßigkeit und Genügsamkeit führte, so ist auch sein *Ideal des Weisen* – denn darauf läuft seine Ethik genauso wie die stoische hinaus –, trotz des Mangels einer strengeren wissenschaftlichen Begründung und trotz des eudämonistischen Grundprinzips, ein durchaus edles. Es wird fast mit denselben Zügen wie das der Stoiker geschildert, vielleicht erst von Epikurs Schülern, die sich in der Ausmalung desselben nicht von jenen übertreffen lassen wollten. Der Weise weiß seine Begierden zu beherrschen, ist von allem Äußeren unabhängig, wandelt wie ein Gott unter den Menschen und beneidet selbst bei Wasser und Brot Zeus nicht. Stimmen nun auch diese allgemeinen Züge überein, so steht doch im einzelnen die epikureische Ethik vielfach im Gegensatz zur stoischen. Vor allem fehlt der Pflichtgedanke, die Unterordnung des Individuums unter das Allgemeine. Der Zweck des Staates ist lediglich Sicherung der Gesellschaft gegen das Unrecht, von dem die große Masse nur durch Strafen zurückgehalten werden kann. Am besten ist es, sich von den Aufregungen des politischen Lebens überhaupt fernzuhalten. ‹Lebe im Verborgenen!› (λάθε βιώσας), lautete einer der epikureischen Wahlsprüche, der also das ‹Glück im Winkel› preist. Aus dieser Rücksicht auf möglichste Ruhe und Ungestörtheit leiten sich auch Epikurs Bedenken gegen Eheschließung und Familiengründung her, wenn er sie auch nicht gerade verboten wissen will. Nur die Freundschaft wurde von den Epikureern hochgehalten, Milde gegen die Sklaven und Wohlwollen gegen alle Menschen empfohlen.

XII. Die Skeptiker

1. Die ältere Skepsis (Pyrrhon, Timon)

Kann man auch der Natur der Sache nach von einer skeptischen ‹Schule› im eigentlichen Sinne nicht reden, so wurde doch schon vor Ende des 4. Jahrhunderts eine strengere Systematisierung der skeptischen Gedanken versucht; und dieser Versuch hatte Nachfolger. Wir unterscheiden folgende Richtungen bzw. Gruppen: a) die *ältere* Skepsis (Pyrrhon, Timon), b) die Skeptiker der *mittleren* und *neueren Akademie*, c) die *jüngere* Skepsis (Änesidem u. a.), die jedoch bereits in den nächsten Zeitraum fällt (Kap. XIII, 2). Wie die Bedeutung der Epikureer kulturgeschichtlich vor allem auf ihrer gegen den Aberglauben gerichteten Aufklärung beruhte, so die Bedeutung der Skeptiker wissenschaftsgeschichtlich auf der Kritik allen Dogmatismus.

Von Persönlichkeit und Lehre der ältesten Skeptiker ist uns wenig Sicheres überliefert. Pyrrhon aus Elis machte, zusammen mit seinem Lehrer, dem Demokriteer Anaxarch, den Zug Alexanders nach Asien mit, wobei er die indischen Gymnosophisten kennenlernte, und lebte später, berühmt wegen seiner ‹göttlichen Seelenruhe›, in seiner Vaterstadt, wo er um 275 in hohem Alter starb; wie es heißt, ohne Schriften zu hinterlassen. Ob er mit der Sophistenschule seiner Heimat (Kap. VII, 3) zusammenhängt, ist ungewiß; sicherer erscheint der Einfluß Demokrits. Von Pyrrhon scheint auch die Bezeichnung seiner Richtung als einer ‹skeptischen› zu stammen (von σκέπτομαι, ich blicke prüfend umher; σκεπτικός, der beim Überlegen, Zweifeln, Prüfen Verharrende). Man kannte im späten Altertum seine Lehre nur aus den Schriften seines Schülers Timon aus Phlius (325–235), der, vielfach umhergetrieben, zuletzt in Athen lebte. Literarischen Ruf erwarb sich Timon besonders als Sillograph, d. h. Verfasser von Spottgedichten, die sich gegen die dogmatischen Philosophen richteten und neben dem bewunderten Pyrrhon nur Xenophanes, Protagoras und Demokrit mit Anerkennung behandelten; einige Bruchstücke daraus sind erhalten. Daß er indes auch ernstere Prosaschriften geschrieben hat, beweisen erhaltene Titel, z. B. ‹Περὶ αἰσθήσεως› (‹Über die Wahrnehmung›).

Auch für die Skeptiker des hellenistischen Zeitalters ist das höchste Ziel ein ethisches: die Erlangung der unerschütterlichen *Seelenruhe* (Ataraxie), in deren weiteren Bezeichnungen sie an Demokrit erinnern. Sie wird erreicht durch den Zweifel; denn durch das Ansichhalten des Urteils befreit sich der Geist von verwirrenden und beunruhigenden Irrtümern. Dreierlei muß man sich nach Timon zu diesem Zwecke klarmachen: 1. Wie sind die Dinge beschaffen? 2. Wic haben wir uns zu ihnen zu verhalten? 3. Welchen Gewinn ziehen wir aus diesem Verhalten? – Auf die erste Frage antwortet er: Die Beschaffenheit der Dinge *an sich* ist uns völlig unbekannt. Die Wahrnehmung bezieht sich nur auf die *Erscheinung*, alle unsere Meinungen und Begriffe beruhen auf Satzung oder Gewöhnung. Jeder Behauptung läßt sich eine gleich kräftige Gegenbehauptung entgegenstellen. – Die Antwort auf die zweite Frage lautet daher: Wir dürfen nie etwas mit Sicherheit behaupten wollen, nie sagen: *Es ist so*, sondern höchstens: *Es scheint* mir so, müssen also mit unserem Urteil an uns halten. Wegen dieser als Kernbegriff ihres Systems (wenn man von einem solchen sprechen darf) auftretenden Lehre von dem Ansichhalten oder dem *Zurückhalten* des Urteils (ἐποχή) wurden die Skeptiker auch ‹Ephektiker› genannt. Schwerlich war jedoch damit ein Verzicht auf alle Wissenschaft ausgesprochen; die Skeptiker werden im Gegenteil von Sextus Empiricus ‹viel erfahrener› als die anderen genannt und Pyrrhon selbst von einem Gegner (Galen) als ein Mann bezeichnet, der, ohne viele Worte zu machen, durch die Tat zeigte, daß er ein ernstlicher Wahrheitssucher war, wie dies für seine Anhänger auch durch die Benennung ζητητικοί, d. i. ‹Sucher›, angedeutet wird. – Den ethischen Gewinn endlich, den ein solches theoretisches Verhalten mit sich bringt, haben wir bereits oben in der ἀταραξία kennengelernt. Sie folgt der ἐποχή wie ihr Schatten.

Eine zweite skeptische Schule entstand erst gegen zwei Jahrhunderte später (Kap. XIII, 2). Dagegen fand die Skepsis in etwas veränderter, zum Teil gemilderter Form dadurch weite Verbreitung, daß sie über ein Jahrhundert lang in einer der vier großen Schulen, nämlich der akademischen, zum Gegenstand der Diskussion wurde.

2. Die Skepsis der mittleren und die neuere Akademie

Arkesilaos aus Äolien (315–241), der dem Krates (Kap. VIII, 8) als Leiter der platonischen Akademie folgte, ist zusammen mit dem ein Jahrhundert später lebenden Karneades von Kyrene (213–129) der Hauptvertreter der in der sogenannten *mittleren* Akademie herrschenden skeptischen Richtung. Da diese Männer als konsequente Skeptiker nichts Schriftliches hinterließen (oder war es vielmehr sokratischer Geist?), sind wir über sie nur unvollkommen und erst durch dritte Hand, namentlich durch Ciceros philosophische Schriften, bezüglich des Karneades auch durch Sextus Empiricus unterrichtet. Nach Cicero wäre Arkesilaos in seiner Zweifelsucht so weit gegangen, daß er sogar seinen eigenen Satz, daß wir nichts wissen können, anzweifeln zu müssen glaubte. Nach Sextus Empiricus dagegen soll er damit nur seine Schüler habe auf die Probe stellen wollen, um die Begabteren dann weiter, zum Platonismus, zu führen, so daß er von seinen stoischen Gegnern als ‹vorne Platon, hinten Pyrrhon› verspottet wurde. Sein Pyrrhonismus ist inzwischen überhaupt fraglich geworden. Wahrscheinlich hat sich seine Skepsis nur gegen die dogmatischen Annahmen der Stoa gerichtet. Jedenfalls bestritt er vor allem die ‹festhaltende Vorstellung› der Stoiker. Für die Norm des praktischen Verhaltens erklärte er die auf Vernunftgründen fußende *Wahrscheinlichkeit* (das εὔλογον).

Die Gedankenrichtung des Arkesilaos wurde von den ihm folgenden Akademikern fortgesetzt, am erfolgreichsten durch den auch als

Redner berühmten Karneades, der 155 v. Chr. als athenischer Gesandter (Kap. X, 1) nach Rom kam. Er bekämpfte den Aberglauben der Astrologie und der Mantik, in der Philosophie besonders die Stoiker, namentlich Chrysipp, als die zu seiner Zeit angesehensten dogmatischen Gegner. Ihrem Beweise für das Dasein Gottes aus der zweckmäßigen Einrichtung des Alls hielt er die Übel in der Welt und andere Widersprüche entgegen, ließ auch den *consensus gentium* nicht als Beweis gelten. Ja, er leugnete die Möglichkeit einer strengen Beweisführung überhaupt, da die Voraussetzung selbst doch wieder durch einen ‹Beweis› dargetan werden müßte. Dennoch beschränkte auch er sich nicht auf bloße Verneinung, sondern stellte – soviel wir wissen als erster – eine *Theorie der Wahrscheinlichkeit* auf, womit auch er über den bloßen Pyrrhonismus hinausging. Die Denker der mittleren Akademie nehmen also etwa den Standpunkt des modernen Positivismus ein. Jedenfalls ist ihre ‹Enthaltung› vom Urteil im Unterschied zu der pyrrhonischen Skepsis nur Enthaltung vom dogmatischen Urteil, nicht von allen Aussagen überhaupt.

Nach Karneades wandte sich die platonische Schule aus als *neuere* Akademie wieder mehr der dogmatischen Richtung, namentlich der Stoa zu. So behauptete z. B. Philon von Larissa (gest. 80 v. Chr. zu Athen), den Cicero 87 in Rom hörte, zwischen Karneades und den Stoikern vermittelnd, ein ‹augenscheinliches› Wissen (ἐνάργεια). Antiochos von Askalon endlich (gest. 68, Ciceros Lehrer zu Athen 79/78) gab die Skepsis als sich selbst widersprechend ganz auf und führte statt dessen einen *Eklektizismus* ein, der jedoch nicht Ausdruck einer Verlegenheit oder inneren Unbestimmtheit war, sondern durch den er in der Akademie systematisch den Zusammenhang mit der klassischen Tradition herzustellen suchte. Die Wahrheit liege in dem, worin alle wahren Philosophen übereinstimmten. Dies aber sei bezüglich aller Hauptpunkte bei Platonikern, Peripatetikern und Stoikern der Fall; die Epikureer also werden ausgeschlossen. In der Ethik stellte er den Satz auf: die Tugend allein reiche zwar nicht zum ‹glücklichsten›, wohl aber zu einem ‹glücklichen› Leben hin.

DIE PHILOSOPHIE AUF DEM BODEN DES RÖMISCHEN WELTREICHS

XIII. Die Philosophie bei den Römern

1. Verpflanzung der griechischen Philosophie nach Rom. Die mittlere Stoa

Der entscheidende Durchbruch zur inneren Aneignung der griechischen Philosophie erfolgte im Kreise des jüngeren Scipio, des Eroberers von Carthago, der schon als Achtzehnjähriger durch Polybios mit der hellenistischen Geisteswelt in tiefe und bleibende Berührung gekommen war. Griechische Philosophen, wie Panaitios, kamen nun nach Rom, und noch häufiger begab sich die vornehme Jugend auf kürzere oder längere Zeit nach den Hauptstädten griechischer Weisheit: Athen, Rhodos und Alexandrien, um die Vorträge berühmter Rhetoren und Philosophen zu hören. Es wurde das bald ebenso als ein Erfordernis höherer Bildung betrachtet wie heutzutage etwa der Besuch der Universität. Doch lag das Gewicht nicht so sehr auf dem Gewinn bestimmter Kenntnisse als vielmehr auf der allgemeinen menschlichen Bildungskraft der griechischen Kultur. Als *humanitas* bezeichneten die Römer selbst das, worum es ihnen ging. Deshalb ist es auch nicht zu einer eigenen wissenschaftlich-systematischen Entfaltung der Philosophie in Rom gekommen.

Alle griechischen Philosophenschulen haben allmählich Eingang bei den Römern gefunden. Zunächst und am meisten diejenige, die der Mannhaftigkeit (*virtus*) und dem Rechts- und Staatssinn, zugleich aber auch dem Tugendstolz des Römers am weitesten entgegenkam und der römischen Volks- und Staatsreligion sich am besten anzupassen wußte: die sogenannte *mittlere* Stoa. Sind ihre wichtigsten Vertreter auch noch Griechen von Geburt, so wirken sie doch bereits nicht bloß im Römischen Reich, sondern hauptsächlich auch auf Römer. So lebte Panaetius (Panaitios) von Rhodos (um 180–100) mit dem Geschichtsschreiber Polybios zusammen längere Zeit in Rom und gewann dort den jüngeren Scipio (Aemilianus) und Laelius nebst ihrem ganzen Kreis für die Philosophie. Wie fast alle späteren Stoiker faßte er die Philosophie von der praktischen Seite; auf die theoretischen Schulsätze legte er keinen besonderen Wert mehr. Allerdings hat die neuere Forschung gezeigt, daß er auch die psychologischen, erkenntnistheoretischen und kosmologischen Probleme weiterentwickelt hat, vor allem in der Richtung einer tieferen Erkenntnis des Zusammenhangs zwischen Mensch und Natur, wobei er neben den Häuptern seiner eigenen Schule vor allem die klassischen Philosophen Demokrit, Platon und Aristoteles hochhielt und häufig in seinen Schriften anführte. Aber seine entscheidende Leistung blieb die Um- und Ausgestaltung der Ethik in Verknüpfung mit dem römischen Lebens- und Staatsethos. Auch durch Milderung stoischer Härten, z. B. Anerkennung der äußeren Güter als zur Glückseligkeit mitwirkend und Hinzufügung der Billigkeit zur starren Gerechtigkeit (dabei Berücksichtigung bereits des Individuellen in seiner Mannigfaltigkeit!), sowie durch gewandte und geschmackvolle Darstellung wußte er der von ihm vertretenen Richtung viele Freunde unter den Gebildeten zu erwerben. – Folgenreich ward insbesondere die Verbindung der naturrechtlichen Theorie der Stoa mit der positiven Rechtswissenschaft der Römer.

Zur stoischen Lehre bekannten sich so bedeutende Gelehrte und Staatsmänner des scipionischen Kreises wie Stilo und Q. Scaevola, die ‹Begründer der wissenschaftlichen Philologie und wissenschaftlichen Jurisprudenz› (Mommsen). Aus der Verschmelzung von stoischer Philosophie und römischer Religion entstand eine Art philosophischer Staatsreligion der Gebildeten. Höchstwahrscheinlich von Panaetius hatte derselbe Scaevola, der zugleich auch Pontifex Maximus war, seine Lehre von der dreifachen Theologie: der Dichter, Philosophen und Staatsmänner, entlehnt. Die mythologische Darstellung der ersteren sei unwahr und unwürdig, die vernunftgemäße der Philosophen zwar wahr, aber für die Masse unbrauchbar, die dritte, die den herkömmlichen Kultus aufrechthält, unentbehrlich. Von den Schriften des Panaetius ist nichts auf uns gekommen, doch können wir auf ihren Inhalt schließen aus Ciceros drei Büchern ‹De officiis›, denen Panaetius' Schrift ‹Über das Geziemende› (‹περὶ τοῦ καθήκοντος›) zugrunde lag.

In noch stärkerem Maße als sein Lehrer Panaetius verschmolz Posidonius (Poseidonios) aus Syrien (um 135 bis 50), der glänzende und viele, unter anderem von Cicero und Pompejus besuchte Vorträge zu Rhodos hielt, platonische, aristotelische und andere frühere Lehren mit der stoischen zu einem einheitlichen System, über dessen näheren Charakter freilich schwer ein genaues Bild zu gewinnen ist, da nur wenige Bruchstücke von seinen zahlreichen Werken erhalten sind und schon die Berichte der Antike auseinandergehen. Er galt als der gelehrteste und wissenschaftlichste unter den Stoikern. Seine Forschungen und Schriften erstreckten sich, wie es scheint, auf alle positiven Wissenschaften seiner Zeit: Mathematik, Astronomie, Physik, Geographie, Geschichte und Grammatik. Durch umfassende Ursachenforschung (Aitiologie) hat er den lebendigen Zusammenhang des Alls, die ‹Sympathie› als zusammenhaltende Kraft im Kosmos nachzuweisen gesucht. Er verkannte durchaus nicht das Irrationale. Es ist kennzeichnend, daß er neben der Vernunft noch Gemüt und Begierde als besondere Seelenvermögen, Seelenkräfte (nicht Seelenteile) annahm, aus denen er die Affekte herleitete. Auch Gestirnglaube und mystische Tendenzen scheinen eine wesentliche Rolle in seinem Denken gespielt zu haben.

Von den durch den Stoizismus beeinflußten Römern der nächsten und folgenden Generation nennen wir noch den jüngeren Cato (von Utika), der die stoischen Grundsätze durch seine Lebensführung und durch seinen Tod (46) bewährte, sowie den bekannten Geographen Strabo (58 v. Chr. bis 22 n. Chr.).

2. Andere Richtungen des 1. Jahrhunderts v. Chr.: Lukrez. Der Eklektizismus (Cicero, Varro, die Sextier). Die jüngere Skepsis (Änesidem, Sextus Empiricus)

Lukrez und der Epikureismus

Eine einzigartige Erscheinung – ungewöhnlich schon durch die Leidenschaft der Hingabe an ein bestimmtes, bis in den Grund erfaßtes und erlebtes System und die Glut aneignender und verwandelnder dichterischer Kraft – war der jung verstorbene römische Ritter T. Lucretius Carus (97–55 v. Chr.), dessen in sechs Büchern verfaßtes hexametrisches Lehrgedicht ‹De rerum natura› zu dem Stärksten gehört, was die Römer in Dichtung und Philosophie geschaffen haben. Den an sich trockenen Stoff weiß der Dichter durch seine hinreißende Begeisterung und lebendige Schilderungen aus dem Natur- und Menschenleben in altertümlich-kraftvoller Sprache zu beleben. Im Widerspruch zu der sonstigen heiteren Weise der Epikureer geht ein Zug schwermütigen Ernstes durch das Ganze, von dem wir im folgenden eine kurze Inhaltsübersicht geben.

Bd. I: Die Religion ist eine Quelle von Aberglauben und Täuschung. Nichts entsteht aus nichts, und nichts geht wirklich unter; also Erhaltung des Stoffes und der Kraft. Die Atome oder Anfänge der Dinge (*primordia, principia rerum*) bewegen sich durch den leeren Raum des unendlichen Weltalls. Die zweckmäßige Einrichtung der Welt ist nur ein besonderer Fall unter vielen denkbaren Fällen. – Bd. II behandelt die Bewegung und Beschaffenheit der Atome im Sinne Epikurs; aus einer Verbindung bestimmter Atome entsteht Empfindung; es gibt eine unendliche Zahl von Welten von ungeheurer Dauer und Größe, die doch wieder vergehen, wie denn auch unsere Erde bereits altert. – Bd. III bekämpft den Unsterblichkeitsglauben und die daraus entspringende Todesfurcht; die Seele wird gleichgesetzt mit der Wärme und dem Lebenshauch, der mit dem Tode aus unserem Körper entweicht. – In Bd. IV werden die menschlichen Empfindungen, besonders die Geschlechtsliebe, streng materialistisch erklärt. – Bd. V gibt eine Entstehungsgeschichte der Welt und eine Entwicklungsgeschichte der lebenden Wesen, insbesondere der Menschen, vom Urzustande an in Sprache, Kunst, Staat und Religion: eine Geschichtsphilosophie höchst fesselnder Art. Die Frömmigkeit besteht nicht in gottesdienstlichen Zeremonien, sondern darin, daß man ‹alles mit beruhigtem Geiste zu betrachten vermag› (*pacata posse omnia mente tueri*). – Bd. VI endlich beschäftigt sich mit außerordentlichen Naturerscheinungen (Magnetismus, Gewitter, Vulkanausbrüchen, Überschwemmungen) und den Krankheiten der Menschen. Das Werk schließt mit einer erschütternden Schilderung der Pest, während es mit einer Anrufung der lebenspendenden Göttin (Venus) begonnen hatte.

Von seinen Zeitgenossen anscheinend wenig beachtet, hat Lukrez dagegen auf den literarischen Kreis, der sich um den Kaiser Augustus und seinen Freund Maecenas sammelte, entschieden Einfluß geübt. Ein solcher läßt sich namentlich bei Horaz, besonders in dessen ‹Satiren›, nachweisen, der sich bekanntlich (‹Epist.› I, 4, 6) als ein ‹Schweinchen von der Herde Epikurs› bezeichnete, in späteren Jahren jedoch stoischen Anschauungen nähertrat (*Si fractus illabatur orbis, impavidum ferient ruinae*), übrigens ‹auf keines Meisters Worte schwören› wollte. In den Vordergrund der Forschung rückte seine ‹Ars poetica›, in der er über die Theorie der poetischen Technik hinaus über Beruf und Idee des Dichters Rechenschaft ablegte. Auch Vergil, der freilich als Künder des römischen Ethos, der *virtus* und *pietas*, über alle Schulen hinauswuchs, hatte einen Epikureer zum Lehrer und verrät auch in der ‹Georgica› eine starke innere Beziehung zu Lukrez, und sogar Ovid zeigt sich mit Lukrez vertraut. Von anderen bekannten Männern werden auch Ciceros Freund Atticus und Cassius, der Mörder Cäsars, als Epikureer bezeichnet.

Eklektiker

Auch die peripatetische Schule fand vereinzelte Anhänger, wie M. Piso und den bekannten Triumvirn Crassus. Aber nach Lage der Dinge fand am meisten Verbreitung diejenige Richtung, die sich das ihr Zusagende aus den verschiedenen Systemen heraussuchte: die *eklektische.* Hatte sich schon in den griechischen Philosophenschulen selbst allmählich eine starke Neigung zur Verschmelzung, Vermittlung und Vermischung geltend gemacht (vgl. Kap. XII, 2 und Kap. XIII, 1), so geschah dies in noch stärkerem Maße durch die Römer, denen die Philosophie ja fast durchweg nicht Selbstzweck, sondern Zeichen allgemeiner Bildung und Mittel sittlicher Klärung war. Der Typus dieser Eklektiker ist

a) Cicero

Marcus Tullius Cicero (106–43) hatte als junger Studiosus zu Athen und Rhodos, wesentlich zum Zwecke seiner rednerischen Ausbildung, die Epikureer Phaedrus und Zeno, die Stoiker Diodotus und Posidonius, die Akademiker Philo und Antiochus gehört, kehrte aber erst in späteren Jahren seines Lebens, durch den Umschwung der politischen Verhältnisse zu unfreiwilliger Muße verurteilt, zu den philosophischen Studien seiner Jugend zurück. In verhältnismäßig kurzer Zeit hat er eine Menge von philosophischen Büchern geschrieben, die, der Einbürgerung der griechischen Philosophie bewußt dienend, zusammen eine enzyklopädische Darstellung fast der ganzen Philosophie ergeben. Eine Übersicht über sie findet sich bei Cicero selbst in ‹De divinatione› II, 1ff. Seine philosophische Schriftstellerei hat in der Zeit nach der Rückkehr aus der Verbannung (55) mit den Büchern ‹Über den Staat› (‹De re publica›) und der Arbeit an dem unvollendeten Werk ‹Über die Gesetze› (‹De legibus›) eingesetzt. Die zahlreichen anderen Schriften fallen in die drei letzten Jahre seines Lebens, die Zeit nach Caesars Staatsumwälzung von 45 – wesentlich mitveranlaßt durch den damaligen, ihn hart treffenden Tod seiner Tochter Tullia – bis zu seinem erneuten politischen Eingreifen im Kampf gegen Antonius: die Trostschrift ‹Consolatio›, der ‹Hortensius› (ein Aufruf zur Philosophie, bekannt durch seine Wirkung auf Augustin) eröffnen die Reihe der Schriften. Es folgen ‹Academica› (erkenntnistheoretischen Inhalts: Recht und Grenze des Skeptizismus), ‹Über das höchste Gut und Übel› (‹De finibus bonorum et malorum›), die ‹Tusculanischen Disputationen›, ‹Über die Natur der Götter› (‹De natura deorum›), ‹Cato über das Greisenalter› (‹Cato major de senectute›), ‹Über die Weissagung› (‹De divinatione›), ‹Über das Schicksal›, (‹De fato›), ‹Über die Freundschaft› (‹Laelius de amicitia›), ‹Über die Pflichten› (‹De officiis›). In der Bewertung Ciceros als Philosophen hat es nicht an scharfen Urteilen gefehlt. In der Tat hat denn auch der Philologenfleiß des 19. Jahrhunderts zu fast allen diesen Schriften die griechischen Vorbilder aufgedeckt.

Sucht man Ciceros eigenen Standpunkt näher zu bestimmen, so wird man folgende Punkte erwähnen müssen: In der Erkenntnistheorie schließt er sich der seiner Denkart gemäßen Wahrscheinlichkeitslehre der mittleren und neueren Akademie als der ‹bescheidensten, folgerichtigsten und elegantesten Art zu philosophieren› an. Für die Physik interessiert er sich nur, insoweit sie mit dem Gottesgedanken, der ihn stark bewegt, in Beziehung steht. Auf seinem Lieblingsfelde, der populären Ethik, begnügt er sich jedoch nicht mit der akademischen Wahrscheinlichkeitslehre, sondern neigt mehr den Stoikern zu, auf deren ‹angeborene Begriffe› und den *consensus gentium* als Beweismittel sich stützend. Doch schwankt er auch hier vielfach zu den gleichfalls benutzten Akademikern und Peripatetikern hinüber; nur die Epikureer werden verworfen. Das wichtigste sittliche Problem ist ihm, wie der ganzen nachklassischen Philosophie, das Verhältnis der Tugend und des Sittlich-Guten (in der römisch geprägten Form des *honestum*: des Ehrenhaften) zur Glückseligkeit, nächstdem das der Willensfreiheit, während er auf religiösem Gebiete die göttliche Vorsehung und die Unsterblichkeit der Seele mit warmen Worten verteidigt.

b) Varro

Ciceros Freund M. Terentius Varro (116–27 v. Chr.) war weniger Philosoph als gelehrter Polyhistor, der größte, den Rom hervorgebracht hat, und zweifellos in seiner Art ein systematischer und gründlicher Kopf. Erhalten freilich ist nur wenig. Philosophisch wichtig sind: 1. seine leider ganz unvollständig erhaltenen (in Art und Form sehr spröden) Bücher ‹Über die lateinische Sprache›, 2. seine ‹menippischen Satiren›, die ihren Namen von dem kynischen Philosophen Menippos von Gadara (um 280) haben und auch inhaltlich kynische Züge tragen: Mißachtung der Schulweisheit, Kritik der Kultur und Überkultur, dazu Gegenüberstellung des alten Rom und der Verderbnis der eigenen Zeit, 3. seine ‹logistorici› (mehr oder weniger philosophische Erörterungen in Dialogform, durchwirkt von geschichtlichen Erläuterungen), z. B. über den Frieden, über die Geschichtsschreibung, über den Wahnsinn, über die Kindererziehung, über das Glück.

c) Die Schule der Sextier

blühte kurze Zeit um den Anfang der christlichen Zeitrechnung zu Rom. Ihre bedeutendsten Glieder waren Q. Sextius Vater und Sohn und der griechisch schreibende Alexandriner Sotion, Senecas Lehrer. Ihr Ansehen beruhte wohl mehr auf ihrem sittlichen Ernste als auf der Eigenart ihrer Lehre, die der stoischen nahestand, durch Sotion auch altpythagoreische Elemente (tägliche Selbstprüfung, Seelenwanderung, Enthaltung von Tiernahrung) in sich aufnahm. Mehrere, aus der Zeit um 200 n. Chr. stammende christliche Überarbeitungen von

‹Sinnsprüchen des Sextus› in griechischer, lateinischer und syrischer Sprache sind vorhanden.

Die jüngere Skepsis

a) Änesidem

Es ist für die geistige Atmosphäre der großen Zeitwende charakteristisch, daß immer wieder Stimmungen tiefer Resignation und Skepsis spürbar werden. So ist es denn nur begreiflich, daß auch die alte, kräftigere, pyrrhonische Skepsis noch einmal eine Erneuerung fand. Die Lebenszeit ihres Hauptvertreters Aenesidemus von Knossos (auf Kreta), der in Alexandria lehrte, ist allerdings ziemlich zweifelhaft. Wenn mit dem L. Tubero, dem er nach dem Byzantiner Photios seine acht Bücher ‹Pyrrhonischer Reden› widmete, der gleichnamige Freund Ciceros gemeint ist, so würde er in dessen Zeit, also in die erste Hälfte des 1. Jahrh. v. Chr. fallen; ist dagegen das Verzeichnis der skeptischen ‹Diadochen› (Schulhäupter) bei Diog. Laert. IX, 116 richtig, eher um die Zeit Christi.

Er zuerst scheint in systematischer Zusammenfassung der wesentlichen Argumente des Skeptizismus gegen den Dogmatismus die zehn τρόποι, d. i. Arten, den Zweifel zu begründen, aufgestellt zu haben.* Sie zeigen die *Relativität* aller unserer Erkenntnis an den Verschiedenheiten und der Auffassung der beseelten Wesen überhaupt, sodann an den Bedingtheiten der Menschen insbesondere, die ihrerseits wieder von der Verschiedenheit der Sinneswerkzeuge, Zustände, Gegenden, Bildung, Sitten usw. herrühren. Von sonstigen Philosophen stand Aenesidemus dem Heraklit am nächsten; er bezeichnete die skeptische Methode als den Schlüssel zum Verständnis von dessen Lehre vom Flusse aller Dinge. Auch die Skeptiker leugneten übrigens die Möglichkeit empirischer Forschung und relativer Erfahrungswahrheit nicht. Sie eiferten gegen jedes Dogma. ‹Wer alles dahingestellt sein läßt, wahrt die Konsequenz und kommt mit sich selbst nicht in Streit; die anderen widersprechen sich, ohne es selbst zu wissen.› Ihre ‹Zetetik› (Kap. XII, 1) hat vielmehr, wie bei Pyrrhon, einen sehr positiven Beigeschmack. Sie will die Untersuchung der Wahrheit nicht aufheben, sondern erst recht begründen durch ihre zweifelnde Prüfung wie durch ihr Vorgehen gegen Voreiligkeit und Selbstzufrieden-

* Sextus Empiricus, Hyp. Pyrrh. I, 1. 37ff und Diog. Laert. 9, 79ff.

heit. Daher nannten diese jüngeren Skeptiker ihre Lehre bescheiden nur eine ‹Anleitung› (ἀγωγή).

b) Sextus Empiricus

So war denn dieser Skeptizismus keine leere Sophistik, sondern eher dem heutigen Positivismus zu vergleichen. Es huldigten ihm daher besonders die Männer der Naturwissenschaft; die meisten Skeptiker sind Ärzte. Gegen Ende des 2. nachchristlichen Jahrhunderts existiert in Alexandrien eine förmliche Schule der *empirischen Ärzte*, welche die Erörterungen ihrer ‹dogmatischen› Fachgenossen über die Krankheitsursachen als aussichtslos aufgaben und sich an die Erfahrung, d. h. genaue und häufige Beobachtung hielten. Von neueren Historikern der Medizin sind ihre Grundsätze als scharfsinnig, gründlich und nutzbringend für die Feststellung des Tatsachenmaterials anerkannt worden. Der philosophische Wortführer dieses *skeptischen Empirismus* oder empirischen Skeptizismus, den wir des sachlichen Zusammenhangs halber hier gleich anschließen, war der Arzt Sextus mit dem Beinamen Empiricus zu Alexandrien, dessen Wirksamkeit um 200 n. Chr. fällt. Von ihm sind drei, namentlich als historische Quellen wichtige Schriften erhalten: 1. Drei Bücher ‹Pyrrhonische Skizzen› (‹Πυρρώνειοι ὑποτυπώσεις›), 2. sechs Bücher ‹Gegen die ‚Mathematiker'›, d. h. die Vertreter positiver Wissenschaften (Grammatik, Rhetorik, Geometrie, Arithmetik, Astrologie, Musik), 3. fünf Bücher ‹Gegen die ‚Dogmatiker'›, d. i. die philosophischen Logiker, Physiker, Ethiker. 2. und 3. werden gewöhnlich (unrichtig) unter dem Titel ‹Adversus Math. l. XI› zusammengefaßt.

3. Die Stoa der Kaiserzeit. Religiöse Färbung der Ethik (Seneca, Musonius Rufus und Hierokles, Epiktet, Mark Aurel)

In den beiden ersten Jahrhunderten der römischen Kaiserzeit gehörte es fast zum guten Ton unter den gebildeten Römern, etwas Philosophie zu treiben. Kaiser Augustus, der selbst ‹Ermahnungen zur Philosophie› verfaßte, begünstigte dieses Streben, und die Männer des ihn umgebenden literarischen Kreises (Horaz, Vergil, Livius) waren mehr oder weniger philosophisch gebildet. Ebenso die Reformkaiser des 2. Jahrhunderts: Trajan, Hadrian, Antoninus Pius, Mark Aurel.

a) Seneca

L. Annaeus Seneca (4 v. bis 65 n. Chr.) zu Corduba (Cordova) in Spanien geboren, schon unter Caligula mit dem Tode bedroht, unter Claudius acht Jahre nach Corsica verbannt, dann Erzieher und später erster Minister Neros, von diesem zum Sterben genötigt, ist eine der glänzendsten Erscheinungen der Zeit, in seinem Denken von einer eigentümlich persönlichen und römischen Prägung zugleich, die seinem ganzen Werk (zu dem auch Tragödien gehören, die einzigen, die wir aus der römischen Literatur besitzen) seinen Charakter gibt. Der Schwerpunkt der erhaltenen Schriften liegt in den Fragen der Ethik und Lebensführung. Zwar hat er auch naturwissenschaftliche Studien getrieben, von denen seine (wohl stark auf Poseidonios beruhenden) ‹Naturales Quaestiones› zeugen, die geographische, astronomische und meteorologische Themen behandeln und noch dem Mittelalter als physikalisches Lehrbuch dienten. Aber ihr Sinn liegt doch nicht eigentlich in ihnen selbst, sondern sie sollen, wie die Vorreden zu den einzelnen Büchern verraten, dem tieferen Verständnis der Stellung und Aufgabe des Menschen in der Natur dienen. Die ethischen Schriften weisen schon in ihren Titeln die unmittelbar praktische Zielsetzung auf: die ‹Trostschreiben› (‹Consolationes›), die Abhandlungen ‹Über den Zorn›, ‹Über Wohltaten›, ‹Über die Vorsehung›, ‹Über die Standhaftigkeit des Weisen›, ‹Über das glückliche Leben›, ‹Über die Muße›, ‹Über den Frieden der Seele› (in Dialogform), ‹Über die Kürze des Lebens›, ‹Über die Milde› (Nero kurz nach seiner Thronbesteigung gewidmet) und schließlich die ‹Moralischen Briefe an Lucilius›, 124 philosophische Essays, seine hervorragendste Leistung. Alle diese Schriften zeigen, daß die philosophische Aufgabe nicht theoretische Untersuchung, sondern Rat, praktische Weisung ist – unter Vermeidung umständlicher Darlegungen und Zurücklassen aller bloßen Schullehren. ‹Tun, nicht reden, lehrt die Philosophie›. Wie jeder persönlich sein eigenes Leben, das der Zeit und dem Tod ausgeliefert ist, zu gestalten hat, so, daß er sein Selbst nicht verliert – das ist Senecas Anliegen, das ihn ganz beherrscht.

b) Musonius Rufus und Hierokles

Noch ausschließlicher als Seneca beschäftigte sich mit rein ethischen Fragen der römische Ritter Musonius Rufus aus Volsinii in Etrurien, der von Nero, wohl auch von Vespasian, verbannt, von Titus zurückgerufen, mit großer Wirkung in Rom lehrte. Allerdings in durchaus praktischem Sinne. Der einzige Zweck der Philosophie ist die Tugend, die weit mehr durch Übung als durch Belehrung erlangt wird. Gut sein und Philosoph sein ist eins. Auch das weibliche Geschlecht ist daher zur Philosophie anzuleiten. Musonius empfiehlt das Landleben, die Arbeit, Mäßigkeit, Keuschheit und größte Einfachheit des Lebens. Er nähert sich hierin dem Kynismus, während die religiösen Züge in den von ihm (in der Anthologie des Stobäus) erhaltenen (auf Nachschriften mündlicher Vorträge zurückgehenden) Fragmenten weniger stark hervortreten; dagegen werden naturphilosophische Lehren der alten Stoa berührt. Über den wesentlichen Inhalt dessen, was Musonius wollte, sind wir ausführlich unterrichtet durch die zum großen Teil erhaltenen Vorträge seines Schülers Epiktet. Aber vorher ist noch Hierokles zu erwähnen, der mit seiner ethischen Elementarlehre im Gegensatz zu der nur praktischen Zielsetzung des Musonius der Ethik ein wissenschaftliches Fundament durch erkenntnistheoretische, psychologische und physiologische Erörterungen (ausgehend vom Selbsterhaltungstrieb) zu geben suchte, die Ethik selbst nach Pflichtenkreisen (Gott, Vaterland, Eltern usw.) ordnete.

c) Epiktet

Epiktetos, um die Mitte des ersten Jahrhunderts nach Christus zu Hierapolis in Phrygien geboren, kam früh als Sklave nach Rom, erhielt von seinem Herrn, einem Freigelassenen Neros, die Freiheit, wurde Schüler des Musonius und trat dann selbst als volkstümlicher Verkünder stoischer Grundsätze auf: zuerst in Rom, dann, nach der Vertreibung der Philosophen von dort durch Domitian (94), in der kleinen Hafenstadt Nikopolis in Epirus, wo er als weithin bekannter Sittenlehrer gegen 120 n. Chr. starb, noch nach seinem Tode von vielen hochverehrt. Seine Vorträge und Gespräche sind uns zum großen Teile in der Aufzeichnung seines Zuhörers Arrian erhalten: vier Bücher ‹Διατριβαί› (‹Unterredungen›) in 95 Kapiteln, außerdem ein kurzer Auszug, das ‹Handbüchlein› (‹ἐγχειρίδιον›) mit 52 kürzeren Abschnitten bzw. Aussprüchen, endlich noch 180 sonst überlieferte Fragmente.

Das A und O der epiktetischen Moral ist die Betonung dessen, ‹was *bei uns* steht› (τὰ ἐφ' ἡμῖν), gegenüber dem, ‹was *nicht* bei uns steht› (τὰ οὐκ ἐφ' ἡμῖν). Dem letzteren müssen wir uns ruhig fügen, das Bewußtsein des ersteren dagegen soll uns zu energischer Anwendung des höchsten uns verliehenen Gutes, der Freiheit unseres Willens, treiben. Völlig aus *eigener* Kraft kann und soll der Mensch zur Erkenntnis der Wahrheit, auch Gottes, und zu sittlichem Fortschritt kommen.

So will denn Epiktet auch nichts anderes als ein Stoiker sein. Die Verehrung der Schulhäupter Zenon, Kleanthes und Chrysipp verbindet sich mit der in der Schule allmählich üblich gewordenen Idealisierung des Herakles, Sokrates und Diogenes zu sittlichen Musterbildern und einer starken Annäherung an einen gemilderten Kynismus. Auch die Hervorkehrung des Religiösen hat also keineswegs zu einem Aufgeben der stoischen Grundlehren geführt. Ein direkter Zusammenhang mit dem Christentum ist nicht anzunehmen. Übrigens fehlt bei Epiktet der Glaube Senecas an ein persönliches Fortleben nach dem Tode.

d) Mark Aurel. Ausgang der Stoa

Die letzte bedeutende Erscheinung unter den Stoikern der Kaiserzeit, zugleich ein Zeichen ihres Einflusses wie der sittlichen Erstarkung der Zeit überhaupt, ist ihr Vertreter auf dem Kaiserthron: Mark Aurel ‹der Philosoph› (121–180). Seine ‹Selbstbetrachtungen› (‹Τὰ εἰς ἑαυτόν›, ‹An sich selbst›) stimmen inhaltlich fast durchweg mit dem überein, was der von dem kaiserlichen Stoiker hochverehrte Sklave von Hierapolis lehrte. Nur macht sich eine mehr spiritualistische, ja zur Mystik neigende Wendung stärker bemerkbar. Während Epiktet recht ins volle Leben greift und von aller Mystik weit entfernt ist, rät Mark Aurel, sich auf sich selbst zurückzuziehen, mit seinem Genius sich zu besprechen und aus solcher einsamen Vertiefung in die eigene Seele Kraft zu schöpfen. Wie jedes Wesen hat auch der Mensch seine Aufgabe in der großen Harmonie des Kosmos, die er zu erfüllen hat und erfüllen kann, trotz aller Schicksalsschläge und aller Widerwärtigkeiten; denn dazu ist ihm seine Vernunft gegeben, an deren Anwendung und Entfaltung ihn keine äußere Macht hindern kann.

Nur eine Abart der Stoa ist der im 1. Jahrhundert n. Chr. sich wieder erneuernde *Kynismus*, zu dem wir bereits Epiktet in Beziehung stehen sahen. Philosophisch ohne Bedeutung, entstand er als eine Reaktion gegen die Überkultur des römischen Kaiserreichs und zeitigte in Männern wie Demetrios, zu Senecas Zeit und von diesem sehr gerühmt, sowie dem liebenswürdigen und menschenfreundlichen Demonax zu Athen (um 70–170), den Lucian in einer eigenen Schrift behandelt, einfache, sittlich reine, furchtlos gegen die herrschende Sittenverderbnis auftretende Charaktere, während andere, wie der ebenfalls durch Lucian (Wieland) bekannte Peregrinus Proteus, schwärmerischer Art, ein abenteuerliches Leben führten, noch andere endlich unter dem Deckmantel des Zynismus einem zügellosen Leben verfielen.

Von Nicht- oder besser Halbphilosophen gehört in diesen Zusammenhang der bithynische Rhetor Dion Chrysostomos, d.i. Goldmund, dessen populäre Sittenpredigten eine gewisse Vorliebe für den Kynismus zeigen. Der den philosophischen Dogmatismus, den Götter- und allen Aberglauben scharf angreifende, gewandte Satiriker Lucian beschränkt sich da, wo er selbst zu philosophieren versucht, unter ausdrücklichem Verzicht auf alle Theorie, auf einige populäre moralische Vorschriften. Durchaus als Eklektiker zeigt sich der berühmte Mediziner Galenos aus Pergamon (131–201), der in der Logik Aristoteles, in der Ethik dagegen mehr Platon und der Stoa zuneigte, durch seinen naturwissenschaftlichen Standpunkt auf die Anerkennung der Zuverlässigkeit der Sinneswahrnehmung geführt ward, daneben aber zugleich unmittelbare und reine Verstandeswahrheiten annahm. In der Psychologie begründete er die Lehre von den vier Temperamenten.

Erreicht auch die stoische Schule im zweiten nachchristlichen Jahrhundert ihr Ende, so haben stoische Anschauungen doch auf die philosophische Entwicklung der Folgezeit, sowohl auf die ausgehende antike Philosophie wie auf das christliche Mittelalter, unmittelbar oder mittelbar nachhaltig eingewirkt. Ihr ethischer Kern behält seinen Wert für alle Zeiten. Von den übrigen Schulen aber sollte eine, wenn auch in veränderter Gestalt, zu neuem Glanze erstehen. Wir kommen damit zu der letzten, wesentlich theosophischen Periode der antiken Philosophie, die sich an den *Neuplatonismus* knüpft. Zunächst haben wir dessen Vorläufer zu betrachten.

XIV. Vorläufer des Neuplatonismus

1. Neupythagoreer und pythagoreisierende Platoniker

An dieser Stelle haben wir es mit den letzten religiös-philosophischen Restaurationsversuchen auf dem Boden der antiken Weltanschauung zu tun.

Dem jetzt in erster Linie auf theologische oder damit verwandte Probleme gerichteten philosophischen Drange kamen von den alten Systemen am meisten entgegen: das *pythagoreische* und das *platoni-*

sche, das letztere freilich nur in einer bestimmten Art seiner Umgestaltung, und beide viel weniger als Lehr- denn als Lebensformen. Daneben aber stoßen wir auf die bloße Weitergabe des Überlieferten, die uns bei Plinius etwa in der Form eines enzyklopädischen Sammelwerkes begegnet, aber auch darin noch (wie in der Kosmologie, ‹Natural. hist.› II, 1ff) die Mächtigkeit der hellenischen Gedankenwelt aufleuchten läßt.

Die Neupythagoreer

Als der erste Erneuerer pythagoreischer Philosophie unter den Römern wird Ciceros gelehrter Freund P. Nigidius Figulus (gest. 45 v. Chr.) genannt, von dem indes sehr wenig bekannt ist. Es folgte der bereits (Kap. XIII, 2) erwähnte Sotion, aus der Schule der Sextier. Zu Neros Zeit wirkte Moderatos aus Gades, während gleichzeitig Apollonios von Tyana als Wundertäter das Römische Reich durchzog, der dann später (um 200 n. Chr.) bei Philostratus zu einem heidnischen Gegenbilde Christi umgeformt erscheint (mit Jungfrauengeburt, wunderbaren Heilungen, Allwissenheit und Allmacht, Auferstehung, Verschwinden von der Erde u. a., was damals offenbar von den Anhängern eines Religionsstifters als für ihn unerläßlich angesehen wurde). Indem diese Neupythagoreer die altpythagoreische Zahlenspekulation (Kap. I, 2) erneuern und erweitern und die platonische Naturphilosophie (Kap. VIII, 5) statt in dem von Platon geforderten mythopoetischen Sinne teilweise buchstäblich verstehen, teilweise umdeuten, setzen sie die Zahlen, welche zugleich die Urbilder aller Dinge sind, als Ideen, d. h. Gedanken der Gottheit. Der letzte Grund alles Geschaffenen ist die *Einheit* als Form, wirkende Ursache, Gottheit; ihr in schroffem Dualismus entgegengesetzt: die Materie. (Das läßt erkennen, daß neben den pythagoreischen auch aristotelische, namentlich aber altakademische [Kap. VIII, 8] Elemente in diesen Theoremen zu finden sind.) Ähnliche Entlehnungen finden sich in der Physik (Vollkommenheit der Welt von den Stoikern, Ewigkeit derselben von Aristoteles) und der Ethik der Neupythagoreer. Das eigentümliche Neue besteht eigentlich nur in ihren *religiösen* Anschauungen. Mit einem geläuterten Monotheismus, einer Verehrung Gottes als reinen Geistes durch wortloses Gebet und tugendhaftes Leben verbindet sich die phantastische Annahme einer Reihe von *Dämonen* oder niederen Göttern, bei denen der schwache und sündhafte Mensch in der Erfüllung seiner Aufgabe, *Unterdrückung der Sinnlich-*

keit durch den reinen Geist, Beistand findet, sei es durch unmittelbare Erleuchtung oder durch Orakel oder durch die Vermittlung besonders gottbegnadeter, göttliche Offenbarung spendender Weisen, wie des Pythagoras selbst, um den sich jetzt zahlreiche neue Legenden bilden, und des Apollonius von Tyana. Auch asketische Tendenzen treten in Anknüpfung an den Altpythagoreismus hervor: Enthaltung von Fleisch und Wein, vom Tieropfer, von der Ehe, leinene Kleidung, Gütergemeinschaft. Neu ins Licht gerückt hat die Forschung des Lukaners Okellos ‹Über die Natur des All›. Der letzte Neupythagoreer ist Nikomachos aus Gerasa (Arabien) um 140 n. Chr., der Verfasser einer ‹Theologischen Arithmetik› oder ‹Arithmetischen Theologie›, die uns der Byzantiner Photios im Auszuge erhalten hat.

Pythagoreisierende Platoniker des 1. und 2. Jahrhunderts n. Chr.

a) Der bedeutendste der pythagoreisierenden Platoniker ist Plutarch, lange Jahre Archon und Priester in seiner Vaterstadt Chäronea (um 50 bis 125 n. Chr.), der außer seinen bekannten Biographien auch eine Reihe ethischer, religiöser, politischer, kosmologischer, aber auch exegetischer (zu Platon) und kritisch-polemischer (gegen Stoa und Epikur) Schriften verfaßte. (In der Sammlung dieser sogenannten ‹Moralia› finden sich übrigens viele ihm untergeschobene Abhandlungen.) Plutarchs sittliche Gesinnung ist edel, mild und vernunftgläubig, in seinen religiösen Vorstellungen steht er der Mystik nahe. Vornehmlich schließt er sich an Platon an, faßt ihn aber wesentlich neupythagoreisch, seine Mythen dogmatisch auf und kehrt das dualistische Moment stark hervor. Die Gottheit ist hoch erhaben über die Welt (transzendent) und nur in ihren Wirkungen, als Vorsehung, uns erkennbar. In der Materie existiert eine Sehnsucht nach dem Göttlichen, aber daneben – und nicht bloß in der Seele des Menschen – ein böses Prinzip, bei dessen Erklärung auch persische und ägyptische Religionsvorstellungen herangezogen werden. Zwischen dem Göttlichen und Menschlichen vermitteln ebenfalls gute und böse Dämonen. Plutarch eifert gegen den Aberglauben, aber er bekennt sich zu übernatürlichen Offenbarungen und Erleuchtungen, Weissagungen, persönlicher Unsterblichkeit mit Seelenwanderung. Zum Volksglauben stellt er sich freundlich und sucht ihn durch allegorische Auslegung zu rechtfertigen. Alle Religionen verkünden im Grunde denselben Gott.

b) Mit Plutarch verwandt sind *spätere* Platoniker, wie der Rhetor Maximus von Tyrus, der Mathematiker Theon von Smyrna, vor allem aber Apulejus von Madaura (geb. um 130), der als Verfasser des bekannten Romans ‹Der goldene Esel› mit der schönen Episode von Amor und Psyche berühmt wurde und dessen Bücher über Platon (‹De Platone et eius dogmate›) und das Daimonion des Sokrates (‹De deo Socratis›) zu Grundbüchern des Neuplatonismus wurden. Freilich nicht bloß die Heimat, sondern auch die Vorstellungen dieser Männer, insbesondere ihr Dämonenglaube, rücken sie dem Orient näher. Zu ihnen gehört auch Celsus (Kelsos), der Gegner des Christentums (um 180), dessen von dem Kirchenvater Origenes bekämpftes Buch ‹Λόγος ἀληθής› (‹wahres Wort›) der Züricher Theologe Keim aus den Zitaten des Orignenes wiederhergestellt hat. Ferner der zu derselben Zeit lebende (wegen seines Einflusses auf Plotin wichtige) Syrer Numenios, der pythagoreische, platonische und orientalische Elemente miteinander verschmilzt, Platon einen ‹attisch sprechenden Moses› nennt und eine Art göttlicher Dreieinigkeit annimmt: 1. den ‹ersten› Gott (Vater), 2. einen göttlichen Weltbildner (Sohn), 3. die Welt selbst (beider Abkömmling, ἀπόγονος).

Anscheinend aus einem ägyptischen Zweig dieser pythagoreisierenden Platoniker oder platonisierenden Neupythagoreer sind die meisten der Schriften hervorgegangen, die unter dem Namen des ‹dreimalgrößten› Hermes, Hermes Trismegistos, überliefert sind und ihrem Inhalte nach bereits zu den völlig neuplatonischen gerechnet werden können. Gott ist über allem Sein und aller Vernunft, die Welt der zweite, der Mensch der dritte Gott. Philosophie fällt zusammen mit Frömmigkeit und Abkehr von der Sinnenwelt.

Unterdessen hatte sich längst auch im Morgenlande selbst eine theosophische Richtung aus verschiedenen Elementen herangebildet, die man als die jüdisch-alexandrinische Philosophie bezeichnet.

2. Die jüdisch-alexandrinische Theosophie. Philon von Alexandrien

In Alexandrien hatte sich *jüdisches* und *griechisches* Geistesleben aufs innigste verschmolzen, wovon unter anderm die schon zu Anfang des 3. Jahrhunderts v. Chr. begonnene Übersetzung des Alten Testaments ins Griechische, die sogenannten ‹Septuaginta›, zeugt. Wie sich der alexandrinische Jude in wirtschaftlicher und politischer Beziehung als wichtigster Bestandteil des griechisch-römischen Weltreichs fühlen konnte, so ging wenigstens zunächst sein Streben dahin, griechische und jüdische Bildung (Philosophie) einander näherzubringen, womöglich zu verschmelzen (später leistete das Judentum dem Eindringen griechischen Denkens Widerstand). Alle vereinzelten Bestrebungen, Judentum und Christentum zu verknüpfen, konzentrierten sich in der Gestalt Philons, eines aus vornehmer priesterlicher Familie stammenden alexandrinischen Juden, der 40 n. Chr. an der Spitze einer Gesandtschaft die Interessen seiner Stammesgenossen vor Kaiser Caligula in Rom vertrat. Damals war er schon alt; man setzt seine Lebenszeit in die Jahre 25 vor bis 50 nach Christi Geburt.

Wir besitzen noch eine große Anzahl seiner Schriften, die zumeist in der Form von Kommentaren zum ‹Pentateuch› gehalten sind. Denn Philon bleibt in erster Linie Jude. Er ist von der höchsten Verehrung für die heiligen Schriften seines Volkes erfüllt und hält nicht bloß den Urtext, sondern sogar auch die Übersetzung der ‹Siebzig› für wörtlich inspiriert. Aber er bewundert, neben Moses als größtem Philosophen, doch auch die Weisheit eines Platon und Pythagoras, eines Parmenides und Empedokles sowie die Begründer der Stoa. Um nun beides miteinander vereinigen zu können, greift er unbedenklich zu dem schon von Aristobul geübten Mittel unbeschränktester bildlicher Auslegung der alttestamentarischen Schriften. Es sei unwürdig und abergläubisch, sich beispielsweise Gott mit Füßen zum Gehen vorzustellen; der Baum des Lebens bedeute die Gottesfurcht, Kain die Sophistik, Rahel die Sinnlichkeit usw. Vielfach, namentlich bei historischen Angaben und bei den jüdischen Zeremonialgesetzen, sieht er übrigens den wörtlichen und den höheren, übertragenen Sinn als nebeneinander gültig an.

Schon die Art, wie Philon bei der Deutung der mosaischen Bücher auch philosophische Mittel verwendet, verrät freilich, wie tief ihn die griechische Philosophie berührt hat, und zwar vor allem Platon. So sind, wie bereits Falter gezeigt hat, wichtige Momente des platonischen Idealismus in Philons Philosophieren enthalten. Das Zeugnis der Sinne gilt ihm als unzuverlässig; das wahre Sein liegt vielmehr im Denken. Deshalb bedarf die reine Vernunft (νοῦς), die das Gedachte ‹schaut›, der Wissenschaft, um das Unkörperliche zu erkennen. Das Wesen des Denkens aber ist Einheit. Und so ist das höchste Ziel, wozu sich der Menschen Denken aufschwingen kann, die Erkenntnis des *einen*, absolut einfachen, gänzlich eigenschaftslosen ‹Seienden›, das zugleich das erste und vollkommenste Gut ist. Der

Zentralbegriff der philonischen Philosophie, in dem sein theoretisches wie sein ethisches Interesse gipfelt, ist die *Gottheit*. Philons Gottesvorstellung ist eine außerordentlich reine und hohe. Gott ist so erhaben über alles Endliche, daß alle ihm beigelegten Namen und Eigenschaften sein Wesen nicht entfernt zu erschöpfen imstande sind. Nicht, *was* er ist, nur, *daß* er ist, können wir begreifen. Er ist das Allervollkommenste, vollkommener selbst als die Ideen des Wahren, Guten und Schönen, zugleich die Ursache von allem, allmächtig und allgütig, im Besitze der reinsten Seligkeit, aber an keinem bestimmten Ort. Wie ist nun aber bei so völliger Überweltlichkeit ein Eingreifen Gottes in die Welt möglich, zumal da seine Reinheit durch die geringste Berührung mit der Materie befleckt werden würde? Zu diesem Zwecke hat Gott sich besondere Werkzeuge geschaffen, die bald als Ideen (ἰδέαι), bald als bloße Kräfte (δυνάμεις) – wie z. B. seine Macht und Güte –, aber auch, hypostasiert und personifiziert, als dienende Geister dargestellt werden, die ihn in verschiedenen Rangstufen wie ein Hofstaat umgeben, übrigens auch besonders frommen Menschen (Abraham) erscheinen können. Man sieht die Mischung des jüdischen Engel- und griechischen Dämonenglaubens mit den als geistige Substanz aufgefaßten platonischen Ideen einer-, den Keimkräften der Stoiker (Kap. X, 2) andererseits.

Die oberste, alle übrigen in sich zusammenfassende Kraft nennt Philon denn auch mit einem stoischen Terminus den *Logos*, daneben zuweilen auch die ‹Weisheit› (σοφία). Der ‹Logos›, eigentlich Wort oder Gedanke, ist der Vermittler zwischen Gott und Welt, mit anderen Worten die Gottheit, insofern sie wirkt und schafft. Das Schöpfer*wort* (‹und Gott sprach›) ist zugleich die Quelle des Weltdaseins. Es werden ihm die Prädikate: erstgeborener Sohn Gottes, zweiter Gott oder ‹Gott› schlechtweg (ϑεός, im Unterschiede von ὁ ϑεός, *dem* Gotte, dem Urerzeuger), Paraklet (Beistand, Fürbitter), Urbild der Welt, Weltseele beigelegt, die wir zum großen Teil in bestimmten neutestamentlichen Schriften wiederfinden. Auch hier findet sich, wie bei den ‹Kräften›, das charakteristische Schwanken zwischen der abstrakteren Auffassung des Logos als göttlicher *Eigenschaft* (= Geist, Vernunft) und seiner *Personifizierung*. Eine Fleisch- oder Menschwerdung allerdings würde dem philonischen Logosbegriff widersprechen, schon wegen der Unreinheit aller Materie. Aus dem Chaos hat Gott durch Vermittlung seines Sohnes, des Logos, die Welt erschaffen, und zwar in größtmöglicher Vollkommenheit, nach dem Abbild des Logos den Menschen gemacht. Die Materie selbst freilich bleibt der Quell aller Unvollkommenheit und Übel des Daseins, der Leib der Kerker der Seele.

Die höchste Aufgabe des Menschen ist, gottähnlich zu werden durch den Sieg des Geistes über das Fleisch (σάϱξ), die gänzliche Ausrottung der Leidenschaften. Im einzelnen haben Philons *sittliche* Anschauungen vieles (Einfachheit des Lebens, Idee der Menschheit, soziales Staatsideal, Weltbürgertum, Schilderung der Weisen und des Fortschreitenden) mit Platon und noch mehr mit den Stoikern gemein, und mönchische Weltflucht liebt er nicht. Im übrigen aber besitzt seine Ethik einen religiösen Zug, der weit über die religiösesten unter den Stoikern hinausgeht. Nur durch Gottes Gnade wird der Mensch gerecht. Gott allein wirkt in uns das Gute. Nur der ist wahrhaft gut, der das Gute um Gottes willen tut. Alle Weisheit stammt aus dem Glauben; die Wissenschaft ist nur als Hilfsmittel zur Frömmigkeit von Wert. Das oberste Ziel und höchste Gut für die Menschen ist, Gott nachzueifern, ihm zu dienen, sein heiliger Tempel zu werden; die höchste Seligkeit, hinter der alles Denken und Wollen weit zurücktritt, das Schauen Gottes, das Beharren in Gott, das Sichversenken in die Gottheit, wie es schon die alten Propheten kannten, wobei der einzelne nichts mehr von sich selbst weiß, sondern ganz in Gott aufgeht: die Verzückung oder *Ekstase* (ἔκστασις).

So endet Philon in einer Art Mystizismus. Unmittelbare Nachfolger in Alexandrien hat er nicht gefunden, dagegen ist er sowohl für die Dogmatik des *Christentums* – wir erinnern an die Logoslehre des vierten Evangeliums und die Briefe an die Epheser, Kolosser, Hebräer – und die gesamte *christliche Mystik*, als auch für die letzte Philosophie des Altertums, den gleich zu besprechenden *Neuplatonismus*, von bedeutendem Einfluß gewesen, während er das Verständnis der echten platonischen Ideenlehre ebenso getrübt hat wie die Sinnerfassung der echten alttestamentlichen Frömmigkeit.

Seine Methode ist im Grunde weder griechisch noch jüdisch, aber auch nicht lediglich von der Art allgemeiner orientalischer Allegorese, sondern sie sucht in einem aus der damaligen geistigen Lage begreiflichen Streben religiösen Inhalt und philosophische Form zu vereinigen. Durch diese Methode ist Philon nicht nur für den jüdisch-hellenistischen Synkretismus, sondern überhaupt für die philosophische Bibelexegese wegweisend gewesen und so ein Vorläufer der mittelalterlichen Scholastik, ja, wenn man will, der gesamten spekulativen Theologie geworden.

XV. Die Neuplatoniker

Noch einmal vor seinem Absterben erhebt sich der philosophische Geist des Griechentums zu einer Neubildung in großem Stil. Um die Mitte des dritten nachchristlichen Jahrhunderts werden alle die im vorigen Kapitel uns nahegetretenen theosophischen Gedankenströmungen zu einem in seiner Weise großartigen System zusammengefaßt durch den *Neuplatonismus*, insbesondere durch dessen größten Vertreter: Plotin. Er ist der letzte große Denker der griechischen Tradition. Bereits mit Porphyrios dringen Einflüsse ein, die eine veränderte Denkatmosphäre erzeugen. Von der Schule und Denkrichtung Plotins werden unterschieden die syrische Schule (Jamblichos), die athenische Schule (Proklos), die beide religiös-spekulativ orientiert waren, und die gelehrte Richtung der alexandrinischen Schule. (Diese Unterscheidungen sind jedoch umstritten.)

1. Plotin und seine Schule

Anfänge (Ammonios Sakkas)

Als Begründer des neuen Platonismus gilt Ammonios, mit dem Beinamen ‹Sakkas›, d. i. der Sackträger, aus Alexandrien (um 175 bis 242), der, von seinen Eltern im Christentum erzogen, als er ‹Philosophie und Vernunft kostete›, zum hellenischen Glauben zurückkehrte. An sicheren und genaueren Nachrichten über seine Lehre fehlt es, zumal da er nichts Schriftliches hinterließ. Zu seinen Schülern zählte Origenes der Neuplatoniker, wahrscheinlich auch Origenes, das Haupt der christlichen Katechetenschule; ferner der Philologe und Kritiker Longin (213–273), dem früher die Autorschaft der geistvollen, noch heute wertvollen ästhetischen Abhandlung ‹Über das Erhabene› zugeschrieben wurde, und der, kritisch gegenüber Plotin, eine relativ treuere Auffassung von Platon hatte als die meisten Neuplatoniker; vor allem aber der Systematiker der Schule:

Plotin wurde 204 in Ägypten geboren. Er selbst wollte seine Eltern, Vaterstadt und Geburtszeit nicht nennen; ‹es sah aus, als ob er sich schäme, daß er in einem Körper stecke›, wie sein Biograph Porphyrios erklärend bemerkt. Nachdem er elf Jahre lang Schüler des Ammonios, der für ihn dasselbe bedeutet hat wie Sokrates für Platon, gewesen war, begründete er nach dessen Tode 244 zu Rom seine eigene Schule, der er bis 268 vorstand. Er gewann dort durch den Adel seiner Persönlichkeit wie durch den begeisterten Schwung seiner Lehre allseitige Verehrung, insbesondere auch die Gunst des Kaisers Gallienus und seiner Gemahlin, so daß er eine Zeitlang an die Gründung einer Philosophenstadt (Platonopolis) in Campanien denken konnte; er starb 270 auf dem Gute eines campanischen Freundes.

Erst von seinem fünfzigsten Lebensjahre ab stellte er auf Drängen seiner Schüler seine Lehre auch schriftlich für sie dar. Die von Porphyrios erst nach Plotins Tode herausgegebenen 54 Abhandlungen (nach der Einteilung des Porphyrios ‹Enneaden› genannt) stellen keinen Systemaufbau dar, sondern sind eine Folge von (auch in sich nicht straff systematischen, sondern locker gefügten) Lehrvorträgen über die wichtigsten Themen seiner Philosophie.

a) Die Lehre vom Ur-Einen

Plotin wollte seine Philosophie bewußt als Auslegung Platons entfalten. Insbesondere der Gedanke des Aufstiegs der Seele wies die Möglichkeiten dazu. Aber daß sich zugleich eine andere eigene Weltauffassung bei Plotin aussprach, ist offenbar. 1. Der Weg der Seele ist für Plotin nur als Rückweg zu begreifen, dem der Herweg, das Hervorgehen, vorangegangen sein muß. Die Frage nach dem Woher des Werdens der Welt, das Problem ihres Emanierens aus dem einen wahren Sein, wird (gegenüber Platons Frage nach dem Wesen des Seins, an dem alle Erscheinungen teilhaben) zentral. 2. Plotins Blick ist ganz auf das ‹Eine› (τὸ ἕν) gerichtet, aus dem alles hervorgeht und in das alles zurückkehrt, das von ihm auch als das Gute oder die Gottheit bezeichnet wird. Im letzten Grunde setzt so Plotins Philosophieren an dem Punkte ein, mit dem Platons Philosophie abschließt: dem höchsten göttlichen Sein. Dieses Eine ist erhaben über alles Sein. Ja, nicht bloß über das Sein, sondern auch über das Denken; es ist ‹übervernünftig›. Nicht bloß keine körperliche, sondern auch keine geistige Eigenschaft kann diesem Urersten (πρῶτον) beigelegt werden. Wie es ohne Gestalt und Grenze ist, so besitzt es auch weder Denken noch Wollen noch Tätigkeit, ja nicht einmal ein Bewußtsein seiner selbst. Von seinem Wesen können wir uns durchaus keine Vorstellung machen, weil es von allem uns Bekannten, Endlichen völlig verschieden ist.

Aus der Überfülle des Ur-Einen geht nach Plotin das Viele durch *Ausstrahlung* (ἔκλαμψις, *emanatio*) hervor, wie von der Sonne Licht und Wärme, von dem Schnee Kälte ausstrahlen, ohne daß sie deshalb etwas von ihrer Substanz verlieren. Die erste so erzeugte Ausstrahlung oder Abspiegelung des Urgrundes alles Gewordenen ist die Vernunft oder der *Geist* (νοῦς). Er ist schon mit der Zweiheit behaftet, denn er setzt ein Erkennendes und ein Erkanntes, ein Bewußtsein und dessen Gegenstände voraus. Ihm immanent (als Erkanntes) sind die *Ideen*, zugleich Gedanken (Urbilder) und bewegende Kräfte (δυνάμεις). Die Grundbegriffe oder Kategorien, in denen der Geist denkt, entnimmt Plotin Platons ‹Sophistes›; es sind fünf: Sein, Beharren, Bewegung, Identität (ταὐτότης), Verschiedenheit (ἑτερότης).

Der νοῦς seinerseits erzeugt als sein Abbild, ebenfalls wieder durch Ausstrahlung, die *Seele*, die Vermittlerin zwischen der geistigen und der Körperwelt. Sie empfängt anschauend den Inhalt des Geistes, die Ideenwelt, und formt nach diesem Urbild aus der Materie die Sinnenwelt. So hat sie Anteil an beiden, ist beiden zugewandt. Ja, Plotin spricht auch wohl von *zwei* Seelen, einer höheren, rein geistigen und einer zweiten niederen, die das Körperliche gestaltet. Und zwar betrifft das sowohl die Welt- wie die Einzelseele. Auch die immaterielle Weltseele strahlt eine zweite, die gestaltende Naturkraft (φύσις) aus, die aus feinstem Äther besteht und mit dem Weltkörper verbunden ist, wie unsere Seele mit unserem Körper.

Und so folgt nun weiter – nicht in *zeitlicher*, sondern in *gedanklicher* Folge – in Gestalt immer weiterer Ausstrahlungen und Abbilder eine *unendliche Stufenreihe* weiterer Wesen oder Kräfte mit stetig abnehmender Vollkommenheit. Die niedrigste und unvollkommenste Erscheinung der göttlichen Urkraft ist die *Materie*, die übrigens nicht als körperlich, sondern ähnlich wie bei Platon und Aristoteles als das Form- und Bestimmungslose gedacht wird. In der Welt der Erscheinungen treten Zwiespalt und Vielheit an die Stelle der Einheit; Zeitlichkeit an die Stelle der Ewigkeit; Schein und Nachbilder an die Stelle des wahrhaft Seienden. In der Abkehr vom Seienden zum Nichtigen und Kraftlosen liegt zugleich das Wesen des Bösen, das jedoch nirgends rein für sich vorkommt und eigentlich nur in dem Fehlen des

Guten besteht. Trotzdem bietet die ganze Welt, da sie ja von der göttlichen, einheitlichen Weltseele erzeugt worden ist, ein Bild durchgängiger Harmonie und Sympathie. Sie ist so schön und vollkommen, wie eine materielle Welt nur sein kann: was Plotin in seinen zwei Abhandlungen ‹Über die Vorsehung› ausführlich zu begründen sucht.

b) Ethik und Mystik

Die Ethik bildet bei Plotin keinen abgegrenzten Sonderbereich, sondern fügt sich in das Ganze seines Philosophierens ein. Das Sittliche ist einbezogen in den Aufstieg bzw. Rückweg zum wahren Sein. Die Erkenntnis ist Voraussetzung der Ethik, weil jede höhere Stufe des Daseins eine höhere Stufe des Erkennens und Schauens ist, nur ein geistig-bewußtes Handeln sittlich heißen kann. Die Lust vermag keinen Maßstab abzugeben, das Gute ist vielmehr um seiner selbst willen zu erstreben. Wird das Gute – und die damit identische Gottheit – auch hoch über die Wirklichkeit erhoben, so erkennen wir es doch nur durch ein ‹Analoges in uns›; es wird nur dadurch zur gegenwärtigen Wirklichkeit, daß wir es geistig erfassen und denken. Das Gute bleibt dabei aber bei aller Verschiedenheit der Zeiten und Sitten im letzten Grunde doch nur *eines*; sonst würde man nicht *das* Ziel, sondern Ziele suchen. Selbst Gott ist ohne Tugend ein bloßer Name. Plotins Überschätzung des Denkens führt ihn dann freilich zu einer Geringschätzung des Willens, dessen Freiheit übrigens schon, ganz ähnlich wie später bei Kant, in der Selbstgesetzgebung der Vernunft erblickt wird. ‹Wenn die Seele die eigene Vernunft zum reinen und leidenschaftslosen Führer hat, dann ist dieses Streben allein unser Werk, das nicht anderswoher kommt, sondern von innen, aus der reinen Seele› (‹Enn.› III, 1). Und gar nicht mystisch, eher stoisch klingt der Ausruf: ‹Was sind wir schließlich! Doch nur, was wir in Wahrheit als *wir selbst* sind, denen die Natur auch die Herrschaft über die Leidenschaft verlieh. Denn Gott gab uns, die wir zugleich infolge der Natur unseres Leibes gehemmt sind, die Tugend, die keinen Herrn über sich duldet› (‹Enn.› II, 3).

Aber wie seine theoretische Philosophie, so bekommt dann auch Plotins Ethik einen immer stärkeren *religiösen* Grundzug. Unser Beruf ist es, unseres höheren Ursprungs eingedenk, der Urheimat unserer Seele, die wir bei dem Herabsteigen in diese Leiblichkeit verlassen haben, mit allen Kräften wieder zuzustreben, unser besseres Selbst durch Abtötung und Lossagung von der Sinnlichkeit zu befreien. Nur durch einen solchen Läuterungsprozeß, eine *Reinigung* (κάϑαρσις) unserer Seele können wir zur höchsten Seligkeit gelangen. Die erste Stufe dieser Erhebung bilden die bürgerlichen oder politischen Tugenden, die mit den vier platonischen übereinstimmen. Aber die Praxis ist nur der Theorie wegen da. Weit über ihnen stehen daher die dianoëtischen Tugenden, wie bei Aristoteles (Kap. IX, 6); die höchste Seligkeit ist die Denkseligkeit. Bei der Schilderung des allmählichen Aufstiegs zu dieser Höhe kommt es dann wieder zu einer Art Erkenntnistheorie. Die sinnliche Wahrnehmung gibt uns nur schwache Spuren der Wahrheit, höher schon steht das verstandesmäßige Erkennen der ‹Dialektik› (auch διάνοια, λογισμός), noch höher die unmittelbare Anschauung des göttlichen und damit zugleich die Selbstanschauung des denkenden Geistes. Das Allerhöchste aber ist der als ἔκστασις bezeichnete Zustand: eine reine Versenkung in das Göttliche, das völlige *Einswerden* mit dem Ur-Einen. Kein denkendes mehr, sondern ein liebendes Schauen ist es, zu dem in ihm die nun völlig Geist gewordene Seele sich erhebt. Seiner können wir nur dann teilhaftig werden, wenn wir nicht bloß der Außenwelt, sondern auch unsrer selbst gänzlich vergessen; und auch dann müssen wir ruhig warten, bis dieser seligste Zustand über uns kommt. Plotin selber wollte ihn viermal in seinem Leben genossen haben. Damit ist die Seele zu dem göttlichen Urquell alles Seienden zurückgekehrt, der Ring in Plotins System geschlossen.

Der Volksreligion stellte sich Plotin nicht feindlich gegenüber, sondern suchte sie durch rein geistige Umdeutung ihrer Mythen und Gebräuche einerseits mit seinem System in Übereinstimmung zu bringen, andererseits dem neubelebten religiösen Bedürfnisse seiner Zeit – man denke daran, daß das Christentum schon zwei Jahrhunderte bestand – anzupassen.

c) Ästhetik

Gleich seine erste Abhandlung ist der Begriffsbestimmung des *Schönen* gewidmet. Die Schönheit liegt, so lautet seine von echtem Künstlersinn eingegebene Erklärung, in der Bewältigung des Stoffes durch die Idee, dem Durchleuchten des Idealen in der sinnlichen Erscheinung. Zu jenem Läuterungsprozeß der Seele gehört es auch, daß wir, von der Betrachtung des Sinnlich-Schönen anfangend, allmählich aufsteigen zu dem an sich, d. i. geistig oder *Ur*-Schönen. Denn eben in seiner Schönheit besteht die Natur des Geistigen; der Urgrund des Seins ist mit dem Urquell des Schönen identisch. Die Sehnsucht nach diesem nennt Plotin, Platons ‹Symposion› folgend, die *Liebe* (ἔρως).

Der wahre Künstler begnügt sich nicht mit der einfachen Nachahmung der Natur, sondern schafft nach den in seiner Seele wohnenden Urbildern (λόγοι) der Schönheit. Plotin hat dabei jedoch nicht irgendwie das Schöne vom Wahren und Guten begrifflich und systematisch geschieden. ‹Das Gute und das Urschöne sollen als dasselbe gesetzt werden.›

Plotins Schule: Porphyrios

Der bedeutendste von Plotins Anhängern war der aus Syrien stammende Porphyrios (ursprünglich Malchus), geb. um 232, zuerst Schüler Longins in Athen, von seinem 30. Jahre ab Plotins zu Rom, wo er wahrscheinlich auch um 304 starb. Er wollte des Meisters Lehre nicht sowohl fortbilden, als vielmehr erläutern und verteidigen, zum Teil auch klarer und gefälliger darstellen, wobei ihn seine bei Longin gewonnenen Kenntnisse und stilistische Gewandtheit unterstützten. Erhalten ist nur ein geringer Teil seiner zahlreichen Schriften, u. a.: ein unvollständig überlieferter Abriß der Lehre Plotins in Aphorismen, dessen Biographie (beide gewöhnlich in den Plotin-Ausgaben abgedruckt), eine noch heute das einzige Lehrbuch der Logik im Geist des Islam bildende Einführung in die Kategorien des Aristoteles, denen er fünf noch allgemeinere Begriffe vorausschickte*, ein Schulkommentar zu den Kategorien, Bruchstücke einer tiefergreifenden wissenschaftlichen Kommentierung – wie Porphyrios überhaupt die Reihe der neuplatonischen Kommentatoren des Platon wie des Aristoteles eröffnet. Zu bedauern ist, daß von seiner Geschichte der Philosophie außer einem Leben des Pythagoras nur wenige Bruchstücke auf uns gekommen sind. Verloren ist leider auch sein öfters von den Kirchenvätern erwähntes Werk ‹Gegen die Christen› (‹Κατὰ Χριστιανων›, in 15 Büchern), in dem er besonders die christliche Schöpfungslehre, aber auch die Lehre von der Gottheit Christi bekämpfte, während er seiner erhabenen Persönlichkeit unumwundene Anerkennung zollte. Porphyrios unterscheidet sich von Plotin vor allem durch seine noch ausgesprochenere Richtung auf das Praktisch-Religiöse. Zweck der Philosophie ist das Heil der Seele. Durch die Verlegung des Interesses ganz auf das Schicksal der Einzelseele hat der

* Diese fünf Begriffe sind: γένος (Gattung), εἶδος (Art), διαφορά (Unterschied, *differentia*), ἴδιον (das Eigentümliche, *proprium*), συμβεβηκός (das zufällig Zukommende, *accidens*).

Neuplatonismus eine Umformung erfahren, die erst seinen vollen Eingang in das Christentum ermöglichte. Es ist nicht zufällig, daß auch für Augustins Neuplatonismus Porphyrios entscheidend gewesen ist (daß er die einzige neuplatonische Quelle gewesen ist, wie Theiler zu erweisen sucht, dürfte zu weit gehen). Die Volksreligion suchte auch er durch philosophische Deutung wie durch die von ihm noch stärker betonte asketische Reinigung der Gesinnung zu heben.

2. Die syrische und athenische Schule (Jamblich, Julian, Proklos, Boethius)

Die syrische Schule

a) Jamblich

Die weitere Entwicklung des Neuplatonismus führt zu einem immer weiteren Ausbau der Wesensstufen des plotinischen Systems. Die von Plotin selbst noch abgelehnte Vermehrung der Abstufungen rückt das Eine, Absolute in immer größere Ferne, andererseits aber dient sie zugleich der Aufnahme der zur Wirksamkeit drängenden religiösen Tradition griechischer und orientalischer Herkunft. Als das Haupt der sogenannten syrischen Schule gilt Jamblichos (gest. um 330), ein Schüler des Porphyrios, meist in seiner syrischen Heimat oder Alexandria lehrend. Sein begeisterter Biograph Eunapios berichtet bezeichnenderweise so gut wie nichts von Leben und Lehre, um so mehr von den Wundertaten des ‹göttlichen› Meisters. Erhalten sind von seinen Schriften: ‹Über die pythagoreische Lebensführung›, eine ‹Ermahnung zur Philosophie› und drei Zahlenspekulation enthaltende Schriften. Außerdem verfaßte er Kommentare zu Platon und Aristoteles, aber auch eine chaldäische Theologie in 28 Büchern. Sehr wahrscheinlich ist er auch der Verfasser einer Schrift ‹De Mysteriis›, in der Mantik, Beschwörungs- und Opferwesen gegen Porphyrios verteidigt werden.

Jamblichos ist in der Hauptsache *spekulativer Dogmatiker* des synkretistischen *Polytheismus*, den er in theosophischer Transposition dem Emanationssystem einzufügen sucht. Über Plotins ‹Ur-Eines› setzt er noch ein ‹völlig unaussprechliches› Urwesen, das eine aus drei göttlichen Kräfte sich zerlegende ‹intellektuelle› Welt erzeugt. Neben oder unter diesen überweltlichen Wesen stehen zunächst zwölf himmlische Götter, die sich weiter zu 36, dann zu 360 vervielfachen; ihnen folgen 72 Gattungen von unterhimmlischen und 42 von Naturgöttern, auf alle diese ‹Götter› ein noch viel größeres Heer von Erzengeln, Engeln, Dämonen und Heroen, die mit Hilfe pythagoreischer Zahlenspekulation geordnet werden. In diesem Götterhimmel sucht er mit mehr oder weniger Geschick die Götter aller möglichen Religionen, mit Ausnahme der christlichen, unterzubringen. Zwischen den über- und untermenschlichen Wesen steht die gleichfalls dreigeteilte menschliche Seele. In ihrer Läuterung besteht auch nach Jamblich die sittlich-religiöse Aufgabe des Menschen. Doch erscheint sie bei ihm nicht nur weit hilfsbedürftiger als bei Plotin, sondern die äußeren Hilfsmittel (Gebete, magische Zeichen, Beschwörungen, Mysterien, Sühneopfer der verschiedensten Art) gewinnen durchaus die Überhand. Die höchsten Tugenden sind die ‹hieratischen›, die über die Sphäre des Seienden hinaus allein dem Aufgehen in das Eine dienen.

Der phantastische Zug dieser Spekulation Jamblichs blieb in der syrischen Schule vorherrschend. Jamblichs Triadensystem wurde von seinem Schüler Theodoros noch weiter ausgeführt (insbesondere in seinen Platonkommentaren). Andere gewannen fast einen ebensolchen Ruf als ‹theurgische› Wundertäter wie ihr Meister, während noch andere, wie Dexippos und Themistios, sich als tüchtige Kommentatoren aristotelischer Schriften bewährten.

b) Julian

Zu Jamblichs Anhängern gehörte auch der edle, aber phantastische Kaiser Julian (361–363), der Romantiker auf dem Throne der Cäsaren, dem bekanntlich sein Wiederherstellungsversuch des Polytheismus nicht gelang und den wohl nur sein früher Tod vor noch stärkerer Enttäuschung bewahrt hat. ‹Der Galiläer› siegte. Die Überbleibsel von Julians zahlreichen Schriften, Reden (z. B. auf den König Helios, eine Verknüpfung von Sonnenverehrung und neuplatonischer Metaphysik), Briefe, die mehrfach herausgegeben worden sind, zeigen über Jamblichos hinaus keine selbständigeren philosophischen Gedanken. Die Briefe an Jamblich sind unecht. Eine Schrift über ‹Götter und Welt› rührt von Julians Freund Sallustios her.

Nachdem der alte Glauben im Kampf gegen das siegreiche Christentum endgültig unterlegen war, wandten sich die Neuplatoniker statt theosophischer Spekulation und polytheistischer Restaurationsversuche wieder mehr der gelehrten Tätigkeit, namentlich der Erklärung platonischer und noch mehr aristotelischer Schriften zu, wie wir dies soeben von Sexippos und Themistios bemerkten. Wir finden diese Philosophen des 5. und angehenden 6. Jahrhunderts als Leiter der alten platonischen Schule zu Athen, die noch immer bestand, nachdem die peripatetische, stoische und epikureische seit Jahrhunderten eingegangen waren. Wir erwähnen von ihnen: den jüngeren Plutarch (gest. 433) und den Alexandriner Syrian, der in einem noch erhaltenen Kommentar zu einigen Büchern der aristotelischen ‹Metaphysik› begeistert für Platon und die Pythagoreer eintritt.

Der bedeutendste aber unter ihnen war ein Schüler der beiden letztgenannten, der Syrer Proklos (410–485), der eine merkwürdige Mischung von philosophischem Tiefsinn und dürrer Gelehrsamkeit, scharfsinniger Dialektik und religiösem Wunderglauben darstellt. Auch er kommentierte platonische Schriften. Doch ist er, wie die neueren Untersuchungen gezeigt haben, nicht der bloße Mystiker, als den man ihn vielfach genommen hat. Er weiß mit Platons Hypothesis Bescheid, ja er hat in seinem Euklid-Kommentar eine in platonischem Geiste gehaltene Philosophie der Mathematik gegeben, insbesondere das Maß als die Gleichheit des Ungleichen bestimmt. Die Vernunft überhaupt ist ihm das Maß der gesamten Erkenntnis. Er erkennt über die überkommene neuplatonische Tradition hinaus die platonische Korrelation von Einheit und Vielheit. Er sucht die Notwendigkeit der Voraussetzung von Plotins Ur-Einem dialektisch zu begründen und die Weise begriffsmäßig zu bestimmen, wie es sich in der mannigfaltigen Welt der Erscheinungen darstellt. Die Art, wie er hierbei zu Werke geht, gemahnt an Hegels dialektische Methode. Ausgehend von dem plotinischen Grundgedanken der Entfaltung des Einen zum Vielen und Zurückstreben des letzteren zur Einheit, nahm er drei Entwicklungsstufen alles Seienden an: das Beharren (μονή), Hervorgehen (πρόοδος) und Zurückstreben (ἐπιστροφή). Das Hervorgehende muß dabei einerseits in dem ersten Bleibenden enthalten, mit ihm eins sein, es muß andererseits als Hervorgehendes von ihm verschieden sein, aber wiederum so, daß es nicht geschieden sein will, sondern aus und in der Geschiedenheit zur Einheit zurückkehrt. Aber dieser an sich wertvolle dialektische Entwicklungsgedanke wandelt sich nun in Proklos' Scholastik in ein auf alles Denkbare ausgedehntes System von immer weiter sich ausgliedernden Triaden, ‹*Dreiheiten*›, zuweilen abwechselnd mit ‹Siebenheiten›, um. An die Stelle wirklicher Zusammenhänge treten bloße Abstraktionen, an die Stelle eines philosophischen Lehrgebäudes ein Labyrinth von phantastischen Gebilden, an die Stelle von Denknotwendigkeit eine mystische Zahlenspielerei. Das Ganze aber dient zugleich als Verarbeitung der gesamten bisherigen, hellenischen und nichthellenischen Theologie, einschließlich der Mysterien mit allem ihrem Aberglauben, zu einem schematischen System. Die ‹Ethik› schließlich des Proklos fordert, wie die des Jamblich, die von dem hilfsbedürftigen Menschen nur durch alle möglichen übernatürlichen Hilfsmittel zu erlangende, in fünf Stufen erfolgende Erhebung zum Übersinnlichen, die auch hier in dem mystischen Einswerden mit der Gottheit gipfelt.

An Geist, Einfluß und Ansehen kam dem Proklos, dessen Schriften das Gesamtvermächtnis der antiken Philosophie und Theologie enthielten – mit synthetischer Denkkraft aufgeboten als zusammengefaßte Einheit des vorchristlichen Geistes gegen die aufsteigende christliche Welt –, keiner der Nachfolger gleich. Dagegen haben sich mehrere von ihnen, wie Marinos und der Gelehrte Simplikios, als tüchtige Ausleger früherer Philosophen, namentlich des Platon und Aristoteles, letztere auch des Epiktet, ausgezeichnet. Simplikios und Damaskios, von dem ein höchst spekulativer Kommentar zu Platons ‹Parmenides› überliefert ist, waren die letzten großen athenischen Neuplatoniker.

Beide standen auch in enger Beziehung zur

Alexandrinischen Schule

Für sie ist kennzeichnend: 1. das Zurücktreten der Spekulationen gegenüber den gelehrten Interessen – ganz entsprechend der in Alexandria geübten fachwissenschaftlichen Forschung. So will ihre Platon- und Aristotelesauslegung bewußt nüchtern die Texte erklären; 2. die Verbindung mit dem Christentum, zu der das Bestehen einer christlichen Katechetenschule in Alexandria beitrug.

Hervorragende Vertreter waren: die Philosophin Hypathia, bekannt durch ihr tragisches Ende: Sie wurde wegen vermeintlicher Feindschaft gegen den Bischof Cyrill 415 von einem durch fanatische Mönche aufgehetzten Pöbel zu Alexandria ermordet. Ihr Schüler, der Bischof Synesios von Kyrene, der aus philosophischer Überzeugung

Christ geworden war, verband in eigenartiger Weise die neuplatonische Lehre mit der christlichen. Als Aristoteles-Exeget trat Amonius (der Sohn des Hermeias), der noch Proklosschüler war, hervor, als Platonkommentator vor allem Olympiodor.

Boethius. Ende der antiken Philosophie

Im *west*römischen Reiche scheint sich der Neuplatonismus mehr in seiner reineren, plotinischen Form erhalten zu haben. Hervorgetreten sind Chalcidius (um 350) als Kommentator des platonischen ‹Timaeus›, Macrobius als Kommentator von Ciceros ‹Somnium Scipionis› (um 400), Marius Victorinus, der Augustinus in den Neuplatonismus eingeführt hat. Sein letzter Vertreter ist hier der zu Athen gebildete edle Römer Boethius (480–525), der auf Theoderichs Befehl hingerichtet wurde. Obwohl er dem Christentum angehörte, ist doch seine Schrift ‹De consolatione philosophiae›, die er sich selbst zum Trost, in Prosa abwechselnd mit Versen, im Kerker niederschrieb, zwar von religiösem, aber nicht christlichem, sondern antikem Geiste durchweht. Sokrates, nicht Christus, wird angerufen. Grundgedanke ist in Verknüpfung neuplatonischer und stoischer Ideen die Besiegung aller Affekte durch die Vernunft und das Vertrauen auf Gottes Vorsehung; der Kosmos selbst ist Offenbarung des göttlichen Logos als der Quelle des Guten. – Aber nicht nur mit dieser Trostschrift, mit der sich noch einmal zeigte, was die Antike auch der christlichen Menschheit zu geben vermochte, hat Boethius fortgewirkt; er ist zugleich durch seine zahlreichen, *lateinisch* geschriebenen Kommentare und Übersetzungen, besonders der logischen Schriften des Aristoteles und Porphyrios, ein einflußreicher Lehrer des christlichen Mittelalters und geradezu Wegbereiter der Scholastik geworden.

In diese Periode, das Mittelalter, sind wir jetzt der Zeit nach bereits eingetreten. Und bald sollten die Reste der kümmerlich dahinsiechenden griechischen Philosophie auch ihr äußerlich sichtbares Ende finden. Im Jahre 529 hob Kaiser Justinian die Philosophenschule zu Athen durch kaiserliche Verordnung als unchristlich ausdrücklich auf, zog ihr nicht unbeträchtliches Vermögen ein und verbot für die Zukunft alle Vorträge hellenischer Philosophie. Der letzte Schulleiter Damaskios und sechs seiner Genossen, darunter Simplicius, wanderten nach Persien aus, wo sie in König Chosroes einen der Philosophie freundlich gesinnten Herrscher zu finden hofften, kehrten aber bald enttäuscht zurück.

Die äußere Geschichte der antiken Philosophie ist zu Ende, aber ihre Gedanken und Erkenntnisse waren bereits eingegangen in die neue christliche Welt und wurden zu einer lebendigen Kraft des abendländischen Geistes von unerschöpfter, immer wieder entdeckter und erweckter Mächtigkeit – in Mittelalter und Neuzeit.

Maximilian Forschner

Nachwort

I

‹Um über wahre Popularität zu lernen, muß man die Alten lesen, z. B. Ciceros philosophische Schriften›. Diese wohlmeinende Äußerung Kants zur Philosophie der Antike (in: Logik Jäsche, Akad. Ausg. Bd. IX, S. 47) steht beispielhaft für das Bild, das sich die deutschsprachige Aufklärung von Stellenwert und Funktion einer Beschäftigung mit griechischer und römischer Philosophie machte.

Während das Mittelalter allgemein als eine Zeit verstanden wurde, in der philosophischer Geist sich thematisch in die Dunkelzonen religiöser Dogmatik und methodisch in die Quisquilien scholastischer Rabulistik verirrt hatte, durfte die Antike in bestimmter Hinsicht noch den Rang eines Vorbilds beanspruchen: als Inaugurator vorurteilsfreien philosophischen Fragens über Themen, die dem Menschen nicht gleichgültig sein können, und als Meister in der Kunst, die schwierigsten Probleme und Sachverhalte mit Ernst und Anmut auf eine für alle Gebildeten faßliche Weise darzustellen. Wo es freilich um Philosophie im strengen Schulverstand ging, um die systematische Grundlegung unseres Wissens von uns selbst und der Welt, dort war man zu sehr von den epochalen geistigen Leistungen der ‹neueren Zeiten› überzeugt, als daß man der Antike mehr als das Prädikat rhapsodischer Anfangsversuche hätte zuerkennen können.

Einzig für die (formale) Logik schätzte man in Aristoteles den Gründer und Vollender einer Disziplin, die eigenen wissenschaftlichen Ansprüchen genügte (vgl. Kant, Kritik d. reinen Vernunft, Vorrede B VIII). Die antike Moralphilosophie dagegen hätte zwar die Thematik der Tugenden erschöpfend behandelt, zum Kern aller ethischen Probleme, zur fundamentalen Differenz zwischen dem unbedingten Anspruch moralischen Sollens und den auf Glückseligkeit bedachten Regungen bedürfnisgebundenen menschlichen Wollens sei sie nicht vorgedrungen. ‹Man muß bedauren, daß die Scharfsinnigkeit dieser Männer... unglücklich angewandt war, zwischen äußerst ungleichartigen Begriffen, dem der Glückseligkeit und dem der Tugend, Identität zu ergrübeln› (Kant, Kritik d. praktischen Vernunft, Akad. Ausg. V, S. 111).

Was für die Moralphilosophie gilt, sollte in erhöhtem Maß von Erkenntnistheorie und metaphysischen Anfangsgründen der Naturwissenschaft(en) gelten. Erst die Neuzeit habe mit den Mitteln der mathematischen Beschreibung und experimentellen Befragung der Natur den Grundstein zum Bau eines verläßlichen Wissens von der Welt gelegt. ‹Hierdurch ist die Naturwissenschaft allererst in den sicheren Gang einer Wissenschaft gebracht worden, da sie so viele Jahrhunderte durch nichts weiter als ein bloßes Herumtappen gewesen war› (Kritik d. reinen Vernunft, Vorrede B XIV).

Erst die erfolgreiche Reflexion auf die ‹Bedingungen der Möglichkeit› derart gesicherter Wissenschaft gibt auch den Bemühungen um eine verläßliche ‹Physiologie des menschlichen Verstandes› (ebd. Vorrede A IX) Halt, einer Erkenntnistheorie, die die Quellen, den Umfang und die Grenzen menschlichen Erkennens unüberholbar zu vermessen vermag.

Das Bild, das Immanuel Kant von den Leistungen der Antike zeichnet, ist für Karl Vorländers ‹Philosophie des Altertums› deshalb von gewisser Bedeutung, weil Vorländer Neukantianer war. Damit sei nicht behauptet, dieser reproduziere am Ausgang des 19. und Beginn des 20. Jahrhunderts lediglich eine bestimmte philosophiegeschichtliche Sicht des 18. Jahrhunderts. Dies wäre angesichts der Kultivierung des historischen Sinns und des Aufschwungs der philosophischen Wissenschaften im 19. Jahrhundert ein sonderbarer und von vornherein zum publizistischen Mißerfolg verurteilter Anachronismus gewesen. Vorländers Geschichte der ‹Philosophie des Altertums› ist auf dem Stand der Forschung seiner Zeit, und dieser Stand überragt bei weitem die Kenntnisse und Interessen, die Immanuel Kant bezüglich antiker Philosophie hatte. Dieser war lediglich mit den Schriften Ciceros und Senecas im Original vertraut; von Platon kannte er nur wenige Dialoge in Übersetzung (wenngleich ihn Moses Mendelssohns ‹Phaedon› tief beeinflußt hat), von Aristoteles so gut wie nichts. Den Großteil seines philosophiehistorischen Wissens bezog er (mit seinen Zeitgenossen) wohl aus Kurzfassungen von Jakob Bruckers monumentalem Werk über die Geschichte der Philosophie von den Anfängen bis zu den neueren Zeiten (etwa aus der *Historia critica philosophiae*, Leipzig 1742 ff) und war zufrieden damit. Ganz anders das 19. Jahrhundert. Man beschäftigte sich wieder mit den antiken Quellen. Zum Selbstverständnis des Zeitalters aufstrebender Wissenschaften und Technik gehörte die supplementäre Gewichtung historischer Bildung, ein seiner Ursprünge sich versicherndes Bewußtsein der europäisch-humanistischen Kultur und Tradition.

Dem kultivierten historischen Sinn Vorländers ist es zu danken, daß seine ‹Philosophie der Antike› noch heute lesenswert ist: eben nicht nur als inzwischen historisches Dokument einer neukantianisch geprägten Sicht der philosophiegeschichtlichen Anfangsepoche, sondern als Zeugnis redlicher Philosophiegeschichtsschreibung, die den Gedanken der antiken Autoren in Darstellung und Interpretation Gerechtigkeit widerfahren lassen will.

Ein Ergebnis dieses Bemühens ist, daß Vorländers ‹Philosophie der Antike› keine gewagten Spekulationen, keine gewaltsamen Interpretationen, nichts nachweislich Falsches enthält, bei fragmentarischer Text- und unsicherer Quellenlage Zurückhaltung übt und bei quellenmäßig Gesichertem eine Fülle auch aus heutiger Sicht zutreffender und wissenswerter Kenntnisse über die antike Gedankenwelt vermittelt. Seine Darstellung ist frei von geschichtsphilosophischen Globalkonstruktionen ebenso wie von romantisierender Anfangsverklärung, seine Wertungen beschränken sich auf die Betonung der Wegbereiter- und Vorbildfunktion von Autoren und Gedankengefügen, die eine kritische und rationale Haltung repräsentieren sowie auf Kriterien wissenschaftlicher Präzision und Überprüfbarkeit von Aussagen verpflichtet sind.

Als Beleg hierfür mag die Beurteilung von Pythagoras und seinen Jüngern stehen: Der Darstellung und Betonung der wissenschaftlichen Leistungen der Pythagoreer auf den Gebieten der Arithmetik, Geometrie, Astronomie und musikalischen Harmonielehre folgen Hinweise auf ihre phantastische Zahlen- und Sphärenspekulation mit dem abschließenden (aristotelischen) Verdikt, daß sie hier ‹nicht im Hinblick auf die Tatsachen nach Erklärungen und Theorien suchten, sondern im Hinblick auf gewisse Theorien und Lieblingsmeinungen an den Tatsachen zerrten und sich ... als Mitordner des Weltalls aufspielten› (Aufl. 1963, S. 22).

An dieser und ähnlichen Stellen wird deutlich, daß es Vorländer nicht nur um ein Referat vergangener Philosophien und kulturgeschichtlicher Tatsachen geht, sondern um die historiographische Selbstvergewisserung bezüglich der Ursprünge abendländischer Rationalität und neuzeitlicher Wissenschaftlichkeit, an die er, als guter Neukantianer, seriöse philosophische Begriffs- und Theoriebildung gebunden glaubt.

Gleichwohl trägt dieses ‹Vorurteil› nicht mehr zum fortschrittsbewußten aufklärerischen Versuch und Anspruch bei, die Alten besser zu verstehen, als sie sich selbst verstanden haben, wie dies für Kant, aber in gewisser Weise auch schon für Platon und Aristoteles selbstverständlich war. Wenn Platon von vorsokratischen Theorien handelt, wenn Aristoteles seinen Untersuchungen zu bestimmten Problemgebieten einen Überblick über die Ansichten seiner Vorgänger vorausschickt, wenn Kant seine Vorlesungen (etwa zur Moralphilosophie) mit einem Abriß über die ‹Systemata der Alten› einleitet, dann ist dies jeweils ein Stück Philosophiegeschichte als Problemgeschichte, freilich nicht als eine Geschichte der historischen, sondern der eigenen Problemstellungen. Sie steht ganz im Dienst der philosophischen Diskussion und erfordert die vollständige ‹Übersetzung› der Auffassungen der Vorgänger in die eigene Sprache.

Vorländer hingegen versteht sich in seiner ‹Philosophie des Altertums› in erster Linie nicht als Philosophierender, sondern als Doxograph. Bei ihm ist die Art der großen Klassiker, Philosophiegeschichte zu treiben, nur noch im Verfahren präsent, die wissenschaftlichen Pionierleistungen der Antike an den Wissenschaftsstand der eigenen Zeit anzubinden und, wie etwa im Falle Platons, auf ihr sozial(istisch) progressives Gedankengut hinzuweisen. Ansonsten dominiert das Vorgehen, die Gedanken und Gedankengefüge der Alten so zu präsentieren, wie sie sich in ihrer eigenen Sprache bzw. in einer über eine lange Traditionszeit eingespielten (und sklerotisierten) ‹philosophischen› Terminologie darstellen.

In dieser Hinsicht hat sich die philosophische und philosophiehistorische Beschäftigung mit der Antike in den vergangenen Jahrzehnten seit Vorländers ‹Philosophie der Antike› und ihren Überarbeitungen entscheidend gewandelt. Geblieben ist der ausgeprägte historische Sinn. Doch sowohl die begriffsgeschichtlich-hermeneutische als auch die an moderner Logik und Sprachanalyse orientierte Forschungsrichtung ist bemüht, unser gegenwärtiges philosophisches Problembewußtsein mit dem der Antike zu verbinden und die Texte der Alten auf ihre Argumentationsstruktur und Wahrheit hin zu prüfen. Die Antike interessiert nicht mehr als musealer Bildungsschatz, sondern als vielstimmiger Gesprächs- und Argumentationspartner, der uns in gar mancher Hinsicht Anderes und auch mehr zu sagen hat als unsere Zeitgenossen.

Die folgenden Hinweise sind dazu gedacht, den heutigen Leser von Vorländers ‹Philosophie des Altertums›, soweit er sich nicht bereits als Fachkundiger auf dem Gebiet antiker Philosophie schätzen darf, mit (recht kursorischen) sachlichen und methodischen Bemerkungen und gezielten Literaturhinweisen an die Beschäftigung mit den Epochen der Antike heranzuführen. Dabei sei vorweg auf eine Publikation aufmerksam gemacht, die den gegenwärtigen Stand der Antikeforschung in gedrängter Form auf eine Weise präsentiert, die schlicht vorbildlich zu nennen ist: Friedo Ricken, Philosophie der Antike (Stuttgart 1988).

II

Die Größe der sog. *Vorsokratiker* fand in der Philosophiegeschichte immer wieder einen Ehrenplatz, so auch bei Vorländer. Sie liegt sicher darin, daß viele Themen und Fragestellungen späterer Wissenschaft und Philosophie bei ihnen erstmals zu finden sind. Dabei bietet gerade der archaische und äußerst bruchstückhafte Charakter des uns überlieferten Gedankenguts nicht nur Gelegenheit zur Entfaltung philologischen Scharfsinns und interpretatorischer Phantasie, sondern auch den Anlaß, die Aussagen dieser Pioniere des abendländischen Geistes zum willkommenen Anhalt eigener philosophischer Selbstverständigung zu benutzen.

In der frühen Phase griechischer Geistesgeschichte ebenso wie in späteren finden sich Belege für die rationale und für die irrationale Seite griechischen Denkens. Neuere Forschungen haben sich (vor allem im Anschluß an E. R. Dodds, The Greeks and the Irrational, Berkeley 1951) auch auf letztere konzentriert. Im Rahmen einer Fundamentalkritik an der schrittweisen Entwicklung wissenschaftlicher und technischer Rationalität von heute (vgl. hierzu wegweisend M. Heidegger, Platons Lehre von der Wahrheit, Bern 1954; [1]1947) wird nicht selten (etwa von Martin Heidegger und seinen Schülern) in der Vorsokratik eine nichtpervertierte Ursprünglichkeit und ‹Seinsnähe› des Denkens gesucht. Dieser hermeneutische Blick einer romantisierenden Rückschau auf einen philosophischen Stand unschuldiger Größe führt zu zweifelhaften Mystifikationen. Daß auch griechisches Denken seine irrationalen Momente aufweist, steht außer Frage. Aber es ist doch gerade die Rationalität in einem weiten und entspannten, nicht auf Wissenschaft und nicht auf formale Fertigkeiten und Leistungen beschränkten Sinn dieses Wortes, worauf Eigenart und Ruhm des griechischen Geistes auch und gerade in seinen Anfängen ruhen. (Natürlich war dieser Geist nicht eine Angelegenheit der Menge, auch nicht der Schicht der Gebildeten, sondern eine Sache von wenigen.) Wenn es eine Vorbildhaftigkeit der Vorsokratik gibt, dann ist sie in einer kritischen und rationalen Haltung begründet, die nicht bloße kulturgeschichtliche Tatsache sein sollte, sondern heute kaum weniger als damals errungen werden muß.

Vorländers Darstellung, die durchaus auf dieser Linie liegt, hebt die wissenschaftlich bedeutsamen Pionierleistungen der Vorsokratik hervor. Die Forschung der vergangenen Jahrzehnte hat sich auf die philologisch-historische Interpretation konzentriert: Die Quellen wurden gewichtet und analysiert, die Fragmente erfuhren eine mikroskopisch genaue Untersuchung, jedes ihrer Worte wurde wieder und wieder gewendet im hellen Licht klassischer Gelehrsamkeit. Die Meinungen und Lehren dieser frühen Denker scheinen nunmehr geordnet und etikettiert. Wenn also sprachlicher Ausdruck und historischer Kontext der Vorsokratiker als nahezu erschöpfend diskutiert gelten können, so ist bislang der rationale Gehalt ihres Denkens weit weniger genau untersucht. Im großen und ganzen hat die Forschung danach gefragt, was die Vorsokratiker sagten und was die externen Umstände zu ihren Aussagen beitrugen; sie hat, sieht man von den im engeren Sinn wissenschaftlichen Entdeckungen einmal ab, zu wenig danach gefragt, ob das, was sie sagten, auch wahr ist oder ob ihre Behauptungen auf überzeugenden Argumenten gründen. So wissen wir denn eine ganze Menge über vorsokratische ‹Meteorologie›, aber verhältnismäßig wenig über vorsokratische Epistemologie und Argumentationskunst, über Metaphysik oder über Zusammenhänge, die zwischen Naturphilosophie und Ethik spielen.

Einen wichtigen Schritt in Richtung einer Beantwortung dieser und ähnlicher Fragen stellt Wolfgang Röds Buch ‹Die Philosophie der Antike 1. Von Thales bis Demokrit› (München 1976) dar. Hier ist die Überzeugung leitend, daß die vorsokratische Philosophie, so sehr sie in Verbindung mit politischen, sozialen und wirtschaftlichen Verhältnissen zu sehen ist, wesentlich durch eine Tendenz zur Rationalisierung des Denkens sich auszeichnet. Der Ansatz, die frühgriechische Philosophie als den Versuch zu verstehen, ‹Tatsachen, die zunächst unbegreiflich schienen, dadurch zu erklären, daß sie als Fälle allgemeiner Gesetze erwiesen wurden› (ebd. S. 21) und in dieser Tendenz zur Erklärung den Ursprung der Philosophie zu sehen, führt jedenfalls zu einer methodisch und thematisch interessierten Behandlung der Vorsokratik, die die Wahrheitsfrage nicht mehr schlichtweg ausklammert.

Gelehrte wie W. Röd kontrastieren zumeist und zu Recht die ‹naturalistischen› Kosmogonien der Milesischen Philosophie mit mythologischen Geschichten der Art, wie wir sie etwa in Hesiods Theogonie finden. Doch der Kontrast wird häufig etwas schief dargestellt: Bezeichnend ist nicht, daß Theologie von Wissenschaft oder Götter von natürlichen Kräften, sondern daß Geschichten durch Theorien abgelöst und das bloße Erzählen oder das autoritative Verkünden von Sätzen durch das Geben von Gründen ersetzt werden.

Natürlich ist, was in diesem Sinn rational ist, nicht immer auch richtig. Nur wenige Meinungen der Vorsokratiker sind haltbar, noch weniger können als gut begründet gelten. Aber was ihre breiten und kühnen Theorien auszeichnet, ist dies, daß sie nicht als Ex cathedra-Verlautbarungen sich an Gläubige oder Untergebene wenden, sondern als Konklusionen aus Argumenten, als vernünftige Aussagen für vernünftige Menschen gedacht sind, die sie erwägen, diskutieren, nachprüfen sollen. Jonathan Barnes' Buch ‹The Presocratic Philosophers› (London 1979, ²1982) ist der bislang konsequenteste Versuch, die bei Diels-Kranz versammelten ‹Fragmente der Vorsokratiker› auf ihre argumentative Struktur und ihren Wahrheitsgehalt hin kritisch zu prüfen. Wer immer sich mit dieser Anfangsepoche der Philosophie eingehender beschäftigen möchte, wird sich mit seinen scharfsinnigen, zum Teil auch respektlosen, aber stets zur Sache sich äußernden Analysen auseinandersetzen müssen.

Einen ersten Zugang zu dieser, wie mir scheint, vorbildlichen Art philosophischen Umgangs mit der Vorsokratik bietet nun die von Jaap Mansfeld besorgte Auswahl, Übersetzung und Erläuterung der Fragmente ‹Die Vorsokratiker I und II› (Griechisch/Deutsch, Stuttgart 1986) mit kompetenten Hinweisen für den Anfänger auf weiterführende Literatur. Als Instrument der Forschung unverzichtbar, aber auch für Studenten der griechischen Philosophie hilfreich ist die kritische Geschichte und Textauswahl der vorsokratischen Philosophie, die 1983 von G. S. Kirk, J. E.

Raven und M. Schofield unter dem Titel ‹The Presocratic Philosophers› (mit guter Bibliographie; Cambridge University Press) herausgebracht wurde. Ein vergleichbares Werk sucht man in deutscher Sprache vergeblich.

Die Philosophie der griechischen Klassik steht naturgemäß im Zentrum von Karl Vorländers ‹Philosophie des Alterums›. Dabei dominiert bei der Darstellung *Platons* korrekterweise die Thematik der Ideenlehre und des ‹Idealismus›, ohne daß man sagen könnte, sie bringe hinreichende Klarheit in Ursprung und theoretische Bedeutung des Platonischen Konzepts der Idee. Zu dessen Erhellung hat die Forschung der vergangenen Jahrzehnte Neues und Wesentliches beigetragen. Was den Ursprung betrifft, so ist dieser nach dem Zeugnis der frühen Schriften eindeutig im Sokratischen Dialog zu sehen (vgl. dazu v. a. G. Vlastos (ed.), The philosophy of Socrates. A collection of critical essays, Berryville 1971; R. E. Allen, Plato's Enthyphro and the earlier theory of forms, London 1970; T. Irwin, Plato's moral theory. The early and middle dialogues, Oxford 1977). Weil Sokrates überzeugt war, man könne nur gerecht, tapfer, fromm etc. handeln, wenn man wisse, was das Gerechte, Tapfere, Fromme etc. sei, glaubt er, mittels einer zureichenden Antwort auf diese Definitionsfrage die Voraussetzungen des wahren Wissens einer prädikativen Aussage und damit auch einer wissensgestützten moralischen und technischen Praxis aufzudecken. Im Blick auf das, was Platons Idee erklären will, lassen sich dann semantische, ontologische und erkenntnistheoretische Aspekte seiner sog. Ideenlehre unterscheiden, genauer bestimmen und in ihrer argumentativen Funktion plausibel machen. Dabei wird deutlich, daß Platon einen elementaren prädikativen Satz (‹Sokrates ist schön›) semantisch in zwei singuläre Termini (‹Sokrates›, ‹das Schöne›) und einen zweistelligen Prädikator (‹ist anwesend in› bzw. ‹hat teil an›) analysiert, während er nach heute üblicher Auffassung aus einem singulären Terminus (‹Sokrates›) und einem einstelligen Prädikator (‹ist schön›) besteht. Die so bestimmte semantische Struktur wird von Platon dann ontologisch dahin gehend gedeutet, daß mit der elementaren Prädikation ein Nachahmungs- bzw. Teilhabeverhältnis eines empirischen Gegenstandes zu einem idealen Gegenstand dargestellt wird und nur der ideale Gegenstand, weil er das Wesen des angesprochenen Gegenstandes beinhaltet und, im Unterschied zur Kontingenz der Bestimmungen empirischer Dinge, durch notwendige Aussagen charakterisiert ist, wahrhaft seiend ist.

Ausgangspunkt aller neueren Bemühungen der Platon-Forschung ist so gesehen die Einsicht, daß Platons Denken um ein Verständnis des prädikativen Satzes, näherhin der Bedeutung von Prädikatausdrücken kreist; daß er über die Annahme eines semantischen Realismus (d. i. die Auffassung, daß Worten Gegenstände als Bedeutungen zugeordnet sind) zur ontologischen Annahme einer separaten Existenz abstrakter Entitäten (Ideen) geführt wird, die, anders als die raum-zeitlichen Dinge, nur für sich existieren und genau das sind, was die raum-zeitlichen Dinge lediglich in Form von Eigenschaften aufweisen; daß er mit dem Gedanken verschiedener Dimensionen und Grade von Realität den Gedanken unterschiedlicher erkenntnismäßiger Zugangsweisen und epistemischer Verläßlichkeit verband und von hierher eine Theorie verschiedener Formen des Wissens entwickelt hat.

Einen detaillierten Einblick in die Entwicklung von Fragestellungen und die Ergebnisse der neueren mit Semantik und Ontologie befaßten Platonforschung vermitteln die Sammelbände von R. E. Allen (ed., Studies in Plato's metaphysics, London 1965), G. Vlastos (ed., Plato. A collection of critical essays, 2 Bde., Berryville 1971; ders., Platonic studies, Princeton N. J. 1973, ^{2}1981) sowie die Platon-Darstellung von A. Graeser (in: ders., Die Philosophie der Antike 2. Sophistik und Sokratik, Plato und Aristoteles, München 1983; mit ausführlicher Bibliographie). Zu Fragen der Epistemologie bei Platon wären vor allem die Arbeiten von Th. Ebert (Meinung und Wissen in der Philosophie Platons, Berlin 1974) und W. Wieland (Platon und die Formen des Wissens, Göttingen 1982) heranzuziehen. Das Verständnis von Platons Kosmologie, auf die hier nicht näher eingegangen werden kann, haben die Bücher von G. Vlastos (Plato's universe, Seattle 1975) und R. D. Mohr (The Platonic cosmology, Leiden 1985) differenziert und erhellt.

Besonderes Forschungsinteresse wurde in den vergangenen Jahrzehnten Platons politischer Ethik zuteil. Dabei interessieren (mit deutlichem Bezug zu gegenwärtigen Problemstellungen systematischer Ethik und Politik) vor allem folgende Themen: die anthropologische Basis (die Lehre von der Seele und ihren Teilen), das Verhältnis von Erkennen und Streben, von Moralität und Glück, von Individuum und Gemeinschaft, von Ethik und Ontologie bzw. Kosmologie.

Zwei Punkte spielten sich als Ergebnis in den Vordergrund. Einmal: Die frühen und mittleren Dialoge, die sich um die Definition elementarer moralischer Prädikate bemühen, haben bei aller argumentativen Variation und inhaltlichen Differenz ein Konzept von Sittlichkeit im Auge, das die Ansprüche der Moralität mit denen des wohlverstandenen Interesses des einzelnen Menschen zu verbinden vermag (vgl. hierzu v. a. T. Irwins oben erwähntes Buch). Zum anderen: Platons Überlegungen zur moralischen Bestimmung des Menschen und zum Wesen des Staates, wie sie in der *Politeia* und in den *Nomoi* entfaltet werden, sind zutiefst geprägt von seiner ontologischen Zwei-Welten-Theorie, der ihr korrespondierenden Epistemologie und von deren anthropologischen Implikationen.

Vor diesem Hintergrund ist Platons Überzeugung zu lesen, man könne und müsse die menschliche Existenz im Bereich des Werdens und Vergehens institutionell so einrichten, daß die Seele des einzelnen soweit irgend möglich Gerechtigkeit und im Jenseits ihr endgültiges Heil finde. Das utopische Staatsmodell der *Politeia* und das pragmatischere Konzept der *Nomoi* sind als Entwurf von Instrumentarien gedacht zur Verwirklichung eben dieses Ziels.

Prinzip aller Moralität ist bei Platon nicht die Freiheit, sondern die praktisch werdende Einsicht in das Heil der unsterblichen Seele. Dies schließt den Gedanken ein, daß Uneinsichtige aus pädagogisch-therapeutischen Gründen zu ihrem eigenen metaphysisch auf dem Spiele stehenden Glück gezwungen werden dürfen. Daraus resultieren die nichtliberalen Züge von Platons Staatsentwürfen, die K. R. Poppers Buch ‹Die offene Gesellschaft und ihre Feinde I. Der Zauber Platons› (Bern 1957, München ^{4}1975) so publikumswirksam herausgearbeitet hat. Fachkundige haben inzwischen mit überzeugenden Detail- und Gesamtanalysen den Eindruck zu korrigieren versucht, man könne den nichtliberalen Staat der *Politeia* mit Hitlers Rassen- und Reichsideologie parallelisieren. Verwiesen sei auf J. Annas (An Introduction to Plato's Republic, Oxford 1981), R. F. Stalley (An Introduction to Plato's Laws, Indianapolis 1983) sowie G. Klosko (The Development of Plato's political theory, New York/London 1986).

Ein Sonderproblem der Platonforschung, das zur Zeit überwiegend im deutschsprachigen Raum (kontrovers) verhandelt wird, stellt die Auseinandersetzung um Platons sog. Ungeschriebene Lehre dar. Bis zum 18. Jahrhundert wurde Platon unter dem Einfluß des Neuplatonismus primär als systematischer Onto-Theologe interpretiert; die Dialoge galten als literarische Einkleidung eines philosophischen Systems. Seit Friedrich Schleiermacher läßt sich die Platonforschung vom Gesichtspunkt der Einheit von literarischer Form und philosophischer Aussage leiten, behandelt Positionen und Argumentationen der einzelnen Dialoge zunächst für sich, achtet auf den pragmatischen Kontext der jeweiligen Aussage, der nicht zuletzt durch die Strategie- und Rollenverteilung des Dialogspiels vorgeprägt ist, und verfolgt die Meinung, daß der Philosoph Platon in seinem literarischen Werk hinreichend präsent und faßbar ist.

Demgegenüber vertritt eine gewichtige (neuplatonisch inspirierte) Forschungsrichtung heute die Auffassung, Platon habe seine eigentliche Lehre nicht den Dialogen anvertraut, sondern mündlich in der Akademie entwickelt. Sie beruft sich vor allem auf doxographische Berichte des Aristoteles und anderer antiker Autoren über eine Vorlesung Platons mit dem Titel ‹Über das Gute› sowie auf die Schriftkritik des *Phaidros* (274c–278b) und des *Siebten Briefes* (341a–344c). Diese Ungeschriebene Lehre wurde von H. J. Krämer (Aretê bei Platon und Aristoteles, Heidelberg 1959, Amsterdam ^{2}1967) und K. Gaiser (Platons Ungeschriebene Lehre, Stuttgart 1963, ^{2}1968) in scharfsinniger Gelehrtenarbeit rekonstruiert und von Th. A. Szlezák (Platon und die Schriftlichkeit der Philosophie, Berlin/New York 1985), zum Teil auch von M. Erler (Der Sinn der Aporien in den Dialogen Platons, Berlin/New York 1987) für die Interpretation einzelner Dialoge und Dialogpassagen fruchtbar gemacht.

Daß es eine ungeschriebene Lehre Platons gab, ist schwerlich zu bezweifeln. Daß manche Passagen in Platons Texten im Blick auf solch eine Lehre als bewußte Aussparungen oder pädagogische Handreichungen verständlich gemacht werden können, ist durch die Arbeit von Szlezák mehr als plausibel geworden. Wir wären aber sicher schlecht beraten, in Platons esoterischen Dogmen, die offensichtlich die Struktur eines ‹Ableitungssystems› aus zwei Prinzipien (*Hen* und *ahoristos Dyas*) erfüllten, den systematischen Hintergrund des gesamten geschriebenen Werkes zu sehen, in dem diese eigentliche Lehre allenfalls in knappen verschlüsselten Hinweisen angedeutet wird, und die veröffentlichten Dialoge lediglich als protreptische Werbeschriften für Außenstehende oder als Übungstexte für philosophische Anfänger (mit eingebauten Fehlern) einzustufen. Die Phänomenbreite, das Problembewußtsein, das analytische Potential und die argumentative Differenziertheit der Dialoge bieten gegenüber den wenigen dürren Formeln der rekonstruierten Ungeschriebenen Lehre einen philosophischen Gehalt, der es uns auf jeden Fall gestattet, das publizierte Werk als das philosophisch relevante anzusehen (vgl. E. Heitsch, Platon über die rechte Art zu reden und zu schreiben, Mainz 1987).

Gleichwohl haben sowohl die hermeneutischen Prinzipien Schleiermachers als auch der Versuch der ‹Esoteriker›, die Platonischen Texte auf verschlüsselte Hinweise, auf Aussparungen, Ausgrenzungen (und Irreführungen) hin zu lesen, zu einem hochsensiblen Methodenbewußtsein im Umgang mit Platon geführt, das uns heute mit guten Gründen mehr vom argumentativ vielschichtigen Philosophieren als von einem philosophischen System Platons sprechen läßt.

Aristoteles ist neben Kant wohl der philosophische Klassiker, mit dem sich die historisch und systematisch orientierte Philosophie der vergangenen Jahrzehnte am intensivsten befaßt hat. Der Grund liegt nicht nur in Niveau und thematischer Breite seines philosophisch-wissenschaftlichen Werks (Aristoteles war Logiker, Wissenschaftstheoretiker, Ontologe, Metaphysiker, Anthropologe, Ethiker, politischer Philosoph, Naturwissenschaftler und manches mehr) und in seiner Gründerfunktion für viele der klassischen Wissenschaftsdisziplinen (er war sich als erster der mit einer Gliederung des Gesamtbereichs von Philosophie und Wissenschaft in Teildisziplinen verbundenen Problematik bewußt); der Grund liegt vielmehr vor allem darin, daß sich sowohl seine differenzierte philosophische Methodik als auch viele Ergebnisse seiner Einzelanalysen entgegen verbreiteter Meinung der Neuzeit als aktualisierbar bzw. rehabilitierbar und für Gegenwartsdiskussionen außerordentlich fruchtbringend erwiesen haben.

Dies gilt zunächst und vor allem für den weiten Bereich der praktischen Philosophie, der seit den 60er Jahren eine weltweite Wiederbelebung erfuhr. Nicht Locke, Hume oder Kant, sondern Aristoteles wurde zum entscheidenden klassischen Bezugsautor der neu sich konstituierenden philosophischen Handlungstheorie (vgl. hierzu v. a. A. W. Müller, Praktisches Folgern und Selbstgestaltung nach Aristoteles, Freiburg 1982; D. Charles, Aristotle's Theory of Action, London 1984). Die Philosophie des Geistes, die sich aus den neuzeitlichen Verengungen des Cartesianismus, des Empirismus und der Transzendentalphilosophie befreite, wurde insbesondere hinsichtlich der Theorie des Willens (vgl. dazu v. a. A. Kenny, Aristotle's theory of the will, London 1979) und der Affekte (vgl. dazu v. a. F. Ricken, Der Lustbegriff der Nikomachischen Ethik des Aristoteles, Göttingen 1976) von der aristotelischen Philosophie und Pathoslehre nachhaltig befruchtet.

Die Moralphilosophie, die sich schrittweise von einseitiger Orientierung an Normen und Normenbegründung löst und zu Fragen des Verhältnisses von Moralität und Glück, von Sittlichkeit, Tugend und menschlicher Natur zurückkehrt, findet in den Aristotelischen Ethiken die entscheidenden Anregungen (vgl. W. F. R. Hardie, Aristotle's Ethical Theory, Oxford 1968; A. Kenny, The Aristotelian ethics, Oxford 1978; A. O. Rorty [ed.], Essays on Aristotle's Ethics, Berkeley 1980; A. MacIntyre, Der Verlust der Tugend, Frankfurt 1987).

Für die gegenwärtigen Diskussionen in der Philosophie des Politischen bieten die Aristotelischen Schriften zur Ethik und Politik eine Fülle bemerkenswerter methodischer und inhaltlicher Gesichtspunkte: etwa hinsichtlich der für menschliche Angelegenheiten adäquaten wissenschaftlichen Methode (vgl. dazu v. a. J. D. G. Evans, Aristotle's Concept of Dialectic, Cambridge 1977), hinsichtlich der notwendigen Verschränkung von Ethik und Politik (vgl. G. Bien, Die Grundlegung der politischen Philosophie bei Aristoteles, Freiburg 1973, ^{2}1980), für die Diskussion von Verfassungsformen, ihrer Vorteile und Nachteile unter Gesichtspunkten der Sicherheit, des Rechts und des ökonomischen Nutzens (vgl. E. Schütrumpf, Die Analyse der Polis durch Aristoteles, Amsterdam 1980).

Hatte die neuzeitliche Tradition bis zum Ende des 19. Jahrhunderts Aristoteles als Begründer und zugleich als Vollender der (formalen) Logik geschätzt, so kann jetzt aufgrund der bemerkenswerten Entwicklungen der modernen Logik Größe und auch Begrenztheit der Aristotelischen Leistung auf diesem Gebiet systematisch gewürdigt werden. Dies ist durch die Arbeit von G. Patzig (Die Aristotelische Syllogistik, Göttingen ^{3}1969) wegweisend geschehen.

War Kant noch der Meinung, Aristoteles habe die Grundbegrifflichkeit seiner Philosophie, insbesondere seine Kategorienlehre, auf eine Weise gewonnen, die keinem systematischen Begründungsanspruch genügt, so gewinnt das aristotelische Verfahren der Prinzipienforschung (das primär in einer Reflexion auf unser alltags- und fachsprachliches Reden von den Dingen besteht) in der modernen, mit den Mitteln der semantischen Sprachanalyse arbeitenden Ontologie eine ungeahnte Vorbildfunktion.

Aristoteles entwickelt in seiner Metaphysik, der Kategorienschrift, der Physik, in De anima und in Teilen der biologischen Werke eine Rahmensprache, die die verschiedenen Sprachen umfaßt, welche seine Zeit in den unterschiedlichen Lebensbereichen, in der Alltagswelt und den Wissenschaften verwendet und die das Eigentümliche der einzelnen Bereiche ebenso wie ihre Beziehungseinheit deutlich werden läßt. Der Aristotelischen Ontologie gelingt es, die Sprache des Alltags, der Fachkunden und Wissenschaften in einer nach ihm kaum noch ein zweites Mal erreichten Weise zu verbinden. Dies haben neuere Interpretationen zur Physik (vgl. W. Wieland, Die aristotelische Physik, Göttingen 1962, [2]1970), zur Biologie (vgl. M. C. Nussbaum, Aristotle's De Motu Animalium, Princeton 1978), zur Psychologie (E. Hartmann, Substance, Body and Soul, Princeton N. J. 1977), zur Kategorienlehre, Metaphysik und Modaltheorie (vgl. J. Owens, The doctrine of being in the Aristotelian Metaphysics, Toronto 1951, [3]1978; E. Tugendhat, TI KATA TINOΣ, Freiburg 1958, [3]1982; G. Reale, The concept of first philosophy and the unity of metaphysics of Aristotle, New York 1980; R. Sorabji, Necessity, Cause and Blame, London 1980; G. Seel, Die aristotelische Modaltheorie, Berlin 1982; S. Knuuttila and J. Hintikka [eds.], The logic of being. Historical studies, Dordrecht 1986; M. Frede, Essays in Ancient Philosophy, Oxford 1987, S. 11–98) eindrucksvoll gezeigt.

Von grundsätzlicher philosophischer Bedeutung ist die zu Beginn der Neuzeit schon als erledigt erachtete, nun aber wiederaufgenommene Fragestellung, in welchem Ausmaß die aristotelische Ontologie an überholte wissenschaftliche Auffassungen gebunden ist, welche ihrer Grundbegriffe sich auch heute noch für die Interpretation wissenschaftlicher Ergebnisse gebrauchen lassen und hier anderen Ontologien aufgrund ihrer Differenzierungs- und Integrationsfähigkeit überlegen sind.

Die bereits erbrachten Interpretationsleistungen des modernen primär sprachanalytischen Zugangs zu Aristotelischen Texten können hier nicht im einzelnen dargestellt werden; sie sind in F. Rickens und A. Graesers Gesamtdarstellungen der Aristotelischen Philosophie eingegangen und finden sich ebenso bei J. L. Ackrill (Aristotle the Philosopher, Oxford 1981) sowie J. Barnes (Aristotle, Oxford 1982). Eine Anthologie bemerkenswerter Artikel der neueren Aristotelesforschung haben J. Barnes, M. Schofield und R. Sorabji (eds., Articles on Aristotle, 4 Bde., London 1975–79) zusammengestellt. Eine erschöpfende Dokumentation der Aristotelesliteratur bis zum Beginn der 80er Jahre findet sich im Überweg, Grundriß der Geschichte der Philosophie: Die Philosophie der Antike 3. Ältere Akademie, Aristoteles, Peripatos (Hg. H. Flashar, Basel/Stuttgart 1983).

III

Auf keinem Gebiet der antiken Philosophie erfolgte in den vergangenen 20 Jahren eine derart einschneidende Bildkorrektur wie beim *Hellenismus*. Während die Philosophie der nachklassischen Zeit bis zum Beginn der 70er Jahre in der Bewertung des philosophischen Rangs und durch das entsprechend bescheidene Engagement der Forschung im Schatten von Platon und Aristoteles stand, haben sich Beurteilung und Sicht nunmehr grundlegend geändert (eine Wende signalisierte das Buch von A. A. Long, Hellenistic philosophy, London/New York 1974, London/Berkeley/Los Angeles ²1986).

Allen voran die (alt- und mittel-) stoische Philosophie, aber auch Epikureismus und Skepsis treten als Strömungen und Schulen mit hohen und eigenständigen Leistungen auf den Gebieten der Logik, Ethik und Physik ans Licht, während der spätantike Neuplatonismus, der bis zur Aristoteles-Rezeption des Hochmittelalters und dann wieder im Rahmen der theologisch imprägnierten Vernunftspekulationen des deutschen Idealismus privilegierte Beachtung fand, zunehmend in den Hintergrund gerät.

Eine zureichende Darstellung und Würdigung der Philosophie des dritten und zweiten vorchristlichen Jahrhunderts wird freilich auf Dauer ein unerfüllbares Desiderat bleiben, weil sämtliche Originalschriften dieser Epoche verlorengegangen sind. Wir sind und bleiben auf eine Rekonstruktion der Gedankengerippe über Fragmente und Testimonien angewiesen.

Als bedeutsam im Blick auf gegenwärtig dominante Fragestellungen erweist sich die stoische Dialektik, deren Texte jetzt von K. H. Hülser (Die Fragmente zur Dialektik der Stoiker, 4 Bde., Stuttgart 1987f) in vorbildlicher Weise der Forschung erschlossen wurden. Sie umfaßte nach heutigem Verständnis Sprachphilosophie, Erkenntnistheorie und Logik. Von besonderem Interesse ist hier, daß die stoische Sprachphilosophie offensichtlich bereits die Ebene der sprachlichen Zeichen und ihrer Gliederung von der der Bedeutung und diese von der der nichtsprachlichen Dinge und Vorgänge sehr genau unterschieden hat (vgl. K. Barwick, Probleme der stoischen Sprachlehre und Rhetorik, Berlin 1957; U. Egli, Zur stoischen Dialektik, Basel 1967); daß sie mit der Entwicklung einer Art von Aussagenlogik den engen Rahmen der Aristotelischen Syllogistik verließ (vgl. M. Frede, Die stoische Logik, Göttingen 1974) und auf dieser Basis ein neues Modalsystem entwarf (vgl. S. Bobzien, Die stoische Modallogik, Würzburg 1986). Die stoische Physik ist in ihrem Ansatz organologisch und dynamistisch und weist, wie S. Sambursky (Physics of the Stoics, London 1959) aufzeigte, erstaunliche Ähnlichkeiten zu Lehrstükken der modernen Physik auf.

In diesem Zusammenhang ist vor allem auf den Mittelstoiker Poseidonios zu verweisen, dessen rekonstruierbares enzyklopädisches Werk nun in einer philologisch, philosophisch und wissenschaftsgeschichtlich imponierenden Kommentierung aller Fragmente und Testimonien von I. G. Kidd zugänglich gemacht ist (Posidonius. Vol. I The Fragments. Ed. by L. Edelstein and I. G. Kidd, Cambridge 1972, [2]1989; vol. II [1] and II [2] The Commentary by I. G. Kidd, Cambridge 1988).

Die große Leistung der stoischen Ethik besteht in einer Präzisierung der Unterscheidung von moralisch und außermoralisch Gutem, im Verständnis von Moralität als einer Form des Umgangs mit den außermoralischen Gütern und Übeln des Lebens und in dem konsequenten Versuch, Moralität und Glückseligkeit in der Figur des autarken Weisen als analytische Einheit zu denken (vgl. M. Forschner, Die stoische Ethik, Stuttgart 1981). Grundgelegt wird diese Ethik in einer differenzierten Handlungstheorie, deren zentraler Begriff der Zustimmung (Synkatathesis) zu (propositionalen) Vorstellungen für alle späteren Theorien menschlicher Willensfreiheit wegweisend wurde (vgl. B. Inwood, Ethics and human action in early Stoicism, Oxford 1985, [2]1987).

Im Vergleich zur Stoa verlief die Epikur-Forschung der vergangenen Jahrzehnte eher in ruhigen Bahnen. Neben einer Vielzahl gelehrter Aufsätze zu Detailfragen der Kanonik (Erkenntnistheorie), Ethik und Physik, die das Bild der Epikureischen Philosophie differenzieren und präzisieren, stehen nur wenige Monographien, die grundsätzlich neue Akzente setzen oder eines der Teilgebiete der Epikureischen Philosophie erschöpfend behandeln.

Als umfassende und außerordentlich gelehrte Arbeit zur Epikureischen Epistemologie ragt das Buch von E. Asmis (Epicurus' scientific method, Ithaca/London 1984) heraus. Für die Selbstverständigung über die Ursprünge unseres modernen westlich-liberalen Staats- und Rechtsverständnisses außerordentlich informativ ist die Studie von J. Sprute (Vertragstheoretische Ansätze in der antiken Rechts- und Staatsphilosophie. Die Konzeptionen der Sophisten und der Epikureer, Göttingen 1989). Eine brillante Kritik der üblichen Interpretationen zu Epikurs Theorie der Willensfreiheit enthält die Monographie von W. G. Englert (Epicurus on the swerve and voluntary action, Atlanta, Georgia 1987). Zur Ethik bietet der Aufsatz von M. Nussbaum, Therapeutic arguments: ‹Epicurus and Aristoteles› (in: M. Schofield und G. Striker [eds.], The norms of nature: studies in Hellenistic ethics, Cambridge/Paris 1986) einen neuen Interpretationsansatz, der Epikurs Philosophieverständnis im Unterschied zu dem des Aristoteles ganz auf das Modell der (hippokratischen) Medizin verpflichtet sieht.

Die neuere Forschung zur Pyrrhonischen und Akademischen Skepsis hat folgende Aspekte verdeutlicht bzw. ans Licht gebracht: (a) Der Pyrrhonismus ist die bis heute konsequenteste Form der Skepsis geblieben. Er will den Geltungsanspruch seiner Aussagen nur auf den gegenwärtigen

Zustand des sich äußernden einzelnen Skeptikers bezogen verstanden wissen und begründet damit die Lehre von der Unbezweifelbarkeit der eigenen Bewußtseinsphänomene, die dann von der Neuzeit als genuine Entdeckungsleistung beansprucht wurde. (b) Er ist eine Philosophie, die in ihrer Radikalität kaum überbietbar erscheint. Sein Agnostizismus bezieht sich auf alle Behauptungen, die über eine Darstellung des im Bewußtsein unwillkürlich sich Zeigenden und passiv Gegebenen hinausgehen; sein Nihilismus wendet sich gegen alle Meinungen, die etwas als wertvoll behaupten. (c) Die Pyrrhonische Skepsis unterscheidet sich wesentlich von der Skepsis der Neuen Akademie. Im Unterschied zur Pyrrhonischen absoluten Gleichgültigkeit jeder Daseinsdeutung will diese das altakademische Weltbild konservieren und zugleich der hellenistischen Daseinsverunsicherung durch eine kritische Einschätzung der Leistungsfähigkeit unserer Erkenntniskraft Rechnung tragen. So gesehen knüpft Kant (über Cicero) an die Skepsis der Neuen Akademie an.

Eine kluge und sympathetische Darstellung der Skepsis liefert M. Hossenfelder (Die Philosophie der Antike 3. Stoa, Epikureismus und Skepsis, München 1985). Einen Einblick in verschiedene Problemstellungen der gegenwärtigen Skepsisforschung vermittelt die Aufsatzsammlung von M. Burnyeat (ed., The Sceptical Tradition, Berkeley/Los Angeles/London 1983). Speziell über die aktuelle Auseinandersetzung mit den skeptischen Tropen informiert J. Annas/J. Barnes (The modes of scepticism. Ancient texts and modern interpretations, Cambridge 1985).

Nicht nur für die Skepsis der Neuen Akademie, sondern für die gesamte Philosophie des Hellenismus ist Cicero einer der wichtigsten, wenn nicht der wichtigste Vermittler. Sein gegenwärtiger Ruf in Philosophenkreisen (außerhalb der Hellenismusforschung) entspricht in keiner Weise seinem tatsächlichen Rang. So ist etwa keineswegs die Nikomachische Ethik des Aristoteles, sondern Ciceros *De officiis* das wirkungsgeschichtlich bedeutsamste Buch der abendländischen Moralphilosophie. Es muß erstaunen, daß wir zu diesem Werk bis heute keinen philosophisch überzeugenden Kommentar besitzen. Die umfassende Darstellung des philosophischen Werks Ciceros von P. MacKendrik (The Philosophical Books of Cicero, London 1989) mag ein erster Schritt sein, Cicero nicht nur als wirkungsgeschichtlich herausragenden Philosophen zu rehabilitieren.

Die Philosophie des Hellenismus scheint in vielem den Einstellungen und Fragen gegenwärtigen Philosophierens einen geistesverwandten Diskussionspartner abzugeben. A. A. Long und D. N. Sedley haben mit ihren zwei Bänden (The Hellenistic philosophers, Vol. 1: Translations of the principal sources with philosophical commentary; Vol. 2: Greek and Latin texts with notes and bibliography, Cambridge 1987) ein Instrumentarium geschaffen, das allen Interessierten einen Zugang zu der wirkungsgeschichtlich bedeutsamsten Epoche abendländischen Philosophierens ermöglicht. Auf ihr bestens ausgewähltes, gegliedertes und kommentiertes Verzeichnis zur einschlägigen wissenschaftlichen Literatur am Ende des 2. Bandes sei hier anstelle weiterer bibliographischer Hinweise aufmerksam gemacht.

Wer sich auf diese Texte und ihre gegenwärtigen Interpretationen einläßt, wird sehr schnell zu der Einsicht geführt, daß man die Alten lesen muß, nicht nur, um über wahre Popularität zu lernen, sondern auch und vor allem, um sich selbst als Philosophierenden besser zu verstehen. Denn Philosophie als eine spezifische Gestalt des Denkens und der Lebensführung ist eine griechische Erfindung.

Bibliographie

(Die Literaturübersicht beschränkt sich auf Buchtitel, insbesondere neuere Veröffentlichungen. Zeitschriftenartikel bleiben, von wenigen Ausnahmen abgesehen, unberücksichtigt.)

Bibliographien, Biographien, Lexika

Bibliographie de la Philosophie, Bulletin trimestriel. Bibliography of Philosophy. A quarterly Bulletin, Paris 1937–1953, Neue Serie 1954ff

Paulys Real-Encyclopädie der classischen Altertumswissenschaft. Neue Bearbeitung, begonnen von G. Wissowa, Stuttgart 1894ff

Répertoire bibliographique de la philosophie, Louvain 1949ff

Totok, W., Handbuch der Geschichte der Philosophie, Bd. 1: Altertum (unter Mitarbeit von H. Schroer), Frankfurt/M. 1964

Höffe, O. (Hrsg.), Klassiker der Philosophie, 2 Bde. (Bd. I: Vorsokratiker – Hume), München 1981

Huisman, D. (Hrsg.), Dictionnaire des philosophes, 2 Bde., Paris 1984

Metzlers Philosophen Lexikon: 300 biographisch-werkgeschichtliche Porträts von den Vorsokratikern bis zu den Neuen Philosophen, unter red. Mitarbeit von C. Dehlinger, K. Fischer, T. Jung, H. Oßmann hrsg. von B. Lutz, Stuttgart 1989

Tusculum-Lexikon griechischer und lateinischer Autoren des Altertums und des Mittelalters, hrsg. von W. Buchwald, A. Hohlweg, O. Prinz, 3., neu bearb. und erw. Aufl., Zürich/München 1982

Geschichte der Philosophie (Antike)

Bloch, E., Zwischenwelten in der Philosophiegeschichte. Leipziger Vorlesungen, 1. Aufl., Frankfurt/M. 1977

Châtelet, F. (Hrsg.), Geschichte der Philosophie, Vol. I, Die heidnische Philosophie, Frankfurt/M. 1973

Copleston, F., A History of Philosophy, Vol. I, Greece to Rome, London 1961

Diogenes Laertius, Leben und Meinungen berühmter Philosophen, Buch I–X, übers. von O. Apelt, 2 Bde., Hamburg 1967

Geschichte der Philosophie, hrsg. von R. Bubner, Bd. 1: Antike, hrsg. von W. Wieland, Stuttgart 1978

Geschichte der Philosophie, Band I, hrsg. von W. Röd, Die Philosophie der Antike 1: W. Röd, Von Thales bis Demokrit, München 1976

Geschichte der Philosophie, Band II, hrsg. von W. Röd, Die Philosophie der Antike 2: A. Graeser, Sophistik und Sokratik, Plato und Aristoteles, München 1983

Geschichte der Philosophie, Band III, hrsg. von W. Röd, Die Philosophie der Antike 3: M. Hossenfelder, Stoa, Epikureismus und Skepsis, München 1985

Grundriß der Geschichte der Philosophie. Begründet von Friedrich Überweg, völlig neu bearbeitete Ausgabe. Die Philosophie der Antike, Band 3: Ältere Akademie – Aristoteles – Peripatos, hrsg. von H. Flashar, Basel, Stuttgart 1983

Guthrie, W. K. C., A history of Greek Philosophy, bisher erschienen: 5 Bde., Cambridge 1962–1981
Hegel, G. W. F., Vorlesungen über die Geschichte der Philosophie, 1. Teil: Geschichte der griechischen Philosophie, in: G. W. F. Hegel, Werke in 20 Bänden (Theorie-Werkausgabe), auf der Grundlage der Werke von 1832–1845 hrsg. von E. Moldenhauer und K. M. Michel, Frankfurt/M. 1971
Jaeger, W., Paideia, Vol. 1, 3. Aufl., Berlin 1954
Kranz, W., Die griechische Philosophie, 5. Aufl., Bremen 1962
Long, A. A., Hellenistic Philosophy. Stoics, Epicureans, Sceptics, London 1974
Ricken, F., Philosophie der Antike. Grundkurs Philosophie Band 6, Stuttgart/Berlin/Köln/Mainz 1988 (mit ausführlicher Bibliographie)
Speck, J. (Hrsg.), Grundprobleme der großen Philosophen, Philosophie des Altertums und des Mittelalters, 3. Aufl., München 1983
Überweg, F., Grundriß der Geschichte der Philosophie, 12. umgearbeitete u. erweiterte, mit einem Philosophen- und Literatorenregister versehene Auflage, hrsg. von K. Praechter, Band 1: Die Philosophie des Altertums, Berlin 1926, Nachdruck Basel/Stuttgart 1957
Windelband, W., Lehrbuch der Geschichte der Philosophie, hrsg. von H. Heimsoeth, 17. Aufl., unveränderter Nachdruck der 15., durchgesehenen und ergänzten Auflage, Tübingen 1980
Zeller, E., Grundriß der Geschichte der griechischen Philosophie, Neuaufl. der im Jahre 1883 erschienen Erstauflage, Essen 1984
Zeller, E., Grundriß der Geschichte der griechischen Philosophie, in neuer Bearbeitung von W. Nestle, 14. Aufl., Aalen 1971
Zeller, E., Die Philosophie der Griechen in ihrer geschichtlichen Entwicklung, 3 Teile, Nachdruck der von W. Nestle mit Unterstützung von F. Lortzing hrsg. 6. Aufl., Leipzig 1919, 3 Teile, Hildesheim 1963

Philosophie, Wissenschaft und Mythos bei den Griechen

Antike Atomphysik, Texte zur antiken Atomlehre und zu ihrer Wiederaufnahme in der Neuzeit, hrsg. von A. Stückelberger, München 1979
Bailey, C., The Greek Atomists and Epicurus, Oxford 1928
Balss, H., Antike Astronomie, München 1949
Becker, O. (Hrsg.), Zur Geschichte der griechischen Mathematik, Darmstadt 1965
Böl, M., Der Materialismus bei den Griechen und allgemeine Vorstudien über Begriffe und Systematik des Materialismus. Mit einem Nachwort von E. Bloch, Göppingen 1981
Calogero, G., Studien über den Eleatismus (Studi sull' Eleatismo, Rom 1932), Darmstadt 1970
Der Platonismus in der Antike. Grundlagen – System – Entwicklung, begründet von H. Dörrie, fortgeführt von M. Baltes unter Mitarbeit von F. Mann, 12 Bde., Stuttgart–Bad Cannstadt 1987 ff
Dicks, D. R., Early Greek Astronomy to Aristotle, Ithaca/New York 1970
Dihle, A., Die Vorstellung vom Willen in der Antike, Göttingen 1985
Dodds, E. R., Die Griechen und das Irrationale, Darmstadt 1970
Fink, E., Grundfragen der antiken Philosophie, Würzburg 1985
Frede, M., Essays in ancient philosophy, Oxford 1987
Fritz, K. v., Grundprobleme der Geschichte der antiken Wissenschaften, Berlin/New York 1971

Fritz, K. v., Schriften zur griechischen Logik, 2 Bde., Stuttgart 1978
Furley, D. J., Two studies in Greek Atomists, Study I: Invisible Magnitudes, Study II: Aristotle and Epicurus on Voluntary Action, Princeton (U. P.) 1967
Furley, D. J., The Greek Cosmologists. Vol. 1: The Formation of the Atomic Theorie and its Earliest Critics, Cambridge 1987
Geyer, K.-F., Einführung in die Philosophie der Antike, Darmstadt 1978
Griechische Atomisten. Texte und Kommentare zum materialistischen Denken der Antike. Aus dem Griechischen und Lateinischen übersetzt und hrsg. von F. Jürss, R. Müller u. E. G. Schmidt, 2. Auflage, Berlin 1977
Griffin, J., Homer on life and death, Oxford 1980
Heinrich, K., Parmenides und Jona. Vier Studien über das Verhältnis von Philosophie und Mythologie, verbesserte Neuauflage, Basel/Frankfurt/M. 1982
Hesiod, Theogonie, hrsg., übers. u. erläutert von K. Albert, 2. durchges. Aufl., Sankt Augustin 1983
Hesiod, Sämtliche Gedichte, übers. und erl. von W. Marg, Zürich 1970
Hölscher, U., Der Sinn vom Sein in der älteren griechischen Philosophie, Heidelberg 1976
Kapp, E., Der Ursprung der Logik bei den Griechen, Göttingen 1965
Kaufmann, W., Tragödie und Philosophie, übers. von E. Schöller, Tübingen 1980
Kerényi, K. (Hrsg.), Die Eröffnung des Zugangs zum Mythos. Ein Lesebuch, 3. Aufl., Darmstadt 1982
Kirk, G. St., Griechische Mythen. Ihre Bedeutung und ihre Funktion, übers. von R. Schein, Berlin 1980, Darmstadt 1982, Reinbek b. Hamburg 1987
Mittelstraß, J., Die Rettung der Phänomene. Ursprung und Geschichte eines antiken Forschungsprinzips, Berlin 1962
Müller, A., Theorie, Kritik oder Bildung. Abriß der Geschichte der antiken Philosophie von Thales bis Cicero, Darmstadt 1975
Pohlenz, M., Hippokrates und die Begründung der wissenschaftlichen Medizin, Berlin 1938
Ranke-Graves, R., Griechische Mythologie. Quellen und Deutung, Neuausgabe in einem Band, Reinbek b. Hamburg 1984
Rausch, H., Theorie. Von ihrer sakralen zur philosophischen Bedeutung, München 1982
Reidemeister, K., Das exakte Denken der Griechen. Beiträge zur Deutung von Euklid, Plato und Aristoteles, Nachdruck der 1. Aufl. Hamburg 1949, Darmstadt 1972
Rist, J. M., Human value. A Study in ancient philosophical ethics, Leiden 1982
Sambursky, S., Das physikalische Weltbild der Antike, Zürich/Stuttgart 1965
Schlagel, R., From myth to modern mind. A study of the origins and the growth of scientific thought. Bd. I: Animism to Archimedes, Frankfurt/M. 1985
Sichivollo, L., Dialegesthai – Dialektik. Vom Homer bis Aristoteles, Hildesheim 1966
Sprachphilosophie in Antike und Mittelalter. Bochumer Kolloquium, 2.–4. Juli 1982, mit Beiträgen von T. Borsche, D. Di Cesare, hrsg. von B. Mojsisch, Amsterdam 1986
Szabo, A., Anfänge der griechischen Mathematik, München/Wien 1969
Theiler, W., Zur Geschichte der teleologischen Naturbetrachtung bis auf Aristoteles, 2. Aufl., berichtigter, um ein Vorwort und einen Index erweiterter Neudruck der 1. Aufl. Zürich und Leipzig 1925, Berlin 1965

Vernant, J.-P., Die Entstehung des griechischen Denkens, übers. von E. Jacoby, Frankfurt/M. 1982
Vernant, J.-P., Mythos und Gesellschaft im alten Griechenland, übers. von G. Roßler, Frankfurt/M. 1987
Volkmann, R., Die Rhetorik der Griechen und Römer in systematischer Übersicht, Hildesheim 1987
Waerden, B. L. van der, Die Astronomie der Griechen. Eine Einführung, Darmstadt 1988
Wundt, M., Geschichte der griechischen Ethik in zwei Bänden, 2. Neudruck der Ausgabe Leipzig 1911, Aalen 1985

Vorsokratiker

Quellen

Die Fragmente der Vorsokratiker, griech. und deutsch, übers. von H. Diels, hrsg. von W. Kranz, Bd. I: 12., unveränderter Nachdruck der 6., verb. Auflage, Bd. II: 11., unveränd. Nachdr. der 6., verb. Aufl., Bd. III: 13., unveränd. Nachdr. der 6., verb. Aufl., Zürich/Hildesheim 1985
Diels, H., Doxographi Graeci, 3. Aufl., Berlin 1958
Die Vorsokratiker. Die Fragmente und Quellenberichte, übers. und eingeleitet von W. Capelle, Stuttgart 1968
Die Vorsokratiker. 2 Bde., griechisch/deutsch, Auswahl der Fragmente, Übersetzung und Erläuterungen von J. Mansfeld, Stuttgart 1983 (1. Bd.), 1986 (2. Bd.)
Diogenes Laertius. Leben und Meinungen berühmter Philosophen, übers. von O. Apelt, hrsg. von K. Reich, 2. Aufl. Hamburg 1967
Snell, B., Leben und Meinungen der Sieben Weisen, griech. und lat. Quellen, erläutert und übertragen von B. Snell, 4. verb. Aufl., München 1971
The Presocratic Philosophers. A critical history with a selection of texts by G. S. Kirk/J. E. Raven/M. Schofield, 2. Aufl., Cambridge 1983
Weber, F., Fragmente der Vorsokratiker. Text und Kommentar, Paderborn 1976 (Fragmente nur griechisch)
Weitere Quellentexte zu einzelnen Vorsokratikern finden sich unter dem jeweiligen Autorenstichwort.

Allgemeine Darstellungen

Barnes, J., The Presocratic Philosophers, 2. Aufl., London 1982
Boeder, H., Grund und Gegenwart als Frageziel der frühen griechischen Philosophie, Den Haag 1962
Bröcker, W., Die Geschichte der Philosophie vor Sokrates, 2. Aufl., Frankfurt/M. 1986
Cornford, F. M., Principium Sapientiae. The origins of Greek philosophical thought, Nachdr. d. Ausg. Cambridge 1952, Gloucester, Mass. 1971
Fränkel, H., Dichtung und Philosophie des frühen Griechentums. Eine Geschichte der griechischen Epik, Lyrik und Prosa bis zur Mitte des 5. Jahrhunderts, 3., durchges. Aufl., Nachdr. der 3. Aufl. 1969, München 1976
Gadamer, H.-G. (Hrsg.), Um die Begriffswelt der Vorsokratiker, 2. Aufl., Darmstadt 1983

Gigon, O., Der Ursprung der griechischen Philosophie. Von Hesiod bis Parmenides, Basel/Stuttgart 1968
Graeser, A., Die Vorsokratiker, Darmstadt 1988
Heitsch, E. (Hrsg.), Hesiod, Darmstadt 1966
Hildebrand, K., Frühe griechische Denker. Eine Einführung in die vorsokratische Philosophie, Bonn 1968
Hölscher, U., Anfängliche Fragen. Studien zur frühen griechischen Philosophie, Göttingen 1968
Hussey, E., The Pre-Socratics, London 1972
Jaeger, W., Die Theologie der frühen griechischen Denker, Nachdr. der Ausg. von 1953, Stuttgart 1964
Nestle, W., Vom Mythos zum Logos. Die Selbstentfaltung des griechischen Denkens von Homer bis auf die Sophistik und Sokrates, Nachdruck der 2. Aufl. 1942, Stuttgart 1986
Schadewaldt, W., Die Anfänge der Philosophie bei den Griechen. Die Vorsokratiker und ihre Voraussetzungen, Tübinger Vorlesungen, Bd. 1, Frankfurt/M. 1978
Snell, B., Die Entdeckung des Geistes. Studien zur Entstehung des europäischen Denkens bei den Griechen, 3. Aufl., neu durchgesehen und abermals erweitert, Hamburg 1955
Solmsen, F., Kleine Schriften, 3 Bde., Hildesheim 1968–1982
The Presocratic Philosophers. A critical history with a selection of texts by G. S. Kirk/J. E. Raven/M. Schofield, 2. Aufl., Cambridge 1983
Thomson, G., Die ersten Philosophen, Berlin 1955

Die vorsokratischen Philosophen

Thales

Mansfield, J., Aristotle and others on Thales, or the beginning of natural philosophy, in: Mnemosyne 38 (1985), S. 109–129

Anaximander

Heidegger, M., Der Spruch des Anaximander, in: ders., Holzwege, Frankfurt/M. 1963
Hölscher, U., Anaximander und die Anfänge der Philosophie, Hermes 81, 1953
Kahn, Ch. H., Anaximander and the origins of Greek cosmology, New York 1960
Seligman, P., The Apeiron of Anaximander. A study in the origin and function of metaphysical ideas, London 1962

Pythagoras und Pythagoreer

Burkert, W., Weisheit und Wissenschaft. Studien zu Pythagoras, Philolaos und Platon, Nürnberg 1962
Kerényi, K., Pythagoras und Orpheus. Präludien zu einer zukünftigen Geschichte der Orphik und des Pythagoreismus, 3., erweiterte Ausg., Zürich 1950
Philip, J. A., Pythagoras and Early Pythagoreanism, Toronto 1968
Städele, A., Die Briefe des Pythagoras und der Pythagoreer, Meisenheim 1980
Vogel, C. J. de, Pythagoras and Early Pythagoreanism, Assen 1966
Waerden, B. L. van der, Die Pythagoreer. Religiöse Bruderschaft und Schule der Wissenschaft, Zürich 1979

Heraklit

Text und Bibliographie

Heraklit, Fragmente, griech./deutsch, hrsg. von B. Snell, 9. Aufl., Zürich 1986

Kirk, G. S., Heraclitus. The Cosmic Fragments, Nachdr. der Ausg. von 1954, Cambridge 1978

Roussos, E. N., Heraklit Bibliographie, Darmstadt 1971

Darstellungen

Bollack, J./Wismann, H., Héraclite ou la séparation, Paris 1972

Heidegger, M., ‹Logos› (Heraklit, Fragment 50), ‹Aletheia› (Heraklit, Fragment 16), in: ders., Vorträge und Aufsätze, 2. Aufl., Pfullingen 1959

Held, K., Heraklit, Parmenides und der Anfang von Philosophie und Wissenschaft, Berlin 1980

Kahn, Ch. H., The art and thought of Heraclitus. An edition of the fragments with translation and commentary, Cambridge 1979

Kurtz, E., Interpretationen zu den Logos-Fragmenten Heraklits, Hildesheim 1971

Neeße, G., Heraklit heute, Hildesheim 1982

Xenophanes

Text

Xenophanes, Die Fragmente, hrsg., übers. und erläutert von E. Heitsch, München/Zürich 1983

Darstellungen

Schwabl, H./Wiesner, J., Die Eleaten (Forschungsbericht zu Xenophanes, Parmenides und Melissos), in: Anzeiger für die Altertumswissenschaft 25 (1975), S. 1–56

Steinmetz, P., Xenophanesstudien, in: Rheinisches Museum 109 (1966), S. 13–73

Parmenides

Texte

Parmenides, Die Anfänge der Ontologie, Logik und Naturwissenschaften. Die Fragmente, hrsg., übers. und erläutert von E. Heitsch, München 1974

Parmenides, griech./dt., Komm. von K. Riezler, neu hrsg. von H. G. Gadamer, übers. von K. Riezler, Frankfurt/M. 1970

Parmenides, Über das Sein, griech./deutsch, mit einem Essay hrsg. von H. v. Steuben, Stuttgart 1981

Parmenides, Vom Wesen des Seienden, Die Fragmente, griechisch und deutsch, hrsg., übers. und erläutert von U. Hölscher, Frankfurt/M. 1969, mit einem Nachwort 1986, Frankfurt/M. 1986

Darstellungen

Bormann, K., Parmenides. Untersuchungen zu den Fragmenten, Hamburg 1971

Deichgräber, K., Das Ganze-Eine des Parmenides. Fünf Interpretationen zu seinem Lehrgedicht, Wiesbaden 1983

Diels, H., Parmenides' Lehrgedicht, Berlin 1897

Heidegger, M., ‹Moira› (Parmenides, Fragment VIII, 31–41), in: ders., Vorträge und Aufsätze, 2. Aufl., Pfullingen 1959
Jantzen, J., Parmenides zum Verhältnis von Sprache und Wirklichkeit, München 1976
Mansfield, J., Die Offenbarung des Parmenides und die menschliche Welt, Assen 1964
Reinhardt, K., Parmenides und die Geschichte der griechischen Philosophie, 2. Aufl., Frankfurt/M. 1959
Scott, A., Parmenides, New Haven 1986
Tarãn, L., Parmenides. A text with translation, commentary and critical essays, Princeton 1965
Welzk, St., Die Einheit der Erfahrung. Eine Interpretation der parmenideischen Fragmente, München/Wien 1976

Zenon

Ferber, R., Zenons Paradoxien der Bewegung und der Struktur von Raum und Zeit, München 1981
Fritz, K. v., Zenon von Elea, in: ders., Schriften zur griechischen Logik, Bd. I, Stuttgart–Bad Cannstatt 1978
Grünbaum, A., Modern science and Zeno's paradoxes, Middletown 1967
Lee, H. D. P. (Hrsg.), Zeno of Elea, Cambridge 1936
Salmon, W. C., Zeno's Paradoxes, Indianapolis/New York 1970
Schramm, M., Die Bedeutung der Bewegungslehre des Aristoteles für seine beiden Lösungen der zenonischen Paradoxie, Frankfurt/M. 1962

Empedokles

Altheim, F./Stiehl, R., Porphyrios und Empedokles, Tübingen 1954
Bollack, J., Empédocle 1–3, 4 Bde., Paris 1965–69
Kranz, W., Empedokles. Antike Gestalt und romantische Neuschöpfung, Zürich 1949
Lüth, J. Chr., Die Struktur des Wirklichen im empedokleischen System ‹Über die Natur›, Meisenheim a. G. 1970
O'Brien, D., Empedocles' Cosmic Cycle. A reconstruction, Cambridge 1969
O'Brien, D., Pour interpréter Empédocle, Leiden 1981

Anaxagoras

Fritz, K. v., Der Nous des Anaxagoras, in: ders., Grundprobleme der Geschichte der antiken Wissenschaften, Berlin/New York 1971
Gershenson, D. E./Greenberg, D. A., Anaxagoras and the Birth of Physics, New York 1964
Schofield, M., An Essay on Anaxagoras, Cambridge 1980
Teodorsson, S.-T., Anaxagoras' theory of matter, Göteborg 1982

Demokrit

Texte

Antike Atomphysik. Texte zur antiken Atomlehre und zu ihrer Wiederaufnahme in der Neuzeit, hrsg. von A. Stückelberger, München 1979
Democritea, hrsg. von S. Luria, Leningrad 1970

Griechische Atomisten. Texte und Kommentare zum materialistischen Denken der Antike. Aus dem Griechischen und Lateinischen übersetzt und hrsg. von F. Jürss, R. Müller u. E. G. Schmidt, 2. Aufl., Berlin 1977

Darstellungen

Democritus and the Sources of Greek Anthropology, Cleveland (Ohio) 1967

Langerbeck, H., Δόξις ἐπιρυσμιή. Studien zu Demokrits Ethik und Erkenntnislehre, 2. Aufl., Berlin 1967

Löbl, R., Demokrits Atomphysik, Darmstadt 1987

Luria, S., Zur Frage der materialistischen Begründung der Ethik bei Demokrit, Berlin 1964

Nill, M., Morality and self-interest in Protagoras, Antiphon and Democritus, Leiden 1985

Stückelberger, A., Vestigia Democritea. Die Rezeption der Lehre von den Atomen in der antiken Naturwissenschaft und Medizin, Basel 1984

Sophistik und Sophisten

Bibliographie

Classen, C.J., Bibliographie zur Sophistik, in: Elenchos 6 (1985), S. 75–140

Darstellungen

Baumhauer, O. A., Die sophistische Rhetorik. Eine Theorie sprachlicher Kommunikation, Stuttgart 1986

Buchheim, Th., Die Sophistik als Avantgarde des normalen Lebens, Hamburg 1986

Classen, C. J. (Hrsg.), Sophistik, Darmstadt 1976

Dietz, K.-M., Protagoras von Abdera: Untersuchung zu seinem Denken, Bonn 1976

Dreher, M., Sophistik und Polisentwicklung, Frankfurt/M. 1983

Emsbach, M., Sophistik als Aufklärung. Untersuchungen zu Wissenschaftsbegriff und Geschichtsauffassung bei Protagoras, Würzburg 1980

Gomperz, H., Sophistik und Rhetorik. Das Bildungsideal des eu legein in seinem Verhältnis zur Philosophie des 5. Jahrhunderts, unveränderter Nachdruck der Ausgabe Leipzig/Berlin 1912, Stuttgart 1965

Heinimann, F., Nomos und Physis, Nachdr. d. Ausg. von 1945, Basel 1965

Kerferd, G. B., The sophistic movement, Cambridge 1981

Kube, J., Techne und Arete. Sophistisches und Platonisches Tugendwissen, Berlin 1969

Nestle, W., Vom Mythos zum Logos, Nachdruck der 2. Aufl. 1942, Stuttgart 1982

Newiger, H. J., Untersuchungen zu Gorgias' Schrift über das Nichtseiende, Berlin 1973

Patzer, A., Der Sophist Hippias als Philosophiehistoriker, Freiburg i. B. 1986 (Texte in griechisch)

Rankin, H. D., Sophists, Socratics and Cynics, Beckenham (Kent) 1983

Untersteiner, M., I sofisti, 2 Bde., 1. Aufl. Turin 1949, 2. Aufl. Mailand 1967, engl. Übers. d. 1. Aufl.: The Sophists, Oxford 1954

Sokratiker und Sokrates

Textsammlung

Die Sokratiker, in Auswahl übersetzt und hrsg. von W. Nestle, Neudruck der Ausgabe Jena 1922, Aalen 1968

Sokrates

Bibliographie und Biographie

Patzer, A., Bibliographia Socratica. Die wissenschaftliche Literatur über Sokrates von den Anfängen bis auf die neueste Zeit in systematisch-chronologischer Anordnung, Freiburg 1985

Maier, H., Sokrates, Nachdr. d. Ausg. Tübingen 1913, Aalen 1985

Martin, G., Sokrates in Selbstzeugnissen und Bilddokumenten, Reinbek b. Hamburg 1967

Xenophon, Die sokratischen Schriften. Memorabilien, Symposion, Oikonomikos, Apologie, übertragen und hrsg. von E. Bux, Stuttgart 1956

Xenophon, Erinnerungen an Sokrates, griech./deutsch, hrsg. von P. Jaerisch, 3., verbesserte Aufl., München 1980

Darstellungen

Classen, C. J., Sprachliche Deutung als Triebkraft platonischen und sokratischen Philosophierens, München 1959

Gigon, O., Sokrates. Sein Bild in Dichtung und Geschichte, 2., erg. Aufl., Bern/München 1979

Guardini, R., Der Tod des Sokrates. Eine Interpretation der Platonischen Schriften Euthyphron, Apologie, Kriton und Phaidon, Hamburg 1956

Jaspers, K., Die maßgeblichen Menschen. Sokrates, Buddha, Konfuzius, Jesus, München 1975

Kraut, R., Socrates and the state, Princeton, NJ, 1984

Kuhn, H., Sokrates, Versuch über den Ursprung der Metaphysik, München 1959

Patzer, A., Der historische Sokrates, Darmstadt 1987

Platon, Sokrates im Gespräch, hrsg., mit Nachw. und Anm. vers. von B. Snell, Frankfurt/M. 1986

Vlastos, G. (Hrsg.), The Philosophy of Socrates. A collection of Critical Essays, Berryville 1971

Sokratische Schulen

Kyrenaiker

Aristippi et Cyrenaicorum fragmenta, hrsg. von E. Mannebach, Leiden/Köln 1961

Classen, C. J., Aristipp, Hermes 86, 1958

Döring, K., Der Sokratesschüler Aristipp und die Kyrenaiker, Mainz/Stuttgart 1988

Kyniker

Text

Anthistenes fragmenta, coll. F. D. Caizzi, Mailand 1966

Darstellungen

Billerbeck, M., Der Kyniker Demetrius. Ein Beitrag zur Geschichte der frühkaiserzeitlichen Popularphilosophen, Leiden 1979

Dudley, D. R., A History of Cynicism. From Diogenes to the 6th Century A. D., Hildesheim 1967

Kindstrand, J. F., Bion of Borysthenes. A collection of the fragments with introduction and commentary, Uppsala 1976

Niehues-Pröbsting, H., Der Kynismus des Diogenes und der Begriff des Zynismus, München 1979, Frankfurt/M. 1988

O'Neil, E. N. (Hrsg.), Teles. The Cynic Teacher, Missoula/Montana 1977

Paquet, L., Les Cyniques grecs. Fragments et témoignages, Ottawa 1975

Rankin, H. D., Antisthenes Sokratikos, Amsterdam 1986

Sloterdijk, P., Kritik der zynischen Vernunft, 2 Bde., Frankfurt/M. 1983

Megariker

Text

Les mégariques. Fragments et témoignages, trad. et commentés par R. Muller, Paris 1985

Darstellungen

Doering, K., Die Megariker. Kommentierte Sammlung der Testimonien, Amsterdam 1972 (Quellen griechisch oder lateinisch)

Euklid, Die Elemente, Buch I–XIII, nach Heiborgs Text aus dem Griechischen übersetzt und hrsg. von C. Thaer, Nachdruck Darmstadt 1980

Reidemeister, K., Das exakte Denken der Griechen. Beiträge zur Deutung von Euklid, Plato und Aristoteles, Nachdr. der 1. Aufl., Hamburg 1949, Darmstadt 1972

Steck, M., Bibliographia Euclideana, Hildesheim 1981

Platon

Bibliographien, Wörterbücher, Biographien

Brandwood, L., A word index to Plato, Oxford 1951

Gigon, O., Platon (Bibliographische Einführungen in das Studium der Philosophie), Bern 1950

Gigon, O./Zimmermann, L., Platon. Lexikon der Namen und Begriffe, Zürich 1975

Mc Kirahan, R. D., Plato and Socrates. A comprehensive bibliography, 1958–1973, New York 1978

Martin, G., Platon in Selbstzeugnissen und Bilddokumenten, Reinbek b. Hamburg 1969

Werke

Platon, Studienausgabe, 8 Bde., griech./deutsch, hrsg. von G. Eigler, Darmstadt 1970–1983

Platon, Sämtliche Werke, hrsg. von W. F. Otto, E. Grassi, G. Plamböck, in der Übersetzung von F. Schleiermacher mit der Stephanus-Numerierung, 6 Bde., Reinbek b. Hamburg 1957–1959

Platon, Sämtliche Dialoge, übers. v. O. Apelt, 7 Bde., (Nachdruck) Hamburg 1988

Platon-Ausgaben:

Frühdialoge. Laches, Charmides, Lysis, Der Größere Hippias, Der Kleinere Hippias, Protagoras, Euthydemos, Ion, Menexenos, eingel. von O. Gigon, übertr. v. R. Rufener, Zürich/Stuttgart 1960

Die Werke des Aufstiegs. Euthyphron, Apologie, Kriton, Gorgias, Menon, neu übertr. v. H. Rufener, eingel. v. G. Krüger, Zürich 1948

Meisterdialoge. Phaidon, Symposion, Phaidros, eingel. v. O. Gigon, übertr. v. R. Rufener, Zürich/Stuttgart 1958

Spätdialoge I. Theaitetos, Der Sophist, Der Staatsmann, Kratylos, eingel. v. O. Gigon, übertr. v. R. Rufener, Zürich/Stuttgart 1965

Spätdialoge II. Philebos, Parmenides, Timaios, Kritias, eingel. v. O. Gigon, übertr. v. R. Rufener, Zürich 1969

Die Gesetze, eingel. v. O. Gigon, übertr. v. R. Rufener, Zürich/München 1974

Der Staat. Über das Gerechte, eingel. v. G. Krüger, übertr. v. R. Rufener, Zürich 1950

Die echten Briefe Platons, griech./deutsch, übertr. u. eingel. von E. Howald, Zürich 1951

Platon-Ausgaben (Philosophische Bibliothek)

Theätet, übers. v. O. Apelt, Hamburg 1955

Der Staat. Über das Gerechte, übers. und erl. v. O. Apelt, durchgesehen u. mit ausführlicher Literaturübersicht, Anm. u. Registern versehen von K. Bormann, Einl. v. P. Wilpert, Hamburg 1979

Euthyphron, griech./deutsch, übers., mit Einl. und Anm. versehen von K. Reich, Hamburg 1968

Menon, griech./deutsch, auf der Grundlage der Übers. von O. Apelt in Verbindung mit E. Zekl neu bearb. u. hrsg. von K. Reich, Hamburg 1972

Laches, griech./deutsch, übers. u. hrsg. von R. Schrastetter, Hamburg 1970

Das Gastmahl, griech./deutsch, übers. und erl. von O. Apelt, in der 2. Aufl. neubearbeitet von A. Capelle, Hamburg 1960

Der Sophist, griech./deutsch, übers. von O. Apelt, hrsg. von R. Wiehl, Hamburg 1967

Parmenides, griech./deutsch, übers. u. hrsg. von H. G. Zekl, Hamburg 1972

Platon, Der Staat (Politeia), eingel., übers. und erklärt von Karl Vretska, Stuttgart 1982

Platon, Theätet, griech. und deutsch, übers. u. hrsg. von E. Martens, Stuttgart 1981

Plato, Texte zur Ideenlehre, hrsg. u. übers. von H.-G. Gadamer, Frankfurt/M. 1978

(Für fremdsprachliche Ausgaben von Platon-Texten siehe: Friedo Ricken, Philosophie der Antike. Grundkurs Philosophie Band 6, Stuttgart/Berlin/Köln/Mainz 1988)

Aufsatzsammlungen
Vlastos, G. (Hrsg.), Plato. A collection of critical essays, 2 Bde., Berryville, Virginia 1971
Vlastos, G., Platonic studies, 2. Aufl., Princeton, New York 1981

Allgemeine Darstellungen
Allen, R. E., Plato's Euthyphro and the earlier theory of forms, London 1970
Bormann, K., Platon, München/Freiburg 1973
Bröcker, W., Platos Gespräche, 3. Aufl., Frankfurt/M. 1985
Crombie, J. M., An examination of Plato's doctrines, London Bd. 1 1962, Bd. 2 1963
Edelstein, L., Plato's Seventh Letter, Leiden 1966
Findlay, J. N., Plato und der Platonismus (Plato and Platonism. An introduction, New York 1978), Königstein/Ts. 1981
Friedländer, P., Platon. Bde. 1–3, 2., erw. u. verb. Auflage, Berlin 1954–1960
Gadamer, H.-G., Platos dialektische Ethik, Neudr. d. Aufl. von 1931, mit einem neuen Vorwort und Reg., Hamburg 1983
Gaiser, K., Platons ungeschriebene Lehre. Studien zur systematischen und geschichtlichen Begründung der Wissenschaften in der Platonischen Schule, Stuttgart 1963
Gosling, J. C. B., Plato, London 1973
Hall, R. W., Plato, London 1981
Hare, R. M., Plato, Oxford 1982
Heitsch, E., Platon über die rechte Art zu reden und zu schreiben, Abh. Akad. Mainz 1987
Hirsch, W., Platons Weg zum Mythos, Berlin/New York 1971
Hoffmann, E., Platon. Eine Einführung in sein Philosophieren, Hamburg 1961
Krämer, H.-J., Der Ursprung der Geistmetaphysik, Amsterdam 1967
Melling, D. J., Understandig Plato, Oxford 1987
Rowe, Chr. J., Plato, Brighton 1984
Ryle, G., Plato's Progress, Cambridge 1966
Szlezák, Th. A., Platon und die Schriftlichkeit der Philosophie, Berlin/New York 1985
Taylor, A. E., Plato, The man and his work, Neudr. d. Ausg. von 1926, London 1960
Vogel. C. J. de, Rethinking Plato and Platonism, Leiden 1986
Wilamowitz-Moellendorf, U. v., Platon. Sein Leben und seine Werke, 2 Bde., Berlin 1919, Bd. 1: 5. Aufl., bearb. u. mit einem Nachwort versehen von B. Snell, Bd. 2: 3. Aufl., Berlin 1959–1961
Wippern, J. (Hrsg.), Das Problem der ungeschriebenen Lehre Platons, Darmstadt 1972

Erkenntnistheorie, Ontologie, Ideenlehre
Allen, R. E. (Hrsg.), Studies in Plato's metaphysics, London 1965
Cornford, F. M., Plato's Theory of Knowledge. The Theaetetus and the Sophist, translated with a running commentary, London 1957
Ebert, Th., Meinung und Wissen in der Philosophie Platons, Berlin 1974
Erler, M., Der Sinn der Aporien in den Dialogen Platons, Berlin/New York 1987
Ferber, R., Platons Idee des Guten, St. Augustin 1984

Graeser, A., Platons Ideenlehre. Sprache, Logik und Metaphysik. Eine Einführung, Bern und Stuttgart 1975
Hägler, R. P., Platons ‹Parmenides›, Berlin 1983
Heidegger, M., Platons Lehre von der Wahrheit, Bern 1954
Heitsch, E., Studien zu Platons Theaetet, Abh. Akad. Mainz 1988
Krämer, H.-J., Arete bei Platon und Aristoteles. Zum Wesen und zur Geschichte der platonischen Ontologie, 2. Aufl., Amsterdam 1967
Lauermann, Chr., Platons Konzeption der Bewegung des Geistes, Rheinfelden 1985
Martens, E., Das selbstbezügliche Wissen in Platons ‹Charmides›, München 1973
Martin, G., Platons Ideenlehre, Berlin/New York 1973
Natorp, P., Platos Ideenlehre. Eine Einführung in den Idealismus, 3. Aufl. als unveränderter Nachdr. der 2., durchges. und vermehrten Aufl. von 1922, Darmstadt 1961
Oehler, K., Die Lehre vom noetischen und dianoetischen Denken bei Platon und Aristoteles, 2. Aufl., Hamburg 1985
White, N. P., Plato on Knowledge and Reality, Indianapolis 1976
Wieland, W., Platon und die Formen des Wissens, Göttingen 1982

Seelenlehre

Graeser, A., Probleme der platonischen Seelenteilungslehre. Überlegungen zur Frage der Kontinuität im Denken Platons, München 1969
Krüger, G., Einsicht und Leidenschaft. Das Wesen des platonischen Denkens, 4. Aufl., Frankfurt/M. 1973
Krüger, G., Eros und Mythos bei Plato, Frankfurt/M. 1978
Zeitler, W. H., Entscheidungsfreiheit bei Platon, München 1983

Sprachphilosophie

Classen, C. J., Sprachliche Deutung als Triebkraft platonischen und sokratischen Philosophierens, München 1959
Derbolav, J., Platons Sprachphilosophie im Kratylos und in den späteren Schriften, Darmstadt 1972
Rehn, R., Der Logos der Seele. Wesen, Aufgabe und Bedeutung der Sprache in der platonischen Philosophie, Hamburg 1982
Uphues, K., Sprachtheorie und Metaphysik bei Platon, Aristoteles und in der Scholastik, Frankfurt/M. 1973

Logik, Dialektik

Detel, W., Platons Beschreibung des falschen Satzes im Theaetet und Sophistes, Göttingen 1972
Frede, M., Prädikation und Existenzaussage. Platons Gebrauch von ‹... ist...› und ‹... ist nicht...› im Sophistes, Göttingen 1967
Gundert, H., Dialog und Dialektik. Zur Struktur des platonischen Dialogs, Amsterdam 1971
Liebrucks, B., Platons Entwicklung zur Dialektik. Untersuchungen zum Problem des Eleatismus, Frankfurt/M. 1949
Prauss, G., Platon und der logische Eleatismus, Berlin 1966
Suhr, M., Platons Kritik an den Eleaten. Vorschläge zur Interpretation des platonischen Dialogs ‹Parmenides›, Hamburg 1969

Kosmologie, Naturwissenschaften
Cornford, F. M., Plato's Cosmology. The Timaeus of Platon, translated with a running commentary, London 1958
Mittelstraß, J., Die Rettung der Phänomene. Ursprung und Geschichte eines antiken Forschungsprinzips, Berlin 1962
Mohr, R. D., The platonic cosmology, Leiden 1985
Scheffel, W., Aspekte der Platonischen Kosmologie. Untersuchungen zum Dialog ‹Timaios›, Leiden 1976
Vlastos, G., Plato's universe, Seattle, Wash. 1975
Wedberg, A., Plato's philosophy of mathematics, Nachdr. der Ausg. Stockholm 1955, Westport, Connecticut 1977
Weizsäcker, C. F. v., Platonische Naturwissenschaft im Laufe der Geschichte, Göttingen 1971

Ethik und Politik
Annas, J., An introduction to Plato's Republic, Oxford 1981
Fritz, K. v., Platon in Sizilien und das Problem der Philosophenherrschaft, Berlin 1968
Gigon, O., Gegenwärtigkeit und Utopie. Eine Interpretation von Platos ‹Staat›, Vol. 1, Zürich 1976
Görgemanns, H., Beiträge zur Interpretation von Platons Nomoi, München 1960
Hentschke, A. B., Politik und Philosophie bei Platon und Aristoteles. Die Stellung der ‹Nomoi› im Platonischen Gesamtwerk und die politische Theorie des Aristoteles, Frankfurt/M. 1971
Irwin, T., Plato's moral theory. The early and the middle dialogues, Oxford 1977
Klosko, G., The development of Plato's Political Theory, London/New York 1986
Maurer, R., Platons ‹Staat› und die Demokratie. Historisch-systematische Überlegungen zur politischen Ethik, Berlin 1970
Popper, K. R., Die offene Gesellschaft und ihre Feinde I. Der Zauber Platons, Bern 1957, 6. Aufl. München 1980
Stalley, R. F., An Introduction to Plato's Laws, Indianapolis 1983

Platonische Akademie
Cherniss, H., Die ältere Akademie, übers. von J. Derbolav, Heidelberg 1966
Doent, E., Platons Spätphilosophie und die Akademie, Wien 1967

Aristoteles

Biographien
Gigon, O. (Hrsg.), Vita Aristotelis Marciana, Berlin 1962
Zemb, J. M., Aristoteles in Selbstzeugnissen und Bilddokumenten, Reinbek b. Hamburg 1961

Bibliographie
Flashar, H., Aristoteles, in: ders. (Hrsg.), Ältere Akademie, Aristoteles, Peripatos, Basel 1983

Werke
Aristoteles, Werke in deutscher Übersetzung. Deutsche Aristoteles-Gesamtausgabe, begr. von E. Grumbach, hrsg. von H. Flashar, 20 Bände, Darmstadt, bisher erschienen:
Bd. 1,1: Kategorien, übers. und erl. von K. Oehler, 2. durchges. Aufl. 1986
Bd. 6: Nikomachische Ethik, übers. und erl. von F. Dirlmeier, 8. Aufl. 1983
Bd. 7: Eudemische Ethik, übers. von F. Dirlmeier, 4., gegenüber der 2. durchges. Aufl. 1984
Bd. 8: Magna Moralia, übers. von F. Dirlmeier, 5. Aufl. 1983
Bd. 11: Physikvorlesung, übers. von H. Wagner, 4. Aufl. 1983, Bd. 12, 1–2: Meteorologie. Über die Welt, übers. von H. Strohm, 3., gegenüber der 2. ber. Aufl. 1984
Bd. 13: Über die Seele, übers. von W. Theiler, 7. Aufl. 1986
Bd. 17, 2–3: Über die Bewegung der Lebewesen. Über die Fortbewegung der Lebewesen, übers. von J. Harig-Kollesch, 1985
Bd. 18,1: Opuscula: Über die Tugend, übers. von E. A. Schmidt, 3., bearb. und durchges. Aufl. 1986
Bd. 18, 2–3: Mirabilia, übers. von H. Flashar, De audibilibus, übers. von U. Klein, 2., ber. Aufl. 1981
Bd. 19: Problemata Physica, übers. von H. Flashar, 3. Aufl. 1983
Aristoteles, Lehrschriften, hrsg., übertr. und erl. von P. Gohlke, 27 Bde., Paderborn 1948–1961

Aristoteles-Ausgaben (Philosophische Bibliothek)
Politik, übers. u. mit erkl. Anm. und Reg. versehen von E. Rolfes, mit einer Einl. von G. Bien, Hamburg 1981
Organon, übers. u. erl. von E. Rolfes, 5 Bände in 6 Teilen, Bd. 1: Kategorien, Lehre vom Satz (Peri hermeneias). Mit Porphyrius' Einleitung, Bd. 2: Lehre vom Schluß oder Erste Analytik, Bd. 3: Lehre vom Beweis oder Zweite Analytik (neue Einleitung und Bibliographie von O. Höffe), Bd. 4: Topik, Bd. 5: Sophistische Widerlegungen, Hamburg 1968–1975
Nikomachische Ethik, auf der Grundlage der Übers. von E. Rolfes, hrsg. von G. Bien, Hamburg 1972
Metaphysik, übers. von H. Bonitz, neubearb. und mit Einleitung und Kommentar hrsg. von H. Seidl, griech. Text in der Edition von W. Christ, Hamburg 1978
Physik. Vorlesung über die Natur, griech./deutsch, übers., mit einer Einl. und Anm. hrsg. von H. G. Zekl, Hamburg 1987
Aristoteles, Einführungsschriften, eingel. und neu übertr. von O. Gigon, 4 Bde., Stuttgart 1950–1967
Aristoteles, Politik, übers. und hrsg. von O. Gigon, München 1981
Aristoteles, Nikomachische Ethik, Übers. und Nachwort von F. Dirlmeier, Anm. von A. Schmidt, Stuttgart 1969
Aristoteles, Metaphysik. Schriften zur Ersten Philosophie, übers. und hrsg. von F. F. Schwarz, Stuttgart 1970
Aristoteles, Metaphysik Z, Text, Übers. und Kommentar M. Frede und G. Patzig, 2 Bde., Bd. 1: Einleitung, Text und Übersetzung, Bd. 2: Kommentarband, München 1988
Aristoteles, Poetik, eingel., übers. und erl. von M. Fuhrmann, München 1976

Aristoteles, Über die Farben, erl. durch eine Übersicht der Farbenlehre der Alten von K. Prantl, Aalen 1978
Aristoteles, Zweite Analytiken, griech./deutsch, mit Einl., Übers. und Kommentar hrsg. von H. Seidl, griech. Text in der Edition von Th. Waitz, Amsterdam 1984
Aristoteles, Werke, griech./deutsch, mit sachklärenden Anm., 7 Bde. (soweit erschienen), Nachdruck der Ausg. Leipzig 1854, Aalen 1978
(Für fremdsprachliche Ausgaben von Aristoteles-Texten siehe: Friedo Ricken, Philosophie der Antike. Grundkurs Philosophie Band 6, Stuttgart/Berlin/Köln/Mainz 1988)

Aufsatzsammlungen
Aristoteles in der neueren Forschung, hrsg. von P. Moraux, Darmstadt 1968
Aristoteles – Werk und Wirkung, hrsg. von J. Wiesner, Bd. 1: Aristoteles und seine Schule, Berlin 1985
Barnes, J./Schofield, M./Sorabij, R. (Hrsg.), Articles on Aristotle, 4 Bde., London 1975–1979
O'Meara, D. J. (Hrsg.), Studies in Aristotle, Washington D. C. 1981

Allgemeine Darstellungen
Ackrill, J. F., Aristotle the Philosopher, Oxford 1981, deutsch: Berlin 1985
Allan, D. J., Die Philosophie des Aristoteles, übers. und hrsg. von P. Wilpert, Hamburg 1955
Barnes, J., Aristotle, Oxford 1982
Bröcker, W., Aristoteles, 3., um einen 2. Teil erw. Aufl., Frankfurt/M. 1964
Die Frühschriften des Aristoteles, hrsg. von P. Moraux, Darmstadt 1975
Düring, I., Aristoteles. Darstellung und Interpretation seines Denkens, Heidelberg 1966
Flashar, H. (Hrsg.), Ältere Akademie, Aristoteles, Peripatos, Basel 1983
Fritz, K. v., Beiträge zu Aristoteles, Berlin/New York 1983
Jaeger, W., Aristoteles. Grundlegung einer Geschichte seiner Entwicklung, 2. Aufl., Berlin 1955
Morall, J. B., Aristotle, London 1977
Ross, W. D., Aristotle, 5. Aufl., London 1949
Sandvoss, E. R., Aristoteles, Stuttgart 1981

Metaphysik, Ideenlehre, Erkenntnistheorie, Wissenschaftstheorie
Bonitz, H., Über die Kategorien des Aristoteles, Nachdr., Darmstadt 1967
Brentano, F., Von der mannigfachen Bedeutung des Seienden nach Aristoteles, Nachdr. der Ausg. Freiburg 1862, Darmstadt 1960
Brinkmann, K., Aristoteles' allgemeine und spezielle Metaphysik, Berlin 1979
Elders, L., Aristotle's Theology, Assen 1972
Guzzoni, U., Grund und Allgemeines. Untersuchungen zum aristotelischen Verständnis der ontologischen Gründe, Meisenheim 1975
Hager, F.-P. (Hrsg.), Logik und Erkenntnislehre des Aristoteles, Darmstadt 1972
Hager, F.-P. (Hrsg.), Metaphysik und Theologie des Aristoteles, 2. Aufl., Darmstadt 1979
Happ, H., Hyle. Studien zum Aristotelischen Materie-Begriff, Berlin 1971
Kullmann, W., Wissenschaft und Methode. Interpretationen zur Aristotelischen Theorie der Naturwissenschaft, Berlin 1974

Lloyd, G. E. R./Owen, G. E. L., Aristotle on mind and senses, Cambridge 1978
Mathematics and Metaphysics in Aristotle. Mathematik und Metaphysik bei Aristoteles, Akten des X. Symposium Aristotelicum, Sigriswill, 6.–12. Sept. 1984, hrsg. von A. Graeser, Bern/Stuttgart 1987
Oehler, K., Der Unbewegte Beweger des Aristoteles, Frankfurt/M. 1984
Oehler, K., Die Lehre vom noetischen und dianoetischen Denken bei Platon und Aristoteles, 2. Aufl., Hamburg 1985
Owens, J., The doctrine of being in the Aristotelian Metaphysics, 3. Aufl., Toronto 1978
Reale, G., The concept of first philosophy and the unity of metaphysics of Aristotle, New York 1980
Routila, L., Die aristotelische Lehre der Ersten Philosophie, Amsterdam 1969
Schmitz, H., Die Ideenlehre des Aristoteles, 3 Bde., Bd. 1.1.: Aristoteles Kommentar zum 7. Buch der Metaphysik, Bd. 1.2.: Aristoteles Ontologie, Noologie, Theologie, Bonn 1985
Schnetze, A., Die Kategorien des Aristoteles und der Logos, Stuttgart 1972
Schüßler, I., Aristoteles. Philosophie und Wissenschaft. Das Problem der Verselbständigung der Wissenschaften, Frankfurt/M. 1982
Seidl, H., Beiträge zu Aristoteles' Erkenntnislehre und Metaphysik, Würzburg 1984
Sorabji, R., Necessity, Cause and Blame, London 1980
Tugendhat, E., TI KATA TINOΣ. Eine Untersuchung zu Struktur und Ursprung Aristotelischer Grundbegriffe, 3. unv. Aufl., Freiburg/München 1982
Volkmann-Schluck, K.-H., Die Metaphysik des Aristoteles, Frankfurt/M. 1979
Waterlow, S., Nature, change and agency in Aristotle's Physics, Oxford 1982
Welsch, W., Aisthesis. Grundzüge und Perspektiven der Aristotelischen Sinnenlehre, Stuttgart 1987
Wieland, W., Die aristotelische Physik. Untersuchungen über die Grundlegung der Naturwissenschaft und die sprachlichen Bedingungen der Prinzipienforschung bei Aristoteles, 2., durchges. Aufl., Göttingen 1970

Logik

Ebbinghaus, K., Ein formales Modell der Syllogistik des Aristoteles, Göttingen 1964
Hager, F.-P. (Hrsg.), Logik und Erkenntnislehre des Aristoteles, Darmstadt 1972
Knuuttila, S./Hintikka, J. (Hrsg.), The logic of being. Historical studies, Dordrecht 1986
Lear, J., Aristotle and Logical theory, London 1980
Menne, A./Öffenberger, N. (Hrsg.), Zur modernen Deutung der Aristotelischen Logik, 2 Bde., Bd. I: Über den Folgerungsbegriff in der aristotelischen Logik, Hildesheim 1982, Bd. II: Formale und nicht-formale Logik bei Aristoteles, Hildesheim 1985
Patzig, G., Die aristotelische Syllogistik. Logisch-philologische Untersuchungen über das Buch A der ‹Ersten Analytiken›, 3., veränd. Aufl., Göttingen 1969
Seel, G., Die Aristotelische Modallogik, Berlin/New York 1982
Solmsen, F., Die Entwicklung der aristotelischen Logik und Rhetorik, Berlin 1929
Wolf, U., Möglichkeit und Notwendigkeit bei Aristoteles und heute, München 1979

Sprache, Poetik
Arens, H., Aristotle's Theory of Language and its Tradition, Texts from 500–1750, selection, transl. and commentary, Amsterdam 1984
Cessi, V., Erkennen und Handeln in der Theorie des Tragischen bei Aristoteles, Frankfurt/M. 1987
Evans, J. D. G., Aristotle's Concept of Dialectic, Cambridge (U. P.) 1977
Neschke, A. B., Die ‹Poetik› des Aristoteles. Textstruktur und Textbedeutung, Frankfurt/M. 1980
Uphues, K., Sprachtheorie und Metaphysik bei Platon, Aristoteles und in der Scholastik, Frankfurt/M. 1973

Naturphilosophie, Biologie, Psychologie
Brentano, F., Die Psychologie des Aristoteles, Nachdr., Darmstadt 1967
Cassirer, E., Aristoteles' Schrift ‹Von der Seele›, Nachdr., Darmstadt 1968
Craemer-Ruegenberg, I., Die Naturphilosophie des Aristoteles, Freiburg 1980
Hartmann, E., Substance, body and soul. Aristotelian investigations, Princeton, N. J. 1977
Kenny, A., Aristotle's theory of the will, London 1979
Naturphilosophie bei Aristoteles und Theophrast, Verhandlungen des 4. Symposium Aristotelicum, Göteborg, August 1966, Heidelberg 1969
Nussbaum, M. C., Aristotle's De motu Animalium, Princeton 1978
Seeck, G. A. (Hrsg.), Die Naturphilosophie des Aristoteles, Darmstadt 1975

Ethik und Politik
Bien, G., Die Grundlegung der politischen Philosophie bei Aristoteles, 2. Aufl., Freiburg i. B./München 1980
Braun, E., Aristoteles über Bürger- und Menschentugend, Wien 1961
Charles, D., Aristotle's theory of action, London 1984
Gauthier, R. A., La morale d'Aristote, Paris 1963
Hager, F.-P. (Hrsg.), Ethik und Politik des Aristoteles, Darmstadt 1972
Hardie, W. F. R., Aristotle's Ethical Theory, Oxford 1968
Höffe, O., Praktische Philosophie. Das Modell des Aristoteles, München/Salzburg 1971
Kamp, A., Die politische Philosophie des Aristoteles und ihre metaphysischen Grundlagen, München 1985
Kenny, A., The Aristotelian Ethics. A Study of the Relationship between the Eudemian and Nicomachean Ethics of Aristotle, Oxford 1978
MacIntyre, A., Der Verlust der Tugend, Frankfurt/M. 1987
Müller, A. W., Praktisches Folgern und Selbstgestaltung nach Aristoteles, Freiburg 1982
Mulgan, R. G., Aristotle's political theory, Oxford 1977
Noulas, V., Ethik und Politik bei Aristoteles. Ein Beitrag zur Rehabilitierung der aristotelischen praktischen Philosophie, Athen 1977
Ricken, F., Der Lustbegriff in der Nikomachischen Ethik des Aristoteles, Göttingen 1976
Riedel, M., Metaphysik und Metapolitik, Frankfurt/M. 1975
Rorty, A. O. (Hrsg.), Essays on Aristotle's Ethics, Berkeley 1980
Schütrumpf, E., Die Analyse der Polis durch Aristoteles, Amsterdam 1980
Urmson, J. O., Aristotle's Ethics, Oxford 1988

Platon und Aristoteles
Cherniss, H., Aristotle's Criticism of Plato and the Academy, New York 1962
Fink, E., Metaphysik der Erziehung im Weltverständnis von Platon und Aristoteles, Frankfurt/M. 1970
Fleischer, M., Hermeneutische Anthropologie. Platon – Aristoteles, Berlin 1976
Hellwig, A., Untersuchungen zur Theorie der Rhetorik bei Platon und Aristoteles, Göttingen 1973
Hentschke, A. B., Politik und Philosophie bei Platon und Aristoteles. Die Stellung der ‹Nomoi› im Platonischen Gesamtwerk und die politische Theorie des Aristoteles, Frankfurt/M. 1971
Schmitz, H., Die Ideenlehre des Aristoteles, Bd. 2: Platon und Aristoteles, Bonn 1985
Stenzel, J., Zahl und Gestalt bei Platon und Aristoteles, 3., durchges. Aufl., Darmstadt 1959
Uphues, K., Sprachtheorie und Metaphysik bei Platon, Aristoteles und in der Scholastik, Frankfurt/M. 1973

Die Schule des Aristoteles (Peripatos)
Aristoteles – Werk und Wirkung, hrsg. von J. Wiesner, Bd. 1: Aristoteles und seine Schule, Berlin 1985
Bernays, J., Theophrastos' Schrift über Frömmigkeit. Mit Bemerkungen zu Porphyrios' Schrift über Enthaltsamheit, Nachdruck der Ausg. Berlin 1866, Hildesheim 1979
Flashar, H. (Hrsg.), Ältere Akademie, Aristoteles, Peripatos, Basel 1983
Lynch, J. P., Aristotle's school, Berkeley/Los Angeles 1972
Moraux, P., Peripatoi. Philologisch-historische Studien zum Aristotelismus. Der Aristotelismus bei den Griechen. Erster Band, Berlin 1973
Moraux, P., Der Aristotelismus bei den Griechen. Von Andronikos bis Alexander von Aphrodisias, Bd. 2: Der Aristotelismus im 1. und 2. Jh. nach Chr., Berlin 1984
Theophrastus, Die logischen Fragmente des Theophrast, hrsg. und eingel. von A. Graeser, Berlin 1973
Theophrastus Eresius, Peri Eusebeias, griech. Text, hrsg., übers. und eingel. von W. Pötscher, Leiden 1964
Wehrli, F., Der Peripatos bis zum Beginn der römischen Kaiserzeit, in: Die Philosophie der Antike Band 3: Ältere Akademie – Aristoteles – Peripatos, hrsg. von H. Flashar, Basel/Stuttgart 1983, S. 459–600 (Literatur)
Wehrli, F. (Hrsg.), Die Schule des Aristoteles. Texte und Kommentar, 2., erg. und verb. Aufl., Basel/Stuttgart 1967ff
Wöhrle, G., Theophrasts Methode in seinen botanischen Schriften, Amsterdam 1985

Der Hellenismus (Stoa, Epikur, Skepsis)

Quellen
Long, A. A./Sedley, D. N., The Hellenistic philosophers, vol. I: Translations of the principal sources, with philosophical commentary; vol. II: Greek and Latin texts with notes and bibliography, Cambridge 1987f

Die Nachsokratiker, 2 Bde., Bd. 1: Die Epikureer, Bd. 2: Die Stoiker, Die Skeptiker, Die Neupythagoreer, Die Neuplatoniker, deutsch in Auswahl mit Einleitungen von W. Nestle, Neudr. der Ausg. Jena 1923, Aalen 1968

Aspekte des Hellenismus

Barnes, J./Brunschwig, J./Burnyeat, M./Schofield, M. (eds.), Science and Speculation: Studies in Hellenistic theory and practice, Cambridge/Paris 1982
Long, A. A. (Hrsg.), Problems in Stoicism, London 1971
Schofield, M./Burnyeat, M./Barnes, J. (eds.), Doubt and Dogmatism: Studies in Hellenistic epistemology, Oxford 1980
Schofield, M./Striker, G. (eds.), The norms of nature: Studies in Hellenistic ethics, Cambridge/Paris 1986

Stoa

Quellen

Arnim, H. von, Hierokles. Ethische Elementarlehre, Berliner Klassikertexte Heft 4, Berlin 1906
Hülser, K. (Hrsg.), Die Fragmente zur Dialektik der Stoiker. Neue Sammlung der Texte mit deutscher Übersetzung und Kommentaren, 4 Bde., Stuttgart–Bad Cannstatt 1987 f
Stoa und Stoiker, eingel. und übertragen von M. Pohlenz, 2. Aufl., Zürich 1964
Stoicorum veterum fragmenta, collegit Ioannis ab Arnim, Vol. I–III, Vol. I: Zeno et Zenonis discipuli, 1905, Vol. II: Chrysippi fragmenta logica et physica, 1903, Vol. III: Chrysippi fragmenta moralia, fragmenta successorum Chrysippi, 1903, griech./lat., Leipzig 1903–1905, repr. Stuttgart 1964
Stoische Weisheit. Auswahl aus überlieferten Fragmenten und Textstellen mit deutscher Übersetzung sowie mit sprachlichen und sachlichen Erläuterungen, hrsg. von H. Panitz, Münster 1974

Allgemeine Darstellungen

Barth, P., Die Stoa, völlig neu bearb. von A. Goedeckemeyer, 6. Aufl., Stuttgart 1946
Barwick, K., Probleme der stoischen Sprachlehre und Rhetorik, Berlin 1957
Bloos, L., Probleme der stoischen Physik, Hamburg 1973
Bobzien, S., Die stoische Modallogik, Würzburg 1986
Egli, U., Zur stoischen Dialektik, Basel 1967
Forschner, M., Die stoische Ethik. Über den Zusammenhang von Natur-, Sprach- und Moralphilosophie im altstoischen System, Stuttgart 1981
Frede, M., Die stoische Logik, Göttingen 1974
Gould, J. B., The Philosophy of Chrysippus, Leiden 1970
Graeser, A., Zenon von Krition. Positionen und Probleme, Berlin 1975
Inwood, B., Ethics and human action in early Stoicism, 2. Aufl., Oxford 1987
Long, A. A., Hellenistic philosophy, 2. Aufl., London/New York/Los Angeles 1986
Pohlenz, M., Zenon und Chrysipp, Göttingen 1938
Pohlenz, M., Grundfragen der stoischen Philosophie, Göttingen 1940
Pohlenz, M., Die Stoa. Geschichte einer geistigen Bewegung, Bde. 1–2, 6. Aufl., Göttingen 1984

Sambursky, S., Physics of the Stoics, London 1959
Rist, J. M., Stoic Philosophy, Cambridge (U. P.) 1969
Rist, J. M. (Hrsg.), The Stoics, London 1978
Sandbach, F. H., The Stoics, London 1975
Schmidt, R. T., Die Grammatik der Stoiker (Übersetzung der lateinischen Ausgabe von 1839 durch K. Hülser), Wiesbaden 1979
Stoa und Stoiker, Bd. 1: Die Gründer Panaitos, Poseidonius, eingel. und übertr. von M. Pohlenz, Zürich 1950

Epikur und Epikureismus

Quellen

Arrighetti, G., Epicuro: Opere, Turin 1960
Diogenes Laertius, Buch 10. Epikur, übers. von O. Apelt, hrsg. sowie mit Vorw., Einl. und Anm. vers. von K. Reich und K. G. Zekl, Hamburg 1968
Epicurea, hrsg. von H. Usener, Nachdr. der Ausg. Leipzig 1887, Stuttgart 1926
Epicurus. The extant remains, greek/engl., with short critical apparatus, translation and notes by C. Bailey, Oxford 1926
Epikur. Philosophie der Freude. Eine Auswahl aus seinen Schriften, übers., erl. u. eingel. von J. Mewald, Stuttgart 1949
Epikur, Briefe, Sprüche, Fragmente, griech./deutsch, übers. u. hrsg. von H. W. Krantz, Stuttgart 1980
Epikur, Von der Überwindung der Furcht. Katechismus, Lehrbriefe, Spruchsammlung, Fragmente, eingel. u. übertr. von O. Gigon, 3. Aufl., Zürich 1983, München 1983
Isnardi Parente, M., Opere di Epicuro, Turin 1974

Allgemeine Darstellungen

Asmis, E., Epicurus' scientific method, Ithaca (NY) 1984
Bailey, C., The Greek Atomists and Épicurus, Oxford 1928
Bollack, J./Bollack, M./Wismann, H., La lettre d'Épicure, Paris 1971
Bollack, J./Laks, A., Épicure à pythocles. Sur la cosmologie et les phénomènes météorolog., Lille 1978
Englert, W. G., Epicurus on the swerve and voluntary action, Atlanta, Georgia 1987
Furley, D. J., Two studies in Greek Atomists, Study I: Invisible Magnitudes, Study II: Aristotle and Epicurus on Voluntary Action, Princeton 1967
Lemke, D., Die Theologie Epikurs, München 1973
Manolidis, G., Die Rolle der Physiologie in der Philosophie Epikurs, Frankfurt/M. 1987
Merlan, Ph., Studies on Epicurus and Aristotle, Wiesbaden 1960
Müller, R., Die Epikureische Gesellschaftstheorie, 2., unveränd. Aufl., Berlin 1974
Otto, W. F., Epikur, Stuttgart 1975
Philippson, R., Studien zu Epikur und den Epikureern, hrsg. von C. J. Classen, Hildesheim 1983
Rist, J. M., Épicurus. An introduction, Cambridge 1972
Rodis-Lewis, G., Épicure et son école, Paris 1975

Sprute, J., Vertragstheoretische Ansätze in der antiken Rechts- und Staatsphilosophie. Die Konzeption der Sophisten und Epikureer, Göttingen 1989
Steckel, H., Epikurs Prinzip der Einheit von Schmerzlosigkeit und Lust, Göttingen 1960
Zacher, K.-D., Plutarchs Kritik an der Lustlehre Epikurs, Königstein/Ts. 1982

Pyrrhonische und akademische Skepsis

Darstellungen

Annas, J./Barnes, J., The modes of scepticism. Ancient texts and modern interpretations, Cambridge 1985
Brochard, V., Les Sceptiques grecs, nouv. éd. conforme à la deuxième, Paris 1981
Burnyeat, M. F. (Hrsg.), The sceptical tradition, Berkeley/Los Angeles 1983
Chatzilysandros, A. E., Geschichte der skeptischen Topen, München 1970
Deichgräber, K., Die griechische Empirikerschule. Sammlung der Fragmente und Darstellung der Lehre, Neudr. d. Ausg. von 1930, Berlin/Zürich 1965
Goedeckemeyer, A., Die Geschichte des griechischen Skeptizismus, Leipzig 1905
Janáček, K., Sextus Empiricus' Sceptical methods, Prag 1972
Richter, R., Der Skeptizismus in der Philosophie, Bd. 1–2, Leipzig 1904–1908
Sextus Empiricus, hrsg. von H. Mutschmann/J. Mau/K. Janáček, 4 Bde., Leipzig 1914–1962
Sextus Empiricus, with an English translation by R. G. Bury (griech./engl.), 4 Bde., London (The Loeb Classical Library) 1933–1949
Sextus Empiricus, Grundriß der pyrrhonischen Skepsis, Einl. und Übers. von M. Hossenfelder, Frankfurt/M. 1968 und 1985
Stough, Ch. L., Greek Scepticism. A study in epistemology, Berkeley 1969
Wisniewski, B., Karneades, Fragmente, Breslau/Warschau/Krakau 1970

Philosophie im Römischen Reich

Quellen

Long, A. A./Sedley, D. N., The Hellenistic philosophers, vol. I: Translations of the principal sources, with philosophical commentary; vol. II: Greek and Latin texts with notes and bibliography, Cambridge 1987f

Allgemeine Darstellungen

Dörrie, H., Die geschichtlichen Wurzeln des Platonismus, Stuttgart 1987
Glucker, J., Antiochus and the late Academy
Haase, W. (Hrsg.), Aufstieg und Niedergang der römischen Welt, Bd. 36,1: Philosophie, Berlin 1987
Maurach, G., Geschichte der römischen Philosophie. Eine Einführung, Darmstadt 1989
Maurach, G. (Hrsg.), Römische Philosophie, Darmstadt 1976

Mittlere Stoa und späte Stoa

Quellen

Epiktet, Teles und Musonius. Wege zum Glück, auf der Grundl. d. Übertr. von W. Capelle, neu übers. von R. Nickel, Darmstadt 1987

Hierokles, Ethische Elementarlehre, hrsg. von H. v. Arnim, Berlin 1906
Hierokles, Kommentar zum Pythagoreischen goldenen Gedicht, übers. von F. W. Köhler, Stuttgart 1983
Kaiser Mark Aurel, Wege zu sich selbst, hrsg. u. übertr. von W. Theiler, Zürich 1951
Marc Aurel, Selbstbetrachtungen, aus d. Griech. übers. von F. C. Schneider, Essen 1981
Poseidonios, Die Fragmente, 2 Bde., Textband und Erläuterungsband, hrsg. von W. Theiler, Berlin/New York 1982
Posidonius, Vol. I: The Fragments, ed. by L. Edelstein, I. G. Kidd, 2. Aufl., Cambridge 1989; Vol. II,1 and II,2: The Commentary by I. G. Kidd, Cambridge 1988
Seneca, De tranquillitate animi. Über die Ausgeglichenheit der Seele, lat./dt., Stuttgart 1984
Seneca, L. Annaeus, Philosophische Schriften. Seneca Studienausgabe, lat./dt., 5 Bde., hrsg. von M. Rosenbach, Darmstadt 1980–1988
Seneca, L. Annaeus, Von der Seelenkunde. Philosophische Schriften und Briefe, hrsg. von Ü. H. Bertold, Frankfurt/M. 1984

Darstellungen

Billerbeck, M. (Hrsg.), Epiktet. Vom Kynismus, Leiden 1978
Bonhöffer, A., Epiktet und die Stoa. Untersuchungen zur stoischen Philosophie, Nachdruck d. Ausg. 1890, Stuttgart 1968
Bonhöffer, A., Die Ethik des Stoikers Epiktet. Anhang: Exkurse über einige wichtige Punkte der stoischen Ethik, Nachdruck d. Ausg. 1894, Stuttgart 1968
Cančik, H., Untersuchungen zu Senecas Epistulae Morales, Hildesheim 1967
Graeser, A., Plotinus and the Stoics, Leiden 1972
Griese, A., Wie ein Fremder im Vaterland (Marc Aurel), Frankfurt/M. 1975
Griffin, T., Seneca. A philosopher in politics, Oxford 1976
Hadot, I., Seneca und die griechisch-römische Tradition der Seelenteilung, Berlin 1969
Heinemann, I., Poseidonios' metaphysische Schriften, 2 Bde., Nachdruck der Ausg. Breslau 1928, Hildesheim 1968
Kobusch, Th., Studien zur Philosophie des Hierokles von Alexandrien. Untersuchungen zum christlichen Neuplatonismus, München 1976
Maier, B., Philosophie und römisches Kaisertum, Wien 1985
Maurach, G. (Hrsg.), Seneca als Philosoph, 2. Aufl., Darmstadt 1987
Pohlenz, M., Poseidonios' Affektenlehre, Göttingen 1921
Pohlenz, M., Die Stoa. Geschichte einer geistigen Bewegung, Bde. 1–2, 6. Aufl., Göttingen 1984
Pohlenz, M., Grundfragen der stoischen Philosophie, Göttingen 1940
Reinhardt, K., Poseidonios, München 1921
Schmekel, A., Die Philosophie der mittleren Stoa in ihrem geschichtlichen Zusammenhange dargestellt, Nachdr. d. Ausg. Berlin 1892, Hildesheim 1974
Sörensen, V., Seneca. Ein Humanist an Neros Hof, München 1984
Steinmetz, F. A., Die Freundschaftslehre des Panaitios nach seiner Analyse von Ciceros Laelius De amicitia, Wiesbaden 1967
Xenakis, J., Epictetus. Philosopher-Therapist, The Hague 1969

Epikureismus (Lukrez)

Werke

Titus Lucretius Carus, De rerum natura. Welt aus Atomen, lat./dt., übers. u. mit einem Nachwort hrsg. von K. Büchner, verb. Fassung der Übers. von 1956, Stuttgart 1973

Darstellungen

Bailey, C., Titi Lucreti Cari De rerum natura, Libri sex, 3 Bde., Oxford 1947

Classen, C. J. (Hrsg.), Probleme der Lukrezforschung, Hildesheim 1986

Clay, D., Lucretius and Epicurus, Ithaca, NY, 1983

Konstan, D., Some aspects of Epicurean psychology, Leiden 1973

Müller, G., Die Darstellung der Kinetik bei Lukrez, Berlin 1959

Nichols, J. H., Epicurean political philosophy. The de rerum natura of Lucretius, Ithaca, NY, 1976

Rouse, W. H. D., Lucretius De rerum natura, Loeb Classical Library, Cambridge, Mass./London 1975

Schmidt, J., Lukrez und die Stoiker, Marburg 1975

Zacher, K.-D., Plutarchs Kritik an der Lustlehre Epikurs, Königstein/Ts. 1982

Cicero

Werke

De fato, lat./dt., hrsg. von K. Bayer, 3. Aufl., Zürich 1980

De finibus bonorum et malorum. Über das höchste Gut und das größte Übel, lat./dt., Stuttgart 1989

De natura deorum, lat./dt., hrsg., übers. und erl. von W. Gerlach, K. Bayer, München 1978

De natura deorum/Academia, with an engl. translation by H. Rackham, London 1952

De officiis. Vom pflichtgemäßen Handeln, lat./dt., Stuttgart 1976, 1984

De officiis, Gesamtausgabe, Textband, Einf. und Erl. von O. Schönberger, 3. Aufl., Bamberg 1984

Der Staat, lat./dt., Einf., erl. Verzeichnis der Eigennamen u. Literaturhinweise, hrsg. von K. Büchner, 4. Aufl., Darmstadt 1987

Gedanken über Tod und Unsterblichkeit, lat./dt., Hamburg 1969

Gespräche in Tusculum, lat./dt., hrsg., eingel. und übers. von O. Gigon, 5. Aufl., Zürich 1984

Sämtliche Reden, Ausg. in 7 Bden., eingel., übers. und erl. von M. Fuhrmann, Zürich 1978–1982

Topik, lat./dt., Hamburg 1983

Darstellungen

Bringmann, K., Untersuchungen zum späten Cicero, Göttingen 1971

Büchner, K. (Hrsg.), Das neue Cicerobild, Darmstadt 1971

Büchner, K., Somnium Scipionis. Quellen, Gestalt, Sinn, Wiesbaden 1976

Dahlmann, H., Varro und die hellenistische Sprachtheorie, 2., unveränd. Aufl., Berlin/Zürich 1964

Girardet, K. M., Die Ordnung der Welt. Ein Beitrag zur philosophischen und politischen Interpretation von Ciceros Schrift De legibus, Wiesbaden 1983

Görler, W., Untersuchungen zu Ciceros Philosophie, Heidelberg 1974
Hirzel, R., Untersuchungen zu Ciceros philosophischen Schriften, 3 Bde., Leipzig 1877–1883
MacKendrik, P., The Philosophical Books of Cicero, London 1989
Weische, A., Cicero und die Neue Akademie. Untersuchungen zur Entstehung und Geschichte des antiken Skeptizismus, Münster 1961

Neuplatonismus

Quellen

Hermes Trismegistos (zugeschrieben), Die 17 Bücher des Hermes Trismegistos. Erkenntnisse der Natur und des darin sich offenbarenden Gottes, Haar 1982
Philo Judaeus, Die Werke in deutscher Übersetzung, hrsg. von L. Cohn, I. Heinemann, M. Adler u. W. Theiler, 7 Bde., 1. u. z. T. 2. Aufl., Breslau 1910ff, Berlin 1961ff
Philonis Alexandrini, Opera quae supersunt, ed. L. Cohn et P. Wendland, 3 Bde., Berlin 1896–1926
Plutarch, Vermischte Schriften, Bde. I–III, hrsg. von H. Conrad, München/Leipzig 1911
Plutarch, Lebensbeschreibungen, Bde. I–IV, hrsg. von H. Floerke, München/Leipzig 1913
Plutarch, Große Griechen und Römer, 6 Bde., eingel. u. übers. von K. Ziegler, Zürich/Stuttgart 1954–1965
Plutarch, Von der Ruhe des Gemüts und andere philosophische Schriften, übertr. und eingel. von B. Snell, Zürich 1948
Plutarch, Moralische Schriften, 3 Bde., übers., mit Anm. und Reg. vers. von O. Apelt, Leipzig 1925–1927
Plutarch, Über Gott und Vorsehung, Dämonen und Weissagung, Religionsphilosophische Schriften, eingel. und neu übertr. von K. Ziegler, Zürich/Stuttgart 1952

Darstellungen

Dillon, J., The Middle Platonists, London 1977
Farandos, G. D., Kosmos und Logos nach Philon von Alexandria, Amsterdam 1976
Hadot, I., Le problème du Néoplatonisme alexandrin, Paris 1978
Russell, D. A., Plutarch, London 1973
Sandmel, S., Philo of Alexandria, Oxford 1979
Volkmann, R., Leben und Schriften des Plutarch von Chaeronea, Nachdruck der Ausg. Berlin 1869, Leipzig 1970
Weber, H., Die Staats- und Rechtslehre Plutarchs von Chaironeia, Bonn 1959

Allgemeine Darstellungen zum Neuplatonismus

Beierwaltes, W., Denken des Einen. Studien zur Neuplatonischen Philosophie und ihrer Wirkungsgeschichte, Frankfurt/M. 1985
Crome, P., Symbol und Unzulänglichkeit der Sprache. Jamblichos, Plotin, Porphyrios, Proklos, München 1970
Krämer, H. J., Der Ursprung der Geistmetaphysik. Untersuchungen zur Geschichte des Platonismus zwischen Platon und Plotin, Amsterdam 1964

Krämer, H. J., Platonismus und hellenistische Philosophie, Berlin 1971
Kremer, K., Die neuplatonische Seinsphilosophie und ihre Wirkung auf Thomas von Aquin, Leiden 1966
Merlan, Ph., From Platonism to Neoplatonism, 2. Aufl., Den Haag 1960
Theiler, W., Die Vorbereitung des Neuplatonismus, Berlin/New York 1964
Theiler, W., Forschungen zum Neuplatonismus, Berlin 1966
Wallis, R. T., Neo-Platonism, London 1972
Zintzen, C. (Hrsg.), Die Philosophie des Neuplatonismus, Darmstadt 1977
Zintzen, C. (Hrsg.), Der Mittelplatonismus, Darmstadt 1981

Neuplatoniker

Sakkas

Schwyzer, H. R., Ammonios Sakkas, der Lehrer Plotins, Opladen 1983

Plotin

Werke und Lexika

Plotini opera, hrsg. von P. Henry/H.-R. Schwyzer, 3 Bde., Paris 1951–1973; editio minor, 3 Bde., Oxford 1964–1982
Plotins Schriften, 12 Bde., hrsg. von R. Harder, neubearb. mit griech. Lesetext und Anm., fortgeführt von R. Beutler und W. Theiler, 6 Bde., Hamburg 1956ff
Plotin, Ausgewählte Einzelschriften, Heft 1: Das Schöne, Das Gute, Entstehung und Ordnung der Dinge nach dem Ersten, griech./dt., hrsg. von R. Harder, unveränd. Nachdr., Hamburg 1968
Plotin, Ausgewählte Einzelschriften, Heft 2: Die Glückseligkeit, Woher kommt das Böse, Das erste Gute, Hamburg 1960
Plotinus, Über Ewigkeit und Zeit (Enneade III, 7), übers., eingel. u. komment. von W. Beierwaltes, Frankfurt/M. 1967
Sleemann, J. H./Pollet, G., Lexicon Plotinianum, Leiden 1980

Darstellungen

Armstrong, A. H., The Architecture of the Intelligible Universe in the Philosophy of Plotinus. An Analytical and Historical Study, Nachdr. d. Ausg. Cambridge 1940, Amsterdam 1967
Arnon, R., Le Désir de Dieu dans la philosophie de Plotin, 2., durchges. und korrigierte Ausg., Rom 1967
Bréhier, E., La philosophie de Plotin, Paris 1961
Bröcker, W., Platonismus ohne Sokrates. Ein Vortrag über Plotin, Frankfurt/M. 1966
Carbonara, C., La filosofia di Plotino, 3. ed., Neapel 1964
Früchtel, E., Weltentwurf und Logos. Zur Metaphysik Plotins, Frankfurt/M. 1970
Graeser, A., Plotinus and the Stoics, Leiden 1972
Guitton, J., Le temps et l'éternité chez Plotin et Saint Augustin, 4. ed., Paris 1971
Inge, W. R., The philosophy of Plotinus, 2 vols., 3. Aufl., New York 1968
Kirchner, K. H., Die Philosophie des Plotin, Neudr. d. Ausg. Halle 1854, Aalen 1978
Moreau, J., Plotin ou la gloire de la philosophie antique, Paris 1970

Richter, A., Darstellung des Lebens und der Philosophie des Plotin, Neudr. d. Ausg. Halle 1864–1867, Aalen 1968
Rist, J. M., Plotinus. The road to reality, Cambridge 1967
Schlette, H. R., Das Eine und das Andere. Studien zur Problematik des Negativen in der Metaphysik Plotins, München 1966
Schubert, V., Plotin. Einführung in sein Philosophieren, Freiburg/München 1973
Volkmann-Schluck, K. H., Plotin als Interpret der Ontologie Platos, Frankfurt/M. 1941

Porphyrios

Werke

Porphyrius. Kommentar zur Harmonielehre des Ptolemäus, hrsg. von I. Düring, Nachdr. d. Ausg. Göteborg 1932, Hildesheim 1978
Porphyrios. Über Plotins Leben und die Ordnung seiner Schriften, Text, Übers. und Anm., hrsg. von R. Harder/W. Marg, Hamburg 1958 (= Plotins Schriften, Bd. V, c)

Darstellungen

Altheim, F./Stiehl, R., Porphyrius und Empedokles, Tübingen 1954
Bidez, J., Vie de Porphyre, le philosoph néo-platonicien, peri agalmaton, De regressu animae, Nachdr. d. Ausg. Gent 1913, Hildesheim 1964

Iamblichos

Werke

Jamblichi de vita Pythagorica liber, ad fidem codicis Florentini recens. A. Nauck, Nachdr. d. Ausg. Petersburg 1884, Amsterdam 1965
Jamblichi Chalcidensis, In Platonis dialogos commentariorum fragmenta, ed. with transl. and comment. by J. M. Dillon, Leiden 1973
Iamblichos, Aufruf zur Philosophie, 1. dt. Gesamtübers. mit zweisprachiger Ausg. von Ciceros ‹Hortensius›, hrsg. von O. Schönberger, Würzburg 1984
Jamblichus, De mysteriis Aegyptiorum. Sammelband neuplatonischer Schriften, übers. u. hrsg. von Marsilius Ficinus, Venedig 1503, Frankfurt/M. 1972
Jamblichus, Über die Geheimlehren (De mysteriis), übers., eingel. und erkl. von T. Hopfner, Nachdr. der Ausg. Leipzig 1922, Hildesheim 1988

Julian

Werke

Julian, Briefe, griech./dt., hrsg. von K. Weis, Zürich/München 1973
Julianus Apostata. Kaiser Julians philosophische Werke, übers. von R. Asmus, Leipzig 1908

Darstellung

Klein, R. (Hrsg.), Julian Apostata, Darmstadt 1978

Proklos

Darstellungen

Beierwaltes, W., Proklos. Grundzüge seiner Metaphysik, Frankfurt/M. 1965
Trouillard, J., L'Un et l'Âme selon Proclos, Paris 1972

Boethius

Werke

Boethius, Die theologischen Traktate, lat./dt., hrsg. u. übers. von M. Elsässer, Hamburg 1987
Boethius, Trost der Philosophie, lat./dt., hrsg. u. übers. von E. Gegenschatz, O. Gigon, eingel. und erläutert von O. Gigon, Zürich 1969
Boethius, Trost der Philosophie, übers. u. hrsg. von K. Büchner, mit einer Einf. von F. Klinger, Stuttgart 1971

Darstellungen

Boethius, hrsg. von M. Fuhrmann, J. Gruber, Darmstadt 1984
Boethius and the liberal arts, Frankfurt/M. 1981
Chadwick, H., Boethius. The Consolations of Music, Logic, Theology and Philosophy, Oxford 1981
Dürr, K., The propositional logic of Boethius, Amsterdam 1951
Gibson, M. (Hrsg.), Boethius. His life, thought and influence, Oxford 1981
Gruber, J., Kommentar zu Boethius' De consolatione philosophiae, Berlin 1978

Simplikios

Hadot, I. (Hrsg.), Simplicius. Sa vie, son œuvre, sa survie, Berlin 1987

Anke Thyen

QUELLENTEXTE

I. HERAKLIT (ca. 500 v. Chr.)

(H. Diels, Die Fragmente der Vorsokratiker. Rowohlts Klassiker Bd. 10, Hamburg 1957, 2. Aufl. 1963, S. 21 ff)

1. Von der Täuschung zur Wahrheit

a) Die Schlafenden

fr. 1: Für der Lehre Sinn aber, wie er hier vorliegt, gewinnen die Menschen nie ein Verständnis, weder ehe sie ihn vernommen noch sobald sie ihn vernommen. Denn geschieht auch alles nach diesem Sinn, so gleichen sie doch Unerprobten, so oft sie sich erproben an solchen Worten und Werken, wie ich sie erörtere, nach seiner Natur ein jegliches zerlegend und erklärend, wie es sich verhält. Den anderen Menschen aber bleibt unbewußt, was sie nach dem Erwachen tun, so wie sie das Bewußtsein verlieren für das, was sie im Schlafe tun.

fr. 73: Man soll nicht handeln und reden wie Schlafende.

fr. 89: Die Wachenden haben eine einzige und gemeinsame Welt.

fr. 107: Schlimme Zeugen sind den Menschen Augen und Ohren, sofern sie Barbarenseelen haben.

fr. 52: Die Lebenszeit ist ein Knabe, der spielt, hin und her die Brettsteine setzt; Knabenregiment.

fr. 70: Kinderspiele nannte er die menschlichen Meinungen.

b) Das Drängen nach dem Gemeinsamen

fr. 144: Wenn man mit Verstand reden will, muß man sich stark machen mit dem allen Gemeinsamen wie eine Stadt mit dem Gesetz und noch viel stärker. Nähren sich doch alle menschlichen Gesetze von dem einen, göttlichen; denn dieses gebietet, soweit es nur will, und reicht aus für alle (und alles) und ist sogar noch darüber.

fr. 2: Drum ist es Pflicht, dem Gemeinsamen zu folgen. Aber obschon der Sinn gemeinsam ist, leben die Vielen, als hätten sie eine eigene Einsicht.

2. Ursache und Lehre des Werdens

fr. 53: Krieg ist aller Dinge Vater, aller Dinge König. Die einen erweist er als Götter, die anderen als Menschen, die einen macht er zu Sklaven, die anderen zu Freien.

fr. 80: Man soll aber wissen, daß der Krieg gemeinsam (allgemein) ist und das Recht der Zwist und daß alles geschieht auf Grund von Zwist und Schuldigkeit.

fr. 12: Denen, die in dieselben Flüsse hineinsteigen, strömen andere und wieder andere Wasserfluten zu. Aber auch Seelen dünsten aus dem Feuchten hervor (?).

fr. 49a: In dieselben Flüsse steigen wir und steigen wir nicht, wir sind und wir sind nicht.

fr. 91: Man kann nicht zweimal in denselben Fluß steigen.

3. Lehre von der Einheit der Gegensätze

fr. 50: Haben sie nicht mich, sondern den Sinn vernommen, so ist es weise, dem Sinn gemäß zu sagen, alles sei eins.

fr. 51: Sie verstehen nicht, wie es auseinander getragen mit sich selbst im Sinn zusammengeht: gegenstrebige Vereinigung wie die des Bogens und der Leier.

fr. 8: Das widereinander Strebende zusammengehend; aus dem auseinander Gehenden die schönste Fügung.

fr. 10: Verbindungen: Ganzes und Nichtganzes, Einträchtiges Zwieträchtiges, Einklang Zwieklang, und aus Allem Eins und aus Einem Alles.

fr. 62: Unsterbliche: Sterbliche, Sterbliche: Unsterbliche, denn das Leben dieser ist der Tod jener und das Leben jener der Tod dieser.

fr. 60: Der Weg hinauf und hinab ein und derselbe.

4. Das Urfeuer

fr. 30: Diese Weltordnung, dieselbige für alle Wesen, schuf weder einer der Götter noch der Menschen, sondern sie war immerdar und ist und wird sein ewig lebendiges Feuer, erglimmend nach Maßen und erlöschend nach Maßen.

fr. 64: Das Weltall aber steuert der Blitz.

fr. 66: Denn alles (sagt er) wird das Feuer, herangekommen, richten und fassen (verurteilen).

fr. 90: Wechselweiser Umsatz: des Alls gegen das Feuer und des Feuers gegen das All, so wie der Waren gegen Gold und des Goldes gegen Waren.

5. Seelenlehre

fr. 117: Hat sich ein Mann betrunken, so wird er von einem unerwachsenen Knaben geführt, taumelnd, ohne zu merken, wohin er geht; denn feucht ist seine Seele.

fr. 118: Trockner Glast: weiseste und beste Seele oder vielmehr: Trokkene Seele weiseste und beste.

fr. 45: Der Seele Grenzen kannst du im Gehen nicht ausfindig machen, ob du jegliche Straße abschrittest; so tiefen Sinn hat sie.

fr. 119: Seine Eigenart ist dem Menschen sein Dämon (d. h. sein Geschick).

6. Theologie

fr. 32: Eins, das allein Weise, will nicht und will doch mit dem Namen des Zeus benannt werden.

fr. 67: Gott ist Tag Nacht, Winter Sommer, Krieg Frieden, Sattheit Hunger. Er wandelt sich aber gerade wie das Feuer, das, wenn es mit Räucherwerk vermengt wird, nach dem Duft eines jeglichen heißt.

fr. 79: Der Mann heißt kindisch vor der Gottheit so wie der Knabe vor dem Manne.

fr. 102: Für Gott ist alles schön und gut und gerecht; die Menschen aber haben das eine als ungerecht, das andere als gerecht angenommen.

II. PARMENIDES (*ca. 540 v. Chr.)

(H. Diels, Die Fragmente der Vorsokratiker. Rowohlts Klassiker Bd. 10, Hamburg 1957, 2. Aufl. 1963, S. 40ff)

1. Die Berufung des Philosophen

fr. 1: Die Rosse, die mich dahintragen, zogen *mich* fürder, soweit nur die Lust *mich* ankam, als mich auf den Weg, den vielberühmten, die Dämonen (die Göttinnen) führend gebracht, der über alle Wohnstätten hin trägt den wissenden Mann. Auf dem wurde ich dahingetragen; auf dem nämlich trugen mich die vielverständigen Rosse, (5) den Wagen ziehend, und die Mädchen wiesen den Weg. Die Achse in den Naben entsandte der Pfeife Ton, sich glühend erhitzend (denn von doppelten gewirbelten Kreisen wurde sie beiderseits getrieben), sooft sich zum Geleit beeilten die Heliadenmädchen, die das Haus der Nacht *vorher* verließen, (10) lichtwärts, wobei sie vom Haupte mit den Händen die Hüllen zurückstießen. –

Dort (*am Hause der Nacht*) ist das Tor der Bahnen von Tag und Nacht, und Türsturz und steinerne Schwelle umfaßt es (hält es auseinander); das Tor selbst, das ätherische, hat eine Füllung von großen Türflügeln; davon verwaltet Dike, die vielstrafende, die wechselnden Schlüssel. Ihr nun sprachen die Mädchen zu mit weichen Worten und beredeten sie kundig, daß sie ihnen den verpflöckten Riegel geschwind vom Tore wegstieße. Da öffnete dieses weit den Schlund der Türfüllung, auffliegend, wobei es die reich mit Erz beschlagenen Pfosten, die mit Zapfen und Dornen eingefügten, in ihren Pfannen wechselweise drehte. Da nun mitten durchs Tor lenkten die Mädchen stracks dem Geleise nach Wagen und Rosse. – Und es nahm mich die Göttin huldreich auf, ergriff meine rechte Hand mit der ihren und so sprach sie das Wort und redete mich an: ‹Jüngling, der du unsterblichen Wagenlenkern gesellt mit den Rossen, die dich dahintragen, zu unserem Hause gelangst, Freude dir! Denn keinerlei schlechte Fügung entsandte dich, diesen Weg zu kommen (denn fürwahr außerhalb von der Menschen Pfade ist er), sondern Gesetz und Recht. Nun sollst du alles erfahren, sowohl der wohlgerundeten Wahrheit unerschütterlich Herz wie auch der Sterblichen Schein-Meinungen, denen nicht innewohnt wahre Gewißheit. Doch wirst du trotzdem auch dieses kennenlernen und zwar so, wie das *ihnen* Scheinende auf eine probehafte, wahrscheinliche Weise *sein* müßte, indem es alles ganz und gar durchdringt.

2. Die Lehre vom Sein

Gliederung: (a) Das Nicht-Ist ist nicht; es ist unerkundbar. (b) Die Menschen scheiden nicht Nicht-Ist und Ist, wie es geschieden werden muß. (c) Zu erforschen ist nur, daß Ist ist. (d) Das Sein ist unentstanden und unvergänglich. (e) Das Sein ist unteilbar. (f) Das Sein ist unbewegt. (g) Denken ist Sein. Die Sprache der Menschen ist nur Name. (h) Das Sein ist vollendet und gleichmäßig; es hat Kugelgestalt. (i) Die Meinungen der Menschen sind Scheinmeinungen.

fr. 2: (a) Wohlan, so will ich denn sagen (nimm du dich aber des Wortes an, das du hörtest), welche Wege der Forschung allein zu denken sind: der eine Weg, daß Ist *ist* und daß Nichtsein nicht ist, das ist die Bahn der Überzeugung (denn diese folgt der Wahrheit), der andere aber, daß NICHT IST *ist* und daß Nichtsein erforderlich ist, dieser Pfad ist, so künde ich dir, gänzlich unerkundbar; denn weder erkennen könntest du das Nichtseiende (das ist ja unausführbar) noch aussprechen.

fr. 6: (b) Nötig ist zu sagen und zu denken, daß *nur* das Seiende ist; denn Sein ist, ein Nichts dagegen ist nicht; das heiße ich dich wohl beherzigen. Denn das ist der erste Weg der Forschung, von dem ich dich fernhalte. Aber dann auch von jenem, auf dem da nicht wissende Sterbliche einherschwanken (5), Doppelköpfe. Denn Ratlosigkeit steuert in ihrer Brust den hin und her schwankenden Sinn. Sie aber treiben dahin, stumm zugleich und blind, die Verblödeten, unentschiedene Haufen, denen das Sein und Nichtsein für dasselbe gilt und nicht für dasselbe und für die es bei allem eine gegenstrebige Bahn gibt.

fr. 7, 8: (c) Denn es ist unmöglich, daß dies zwingend erwiesen wird: es sei Nichtseiendes; vielmehr halte du von diesem Wege der Forschung den Gedanken fern, und es soll dich nicht vielerfahrene Gewohnheit auf diesen Weg zwingen, walten zu lassen das blicklose Auge und das dröhnende Gehör und die Zunge, nein mit dem Denken bring zur Entscheidung die streitreiche Prüfung, die von mir genannt wurde. Aber nur noch Eine Weg-Kunde bleibt dann, daß Ist *ist*. (d) Auf diesem sind gar viele Merkzeichen: weil ungeboren ist es auch unvergänglich, denn es ist ganz in seinem Bau und unerschütterlich sowie ohne Ziel (5) und es war nie und wird nie sein, weil es im Jetzt zusammen vorhanden ist als Ganzes, Eines, Zusammenhängendes (Kontinuierliches). Denn was für einen Ursprung willst du für dieses ausfindig machen? Wie woher sein Heranwachsen? Auch nicht *sein Heranwachsen* aus dem Nichtseienden werde ich dir gestatten auszusprechen und zu denken. Denn unaussprechbar und undenkbar ist, daß Nicht Ist *ist*. Welche Verpflichtung hätte es denn auch antreiben sollen, (10) später oder früher mit dem Nichts beginnend zu entstehen? So muß es also entweder ganz und gar sein oder überhaupt nicht. Auch wird ja die Kraft der Überzeugung niemals einräumen, aus Nichtseiendem könnte irgend etwas anderes als eben dieses hervorgehen. Um dessen willen hat weder zum Werden noch zum Vergehen die Rechtsgottheit *das Sein* freigegeben, es in den Fesseln lockernd, (15) sondern sie hält es fest. Die Entscheidung aber hierüber liegt in Folgendem: Ist oder Nicht Ist! Entschieden ist aber nun, wie notwendig, den einen Weg als undenkbar, unsagbar beiseite zu lassen (es ist ja nicht der wahre Weg), den anderen aber als vorhanden und wirklich-wahr zu betrachten. Wie könnte aber dann Seiendes zugrunde gehen, wie könnte es entstehen? (20) Denn entstand es, so ist es nicht und ebensowenig, wenn es *erst* in Zukunft einmal sein sollte. So ist Entstehen verlöscht und verschollen Vergehen.

(e) Auch teilbar ist es nicht, weil es ganz gleichartig ist. Und es gibt nicht etwa hier oder da ein stärkeres Sein, das seinen Zusammenhang hindern könnte, noch ein geringeres; es ist vielmehr ganz von Seiendem erfüllt. (25) Darum ist es ganz zusammenhängend; denn Seiendes stößt dicht an Seiendes.

(f) Aber unbeweglich – unveränderlich liegt es in den Grenzen gewaltiger Bande ohne Ursprung, ohne Aufhören; denn Entstehen und Vergehen wurden weit in die Ferne verschlagen, es verstieß sie die wahre Überzeugung; und als Dasselbe und in Demselben verharrend ruht es für sich (30) und so verharrt es standhaft an Ort und Stelle. Denn die machtvolle

Notwendigkeit hält es in den Banden der Grenze, die es rings umzirkt, weil das Seiende nicht ohne Abschluß sein darf; denn es ist unbedürftig, fehlte ihm aber der, so würde es des ‹ganz› bedürfen(?).

(g) Dasselbe ist Denken und der Gedanke, daß Ist *ist*; (35) denn nicht ohne das Seiende, in dem es als Ausgesprochenes ist, kannst du das Denken antreffen. Es ist ja nichts und wird nichts anderes sein außerhalb des Seienden, da es ja die Moira *daran* gebunden hat, ein Ganzes und unbeweglich zu sein. Darum wird alles *bloßer* Name sein, was die Sterblichen *in ihrer Sprache* festgesetzt haben, überzeugt, es sei wahr: (40) Werden sowohl als Vergehen, Sein sowohl als Nichtsein, Verändern des Ortes und Wechseln der leuchtenden Farbe.

(h) Aber da eine letzte Grenze vorhanden, so ist es vollendet von (und nach) allen Seiten, einer wohlgerundeten Kugel Masse vergleichbar, von der Mitte her überall gleichgewichtig. Es darf ja nicht da oder dort etwas größer (45) oder etwas schwächer sein. Denn es ist weder Nichtseiendes, das es hindern könnte zum Gleichmäßigen zu gelangen, noch könnte Seiendes irgendwie hier mehr, dort weniger vorhanden sein als Seiendes, da es ganz unversehrt ist. Sich selbst ähnlich ist es von allen Seiten her gleich, gleichmäßig begegnet es seinen Grenzen.

(i) (50) Damit beschließe ich für dich mein verläßliches Reden und Denken über die Wahrheit. Aber von hier ab lerne die menschlichen Schein-Meinungen kennen, indem du meiner Worte trügliche Ordnung hörst.

Sie haben nämlich ihre Ansichten dahin festgelegt, zwei Formen zu benennen (von denen man *freilich* ein nicht *ansetzen* sollte, in diesem Punkte sind sie in die Irre gegangen); (55) und sie schieden die Gestalt gegensätzlich und sonderten ihre Merkzeichen voneinander ab: hier das ätherische Flammenfeuer, das milde, gar leichte, mit sich selber überall identisch, mit dem anderen aber nicht identisch; aber auch jenes für sich, gerade entgegengesetzt: die lichtlose Nacht, ein dichtes und schweres Gebilde. (60) Diese Welteinrichtung teile ich dir als wahrscheinlich-einleuchtende in allen Stücken mit; so ist es unmöglich, daß dir irgendeine Ansicht der Sterblichen jemals den Rang ablaufe.

III. PLATON (427–348 v. Chr.)

A. Die Persönlichkeit des Sokrates

a) Seine Haltung gegenüber Anklage und Verurteilung

1. Schluß der Verteidigungsrede des Sokrates

(‹Apologie› 33 a–35 d 9, übers. v. O. Apelt, in: Platon, Sämtliche Dialoge, Bd. 1, Felix Meiner Verlag, [Reprint] Hamburg 1988)

Gliederung: (a) Sokrates war kein Lehrer, sondern hat nur jedem Rede und Antwort gestanden. (b) Schüler nennen die Leute fälschlich die, die ihm nur gern zuhörten, wenn er seiner Aufgabe nachging. (c) Wenn er die Jugend verführt hätte, so müßten die Verwandten der jungen Leute ihn verklagen; aber niemand tritt auf. (d) Sokrates verschmäht es, durch Erregen von Mitleid ein günstiges Urteil zu erlangen. (e) Denn solche ‹Rührszenen› sind entwürdigend und für einen aufrechten Mann unpassend. (f) Außerdem widerspricht der Versuch, durch Mitleid das Urteil zu beeinflussen, dem Gedanken der Gerechtigkeit. (g) Schließlich bedeutet es Anstiftung zum Meineid und ist darum gottlos.

21. (a) Von mir wird man den Eindruck haben, daß ich mein lebelang immer der gleiche geblieben bin, sowohl was meine gelegentliche öffentliche Tätigkeit anlangt, wie in meinen persönlichen Angelegenheiten: niemals habe ich irgendeinem auch nur das Geringste wider das Recht eingeräumt, und dabei denke ich nicht bloß an die Bürger im allgemeinen, sondern auch an diejenigen, welchc meine Verleumder als meine Schüler hinstellen. Ich aber bin niemals jemandes Lehrer gewesen. Wohl aber habe ich, wenn jemand Verlangen trug, mich reden zu hören, in Ausübung meines eigenartigen Berufes mich niemals jemandem, gleichviel ob jung oder alt, versagt, auch verstehe ich mich zu solchen Unterhaltungen nicht etwa nur, wenn man mich dafür bezahlt, sonst aber nicht; nein, ob reich oder arm, ich lasse mich fragen, und wer will, kann antworten und hören, was ich sage. Und ob nun ein solcher Frager ein tüchtiger Mann wird oder nicht, dafür bin billigerweise nicht ich verantwortlich, denn ich habe ja nie irgendeinem Unterricht versprochen oder erteilt, und behauptet etwa jemand, er habe von mir jemals beiseits etwas gelernt oder gehört, was nicht auch alle anderen hören konnten, so könnt ihr überzeugt sein, daß er die Unwahrheit sagt.

22. (b) Aber wie kommt es, daß manche so lange Zeit gern mit mir Umgang pflegen? Ihr habt's schon gehört, meine Mitbürger; ich habe euch die volle Wahrheit gesagt: es macht ihnen Vergnügen zuzuhören, wenn die Leute ins Gebet genommen werden, die sich einbilden, weise zu sein, es aber nicht sind; denn das hat einen gewissen Reiz. Mir aber ist, wie gesagt, diese Aufgabe von der Gottheit zugewiesen durch Orakel,

durch Träume und durch alle möglichen Zeichen, durch welche der göttliche Wille überhaupt dem Menschen kundgegeben wird.

(c) Dies meine Mitbürger, ist wahr und ist leicht zu erweisen. Wenn ich wirklich die jungen Leute teils verderbe, teils verdorben habe, so müßten doch wohl einige ältere von ihnen, die nun in reiferen Jahren erkannt hätten, daß ich ihnen in ihrer Jugend irgend einmal einen verderblichen Rat erteilte, jetzt entweder selbst hier auftreten, um mich anzuklagen und Vergeltung zu üben, oder, falls sie sich dazu nicht verstehen wollten, dann müßte irgendeiner aus ihrer Verwandtschaft, Vater, Bruder oder wer sonst von den Angehörigen, wenn ihren Verwandten von mir irgend etwas Schlimmes widerfahren, jetzt dessen eingedenk sein. Wirklich sind auch viele von ihnen hier zur Stelle: ich sehe zunächst da den Kriton, meinen Alters- und Stammesgenossen, den Vater des Kritobulos dort; dann den Sphettier Lysanias, dort den Vater des Äschines; ferner den Antiphon hier, den Kephisier, des Epigenes Vater. Sodann andere, deren Brüder in der geschilderten Art mit mir Umgang gepflogen, Nikostratos, des Theozotides Sohn, Bruder des Theodotos – und zwar ist Theodotos tot, der ihn also gewiß nicht zu meinen Gunsten beeinflußt haben kann – und hier Paralos, des Demodokos Sohn, dessen Bruder Theages war; dort auch Adeimantos, des Ariston Sohn, und sein Bruder, dieser Platon da, und Aiantodoros, von welchem Apollodoros dort ein Bruder ist. Und noch viele andere könnte ich euch nennen, von denen Meletos doch wenigstens den einen oder den anderen in seiner Rede hätte als Zeugen anführen sollen. Hat er es aber bei jener Gelegenheit vergessen, so hole er es jetzt nach – ich gebe ihm gern die Möglichkeit dazu – und mache die entsprechenden Angaben darüber. Aber das gerade Gegenteil findet statt: ihr findet, meine Mitbürger, sie sämtlich bereit, mir zur Seite zu stehen, mir, ihrem Verführer, der ihren Verwandten Böses angetan hat, wie Meletos und Anytos sagen. Die Verführten selbst könnten ja einen Grund haben, mir beizustehen; aber die nicht verführten, schon reiferen Männer, ihre Verwandten, welchen anderen Grund hätten sie wohl mir beizustehen als einzig den gerechten und billigen, daß sie wissen: Meletos lügt und ich sage die Wahrheit.

23. (d) Gut denn, meine Mitbürger. Was ich zu meiner Verteidigung vorzubringen habe, wäre etwa dies, wenn sich vielleicht auch noch ein oder das andere ähnlicher Art hinzufügen ließe. Vielleicht aber wird nun mancher von euch ungehalten sein, wenn er an sich selber zurückdenkt, wie er als Angeklagter in irgendeinem weit unbedeutenderen Prozeß als diesem die Richter mit den inständigsten Bitten bestürmt hat unter einem Strome von Tränen und unter Hinweis auf seine eigens zu dem Zwecke der heftigsten Mitleidserregung mitgebrachten Kinder und seine sonstigen Verwandten und zahlreichen Freunde, während ich alle diese Mittel der Rührung verschmähe und dies in einer Lage, die allem Anschein nach die äußerste Gefahr in sich birgt. Wer weiß, ob nicht mancher, von sol-

chen Gedanken erfüllt, sich in seiner Selbstgefälligkeit gegen mich gereizt fühlt und eben dadurch zur Erbitterung gegen mich hingerissen bei der Abstimmung sich von seinem Zorne reizen läßt. Sollte nun einer von euch so gesinnt sein – ich glaube es zwar nicht, sollte es aber der Fall sein –, so dürften meines Erachtens folgende Worte gegen ihn am Platze sein: Mein Bester, ich habe auch wohl einige Verwandte, denn auch hier gilt das Wort Homers *, auch ich stamme nicht

Vom Baume oder dem Felsen,

sondern von Menschen, auch ich habe also Verwandte und Söhne, meine Mitbürger, und zwar drei, einer schon ein Jüngling, zwei aber noch Kinder. Doch gleichwohl habe ich keines von ihnen hierherbringen lassen, um mir unter Hinweis auf sie ein freisprechendes Urteil zu erflehen.

(e) Und warum werde ich nichts dergleichen tun? Nicht aus übertriebenem Selbstgefühl oder aus Mißachtung gegen euch, meine Mitbürger, nein! Aber ganz abgesehen davon, ob ich den Tod verachte oder nicht – denn das ist eine andere Frage –, erscheint es mir in Rücksicht auf den guten Ruf als eine Forderung des Anstandes an mich, an euch und an den ganzen Staat, daß ich mich nicht auf dergleichen Unfug einlasse, ich, ein Mann von so hohen Jahren und so bekanntem Namen, mag es auch mit diesem Namen, was seine Berechtigung anlangt, stehen wie es wolle; aber es ist nun einmal die feststehende Meinung: daß Sokrates vor den andern Menschen etwas voraus habe. Wenn also diejenigen unter euch, die in dem Rufe hervorragender Weisheit oder Tapferkeit oder irgendwelcher sonstigen Tugend stehen, sich von dieser Seite zeigen, so ist das eine Schande. So habe ich oft genug gesehen, wie Leute von hervorragendem Ruf sich vor den Richtern ganz sonderbar anstellten, als meinten sie wer weiß welchen Schrecknissen preisgegeben zu werden, wenn sie sterben müßten, geradeso als ob sie der Unsterblichkeit sicher wären, wenn ihr sie nicht zum Tode verurteiltet. Sie drücken, so dünkt mich, dem Staate ein Schandmal auf, und es könnte dann auch ein Fremder meinen, die an Tüchtigkeit hervorragenden Athener, denen ihre Mitbürger selbst vor sich den Vorzug geben bei Wahl der Obrigkeiten und Verteilung sonstiger Auszeichnungen, unterschieden sich nicht von den Weibern. Solches Verhalten also, meine Mitbürger, dürfen weder wir zeigen, die wir etwas in der Welt gelten, noch dürft ihr, wenn wir uns dessen schuldig machen, es zulassen; vielmehr müßt ihr gerade darauf Wert legen zu zeigen, daß ihr weit eher den verurteilt, der solche Rührszenen vor euch aufführt und die Stadt lächerlich macht, als den, der Ruhe und Anstand bewahrt.

24. (f) Aber auch abgesehen von dem guten Ruf, meine Mitbürger,

* Od. 19, 163.

scheint es mir auch schon vom Standpunkte des strengen Rechtes verwerflich, die Gnade des Richters anzuflehen und durch Bitten die Freisprechung zu erwirken statt durch belehrende und überzeugende Aufklärung. Denn nicht dazu hat der Richter seinen Platz eingenommen, um nach Gunst des Rechtes zu walten, sondern um unparteiisch den Sachverhalt festzustellen. Und durch seinen Richtereid hat er sich nicht verpflichtet, sich dem, dem er nach Gutdünken sein Wohlwollen schenkt, gnädig zu erweisen, sondern sein Richteramt streng nach den Gesetzen auszuüben. Also weder wir dürfen euch daran gewöhnen, meineidig zu werden, noch dürft ihr euch daran gewöhnen: beide würden wir uns dadurch den Vorwurf der Gottlosigkeit zuziehen. (g) Mutet mir also, meine Mitbürger, gegen euch nicht eine Art des Auftretens zu, die ich weder für ehrenhaft noch für gerecht noch für fromm halte, zumal da ich, dem Himmel sei's geklagt, vom Meletos hier der Gottesleugnung geziehen werde. Denn kein Zweifel: wenn ich euch, die ihr durch euren Eid gebunden seid, durch berückende Rede auf meine Seite brächte und durch Bitten einen Druck auf euch ausübte, so würde ich euch ja lehren, nicht an das Dasein von Göttern zu glauben, und würde durch meine Verteidigung mich recht eigentlich selbst beschuldigen, daß ich nicht an Götter glaube. Aber das sei ferne von mir. Denn ich glaube an sie so fest, meine Mitbürger, wie keiner meiner Ankläger, und ich stelle es euch und der Gottheit anheim, über mich zu richten, wie es sowohl für mich am besten sein wird wie auch für euch.

2. Nach der Verurteilung zum Tode

(‹Apologie› 38 c–42 a 3)

Gliederung: (a) Das Todesurteil wird Athen in schlechten Ruf bringen. (b) Sokrates hätte die Möglichkeit gehabt, durch Anwendung rhetorischer Mittel dem Tode zu entrinnen. (c) Es kommt nicht darauf an, dem Tode zu entrinnen, sondern der Schlechtigkeit. (d) Mit dem Tode des Sokrates wird die Stimme der Kritik nicht verstummen, sondern erst recht erwachen. (e) Das Ausbleiben des göttlichen Warnungszeichens beweist Sokrates, daß seine Verurteilung ein Glück ist. (f) Ist der Tod ein tiefer, ruhiger Schlaf, so ist er Gewinn. (g) Wenn der Tod in ein anderes Leben führt, so ist er ein Glück, denn man hat im Hades die Möglichkeit, mit den größten Menschen aller Zeiten zu reden. (h) Der Rechtschaffene steht in der Götter Hut; ihm kann kein Übel widerfahren. (i) Abschließende Bitte, seine Söhne nach seinen Grundsätzen zu erziehen.

29. (a) Eine kurze Spanne Zeit ist es, meine athenischen Mitbürger, die mir ohne das von euch über mich verhängte Todesurteil noch zu leben vergönnt gewesen wäre. Um dieser kurzen Zeit willen aber werdet ihr zu trauriger Berühmtheit gelangen und starken Beschuldigungen ausgesetzt

sein von seiten der schmähsüchtigen Gegner unserer Stadt, darüber, daß ihr den Sokrates umgebracht habt, einen weisen Mann. Ja, einen weisen Mann werden sie mich nennen, wenn ich es auch nicht bin, sie, die euch lästern wollen. Hättet ihr nur ein kleines Weilchen warten wollen, so wäre euch euer Wunsch von selbst erfüllt worden. Denn ihr seht mir ja doch an, wie weit in meinen Jahren ich vorgerückt, wie nahe dem Tode ich bin. Doch das sage ich nicht zu euch allen, sondern nur zu denen, die mich zum Tode verurteilt haben. Und an ebendiese richte ich noch die folgenden Worte:

(b) ‹Vielleicht glaubt ihr, meine Mitbürger, den Grund meiner Verurteilung in dem Mangel an Redebereitschaft finden zu müssen, durch die ich euch hätte umstimmen können, wenn ich entschlossen gewesen wäre, alle Mittel der Tat und des Wortes aufzubieten, um den Freispruch zu erwirken. Weit gefehlt! Ein Mangel war es allerdings, der meine Verurteilung herbeiführte, aber nicht an Worten, sondern an Dreistigkeit und Schamlosigkeit und an dem Willen, mit rednerischen Mitteln auf euch zu wirken, die euren Ohren die liebsten sind: ich hätte mich aufs Wehklagen und Jammern legen und mich in Wort und Tat zu noch gar manchen Dingen verstehen müssen, die meiner nicht würdig sind, wie ich behaupte, Dinge, die ihr freilich von den anderen zu hören gewohnt seid. (c) Allein weder bei der Verteidigung selbst glaubte ich mir irgend etwas Unehrenhaftes erlauben zu dürfen zur Abwendung der Gefahr, noch auch gereut es mich jetzt, mich so verteidigt zu haben; nein, weit lieber will ich durch eine solche Verteidigung zum Tode geweiht sein, als mir durch eine Verteidigung von jener Art das Leben erkaufen. Denn weder vor Gericht noch im Kriege, es handle sich nun um mich oder irgendeinen anderen, verträgt es sich mit der Ehre, nichts unversucht zu lassen, um nur ja dem Tode zu entgehen. Denn auch, was die Schlachten anlangt, so zeigt sich oft deutlich genug, daß sich da mancher dem Tode entziehen kann durch Wegwerfen der Waffen sowie dadurch, daß man die Verfolger um Gnade anfleht. Und so gibt es noch gar mancherlei andere Mittel in jeder Art von Gefahr; kurz, man kann so dem Tode entfliehen, wenn man vor nichts Unehrenhaftem zurückscheut in Wort und Taten. Nein, meine Mitbürger, dem Tode zu entgehen, ist, denk' ich, nicht schwer, weit schwerer dagegen ist es, der Schlechtigkeit zu entgehen; denn sie läuft schneller als der Tod. So bin denn auch ich jetzt als langsamer alter Mann von den Langsameren (unter jenen beiden) eingeholt worden, meine Ankläger dagegen, rüstige und flinke Leute, von dem Schnelleren (unter jenen beiden), von der Schlechtigkeit. Und so scheide ich denn jetzt von euch, des Todes schuldig erklärt von euch, sie aber der Niederträchtigkeit und Ungerechtigkeit überführt von der Wahrheit. Und ich belasse es bei diesem Spruch wie auch jene. Wer weiß denn: vielleicht sollte es so kommen, und ich glaube, es ist gut so.›

30. (d) ‹Nun möchte ich noch einen Blick in die Zukunft tun und euch,

die ihr mich verurteilt habt, die euere voraussagen. Denn ich stehe bereits auf dem Punkte, wo die Menschen vornehmlich zu Weissagern werden, wenn sie nämlich unmittelbar an der Schwelle des Todes stehen. So verkünde ich euch denn, ihr Männer, die ihr mich hingerichtet habt: es wird alsbald nach meinem Tode eine Strafe, eine weit schwerere, beim Zeus, über euch kommen, als ihr sie über mich durch das Todesurteil verhängt habt. Denn jetzt habt ihr das getan in dem Wahn, ihr würdet nicht Rechenschaft geben müssen über euer Leben; es wird aber, so behaupte ich, sich ganz das Gegenteil davon für euch ergeben. Die Zahl derer, die von euch Rechenschaft fordern, wird größer werden: bisher habe ich sie zurückgehalten, ohne daß ihr es gewahr wurdet. Sie werden euch um so gefährlicher werden, je jünger sie sind, und ihr werdet um so größeren Ärger davon haben. Wenn ihr nämlich glaubt, durch Hinrichtung von Menschen den Schmähungen gegen eueren unlauteren Lebenswandel Einhalt zu tun, so seid ihr im Irrtum. Denn ein solches Befreiungsmittel ist weder leicht möglich noch ehrenhaft, vielmehr ist das schönste und zugleich leichteste Mittel dies, nicht anderen das Dasein unmöglich zu machen, sondern nach Kräften an der eigenen sittlichen Besserung zu arbeiten. Dies ist es, was ich euch, meinen Gegnern vor Gericht, weissage, und damit scheide ich von euch.›

31. (e) Mit denen aber, die mich freigesprochen haben, möchte ich gerne noch ein Wort reden über die hier soeben erlebten Vorgänge, solange die Behörden noch durch ihre Geschäfte in Anspruch genommen sind und ich noch nicht nach meiner baldigen Todesstätte mich begeben muß. Ich bitte also, ihr Männer, verweilet noch so lange. Es hindert ja nichts, uns miteinander zu unterhalten, solange es erlaubt ist. Denn euch als meinen Freunden will ich die eigentliche Bedeutung dessen, was mir heute widerfahren ist, dartun. Mir ist nämlich, ihr Richter – denn euch darf ich mit Fug und Recht Richter nennen – etwas ganz Sonderbares begegnet. Die gewohnte prophetische Stimme, die dämonische, war in der ganzen letzten Zeit immer sehr rege und warnte mich auch bei ganz geringen Anlässen, wo ich etwa im Begriffe war, das Rechte zu verfehlen. Eben jetzt aber ist mir doch, wie ihr selbst seht, etwas widerfahren, was man wohl für der Übel größtes halten dürfte, wofür es denn auch allgemein gilt. Gleichwohl trat das göttliche Zeichen mir weder heute früh beim Verlassen meiner Wohnung warnend entgegen, noch bei meinem Gange hierher auf das Gericht, noch an irgendwelcher Stelle meiner Rede, wenn mir etwas auf der Zunge lag; und doch hat es bei anderen Gelegenheiten mich oft mitten im Satze aufgehalten. Heute aber ist es mir während des ganzen gerichtlichen Vorganges nirgends entgegengetreten, weder bei meinem Tun noch bei meinen Reden. Was ich mir nun als Grund dafür denke? Ich will es euch sagen: was mir widerfahren, ist allem Vermuten nach ein Glück, und unmöglich können wir recht haben mit unserem Glauben, der Tod sei ein Unglück. Ich habe den schlagenden

Beweis für diese Behauptung: unmöglich konnte mir das gewohnte Warnungszeichen ausbleiben, wenn mein Vorhaben nicht ein glückliches gewesen wäre.

32. (f) Auch von folgender Seite her wollen wir uns klarmachen, wieviel Ursache wir haben zu hoffen, daß der Tod ein Glück sei. Eines von zweien nämlich ist das Totsein: entweder ist es eine Art Nichtsein, so daß der Tote keinerlei Empfindung hat von irgend etwas, oder es ist, wie der Volksmund sagt, eine Art Verpflanzung und Übersiedelung der Seele von hier nach einem anderen Ort. Im ersten Falle nun, wo von Empfindung nicht mehr die Rede ist, sondern von einer Art Schlaf, der so tief ist, daß dem Schlafenden nicht einmal irgendein Traumbild erscheint, wäre der Tod ein wunderbarer Gewinn. Denn ich glaube, wenn einer eine solche Nacht, die ihm einen völlig traumlosen Schlaf gebracht hat, auswählte und ihr die übrigen Nächte und Tage seines Lebens gegenüberstellen müßte, um zu entscheiden, wie viele Tage und Nächte in seinem Leben er glücklicher verbracht habe als diese Nacht – ich glaube, dann wird nicht etwa bloß ein Mann gewöhnlichen Schlages, sondern der Großkönig in eigener Person finden, daß diese sich sehr leicht zählen lassen im Vergleich zu den anderen Tagen und Nächten. Ist also der Tod von dieser Art, so nenne ich ihn einen Gewinn; denn die ganze Ewigkeit scheint dann eben nichts weiter zu sein als eine einzige solche Nacht. (g) Ist aber der Tod gleichsam eine Art Auswanderung von hier nach einem anderen Ort und hat es mit dem, was der Volksmund sagt, seine Richtigkeit, daß dort alle Verstorbenen weilen, was gäbe es dann, ihr Richter, für ein größeres Glück als dieses? Denn findet einer bei seiner Ankunft im Hades, erlöst von diesen sogenannten Richtern, die wahren Richter, die dort, wie es heißt, Recht sprechen, Minos, Rhadamanthys, Aiakos und Triptolemos nebst den anderen Heroen, die ein rechtschaffenes Leben geführt haben, wäre das etwa eine Verschlechterung unserer Aufenthaltsstätte? Oder aber mit Orpheus, Musaios, Hesiod und Homer zu verkehren, wieviel würde mancher von euch dafür geben! Ich wenigstens wollte gern oftmals des Todes sein, wenn dem so ist. Ja, für mich hätte der Aufenthalt dort noch seinen ganz besonderen Zauber: denn wenn ich dann etwa dem Palamedes begegnete und dem Telamonier Aias oder wer sonst von den alten Helden durch ungerechten Richterspruch den Tod gefunden, so wäre es für mich eine wahre Wonne, mein Geschick mit dem ihren zu vergleichen. Und dann noch die Hauptsache: seine Aufgabe darin zu sehen, daß man die dort Weilenden ausforsche und prüfe wie die Menschen hier auf Erden, wer von ihnen weise sei und wer es zu sein glaube, ohne es doch zu sein. Wieviel gäbe mancher darum, wenn er die Führer des großen Heeres von Troja oder den Odysseus oder den Sisyphos oder tausend andere, die zu nennen wären, Männer und Frauen, verhören könnte! Mit ihnen dort sich zu unterhalten und zu verkehren und sie auszuforschen, welches überschwengliche Glück wäre das. Und so viel wenigstens ist

doch ganz sicher: dort verhängt man nicht wegen solcher Unterredungen die Todesstrafe. Denn wie in anderer Beziehung so sind auch darin die dort Weilenden glücklicher als die Erdenkinder hier, daß sie die ganze weitere Zeit hindurch unsterblich sind, wenn der Volksmund recht hat.

33. (h) Aber auch ihr, meine Richter, sollt dem Tode mit froher Hoffnung ins Angesicht schauen und eines als unverbrüchliche Wahrheit anerkennen, den Satz nämlich, daß es für einen rechtschaffenen Mann kein Übel gibt, weder im Leben noch im Tode, und daß seine Sache von den Göttern nicht im Stich gelassen wird. So ist auch mein Schicksal nicht ein bloßes Spiel des Zufalls, sondern ich zweifle nicht, daß es für mich das beste war, schon jetzt zu sterben und aller Mühsal ledig zu werden. Darum hat mich auch die innere Stimme nicht gewarnt, und ich meines Teiles hege keinen besonderen Groll gegen diejenigen, die mich verurteilt haben, und gegen meine Ankläger. Freilich wurden sie bei ihrer Verurteilung und Anklage nicht von der eben geschilderten Gesinnung geleitet, sondern von der Absicht, mir wehe zu tun; und das darf nicht ungerügt bleiben.

(i) Um eines aber bitte ich sie noch: Wenn meine Söhne erwachsen sind, so übet Vergeltung an ihnen aus, ihr Männer, indem ihr ihnen dasselbe Leid antut, das ich euch antat, sofern euch dünket, daß sie mehr auf Gelderwerb und sonstigen Tand bedacht sind als auf Tugend. Und bilden sie sich etwas ein auf Dinge, von denen sie nichts verstehen, so haltet nicht zurück mit euerem Tadel gegen sie – wie ich damit nicht zurückhalte gegen euch –, wenn sie ihr Streben nicht auf das richten, was nottut, und wenn sie wähnen, etwas zu sein, während an ihnen rein gar nichts ist. Wenn ihr dies tut, dann ist mir volles Recht von euch geworden, mir und meinen Söhnen.

Aber nun ist es Zeit, daß wir gehen, ich um zu sterben, ihr um weiter zu leben. Wer von uns beiden dem besseren Lose entgegengeht, das ist allen verborgen, nur der Gottheit nicht.

b) Der Tod des Sokrates

(‹Phaidon›, 115 b–118 a, übers. v. O. Apelt, in: Platon, Sämtliche Dialoge, Bd. 2, Felix Meiner Verlag, [Reprint] Hamburg 1988)

Am letzten Tag vor seinem Tode – so erzählt Phaidon aus Elis, Schüler des Sokrates und späteres Haupt der Elischen Schule, dem damals abwesenden Echekrates aus Phlius – hat Sokrates sich in aller Ruhe mit seinen Freunden über die Unsterblichkeit der Seele unterhalten, ehe der Abend mit der Sterbestunde des Sokrates nahte.

Gliederung: (a) Der letzte Wunsch des Sokrates: Seine Freunde sollen sich des von ihm gelehrten Lebens befleißigen. (b) Was bestattet wird, ist nur der Körper. Der wahre Mensch überlebt. (c) Stimmung der Freunde. Abschied von Frauen und Kindern. (d) Ankündigung des Todes. Gespräch mit dem Wächter. (e) Des Sokrates Bereitschaft, den Tod ohne Zögern zu erleiden. (f) Sokrates trinkt den Becher in Seelenruhe, mit einem Gebet an die Götter. (g) Der Freunde Erschütterung und Klagen und des Sokrates Trost. (h) Der Tod des Sokrates. (i) Schlußworte des Erzählers: Rühmung des Sokrates.

64. (a) Nachdem Sokrates so gesprochen, sagte Kriton: Gut denn, mein Sokrates; hast du aber diesen da oder mir nichts aufzutragen für deine Kinder oder womit wir sonst dir einen Gefallen erweisen könnten?

S.: Nichts anderes, mein Kriton, als was ihr immer von mir hört: wenn ihr für euer Seelenheil sorgt, dann werdet ihr mir und den Meinen und euch selbst zu Gefallen handeln, was ihr auch tun mögt, wenn ihr es mir auch jetzt nicht versprecht. Wenn ihr aber euer Bestes außer Augen laßt und euch nicht entschließt, in eurer Lebensführung genau der Spur zu folgen, die ich euch durch das jetzt und in früherer Zeit Dargelegte vorgezeichnet habe, so werdet ihr keinen Gewinn haben, auch wenn ihr jetzt noch so viele und noch so bestimmte Versprechungen macht.

Kr.: Was diesen deinen Wunsch anlangt, so werden wir es nicht an Eifer fehlen lassen, ihn zu erfüllen. Aber wie sollen wir es mit deiner Bestattung halten?

(b) S.: Ganz wie es euch beliebt; nur müßt ihr meiner noch habhaft sein und mich nicht entweichen lassen.

Dabei lächelte er ruhig und sagte uns anblickend: Liebe Freunde, Kriton will es mir nicht glauben, daß dieser Sokrates hier, der jetzt mit euch spricht und jedem Teil des Vorgetragenen seine rechte Stelle gibt, mein wahres Ich ist; er glaubt vielmehr, ich sei jener, den er in kurzem als Leichnam sehen wird. Daher die Frage, wie er mich bestatten soll. Meine ausführliche Darlegung aber darüber, daß, wenn ich den Giftbecher getrunken habe, ich nicht mehr bei euch verweilen werde, sondern den Freuden der Seligen zueilen werde, die, scheint es mir, ist für ihn ganz verloren mitsamt dem Trost, der darin für euch und für mich liegen sollte. Ihr müßt also bei Kriton Bürgschaft für mich leisten, und zwar eine Bürgschaft entgegengesetzter Art als die war, die er vor den Richtern leisten wollte. Denn er verbürgte sich, daß ich dableiben werde; ihr aber müßt euch dafür verbürgen, daß ich nach meinem Tode sicherlich nicht dableiben werde, sondern davoneilen werde; dadurch werdet ihr dem Kriton eine Erleichterung schaffen, auf daß er nicht, wenn er meinen Leib verbrennen oder begraben sieht, um meinetwillen die Fassung verliere, als ob mir Schreckliches widerführe, und bei der Bestattung nicht sage, daß es Sokrates sei, den er ausstellt oder hinausträgt oder beerdigt. Denn das laß dir gesagt sein, mein trefflicher Kriton, daß unrichtig auszusagen nicht nur an sich verkehrt ist, sondern auch Unheil in den Seelen stiftet. Also sei getrost und sage, daß es mein *Leib* ist, den du bestattest und so bestattest, wie es dir lieb ist und am meisten dem Brauche zu entsprechen scheint.

65. (c) Nach diesen Worten erhob sich Sokrates und ging in einen Nebenraum, um zu baden. Kriton folgte ihm, uns aber gab er die Weisung zu bleiben. So blieben wir denn und unterhielten uns unter uns über das Gehörte und erwogen es nochmals, dann aber kamen wir auch wieder auf das große Unglück zu sprechen, von dem wir betroffen seien, denn wir kamen uns geradezu vor, als wären wir unseres Vaters beraubt und müßten fortab als Waisen leben. Als er aber gebadet hatte, wurden seine Kinder zu ihm gebracht – er hatte zwei kleine Söhne und einen großen – und auch die Frauen seiner Verwandtschaft fanden sich ein. Mit ihnen sprach er im Beisein des Kriton und teilte ihnen seine letzten Wünsche mit, worauf er die Frauen und Kinder weggehen hieß, während er selbst zu uns kam. (d) Und es war schon nahe am Sonnenuntergang. Denn er hatte ziemlich lange drinnen verweilt. Als er eingetreten war, ließ er sich vom Bade erfrischt nieder und sprach dann nur noch wenig. Und es erschien der Diener der Elfmänner, trat zu ihm und sagte: ‹Von dir, mein Sokrates, brauche ich nicht zu befürchten, was ich bei andern befürchte, nämlich daß sie mir zürnen und mir fluchen, wenn ich ihnen die Notwendigkeit ankündige den Giftbecher zu trinken auf Befehl der Behörde. Dich aber habe ich schon die ganze Zeit daher als den edelsten, gelassensten und besten Mann kennengelernt, der je diese Stätte betreten hat; und so zweifle ich denn auch jetzt keinen Augenblick, daß du nicht mir zürnst, denn du kennst ja die Schuldigen, sondern eben ihnen. Nun also, du kennst ja meinen Auftrag, lebe wohl und suche das Unvermeidliche so gelassen wie möglich zu tragen.› Dabei brachen ihm die Tränen hervor, und so wandte er sich um und ging fort. Sokrates aber blickte ihm nach und sagte: ‹Auch du lebe wohl, und ich werde dein Wort befolgen.›

Und zugleich sagte er zu uns gewendet: Was für ein feinfühlender Mann! Die ganze Zeit über suchte er mich auf, unterhielt sich zuweilen mit mir und zeigte die größte Herzlichkeit; und nun, wie echt menschlich weint er um mich! (e) Aber wohlan, mein Kriton, wir wollen seiner Anweisung folgen: es bringe einer das Gift her, wenn es gerieben ist; wo nicht, so mag es der Mann reiben!

Kr.: Aber ich glaube, mein Sokrates, die Sonne steht noch über den Bergen und ist noch nicht untergegangen. Auch weiß ich, daß andere erst lange nach geschehener Ankündigung den Trank nahmen, nachdem sie sich zuvor noch mit Essen und Trinken gütlich getan, ja einige sogar auch noch mit Frauen zusammen waren, nach denen sie verlangten. Also dränge nicht; es hat noch Zeit.

S.: Wenn die, von denen du redest, mein Kriton, so handeln, so haben sie dazu ihren guten Grund; sie glauben nämlich einen Vorteil davon zu haben, wenn sie so handeln; und ich meinerseits glaube ebenso guten Grund zu haben, nicht so zu handeln; denn wenn ich ein wenig später den Trank nehme, glaube ich dadurch nichts zu gewinnen, sondern mich nur vor mir selbst lächerlich zu machen, wenn ich so begierig am Leben hänge und da spare, wo nichts mehr vorhanden ist. So folge denn und tu, wie ich sage.

66. (f) Nach diesen Worten winkte Kriton seinem neben ihm stehenden Diener. Und der Diener ging hinaus, und nach geraumer Zeit kam er wieder mit dem Mann, der das Gift reichen sollte, das er gerieben in einem Becher brachte.

Als aber Sokrates den Mann sah, sagte er: Gut, mein Bester, du verstehst dich ja auf diese Dinge; was habe ich zu tun?

Nichts anderes, sagte er, als, nachdem du getrunken, umherzugehen, bis du deine Schenkel schwer werden fühlst, und dich dann niederzulegen; so wird die Wirkung von selbst eintreten. Dabei reichte er dem Sokrates den Becher. Und er ergriff ihn, und ganz heiter, mein Echekrates, ohne zu zittern oder die Farbe oder die Miene zu ändern, sondern, wie es seine Art war, den Mann starr anblickend sagte er: Was meinst du von diesem Trank? Darf man davon eine Spende weihen oder nicht?

Wir reiben, sagte er, mein Sokrates, gerade nur so viel, als der Trinkende nach unserer Meinung nötig hat.

S.: Ich verstehe. Aber ein Gebet wenigstens darf und soll man doch wohl an die Götter richten, daß die Übersiedelung von hier nach dort glücklich von statten gehe. Das ist es denn auch, worum ich jetzt bitte: und möchte es in Erfüllung gehen.

(g) Und sobald er dies gesagt, setzte er den Becher an und trank ihn wohlgemut und ruhig aus. Und von uns waren die meisten bis dahin leidlich imstande gewesen, die Tränen zurückzuhalten, aber als wir ihn trinken und mit dem Tranke fertig sahen, da nicht mehr, sondern auch mir selbst, so sehr ich mich auch wehrte, brachen die Tränen stromweise hervor, so daß ich mein Antlitz verhüllte und weinte – um mich; denn nicht um ihn, sondern um mein Geschick, daß ich eines solchen Freundes beraubt sein sollte! Kriton aber war noch vor mir aufgestanden, da er nicht vermochte, die Tränen zurückzuhalten. Apollodoros aber, der schon vorher unaufhörlich geweint hatte, brach nun vollends in lautes Jammern aus und weinte völlig fassungslos, daß es allen Anwesenden tief ins Herz schnitt außer dem Sokrates selbst.

Dieser aber sagte: Wie stellt ihr euch an, ihr Toren. Ich habe doch die Weiber eben deshalb weggeschickt, damit sie mir nicht eine solche Szene aufführten; denn man muß in andächtigem Schweigen von hinnen scheiden: so ist mir kund geworden. Also schweiget und haltet an euch.

(h) Diese Worte machten, daß wir uns schämten und mit den Tränen zurückhielten; er aber ging hin und her und als ihm, wie er sagte, die Beine schwer wurden, legte er sich auf den Rücken, wie ihm der Mann geraten hatte. Und zugleich befühlte ihn der, der ihm das Gift gereicht hatte und sah sich nach einiger Zeit seine Füße und Schenkel an; darauf drückte er kräftig seinen Fuß und fragte, ob er es spüre; Sokrates sagte: Nein! Darauf die Unterschenkel und so am Körper immer weiter heraufgehend zeigte er uns, daß er kalt und starr wurde. Und er befühlte ihn wiederholt und sagte, wenn es bis zum Herzen vorgedrungen wäre, dann wäre es aus mit ihm. Schon war er bis in die Gegend des Unterleibes erkaltet, da schlug er die Kopfhülle – denn er hatte sich verhüllt – zurück und sprach sein letztes Wort: ‹Mein Kriton, wir müssen dem Asklepios einen Hahn opfern. Spendet ihn und verabsäumt es nicht.› ‹Nun, das wird geschehen›, sagte Kriton, ‹aber hast du nicht sonst noch etwas auf dem Herzen?›

Auf diese Frage gab Sokrates keine Antwort mehr, sondern verfiel bald in Zuckungen; und der Mann enthüllte ihn und seine Augen waren gebrochen. Als Kriton dies sah, drückte er ihm den Mund und die Augen zu.

67. (i) So, mein Echekrates, starb unser Freund, ein Mann, der, wie wir wohl sagen dürfen, von allen Zeitgenossen, die wir kannten, der beste war und an Einsicht und Gerechtigkeit überhaupt von niemand übertroffen ward.

B. Ideenlehre

1. Urbild, Abbild, Nachbild

(‹Der Staat› [Politeia] X, 1–2; 596 a 4–598 d 6, übers. v. O. Apelt, Philosophische Bibliothek Bd. 80, Felix Meiner Verlag, 11. Aufl., Hamburg 1989)

Zu Beginn des 10. Buches der ‹Politeia› sucht Platon das im 3. Buch gefällte Verdammungsurteil über den größten Teil der Dichtkunst philosophisch zu begründen. Um zu zeigen, daß die Dichtkunst nur dem Scheine, nicht der Wahrheit dient, entwickelt er die Lehre von den drei Wirklichkeitsstufen: Urbild (die Idee), Abbild (die einzelnen Dinge, die nach der Idee geschaffen sind) und Nachbild (das Bild der nachahmenden Künste, das sich am Abbild orientiert).

Gesprächspartner sind Sokrates und Glaukon, ein Bruder des Platon. Letzterer und sein Bruder Adeimantos wechseln sich ab Buch zwei neben Sokrates in der Gesprächsführung ab.

Gliederung: (a) Viele Einzeldinge haben nur einen Begriff und eine Idee. (b) Jedes Einzelding wird im Hinblick auf seine Idee gefertigt. (c) Es gibt Künstler, die können zwar alle Dinge herstellen, aber es sind immer nur Scheindinge. (d) Auch der Handwerker bringt nicht das Seiende, die Idee selbst, hervor, sondern nur das ihr Ähnliche. (e) Die drei Wirklichkeitsstufen: Urbild, Abbild, Nachbild und ihre Schöpfer: Gott, Handwerker, Maler. (f) Gott hat notwendig nur *ein* Urbild jedes Dinges, die Idee, geschaffen. (g) Der Handwerker ist der Werkmeister des einzelnen Dinges. (h) Maler und Tragödiendichter stehen an 3. Stelle von der Naturwirklichkeit entfernt: Sie sind Nachahmer der Erzeugnisse der Handwerker. (i) Die Nachahmungskunst will nicht das Seiende, sondern das Erscheinende nachahmen.

(a) S.: Ist es dir also recht, daß wir den Ausgangspunkt für die Betrachtung nach gewohnter Methode wählen? Unser gewöhnliches Verfahren ist nämlich doch dies, daß wir für eine jede Gruppe vieler Einzeldinge, die wir mit demselben Namen belegen, je einen einheitlichen Begriff setzen. Oder verstehst du nicht?

Gl.: Ich verstehe wohl.

S.: Setzen wir also auch jetzt irgendeine beliebige Gruppe vieler Einzeldinge. So gibt es z. B., wenn du willst, viele Stühle und Tische.

Gl.: Gewiß.

S.: Aber Ideen gibt es für diese Geräte nur zwei, eine für den Stuhl, die andere für den Tisch.

Gl.: Ja.

(b) S.: Und es ist uns doch geläufig zu sagen, daß der Handwerker, der das eine oder andere dieser Geräte anfertigt, auf die Idee hinblickt, wenn der eine die Stühle oder der andere die Tische herstellt, die wir benutzen, und ebenso auch bei den anderen Dingen? Denn die Idee selbst verfertigt doch keiner dieser Handwerker. Wie sollte er auch?

Gl.: Unmöglich.

(c) S.: Aber frage dich nun, welchen Namen du dem folgenden Meister geben willst.

Gl.: Welchem?

S.: Der alles macht, was jeder einzelne dieser Handarbeiter macht.

Gl.: Das wäre ja ein wahrer Tausendkünstler und bewundernswerter Mann.

S.: Nur noch ein wenig Geduld, und du wirst noch mehr Grund haben, das zu sagen. Denn dieser nämliche Handwerker ist nicht nur imstande, alle Geräte zu machen, sondern auch alles, was aus der Erde wächst, macht er, und alle Lebewesen bringt er hervor und zumal sich selbst; außerdem Erde, Himmel, Götter, alles, was am Himmel ist und was unter der Erde im Hades ist – alles macht er.

Gl.: Das wäre ja ein bewundernswerter Meister seiner Kunst.

S.: Glaubst du mir etwa nicht? Sage mir denn, hältst du einen derartigen Handwerker überhaupt für unmöglich, oder glaubst du, auf gewisse Weise sei er Hervorbringer aller dieser Dinge, auf andere wieder nicht? Oder merkst du nicht, daß du auch selbst imstande wärest, all dieses auf gewisse Weise hervorzubringen?

Gl.: Und welches wäre diese Weise?

S.: Es hat mit ihr gar keine Schwierigkeit, sondern man hat sie vielfältig und rasch zur Hand; am schnellsten aber wohl, wenn du einen Spiegel nimmst und ihn überall herumträgst: alsbald wirst du da eine Sonne machen und was am Himmel ist, alsbald auch eine Erde, alsbald auch dich selbst und die übrigen Lebewesen, Geräte, Gewächse und alles vorhin Genannte.

Gl.: Ja, dem Schein nach, aber nicht in Wirklichkeit.

S.: Recht so; damit triffst du den Punkt, auf den es ankommt. Denn zu den Werkmeistern dieser Art gehört meiner Ansicht nach auch der Maler. Nicht wahr?

Gl.: Unzweifelhaft.

S.: Aber du wirst wohl sagen, was er mache, sei nichts Wahres. Indes, auf gewisse Weise macht doch auch der Maler einen Stuhl, oder nicht?

Gl.: Ja, er macht einen, aber nur einen scheinbaren.

(d) S.: Wie steht es nun mit dem Stuhlmacher? Sagtest du nicht eben, er mache nicht die Idee, in unserer Sprechweise ausgedrückt den Stuhl an sich, sondern einen beliebigen Stuhl?

Gl.: Das sagte ich.

S.: Macht er aber nicht etwas an sich, so macht er nicht das Seiende, sondern nur ein dem Seienden Ähnliches, das aber selbst kein Sein hat. Wollte aber einer behaupten, das Werk des Stuhlmachers oder sonst irgendeines Handwerkers sei im vollsten Sinne seiend, so wird er doch schwerlich die Wahrheit sagen?

Gl.: Gewiß nicht, wenigstens nicht nach der Ansicht derer, die mit solchen Untersuchungen vertraut sind.

S.: Kein Wunder also, wenn auch dies sich nur als schwaches Gegenstück darstellt gegenüber der Wahrheit.

Gl.: Nein, ein Wunder ist das nicht.

(e) S.: Sollen wir nun an Hand dieses Beispiels das Wesen des von uns gesuchten Nachahmers aufklären?

Gl.: Wenn es dir recht ist, ja.

S.: Es ergeben sich uns also folgende drei Arten von Stühlen: erstens der in der Natur vorhandene, als dessen Schöpfer uns doch wohl Gott gilt. Oder wer sonst?

Gl.: Niemand, denke ich.

S.: Zweitens derjenige Stuhl, den der Tischler herstellt.

Gl.: Ja.

S.: Drittens derjenige Stuhl, den der Maler anfertigt, nicht wahr?

Gl.: Ja, so soll es gelten.

S.: Also Maler, Stuhlmacher, Gott, das sind drei Meister für drei Arten von Stühlen.

Gl.: Ja, drei.

(f) S.: Ob Gott nun nicht mehr als einen Stuhl in der Natur herstellen wollte, oder ob dabei eine Notwendigkeit über ihm stand, gleichviel, er machte nur jenen einen Stuhl an sich. Zwei oder mehr solche Stühle aber sind von Gott weder geschaffen worden, noch werden sie je geschaffen werden.

Gl.: Wieso?

S.: Wenn er auch nur zwei gemacht hätte, so würde wieder einer sich zeigen, dessen Form jene beiden hätten, und er wäre dann der Stuhl an sich, aber nicht die zwei.

Gl.: Richtig.

S.: Dies also, denke ich, wußte Gott, und da er wirklich Schöpfer des wirklich seienden Stuhles, nicht aber irgendeines beliebigen Stuhles und auch kein beliebiger Stuhlmacher sein wollte, so schuf er jenen von Natur einen Stuhl.

Gl.: Wohl richtig.

S.: Sollen wir diesen nun als den Erzeuger dessen oder ähnlich bezeichnen?

Gl.: Ja, daran tun wir ganz recht, da er doch dieses und alles andere durch einen natürlichen Vorgang geschaffen hat.

(g) S.: Wie aber nennen wir den Tischler? Nicht den Werkmeister des Stuhles?

Gl.: Ja.

(h) S.: Bezeichnen wir etwa auch den Maler als Werkmeister und Verfertiger eines derartigen Gegenstandes?

Gl.: Keineswegs.

S.: Aber wie bezeichnest du ihn nun in seinem Verhältnis zum Stuhl?

Gl.: Die angemessenste Bezeichnung wäre meines Erachtens diese: Nachahmer der Erzeugnisse jener Werkmeister.

S.: Gut. Nachahmer nennst du also denjenigen, der mit seinem Erzeugnis an dritter Stelle von der Naturwirklichkeit entfernt steht?

Gl.: Gewiß.

S.: Dies also wird auch der Tragödiendichter sein, da er ein Nachahmer ist, gewissermaßen drei Stufen abwärts vom König und der Wahrheit, und ebenso alle übrigen Nachahmer.

Gl.: So scheint es.

(i) S.: Über den Nachahmer also sind wir einig. Was aber den Maler betrifft, so gib mir Auskunft auf folgende Frage: Versucht er immer, was jedes selbst in der Natur ist, nachzuahmen oder die Erzeugnisse der Handwerksmeister?

Gl.: Die der Handwerksmeister.

S.: So wie sie sind oder wie sie scheinen? Denn darüber mußt du noch volle Klarheit schaffen.

Gl.: Wie meinst du das?

S.: So: Wenn du einen Stuhl von der Seite betrachtest oder von vorn oder wie immer, so ist er doch nicht etwa von sich selbst verschieden? Oder ist es so, daß er von sich selbst nicht verschieden ist, wohl aber anders zu sein scheint? Und so bei allen anderen Dingen?

Gl.: So ist es. Es handelt sich dabei um den Schein, nicht um einen wirklichen Unterschied.

S.: Nun aber erwäge Folgendes: Was will die Malerei bei ihren Gegenständen? Will sie das Seiende nachahmen, wie es ist, oder das Erscheinende, wie es erscheint? Ist sie also eine Nachahmung der Erscheinung oder der Wahrheit?

Gl.: Der Erscheinung.

S.: Die Nachahmungskunst ist also weit vom Wahren entfernt. Daher kommt es anscheinend auch, daß sie alles herstellen kann, weil sie jeden Gegenstand nur wenig erfaßt, und zwar in einem Bild. So wird uns der Maler z. B. einen Schuster, einen Tischler und die anderen Handwerker malen, ohne von der Kunst irgendeines dieser Leute etwas zu verstehen. Gleichwohl wird er, wenn er ein guter Maler ist und einen Tischler gemalt hat, den er nun in gehöriger Entfernung vorzeigt, Kinder und Toren täuschen, so daß sie glauben, es sei ein wirklicher Tischler.

Gl.: Allerdings.

2. Das Höhlengleichnis

(‹Der Staat› [Politeia] VII, 1–4; 514 a–518 d)

Platon sucht das Problem der Bildung, das in der ‹Politeia› eine hervorragende Rolle spielt, durch ein Gleichnis zu lösen: Bildung ist Hinwendung zur Idee des Guten. Die Gesprächspartner sind Sokrates und Glaukon (vgl. Einleitung zu ‹Politeia› X, 1–2).

Gliederung: (a) Die Lebensbedingungen der in der Höhle Gefangenen. (b) Die Gefangenen müssen notwendig die Schatten für wahr halten. (c) Auch bei einer plötzlichen Umkehrung zu den wirklichen Dingen und dem Licht wird der Gefangene noch an den Schatten festhalten. (d) Die Erkenntnis der wahren Dinge und des wahren Lichtes kann nur ganz allmählich erfolgen. (e) Nach der Erkenntnis aber des Wahren wird er alle Trugmeinung der Höhlengefangenen gering achten. (f) In der Gesellschaft der Gefangenen wird der, der das Wahre erkannt hat, Haß und Verachtung ernten. (g) Auflösung des Gleichnisses: die alles erleuchtende Sonne ist die Idee des Guten. (h) Wer das Wahre kennt, der wird sich nur ungern mit der Schattenwelt abgeben und in ihr lächerlich wirken. (i) Es gibt zwei Arten der Verwirrung der Seele: die beim Gang aus dem Licht in die Finsternis und die beim Gang aus der Finsternis ins Licht. (k) Bildung ist die Kunst, den Menschen von dem Werdenden ab und zum Seienden, der Idee des Guten, hinzuwenden.

(a) S.: Und nun vergleiche Bildung und Unbildung in unserer Natur mit folgendem Zustand. Stelle dir Menschen vor in einer unterirdischen, höhlenartigen Wohnstätte mit lang nach aufwärts gestrecktem Eingang, entsprechend der Ausdehnung der Höhle. Von Kind auf sind sie in dieser Höhle festgebannt mit Fesseln an Schenkeln und Hals; sie bleiben also immer an der nämlichen Stelle und sehen nur geradeaus vor sich hin, denn durch die Fesseln werden sie gehindert, ihren Kopf herumzubewegen. Von oben her aber aus der Ferne leuchtet hinter ihnen das Licht eines Feuers. Zwischen dem Feuer aber und den Gefesselten läuft oben ein Weg hin, dem entlang eine niedrige Mauer errichtet ist ähnlich der Schranke, die die Puppenspieler vor den Zuschauern errichten, um über sie weg ihre Kunststücke zu zeigen.

Gl.: Das steht mir alles vor Augen.

S.: Längs dieser Mauer – so mußt du es dir nun weiter vorstellen – tragen Menschen allerlei Geräte vorbei, die über die Mauer hinausragen, Statuen verschiedenster Art aus Stein und Holz von Menschen und anderen Lebewesen, wobei, wie begreiflich, die Vorübertragenden teils reden, teils schweigen.

Gl.: Ein sonderbares Bild, das du da vorführst, und sonderbare Gefangene.

(b) S.: Sie gleichen uns. Können denn zunächst solche Gefesselte von sich selbst und voneinander etwas anderes gesehen haben als die Schatten, die von dem Feuer auf die ihnen gegenüberliegende Wand der Höhle geworfen werden?

Gl.: Wie wäre das möglich, wenn sie ihr Leben lang den Kopf unbeweglich halten müssen?

S.: Und ferner: gilt von den vorübergetragenen Gegenständen nicht dasselbe?

Gl.: Was denn sonst?

S.: Wenn sie nun miteinander reden könnten, glaubst du nicht, daß sie der Meinung wären, die Benennungen, die sie dabei verwenden, kämen den Dingen zu, die sie unmittelbar vor sich sehen?

Gl.: Notwendig.

S.: Ferner: wenn der Kerker auch einen Widerhall von der gegenüberliegenden Wand her ermöglichte, meinst du da, wenn einer der Vorübergehenden gerade etwas sagte, sie würden dann die gehörten Worte einem anderen zulegen als dem jeweils vorüberziehenden Schatten?

Gl.: Nein, beim Zeus.

S.: Durchweg also würden diese Gefangenen nichts anderes für wahr halten als die Schatten der künstlichen Gegenstände.

Gl.: Notwendig.

(c) S.: Nun betrachte den Hergang ihrer Lösung von den Banden und ihrer Heilung von dem Unverstand, wie er sich gestalten würde, wenn sich Folgendes naturgemäß mit ihnen zutrüge: wenn einer von ihnen aus den Fesseln befreit und genötigt würde, plötzlich aufzustehen, den Hals umzuwenden, sich in Bewegung zu setzen und nach dem Licht emporzublicken und alles dies nur unter Schmerzen verrichten könnte und geblendet von dem Glanz nicht imstande wäre, jene Dinge zu erkennen, deren Schatten er vorher sah, was, glaubst du wohl, würde er sagen, wenn man ihm versicherte, er hätte damals lauter Nichtigkeiten gesehen, jetzt aber sei er dem Seienden näher gerückt und auf Dinge hingewandt, denen ein stärkeres Sein zukäme, und sehe deshalb richtiger? Wenn man zudem noch ihn auf jedes der vorüberziehenden Dinge hinwiese und ihn nötigte, auf die Frage zu antworten, was es sei? Meinst du da nicht, er werde weder aus noch ein wissen und glauben, das vordem Geschaute sei wirklicher als das, was man ihm jetzt zeige?

Gl.: Weitaus.

S.: Und wenn man ihn nun zwänge, seinen Blick auf das Licht selbst zu richten, so würden ihn doch seine Augen schmerzen, er würde sich abwenden und wieder jenen Dingen zustreben, die er anschauen kann, und diese würde er doch für tatsächlich gewisser halten als die, die man ihm zeigte?

Gl.: Ja.

(d) S.: Wenn man ihn nun aber von dort gewaltsam durch den holperigen und steilen Aufgang aufwärts schleppte und nicht eher ruhte, als bis man ihn an das Licht der Sonne gebracht hätte, würde er diese Gewaltsamkeit nicht schmerzlich empfinden und sich dagegen sträuben? Und wenn er an das Licht käme, dann würde er, völlig geblendet von dem Glanz, von alledem, was ihm jetzt als das Wahre angegeben wird, überhaupt nichts zu erkennen vermögen?

Gl.: Nein, wenigstens für den Augenblick nicht.

S.: Er würde sich also erst daran gewöhnen müssen, wenn es ihm gelingen soll, die Dinge da oben zu schauen. Zuerst würde er wohl am leichtesten die Schatten erkennen, darauf die Abbilder der Menschen und der übrigen Dinge im Wasser, später dann die Gegenstände selbst; in der Folge würde er dann zunächst bei Nacht die Erscheinungen am Himmel und den Himmel selbst betrachten und das Licht der Sterne und des Mondes anschauen. Das wird ihm leichter fallen, als wenn er bei Tage die Sonne und das Sonnenlicht ansehen sollte.

Gl.: Gewiß.

S.: Zuletzt dann, denke ich, wird er imstande sein, die Sonne, nicht etwa bloß ihre Spiegelbilder im Wasser oder sonst irgendwo, sondern sie selbst in voller Wirklichkeit an ihrer eigenen Stelle zu schauen und ihre Beschaffenheit zu betrachten.

Gl.: Notwendig.

S.: Und dann würde er schlußfolgernd erkennen, daß sie es ist, der wir die Jahreszeiten und die Jahresumläufe verdanken, und daß sie über allem waltet, was in der sichtbaren Welt sich befindet, und in gewissem Sinne auch die Urheberin all jener Erscheinungen ist, die sie vordem schauten.

Gl.: Offenbar würde er in solcher Reihenfolge zu dieser Einsicht gelangen.

(e) S.: Wie nun? Meinst du nicht, er würde in der Erinnerung an seine erste Wohnstätte, an seine dortige Weisheit und an seine damaligen Mitgefangenen sich nun glücklich preisen wegen dieser Veränderung, jene dagegen bemitleiden?

Gl.: Sicherlich.

S.: Wenn es damals aber unter ihnen gewisse Ehrungen, Lobpreisungen und Auszeichnungen gab für den, der die vorüberziehenden Schatten am schärfsten wahrnahm und sich am besten zu erinnern wußte, welche von ihnen gewöhnlich eher, welche später und welche gleichzeitig vorüberwanderten, und auf Grund dessen am sichersten zu erraten verstand, was danach sich einstellen werde, glaubst du etwa, daß er sich danach zurücksehnen und die bei ihnen durch Ehren und Macht Ausgezeichneten beneiden werde? Oder wird er nicht vielmehr nach Homer * das harte Los wählen, viel lieber ‹einem anderen, einem unbegüterten Manne um Lohn dienen zu wollen›, und lieber alles andere über sich ergehen lassen, als im Banne jener Trugmeinungen zu stehen und ein Leben jener Art zu führen?

Gl.: Ja, ich denke, er würde lieber alles andere über sich ergehen lassen, als auf jene Weise leben.

(f) S.: Und nun bedenke auch noch Folgendes. Wenn ein solcher wieder hinabstiege in die Höhle und dort wieder seinen alten Platz einnähme, würden dann seine Augen nicht förmlich eingetaucht werden in Finsternis, wenn er plötzlich aus der Sonne dort anlangte?

Gl.: Gewiß.

S.: Wenn er nun wieder, bei noch anhaltender Trübung des Blicks, mit jenen ewig Gefesselten wetteifern müßte in der Deutung jener Schattenbilder, ehe noch seine Augen sich der jetzigen Lage wieder völlig angepaßt haben – und die Gewöhnung daran dürfte eine ziemlich erhebliche Zeit fordern –, würde er sich da nicht lächerlich machen? Würde es nicht von ihm heißen, sein Aufstieg nach oben sei schuld daran, daß er mit verdorbenen Augen wiedergekehrt sei, und schon der bloße Versuch, nach oben zu gelangen, sei verwerflich? Und wenn sie den, der es etwa versuchte, sie zu entfesseln und hinaufzuführen, irgendwie in ihre Hand bekommen und umbringen könnten, so würden sie ihn doch auch umbringen?

Gl.: Sicherlich.

(g) S.: Dieses Gleichnis nun, mein lieber Glaukon, mußt du seinem vollen Umfang nach mit den vorhergehenden Erörterungen in Verbindung bringen: die durch den Gesichtssinn uns erscheinende Welt setze der Wohnung im Gefängnis gleich, den Lichtschein des Feuers aber in ihr der Kraft der Sonne. Den Aufstieg nach oben aber und die Betrachtung der oberen Welt muß du der Erhebung der Seele in das Reich des nur geistig Erkennbaren vergleichen, wenn du eine richtige Vorstellung von meiner Meinung bekommen willst, da du sie ja zu hören begehrst. Gott mag wissen, ob sie richtig ist. Was sich mir also richtig darstellt, ist dies: In dem Bereich des Denkbaren zeigt sich zuletzt und schwer erkennbar die Idee des Guten; hat sie sich aber einmal gezeigt, so muß man schlußfolgern, daß sie für alle die Urheberin alles Rechten und Schönen ist, da sie im Bereich des Sichtbaren das Licht und dessen Herrn (die Sonne) erzeugt, im Bereich des Denkbaren aber selbst als Herrscherin waltend uns zu

* Od. XI, 489f.

Wahrheit und Vernunft verhilft. Daher muß also diese Idee erkannt haben, wer einsichtig handeln will, sei es in persönlichen oder in öffentlichen Angelegenheiten.

Gl.: Diese Meinung teile auch ich, soweit mir ein Urteil darüber zusteht.

(h) S.: So teile denn auch die folgende Ansicht mit mir und wundere dich nicht, daß diejenigen, die zu dieser Höhe gelangt sind, keine Neigung verspüren, sich den menschlichen Alltagsgeschäften zu widmen. Ihre Seelen fühlen sich vielmehr immer getrieben, dort oben zu verweilen. Und so ist es doch wohl auch ganz in der Ordnung, wenn anders es dem vorhin vorgeführten Bilde entsprechen soll.

Gl.: Ja, ganz in Ordnung.

S.: Wie nun? Scheint es dir verwunderlich, wenn einer, der von der Schau des Göttlichen her in das menschliche Jammertal herabkommt, ungeschickt ist und sich recht lächerlich ausnimmt? Noch getrübten Blikkes und noch nicht wieder genügend an die hiesige Finsternis gewöhnt, sieht er sich genötigt, in Gerichtshöfen oder anderswo um die Schatten der Gerechtigkeit zu streiten oder um die Kunstgebilde, deren Schatten sie sind, und sich in einen Wettkampf einzulassen mit der Auffassung, die solche Leute über diese Dinge hegen, die niemals die Gerechtigkeit an sich geschaut haben?

Gl.: Nicht im geringsten verwunderlich.

(i) S.: Wer aber bei Vernunft ist, der würde sich sagen, daß die Störungen der Sehkraft zweifacher Art sind und zweifacher Ursache entstammen, nämlich erstens, wenn man aus dem Licht in die Finsternis und zweitens, wenn man aus der Finsternis in das Licht versetzt wird. Und wenn er sich nun davon überzeugt hat, daß die nämlichen Vorgänge auch bei der Seele vorliegen, so wird er nicht unbedacht lachen, wenn er eine Seele in Verwirrung und unfähig sieht, etwas zu erkennen, sondern prüfen, ob sie aus einem erleuchtetern Leben hierher gekommen und infolge der Ungewohntheit mit Finsternis geschlagen ist, oder ob sie aus einem Zustand größerer Unwissenheit in helleren Glanz kommt und von dieser größeren Helligkeit geblendet ist. Und so wird er denn die eine glücklich preisen wegen ihres Zustandes und ihrer Lebensgestaltung, die andere dagegen bemitleiden; und wenn er über sie lachen wollte, so würde sein Lachen hier weniger lächerlich sein als das über die, welche von oben her aus dem Licht herabkommt.

Gl.: Das ist gewiß zutreffend.

(k) S.: Wir müssen also, wenn dies wahr ist, zu folgender Überzeugung über die Sache gelangen: die Bildung ist nicht das, wofür sie gewisse Leute verheißungsvoll ausgeben. Ihre Behauptung nämlich lautet etwa dahin, sie pflanzten der Seele, in der es ursprünglich kein Wissen gebe, dieses Wissen ein, etwa wie wenn sie blinden Augen die Sehkraft verleihen könnten.

Gl.: Ja, so lautet sie.

S.: Unsere vorliegende Untersuchung dagegen zeigt, daß diese Wissenskraft das Organ, durch welches ein jeder zu Kenntnissen kommt, der Seele eines jeden innewohnt. Ganz ähnlich, wie wenn man das Auge nicht anders aus dem Dunklen nach dem Hellen umwenden könnte als mitsamt dem ganzen Leibe, so muß man sie mitsamt der ganzen Seele aus dem Bereich des Werdenden nach der anderen Seite umkehren, bis sie fähig geworden ist, die Betrachtung des Seienden und des Hellsten unter dem Seienden auszuhalten; dies aber ist, wie wir behaupten, das Gute. Nicht wahr?

Gl.: Ja.

S.: Es wäre demnach die Bildung eine Kunst, dieses Organ umzuwenden, die Art und Weise nämlich, wie es am leichtesten und wirkungsvollsten umgewendet wird, nicht aber eine Kunst, die darin bestände, ihm die Sehkraft erst einzupflanzen; diese hat es vielmehr schon; es ist nur nicht nach der richtigen Seite hingewendet und blickt nicht dahin, wohin es sollte, und daß dies geschehe, das ist eben, was unsere Kunst der Erziehung bewirken will.

C. Die Theorie des Eros

Des Sokrates Rede über den Eros. Das Ziel des Eros: Zeugung des Schönen im Schönen

(‹Gastmahl› [Symposion] 21–29; 199 d–212 c, übers. v. O. Apelt, gr. und dt., Philosophische Bibliothek Bd. 81, Felix Meiner Verlag, 3. Aufl., Hamburg 1981)

Der Tragödiendichter Agathon hat 416 bei den Lenäen seinen ersten tragischen Sieg errungen und veranstaltet zur Feier dieses Sieges ein Symposion. Man einigt sich, es solle jeder Teilnehmer eine Rede auf den Eros halten, zuletzt, nach dem Gastgeber selbst, spricht Sokrates.

Gliederung: A. Eros als Liebe zum Guten und Schönen ist selber dessen bedürftig. (a) Eros ist Eros zu etwas. (b) Eros ist Eros zu dem, was man nicht hat. (c) Eros ist Eros zu dem, was man jetzt nicht hat oder in Zukunft haben will. (d) Das Ziel des Eros ist das Schöne, nicht das Häßliche. (e) Der Eros ist also des Schönen bedürftig, folglich nicht schön. (f) Da das Schöne gut ist, ist Eros auch des Guten bedürftig.

B. Eros ist kein Gott, da er zwischen Gut und Böse, Häßlich und Schön steht. (a) Sokrates wird erzählen, was er von Diotima erfahren hat. (b) Ausgangspunkt: Eros ist weder gut noch schön. (c) Eros ist auch nicht häßlich und schlecht, sondern etwas dazwischen. (d) Eros ist kein Gott, da die Götter gut und schön sind.

C. Eros ist ein Dämon, Sohn von Poros und Penia. (a) Eros ist zwischen Gott und Menschen, ein Dämon. (b) Der Dämon stellt die Verbindung zwischen Göttern und Menschen dar. (c) Eros ist der Sohn von Penia (Armut) und Poros (Fülle), empfangen am Geburtsfest der Aphrodite, deren Begleiter er darum ist. (d) Als Sohn seiner Mutter ist er arm, schmutzig und bedürftig. (e) Als Sohn seines Vaters strebt er nach dem Schönen und der Einsicht. (f) Eros darum zwischen Leben und Sterben, arm und reich, Weisheit und Unverstand.

D. Die Philosophie ist wesensmäßig ein Gebiet des Eros. (a) Ein Gott oder Weiser philosophiert nicht, denn er hat die Weisheit. (b) Ein Unverständiger philosophiert nicht, da er seinen Mangel an Weisheit nicht erkennt. (c) Der Philosoph steht zwischen beiden wie der Eros. (d) Da Weisheit etwas Schönes ist, ist die Philosophie notwendig ein Gebiet des Eros. (e) Grund für die irrtümliche Meinung über den Eros: Eros ist nicht das Geliebte, das schön ist, sondern das Liebende.

E. Eros im weiteren Sinne ist Streben nach dem Besitz des Guten. (a) Was ist der Nutzen des Eros? (b) Der Eros allgemein ist Streben nach dem Guten, d. h. der Glückseligkeit, die Zweck an sich ist. (c) Liebe im engeren Sinne wird aber nur ein ganz bestimmtes Streben nach Glückseligkeit genannt. (d) Der Eros im weiteren Sinne strebt danach, das Gute immer ganz zu haben.

F. Das Werk des Eros: Zeugung im Schönen um der Unsterblichkeit willen. (a) Was ist das Werk der Liebe im engeren Sinne? (b) Eros ist Streben nach Zeugung und Geburt im Schönen. (c) Erzeugung im Schönen ist die Möglichkeit des Menschen, an der Unsterblichkeit, dem ewigen Guten, teilzuhaben, und darum Ziel des Eros. (d) Der Eros übt seine Macht auch bei den Tieren aus. (e) Auch hier ist der Eros Streben nach der Unsterblichkeit. (f) Unsterblichkeit im Sterblichen (im Leib wie in der Seele) besteht im Zeugen eines Gleichen.

G. Über der leiblichen Zeugung steht die geistige Zeugung. (a) Das Streben nach Unsterblichkeit zeigt sich auch im Streben nach unsterblichem Ruhm. (b) Neben dem leiblichen Zeugungstrieb steht der Zeugungstrieb der Seele, mit dem Weisheitsfreunde, Dichter und Künstler begabt sind. (c) Auch dieser Trieb zeugt nur im Schönen und ist am stärksten im Bereich des Gemeinschaftslebens.

H. Der Stufenweg in der Erkenntnis des Schönen. (a) Liebe zur Schönheit in einem bestimmten schönen Leibe. (b) Liebe zur leiblichen Schönheit überhaupt. (c) Liebe zur Schönheit einer Seele und ihrer schönen Bestrebungen. (d) Liebe zur Schönheit der Erkenntnisse.

I. Die höchste Stufe des Schönen als Vollendung des Lebens. (a) Die 5. Stufe: Das Erblicken der absoluten Schönheit selbst. (b) Diese Schönheit ist gestaltlos und Inbegriff aller Einzelschönheiten der Gestalten. (c) Der Weg zu diesem Schönen verläuft über den angegebenen Weg. (d) Es macht das Leben erst lebenswert. (e) Man möchte immer mit ihm vereint sein. (f) Mit diesem Schönen allein kann wahre Tugend gezeugt werden. (g) Zeugung wahrer Tugend verdient die Unsterblichkeit. (h) Eros als Führer zu dieser höchsten Stufe ist darum zu verehren, und man muß ihm folgen.

21. A (a) Gewiß, lieber Agathon, mit dem Anfang deiner Rede hast du es sehr glücklich getroffen, mit deiner Bemerkung nämlich, man müsse zunächst dartun, welches Wesens Eros selber ist, sodann die von ihm ausgehenden Wirkungen schildern. Dieser Anfang hat meinen vollen Beifall. Wohlan denn, sage mir vom Eros, da du auch seine übrigen Eigenschaften schön und prächtig geschildert hast, noch folgendes: ist der Eros von solcher Art, daß er sich auf irgend etwas bezieht oder nicht? Diese meine Frage läuft nicht etwa darauf hinaus, ob der Eros Liebe eines Vaters oder

einer Mutter sei – denn es wäre lächerlich zu fragen, ob der Eros Liebe sei von Mutter oder Vater –, sondern sie hat die Bedeutung, als fragte ich, ob eben ein Vater Vater von irgend jemandem ist oder nicht. Du würdest dann, wenn du es mit deiner Antwort genau nehmen wolltest, wohl sagen: Der Vater ist Vater eines Sohnes oder einer Tochter. Oder nicht?

Ag.: Gewiß.

S.: Und die Mutter – steht es mit ihr nicht ebenso?

Ag.: Ja.

S.: Fahre nun noch etwas fort in deinen Antworten, damit du deutlicher siehst, worauf ich hinauswill. Wenn ich dich nämlich fragte: Und ferner, wie steht es mit dem Bruder? Ist er, eben als Bruder, Bruder von etwas oder nicht?

Ag.: Er ist es.

S.: Doch wohl von einem Bruder oder einer Schwester?

Ag.: Ja.

S.: Danach versuche denn, auch über den Eros Auskunft zu geben. Ist der Eros Liebe zu nichts oder zu etwas?

Ag.: Unbedingt ist er Liebe zu etwas.

(b) S.: Dies ‹etwas› halte treu in deinem Gedächtnis fest, denn du weißt ja, was es ist. Jetzt aber sage mir nur soviel: Begehrt Eros nach dem, worauf seine Liebe gerichtet ist, oder nicht?

Ag.: Gewiß.

S.: Wenn er es begehrt und liebt, tut er das als einer, der im Besitz dessen ist, was er begehrt und liebt, oder als einer, der es noch nicht besitzt?

Ag.: Wahrscheinlich als einer, der es noch nicht besitzt.

S.: Sieh denn zu, ob es nicht etwa bloß wahrscheinlich, sondern notwendig ist, daß das Begehrende das begehrt, dessen es ermangelt, oder aber, wessen es nicht ermangelt, das überhaupt nicht begehrt. Mir scheint das ganz unausweichlich notwendig zu sein, Agathon. Und dir?

Ag.: Auch mir will es so scheinen.

S.: Recht so. Wünscht also wohl jemand, der groß ist, groß zu sein, oder wer stark ist, stark zu sein?

Ag.: Unmöglich nach dem Zugestandenen.

S.: Allerdings, denn wer es schon ist, der hat es nicht erst noch nötig.

Ag.: Ganz recht.

S.: Es könnte zwar der Fall sein, daß einer, der stark ist, doch den Wunsch hegte, stark zu sein, und wer schnell ist, schnell zu sein, und wer gesund ist, gesund zu sein. Denn vielleicht könnte einer glauben, daß, wer so geartet sei und alles dies sein eigen nenne, dennoch auch den Wunsch danach habe. (c) Denn – nur um jeder Täuschung vorzubeugen, sage ich dies – bedenke nur, Agathon, jetzt, im gegenwärtigen Augenblick, besitzen sie unbedingt das, was sie haben, ob sie es nun wünschen oder nicht; aber was hat es dann für einen Sinn, es zu begehren? Gesetzt, es sagte einer: Ich, der ich gesund bin, wünsche auch gesund zu sein, und: Ich, der ich reich bin, wünsche auch reich zu sein, und begehre eben das, was ich habe, so würden wir ihm entgegnen: Tor du! Im Besitz von Reichtum, Gesundheit und Kraft wünschst du, dies auch in Zukunft zu besitzen, denn jetzt, für den Augenblick wenigstens, hast du es ja, magst du wollen oder nicht. Wenn du also sagst: Ich wünsche mir, was ich jetzt habe, so sagst du, wohlgemerkt, nichts anderes als dies: Ich wünsche das, was ich jetzt habe, auch in Zukunft zu haben. Nicht wahr, das würde er doch zugeben?

Ag.: Ja.

S.: Das heißt doch soviel, als dasjenige begehren, was ihm noch nicht zur Verfügung steht und was er nicht besitzt, also den weiteren gesicherten Besitz dessen, was er jetzt besitzt.

Ag.: Ja, gewiß.

S.: Also steht die Sache doch so: er sowohl wie jeder andere Begehrende begehrt etwas, was ihm nicht zur Verfügung steht und für ihn noch nicht vorhanden ist; was man nicht hat und was man nicht selbst ist, wohl aber zu sein wünscht, dies und dergleichen sind die Dinge, auf welche die Begierde und das Verlangen gerichtet sind.

(d) Ag.: Allerdings.

S.: Auf denn, es gilt nunmehr uns zu verständigen über das Bisherige. Eros ist erstens doch Liebe zu etwas, sodann Liebe zu dem, woran er selbst Mangel leidet?

Ag.: Ja.

S.: Weiter erinnere dich, worauf du die Liebe in deiner Rede bezogst. Oder wenn du willst, so werde ich dich daran erinnern. Denn irre ich nicht, so sagtest du etwa, unter den Göttern sei Ordnung geschaffen worden aus Liebe zum Schönen; denn zum Häßlichen gebe es keine Liebe. War das nicht ungefähr das, was du sagtest?

Ag.: Allerdings.

S.: Und damit hast du ganz recht, mein Freund. Und ist dem so, wäre dann nicht Eros Liebe zur Schönheit, nicht aber zur Häßlichkeit?

Ag.: Ja.

S.: Ist dann nicht weiter unter uns festgestellt worden, daß er das liebt, was er entbehrt und nicht hat?

Ag.: Ja.

(e) S.: Also entbehrt Eros der Schönheit und besitzt sie nicht.

Ag.: Notwendig.

S.: Wie nun? Was der Schönheit entbehrt und nichts weniger als im Besitz der Schönheit ist, kannst du das schön nennen?

Ag.: Gewiß nicht.

S.: Willst du also noch festhalten an deiner Behauptung, Eros sei schön, wenn die Dinge wirklich so liegen?

Ag.: Was ich damals sagte, scheine ich durchweg ohne klares Bewußtsein gesagt zu haben.

(f) S.: Und doch sprachst du so schön, Agathon. Aber eine Kleinigkeit beantworte mir noch: *Scheint dir das Gute nicht auch schön zu sein?*

Ag.: Gewiß.

S.: Wenn aber Eros des Schönen ermangelt, das Gute aber schön ist, so wird er wohl auch des Guten ermangeln.

Ag.: Ich fühle mich außerstande, dir zu widersprechen, Sokrates; magst du also mit deiner Behauptung recht behalten.

S.: Der *Wahrheit* kannst du nicht widersprechen, lieber Agathon, dem Sokrates zu widersprechen, wäre nicht schwer.

22. B (a) Doch dich will ich nun in Ruhe lassen. Dagegen wende ich mich jetzt zu dem, was Diotima über Eros sagte, eine Frau aus Mantineia, die wie in diesen, so in vielen anderen Dingen weise war. Hat sie doch den Athenern einst aus Anlaß eines Opfers vor Ausbruch der Pest* einen zehnjährigen Aufschub der Krankheit bewirkt. So hat sie auch mich in der Liebe belehrt. Ihre Ausführungen also will ich nunmehr ganz für mich allein, so gut es mir eben gelingen mag, euch wiederzugeben versuchen, auf Grund dessen, worüber ich mich mit Agathon verständigt habe. (b) Es gilt also, Agathon, wozu du selbst den Weg gewiesen, zuerst das Wesen des Eros und seine Eigenart darzulegen, sodann die Wirkungen, die von ihm ausgehen. Es scheint mir nun, wir machen uns die Sache am leichtesten, wenn ich dem Verhörsverfahren folge, welches die Freundin mit mir seinerzeit einschlug. Ich nahm nämlich in der Unterhaltung mit ihr ziemlich denselben Standpunkt ein wie Agathon jetzt eben mir gegenüber. Ich behauptete, Eros sei ein großer Gott und sei dem Schönen zugetan; sie widerlegte mich dann mit denselben Gründen wie ich ihn: Er sei (in Wirklichkeit) weder schön nach meiner Ansicht noch gut. (c) Ich erwiderte: Wie Diotima? Also häßlich wäre Eros und schlecht?

Di.: Lästere nicht! Oder glaubst du, was nicht schön ist, das sei notwendig häßlich?

S.: Unbedingt.

Di.: Auch, was nicht weise, das sei unwissend? Oder hast du nicht begriffen, daß es zwischen Weisheit und Unwissenheit noch ein Mittleres gibt?

S.: Und was wäre das?

Di.: *Die richtige Meinung*, die es auch ohne Bewußtsein der Gründe gibt. Diese richtige Meinung ist weder ein Wissen – denn wie könnte etwas ein Wissen sein, von dem man sich nicht Rechenschaft geben kann? – noch Unwissenheit – wie könnte etwas Unwissenheit sein, das mit der Wahrheit zusammenstimmt? Es ist also die richtige Meinung ein Mittleres zwischen Wissen und Unwissenheit.

---

* Die große Pest im Jahre 430 v. Chr.

S.: Das ist richtig.

Di.: Bilde dir also nicht ein, du könntest durch ein Gewaltverfahren erzwingen, daß, was nicht schön ist, darum auch häßlich sei, und was nicht gut, darum auch schlecht. So halte es denn auch mit Eros, von dem du selber zugibst, daß er nicht gut sei und nicht schön: sei überzeugt, daß er trotzdem nicht häßlich und schlecht sein muß, sondern ein Mittleres zwischen beiden.

(d) S.: Und doch sind alle darüber einverstanden, daß er ein großer Gott sei.

Di.: Meinst du mit dem ‹alle› die Unwissenden oder auch die Wissenden?

S.: Alle ohne Ausnahme.

Da brach sie in Lachen aus und sagte: wie wäre es möglich, Sokrates, daß er als großer Gott anerkannt würde von seiten derer, die ihn nicht einmal als Gott gelten lassen?

S.: Und wer wären die?

Di.: Einer du und eine ich.

S.: Wie kommst du zu dieser Meinung?

Di.: Sehr einfach. Sag mir nur, hältst du nicht alle Götter für glückselig und schön? Oder hast du den Mut zu behaupten, daß einer der Götter nicht schön und glückselig sei?

S.: Beileibe nicht.

Di.: Glückselig aber nennst du doch die, die im Besitz des Guten und Schönen sind?

S.: Allerdings.

Di.: Vom Eros aber hast du doch eingeräumt, daß er aus Mangel am Guten und Schönen eben nach dem strebt, dessen er bedürftig ist.

S.: Ja, das habe ich zugegeben.

Di.: Wer nicht teilhat am Schönen und Guten, wie könnte denn der ein Gott sein?

S.: Nimmermehr, wie es scheint.

Di.: Siehst du nun, auch du hältst Eros nicht für einen Gott.

23. C (a) S.: Was wäre denn also Eros? Etwa ein Sterblicher?

Di.: Keineswegs.

S.: Aber was denn?

Di.: Wie schon vorher gesagt, ein Mittleres zwischen Sterblichem und Unsterblichem.

S.: Was also, Diotima?

Di.: Ein großer *Dämon*, Sokrates. Denn alles Dämonische ist ein Mittleres zwischen Gott und Mensch.

(b) S.: Mit welcher Wirkungskraft ist es begabt?

Di.: Es wirkt als Dolmetsch und Bote von den Menschen bei den Göttern und von den Göttern bei den Menschen: von diesen übermittelt es

Gebete und Opfer, von jenen Befehle und Vergeltungen der Opfer; zwischen beiden ist es das den Zusammenhang wahrende Verbindungsglied, so daß das All ein festgefügtes Ganzes ist. Durch diese Dämonenkraft wird auch die gesamte Seherkunst (Mantik) in Gang gehalten wie auch die Kunst der Priester, derer sowohl, die es mit Opfern und Weihen zu tun haben, wie derer, die sich auf Besprechungen und Zauberkünste aller Art verstehen. Denn ein Gott tritt nicht unmittelbar mit den Menschen in Verbindung; vielmehr vollzieht sich aller Verkehr und alle Zwiesprache der Götter mit den Menschen durch Vermittlung dieser Dämonen, sei es im Wachen oder im Schlaf. Und wer mit diesen Dingen genau Bescheid weiß, der ist ein dämonischer Mann, wer aber auf irgendwelchem anderen Gebiet in Kunst oder Handwerk, der ist ein Banause. Solcher Dämonen nun gibt es viele und von mancherlei Art, einer von ihnen ist auch Eros.

(c) S.: Von welchem Vater stammt er und von welcher Mutter?

Di.: Das erfordert eine längere Darlegung. Gleichwohl sollst du es hören. Als Aphrodite zur Welt gekommen war, hielten die Götter ein Festmahl und mit den anderen auch Poros* (Erwerb, Reichtum), der Sohn des Metis (Klugheit). Nach beendigter Mahlzeit kam Penia (Armut), eine Gabe zu erbitten – denn es ging hoch her – und lungerte an der Tür. Poros nun, trunken vom Nektar (denn Wein gab es noch nicht), begab sich in den Garten des Zeus und schlief schwer berauscht ein. Penia aber, getrieben durch ihre Dürftigkeit, sann darauf, sich durch List zu einem Kind von Poros zu verhelfen, legte sich zu ihm und empfing Eros. So ist es denn gekommen, daß Eros auch der Aphrodite Begleiter und Diener wird, erzeugt am Tage ihrer Geburt, und zugleich von Natur ein Liebhaber des Schönen, da ja auch Aphrodite eine Schönheit ist. Als Sohn des Poros und der Penia ist ihm nun dies Los gefallen; (d) erstens ist er immer arm, und weit gefehlt, daß er zart und schön wäre, wie die meisten wähnen, vielmehr ist er rauh und struppig, barfuß und obdachlos; zum Lager hat er nie etwas anderes als die bloße Erde, ohne Decke; an den Türen und auf der Straße sucht er seine Ruhestätte unter freiem Himmel, die Natur der Mutter teilend, stets der Dürftigkeit gesellt. (e) Dagegen vom Vater her ist er der listige Späher nach dem Schönen und Guten, ist tapfer, waghalsig und unermüdlich, ein gewaltiger Jäger, unerschöpflich im Ersinnen von Anschlägen, dabei beseelt von lebhaftestem Verlangen nach Erkenntnis und nie verlegen um Auskunft, strebend nach Weisheit sein lebelang, ein gewaltiger Zauberer, Hexenmeister und Sophist; (f) und weder wie ein Unsterblicher ist er geartet noch wie ein Sterblicher, sondern an demselben Tage ist er bald obenauf, bald sinkt er wie tot dahin, lebt aber immer wieder auf, wenn ihm vermöge der Natur seines Vaters die

* Poros bezeichnet eigentlich den Weg, dann den Ausweg.

Mittel zufließen, doch, was er gewonnen, zerrinnt ihm immer wieder; niemals also ist Eros der Mittel völlig ledig, niemals aber auch wirklich reich. Zwischen Weisheit und Unwissenheit hält er die Mitte. D (a) Damit nämlich verhält es sich folgendermaßen: keiner von den Göttern strebt nach der Weisheit oder begehrt weise zu werden, denn er ist es schon, wie denn überhaupt, wer weise ist, nicht nach Weisheit sucht. (b) Ebensowenig suchen nach ihr die aller Einsicht Baren, noch begehren sie, weise zu werden. Denn eben darin liegt ja das Schlimme der Unwissenheit, daß man, ohne schön, gut und einsichtsvoll zu sein, sich gleichwohl einbildet, man sei allen Anforderungen gewachsen. Wer nun nicht glaubt, bedürftig zu sein, der trägt natürlich auch kein Verlangen nach dem, dessen er nicht zu bedürfen glaubt.

(c) S.: Wer sind denn also die Weisheitssuchenden, Diotima, wenn es weder die Weisen noch die Toren sind?

Di.: Das ist doch nunmehr schon jedem Kinde klar, daß die zwischen beiden in der Mitte Stehenden es sind, zu denen auch Eros gehört: (d) *denn die Weisheit gehört ja doch zum Allerschönsten. Eros aber ist Liebe zu allem Schönen*, folglich ist Eros notwendig ein Weisheitssuchender; als Weisheitssuchender aber steht er in der Mitte zwischen einem Weisen und einem Toren. Auch dies hat seinen Grund in seiner Geburt; stammt er ja doch von einem weisen und erfinderischen Vater ab, dagegen von einer Mutter, die weder weise noch erfinderisch ist. (e) So steht es mit dem Wesen dieses Dämons, lieber Sokrates. Daß du dir aber unter Eros etwas ganz anderes dachtest, das nimmt mich durchaus nicht wunder. Du meintest, wie ich aus deinen Worten zu entnehmen glaube, das Geliebte sei Eros, nicht das Liebende. Deswegen, glaub ich, schien dir Eros so über alles schön. Ist doch das Geliebte das wahrhaft Schöne, Zarte, Vollendete, Glückselige; das Liebende dagegen hat eine ganz andere Gestalt, nämlich so, wie ich es schilderte.

24. E (a) S.: Gut denn, Freundin, denn du hast recht. Welchen Nutzen bringt nun Eros durch solche Eigenschaften den Menschen?

Di.: Das soll nunmehr an die Reihe kommen, und ich will versuchen, dich darüber zu belehren, Sokrates. Mit der Wesensart und der Herkunft des Eros hat es also diese Bewandtnis, und auf das Schöne ist er gerichtet, wie du sagst. Wenn aber jemand uns fragte: ‹In welcher Beziehung ist denn der Eros auf das Schöne gerichtet, Sokrates und Diotima?› Doch, um es noch deutlicher auszudrücken: wer das Schöne liebt, worum ist es ihm bei dieser Liebe zu tun?

S.: Darum, daß es ihm zuteil werde.

Di.: Diese Erwiderung bedarf einer weiteren Frage, nämlich: Welcher Vorteil erwächst denn dem davon, dem das Schöne zuteil wird?

S.: Auf diese Frage habe ich so leicht keine Antwort.

(b) Di.: So nimm denn an, Sokrates, es werde durch einen Tausch an die Stelle des Schönen das Gute gesetzt, und die Frage lautet demgemäß: Der Liebende liebt das Gute; in welchem Sinne aber begehrt er es?

S.: Daß es ihm zuteil werde.

Di.: Und was für einen Vorteil hat der davon, dem das Gute zuteil wird?

S.: Darauf habe ich die Antwort leichter zur Hand, nämlich: Glücklich wird er sein.

Di.: Denn durch den Besitz des Guten sind die Glücklichen glücklich, und es bedarf nun nicht mehr der weiteren Frage: In welcher Absicht wünscht man, glücklich zu sein?, sondern damit scheint die Antwort ihren Abschluß gefunden zu haben.

S.: Du hast recht.

Di.: Dies Verlangen aber und diese Liebe, hältst du sie für allen Menschen gemeinsam und glaubst du, daß alle Menschen sich immer im Besitz des Guten sehen wollen, oder wie denkst du darüber?

S.: Ebenso: diesen Wunsch teilen alle.

(c) Di.: Wenn alle das Gleiche lieben, und zwar immer, warum sagen wir dann nicht von allen, daß sie *lieben*; tatsächlich sagen wir nur von bestimmten Personen, daß sie lieben, von anderen dagegen nicht.

S.: Ich selber muß mich darüber wundern.

Di.: Laß das gut sein, wundere dich nicht. Wir sondern nämlich aus dem Begriffsbereich der Liebe nur *eine* bestimmte Art ab, geben ihr den Namen des Ganzen und nennen sie demnach Liebe, dagegen für die anderen verwenden wir ganz andere Namen.

S.: Wie zum Beispiel?

Di.: Folgendermaßen: du weißt doch, daß der Begriff des Schaffens ein vielumfassender ist; denn gelangt irgend etwas aus dem Nichtsein zum Sein, so handelt es sich immer um eine Ursache, und darin eben liegt das Schaffen beschlossen; es sind also auch die Werktätigkeiten im Dienst sämtlicher Künste Schaffenstätigkeiten, und die damit beschäftigten Meister sämtlich schaffende Geister (Schaffende, Schöpfer).

S.: Allerdings.

Di.: Gleichwohl werden, wie du weißt, nicht sie Dichter genannt, sondern erhalten andere Namen, und aus dem gesamten Schaffensgebiet wird nur ein abgesonderter Teil, nämlich nur derjenige, der sich auf Dichtkunst und Metrik bezieht, mit dem Namen des Ganzen benannt, denn das allein nennt man Dichtkunst, sowie nur diejenigen, die sich auf diesem Teilgebiet des Schaffens betätigen, Dichter.

S.: Du hast recht.

Di.: So also steht es auch mit dem Eros. Im allgemeinen ist jedes Verlangen nach dem Guten und der Glückseligkeit für einen jeden Eros, *‹der große, listenreiche›*. Allein für die, die sich auf vielfache andere Weise ihm zuwenden, sei es geleitet durch Geldgier oder durch ihren Eifer für Leibesübungen oder für Philosophie, ist weder das Wort ‹lieben› noch ‹Liebhaber› üblich, sondern nur für diejenigen, die sich einer bestimmten Art zuwenden und ihr mit vollem Eifer huldigen, sind die Ausdrücke für das Ganze gebräuchlich, Liebe, lieben und Liebhaber.

S.: Mir scheint, du hast recht.

(d) Di.: Es geht nun zwar die Rede, daß diejenigen lieben, die ihre andere Hälfte suchen*, ich aber behaupte, daß die Liebe weder auf die Hälfte geht noch auf das Ganze, wenn es nicht eben auch, mein Freund, ein Gutes ist. Sind doch die Menschen bereit, sogar ihre eigenen Füße und Hände sich abschneiden zu lassen, wenn diese ihre eigenen Gliedmaßen ihnen schädlich zu sein scheinen, denn niemandes Herz, sollt ich meinen, hängt an dem Eigenen, es müßte denn einer das Gute sein Eigen nennen und ihm zugehörig, das Schlechte aber als ihm fremd. Denn die Menschen lieben nichts anderes als das Gute. Oder bist du anderer Meinung?

S.: Gott bewahre!

Di.: Darf man nun so schlechtweg sagen: Die Menschen lieben das Gute?

S.: Ja.

Di.: Doch wie? Ist nicht der Zusatz nötig, daß sie auch nach dem Besitz des Guten verlangen?

S.: Allerdings.

Di.: Und nicht nur nach dem Besitz, sondern auch dem dauernden Besitz?

S.: Auch dieses Zusatzes bedarf es.

Di.: *Es gilt also, um alles zusammenzufassen, die Liebe dem dauernden Besitz des Guten.*

S.: Du hast vollkommen recht.

25. F (a) Di.: Da also die Liebe auf dieses Ziel gerichtet ist, in welcher Weise muß man es dann verfolgen, und in welcher Wirkungsart muß der Eifer und die Anstrengung der Liebe hervortreten, um diesen Namen zu verdienen? Was ist es für eine Betätigung? Weißt du's zu sagen?

S.: Wahrlich, Diotima, könnt ich dies sagen, dann würd' ich nicht zu den Bewunderern deiner Weisheit gehören und nicht als Schüler in eben diesen Fragen zu dir in die Lehre gehen.

(b) Di.: Nun, so will ich es dir sagen. Es ist dies die Zeugung im Schönen, dem Körper wie der Seele nach.

S.: Sehergabe gehört dazu, um deine Worte zu deuten: ich fasse sie nicht.

Di.: Nun gut, so werd' ich mich deutlicher ausdrücken. Alle Menschen nämlich, mein Sokrates, tragen Zeugungsstoff in sich, ihr Körper nicht bloß, sondern auch ihre Seele, und sobald sie das gehörige Alter er-

* Das zielt auf die Rede des Aristophanes 191a ff.

reicht haben, trägt unsere Natur Verlangen nach Zeugung. Zeugen aber kann sie nicht im Häßlichen, sondern nur im Schönen. Die Vereinigung nämlich von Mann und Frau ist Zeugung. Es ist dies aber ein göttlicher Vorgang, und das sterbliche Geschöpf trägt dieses beides, die Schwangerschaft und die Zeugung, als unsterbliche Beigabe in sich. Im Disharmonischen aber ist ein solcher Vorgang unmöglich. Das Häßliche aber steht zu allem Göttlichen im Verhältnis der Disharmonie, das Schöne dagegen in Harmonie. Es ist also die Schönheit, die als Schicksals- und Entbindungsgöttin über allem Werden waltet. Wenn also das zeugungsbedürftige Wesen dem Schönen sich nähert, so wird es froh gestimmt, zerfließt in Wonne, entlädt sich und zeugt. Trifft es aber auf Häßliches, denn zieht es sich finster und traurig in sich selbst zusammen, wendet sich ab, rollt sich zusammen und zeugt nicht, sondern behält zu seinem Leid seinen Zeugungsstoff bei sich. Daher die tiefe Erregung des Zeugungsbedürftigen beim Anblick des Schönen; wird er doch von schweren Wehen befreit, wenn er Besitz davon ergriffen hat. (c) Denn, mein Sokrates, die Liebe gehört nicht so schlechthin dem Schönen, wie du glaubst.

S.: Aber wem denn sonst?

Di.: Der *Erzeugung* und *Hervorbringung* im Schönen.

S.: Mag sein.

Di.: Ohne allen Zweifel. Warum nun also der Erzeugung? Weil die Zeugung etwas Ewiges und Unsterbliches ist, soweit bei Sterblichen davon die Rede sein kann. Daher gehört nach dem Zugestandenen unbedingt zum Streben nach dem Guten auch das nach Unsterblichkeit, wenn anders die Liebe dem dauernden Besitz des Guten gilt. Aus dieser Betrachtung ergibt sich also mit Notwendigkeit, daß der Eros auch auf die *Unsterblichkeit* gerichtet ist.

26. (d) Über alles dies belehrte sie mich, sooft sie auf das Gebiet der Liebe zu reden kam, und dabei fiel auch gelegentlich die Frage: Was meinst du wohl, Sokrates, sei der Grund dieser Liebe und dieses Verlangens? Oder merkst du nichts von der ungestümen Aufregung, in die alle Tiere versetzt werden, wenn der Zeugungstrieb über sie kommt, Vierfüßler so gut wie Vögel? Sie alle werden krank und verfallen der Liebesraserei. Doch sie vereinen sich nicht nur miteinander, sondern geben sich auch der Ernährung des Erzeugten hin, ja, auch die schwächsten Tiere sind bereit, für ihre Jungen mit den stärksten zu kämpfen und für sie zu sterben, und geben sich selbst der Hungerqual preis, um nur jene großzuziehen, und vor keiner Mühe schrecken sie zurück. Bei den Menschen könnte man ein solches Verhalten wohl auf vernünftige Überlegungen zurückführen; bei den Tieren aber, was ist bei ihnen der Grund, daß sie so heftigen Liebesregungen ausgesetzt sind? Kannst du mir's sagen?

S.: Auch dies weiß ich nicht.

Di.: Glaubst du denn, du würdest je ein Wissender in Dingen der Liebe, wenn du das nicht begreifst?

S.: Aber eben deshalb bin ich ja, wie eben bemerkt, dein Schüler geworden, Diotima, weil ich weiß, daß ich der Lehrer bedarf. So gib mir nun nicht bloß hiervon den Grund an, sondern auch von allem anderen, was die Liebeskunde betrifft.

(e) Di.: Wenn du also des festen Glaubens bist, die Liebe habe von Natur dasjenige zum Ziel, worüber wir uns oftmals verständigt haben, so wundere dich nicht. Denn wie in der Tierwelt strebt aus dem nämlichen Grunde auch die sterbliche Natur des Menschen dananch, soweit wie möglich fortzudauern und ewig zu sein. Sie vermag dies aber nur dadurch, daß sie immer ein neues Junges hinterläßt für das dahinschwindende Alte. (f) Bezeichnet man doch auch jedes einzelne Geschöpf während seiner Lebenszeit als das nämliche, wie man z. B. von einem Knäbchen als von derselben Person spricht bis ins Greisenalter; seine Stoffmasse ist in beständigem Wechsel, und doch bezeichnet man ihn als denselben, während er tatsächlich sich beständig erneuert und das Alte verliert, als da sind Haare, Fleisch, Knochen, Blut, kurz den ganzen Körper. Und das gilt nicht etwa bloß vom Körper, sondern auch von der Seele: Sinnesart, Charakter, Ansichten, Begierden, Gefühle der Lust, der Unlust, der Furcht – nichts von alledem bleibt bei dem einzelnen sich gleich, sondern es findet ein beständiger Wechsel von Entstehen und Vergehen statt. Was aber noch viel seltsamer ist, ist dies, daß auch die Kenntnisse nicht etwa bloß in ihrem gegenseitigen Verhältnis zueinander dem Wechsel des Entstehens und Vergehens in uns unterworfen sind. So sind wir auch in bezug auf die Kenntnisse niemals dieselben, nein, auch mit jeder einzelnen Kenntnis geht es ebenso. Denn wenn man von Nachsinnen spricht, so geschieht das in der Voraussetzung, daß das Wissen verschwinde. Vergessen nämlich ist das Verschwinden einer Kenntnis, das Nachsinnen aber setzt anstelle der alten Erkenntnis wieder eine neue und gibt ihr Halt, so daß sie dieselbe zu sein scheint. Denn auf diese Weise erhält sich alles sterbliche Wesen, nicht etwa dadurch, daß es schlechterdings immer dasselbe bleibt wie das Göttliche, sondern dadurch, daß das Abgehende und Veraltende stets ein anderes Neues, von gleicher Art wie es selbst, zurückläßt. Durch diese Einrichtung, Sokrates, hat das Sterbliche Anteil an der Unsterblichkeit, der Körper nicht nur, sondern auch alles andere. Auf andere Weise wäre es unmöglich. Wundere dich also nicht, wenn von Natur ein jedes Wesen seinen Sprößling in Ehren hält. Denn die *Unsterblichkeit* ist es, um derentwillen einem jeden Wesen diese hingebende Fürsorge und Liebe anhaftet.

27. G (a) Mit Verwunderung hatte ich diese Rede vernommen und sagte: Gut denn; aber, weiseste Diotima, steht es damit auch in Wirklichkeit so?

Darauf sie, im Ton eines vollendeten Sophisten: Präg dir's fest ein, Sokrates. Wirst du doch auch, wenn du deinen Blick auf den Ehrgeiz der Menschen richten willst, genau auf das eben von mir Gesagte achten müssen; sonst wirst du dich nicht genug wundern können über die Sinnlosigkeit ihres Treibens – wenn du dir also zu Gemüte führst, von welch unbändigem Liebesdrang nach Berühmtheit sie besessen sind und nach *‹einem unsterblichen Namen, der nimmer vergeht in der Zukunft›*, und wie sie bereit sind, dafür noch größere Gefahren zu bestehen als für ihre Kinder, ihr Vermögen zu opfern und alle Mühsal auf sich zu nehmen, ja, selbst den Tod dafür nicht zu scheuen. Denn glaubst du wohl, Alkestis wäre für Admetos in den Tod gegangen oder Achill dem Patroklos in den Tod gefolgt oder euer Kodros wäre vorzeitig in den Tod gegangen, um seinen Kindern die Herrschaft zu erhalten, wenn sie nicht des Glaubens gewesen wären, ‹nimmer würde vergessen werden ihr Edelsinn›, dessen wir noch jetzt gedenken? Nein, für ‹unsterblichen Tatenruhm› und für ‹ehrenreiches Gedenken› tun, mein' ich, alle alles, und dies in um so höherem Grade, je edler sie sind; denn das *Unsterbliche* ist es, dem ihre Liebe gilt.

(b) Diejenigen nun, deren Zeugungstrieb nach seiten des Körpers liegt, wenden sich mehr den Weibern zu und tun ihrer Liebeslust auf diese Weise Genüge, um, wie sie meinen, durch Zeugung von Kindern Unsterblichkeit, Fortleben im Gedächtnis und Glückseligkeit ‹sich zu erwerben alsbald für alle kommende Zeit›. Diejenigen aber, denen es auf die Seele ankommt – denn es gibt ja auch solche, die einen stärkeren Zeugungstrieb in der Seele haben als im Körper für alles, was die Seele erzeugen und in sich reifen lassen soll. Was aber ist das? Erkenntnis und alle andere Tugend. Deren Erzeuger sind nicht nur sämtliche Dichter, sondern auch alle die Künstler, denen man eigene Erfindungskraft beimißt. (c) Was aber die Erkenntnis anlangt, so bewährt sie sich vor allem in der Verwaltung der Staaten und des Hauswesens, eine Leistung, die man als Besonnenheit und Gerechtigkeit bezeichnet – wenn nun einer von diesen (zweiten) als Gottbegnadeter von Jugend auf in seiner Seele mit solchen Gedanken schwanger geht und die Zeit herankommt, wo er zu zeugen und hervorzubringen verlangt, da sucht auch er, denk ich, nach dem Schönen, um in ihm zu zeugen. Denn im Häßlichen vermag er es nimmermehr. Die schönen Körper entzücken ihn, nicht die häßlichen, in seinem Zeugungsdrang. Und wenn er auf eine schöne, edle und wohlgestaltete Seele trifft, da ist er außer sich vor Entzücken über die Verbindung von beidem, und einem solchen Auserwählten gegenüber kann er sich nicht genug tun in Erörterungen über die Tugend und und über Wesensart und Tätigkeit des tugendhaften Mannes und sucht bildend auf ihn einzuwirken. Denn einmal in Berührung, denk ich, mit dem Schönen und ihm zugesellt, gebiert und zeugt er, womit er schon lange schwanger ging, in seinen Gedanken ganz nur ihm angehörend, gleichviel ob anwesend oder abwesend, und in Gemeinschaft mit ihm zieht er das Erzeugte auf. So haben denn Genossen dieser Art eine weit innigere Gemeinschaft und festere Freundschaft miteinander als eine auf leiblichen Kindersegen gegründete; haben sie ja doch schönere und unsterblichere Kinder miteinander gezeugt. Und es würde sich wohl jeder lieber solche Kinder wünschen als leibliche, und Homer, Hesiod und die übrigen hervorragenden Dichter darum beneiden, daß sie solche Sprößlinge hinterlassen haben, die ihnen unsterblichen Ruhm in der Nachwelt erhalten, da sie selber unsterblich sind. Oder solche Kinder, wie sie Lykurg in Lakedämon hinterließ als die Retter Lakedämons, ja, man könnte sogar sagen, ganz Griechenlands. Hoch in Ehren steht bei euch auch Solon wegen der Schöpfung seiner Gesetze und auch sonst viele Männer in so manchen anderen Orten Griechenlands wie im Barbarenland, die viele schöne Leistungen aufzuweisen haben, denn sie verwirklichten die Tugend in manchen Erscheinungsformen. Ja, vielen von ihnen sind um solcher Kinder willen sogar schon Heiligtümer gestiftet worden, noch keinem einzigen bisher aber wegen seiner leiblichen Kinder.

28. H (a) Soweit kannst auch du, mein Sokrates, in die Geheimnisse der Liebe eingeweiht werden; ob du aber für die höchste Stufe des Schauens, deren Erreichung auch diese ersten Stufen dienen, wenn man den richtigen Weg verfolgt, schon empfänglich genug bist, weiß ich nicht. Ich werde dir Kunde geben, und an gutem Willen soll es dabei nicht fehlen. Versuche du nur zu folgen, sofern du es vermagst. Es muß nämlich, wer den richtigen Weg zu diesem Ziele wählt, als Jüngling fürs erste allerdings den schönen Körpern nachgehen, und zwar zunächst, wenn der Führer ihn richtig leitet, *einen* solchen Körper lieben und in diesem Menschen den Sinn für das Edle und Schöne wecken, (b) dann aber muß er selber zu der Erkenntnis kommen, daß die Schönheit in jedem einzelnen Körper der in jedem anderen Körper verschwistert ist, und, wenn es gilt, der Schönheit der sichtbaren Gestalt nachzugehen, es einen großen Mangel an Einsicht verraten würde, wenn er nicht die Schönheit an *allen* Körpern als die eine und gleiche anerkennen wollte. Ist er aber zu dieser Einsicht gelangt, dann muß er *alle* schönen Körper lieben und nachlassen von der ungestümen Leidenschaft für einen einzelnen, von der er sich nun vielmehr mit Verachtung und Geringschätzung lossagt.

(c) Weiterhin muß er der *geistigen* Schönheit einen höheren Rang zuerkennen als der körperlichen. Und wenn einer bei einer wohlgestalteten Seele auch nur geringen körperlichen Reiz hat, so genügt ihm dies, und er liebt ihn, wendet ihm seine ganze Sorge zu und sucht solche Gespräche, durch die er die Jünglinge veredelt.

So soll er gezwungen werden, auch auf das Schöne im *tätigen Leben* sowie in den Gesetzen zu achten und einzusehen, daß das alles eng miteinander verwandt ist. Das soll dazu führen, daß er dem körperlich Schönen nur einen geringfügigen Wert beizumessen lernt.

(d) Nach Beobachtung des tätigen Lebens soll man ihn zu den *Wissenschaften* führen, auf daß er auch die Schönheit der Wissenschaften erkenne und, bereits eine Fülle des Schönen, nicht das Einzelne schauend, nicht mehr wie ein minderwertiger und kleingeistiger Sklave an der Liebe zur Schönheit eines Knäbleins oder sonst eines einzelnen Menschen oder einer einzelnen Lebensbestätigung haftet – nein! Hinaus soll er auf das weite Meer des Schönen und in seinem Anblick viele schöne und herrliche Reden und Gedanken erzeugen in unerschöpflichem Weisheitstrieb, bis er, hierdurch gekräftigt und herangereift, eine *einzige* Erkenntnis erschaut, nämlich diejenige, die gerichet ist auf ein Schönes von folgender Art – jetzt aber mußt du deine ganze Geisteskraft zusammennehmen, um mir zu folgen –.

29. I (a) Wer nämlich bis an diesen Punkt gelangt ist als Zögling in den Weihen der Liebe, der wird nach stufenweiser und richtiger Betrachtung des mancherlei Schönen, endlich, am Ziel des Liebesweges angelangt, plötzlich ein Schönes von wunderbarer Art erblicken, eben das, mein Sokrates, auf das alle früheren Bemühungen hinzielten. Zum ersten ist es ein ewig Seiendes, weder entstehend noch vergehend und weder zunehmend noch abnehmend, sodann nicht in dieser Weise schön, in jener häßlich, auch nicht bald schön, bald wieder nicht, auch nicht in dieser Beziehung schön, in jener häßlich, auch nicht hier schön, dort häßlich, so daß es für die einen schön, die anderen häßlich wäre. (b) Auch wird sich dieses Schöne dem Beschauer nicht darstellen als ein Gesicht oder in der Gestalt von Händen oder sonst etwas Körperhaftem, ebensowenig aber auch als irgendeine Art von Rede oder Wissenschaft, auch nicht als etwas, das in irgendeinem anderen ist, sei es in einem lebenden Wesen oder sei es auf Erden oder im Himmel oder sonst in irgend etwas anderem, sondern rein für sich und ewig in *einer* Gestalt. Alles andere Schöne nimmt zwar an jenem in gewisser Weise teil, aber während dies andere entsteht und vergeht, ist jenes Urschöne keinerlei Wechsel unterworfen, weder durch Zunahme noch durch Abnahme oder durch sonst irgendwelche Veränderung seines Zustandes. (c) Wenn aber einer, emporsteigend von diesen irdischen Erscheinungen hernieden, auf dem Wege der rechten Knabenliebe, jenes Urschöne selbst zuerst auftauchen sieht, dann ist er in unmittelbarer Nähe des Ziels; denn das ist der richtige Weg, um selbständig oder von einem anderen geleitet das Ziel der Liebe zu erreichen: beginnend mit dem sinnlich Schönen hienieden muß man dem Schönen an sich zuliebe immer weiter emporsteigen, als ginge es eine Stufenleiter hinauf, von einem einzelnen schönen Körper zu zweien und von zweien zu allen schönen Körpern, von den schönen Körpern sodann zu den schönen Lebensberufen und von diesen zu den schönen Wissensgebieten, um

schließlich von den Wissensgebieten zu jenem Wissen zu gelangen, das nichts anderes zum Gegenstand hat als jenes *Schöne* an sich, das er nun schließlich in seiner Absolutheit erkennt.

(d) Auf dieser Stufe des Lebens, lieber Sokrates, erklärte die Freundin aus Mantineia, ist, wenn irgendwo, das Leben für den Menschen erst lebenswert, da er das Urschöne schaut. (e) Bekommst du es jemals zu schauen, so wird es in deinen Augen einen ganz anderen Wert haben als Gold, Gewänder und als schöne Knaben und Jünglinge, bei deren Anblick du jetzt ganz außer dir gerätst gleich vielen anderen, die sich in den Anblick ihres Lieblings versenken und sich von ihm nicht trennen können, womöglich bereit, Essen und Trinken ganz zu vergessen, um immer nur ihn anzuschauen und mit ihm zusammen zu sein. Was also darf man wohl erwarten, wenn einem das Glück zuteil würde, das Schöne *an sich* zu schauen in voller Deutlichkeit, Reinheit und Unvermischtheit, ohne jede Spur von menschlichem Fleisch, von Farben und sonstigem irdischen Tand, wenn man vielmehr das göttliche Schöne an sich in seiner immer sich gleichbleibenden Gestalt schauen könnte? (f) Meinst du etwa, es sei ein nichtiges Leben, wenn ein Mensch dorthin blickte und immerdar jenes anschaute und mit ihm vereint wäre? Oder sagst du dir nicht, daß es ihm dort allein gelingen wird, im Anschauen des Schönen mit seinem geistigen Auge nicht bloß Schattenbilder der *Tugend* zu erzeugen – denn er haftet ja nicht am bloßen Bilde –, sondern die wahre Tugend, da er die *Wahrheit* berührt. (g) Erzeugt er aber die wahre Tugend und läßt sie sich weiterentwickeln, dann ist es ihm beschieden, ein Gottgeliebter zu werden und der Unsterblichkeit teilhaftig, wenn anders sie überhaupt einem Menschen zuteil wird.

(h) Solches, mein Phaidros und ihr anderen, verkündete Diotima, und was mich anlangt, so hat sie mich überzeugt. Durchdrungen aber von dieser Überzeugung, suche ich auch die anderen zu überzeugen, daß man einen besseren Beihelfer zur Erlangung dieses Besitzes für die menschliche Natur nicht leicht finden kann als Eros. Daher behaupte ich denn, jedermann müsse Eros ehren, und ich selbst halte ihn in Ehren und befleißige mich der Liebeskunst aufs angelegentlichste und empfehle sie den anderen. Jetzt und immerdar preise ich die Macht und den Wagemut des Eros, soweit meine Kraft nur reicht.

Diese Rede magst du, wenn es dir recht ist, als einen Lobgesang auf Eros gelten lassen, Phaidros, wo nicht, so wähle für sie eine Bezeichnung, wie es dir gerade gut dünkt.

Über die Philosophie

«Die Philosophie besiegt leicht…

...vergangene und zukünftige Übel, aber gegenwärtige besiegen sie.»

La Rochefoucauld (1623–80)

So wird es zum Gebot der Stunde, jetzt durch überlegtes Handeln allem künftigen Übel so gut wie möglich vorzubeugen.

IV. ARISTOTELES (384–322 v. Chr.)

A. Logik

1. Die Elemente der einfachen Aussage

(‹Lehre vom Satz› [Peri hermeneias] I, 1–5; 16 a 1–17 a 24, übers. v. E. Rolfes, Philosophische Bibliothek Bd. 8/9, Felix Meiner Verlag, Hamburg 1958)

Gliederung: (a) Verschiedenheit der Laute bei Identität der Vorstellungen. (b) Wahrheit und Falschheit sind an die Verbindung von Vorstellungen bzw. Worten geknüpft. (c) Das Nomen bedeutet etwas auf Grund von Übereinkunft ohne Berücksichtigung der Zeit. (d) Das Verbum sagt etwas von etwas aus unter Berücksichtigung der Zeit. (e) Rede im Sinne einer Aussage beruht auf einer Verbindung von Worten. (f) Die Rede als einfache Aussage zeigt den Bestand oder Nichtbestand eines Dinges unter Berücksichtigung der Zeit sowie von Wahrheit und Falschheit an.

1. (a) Zuerst müssen wir feststellen, was Nomen und was Verbum, dann, was Verneinung, Bejahung, Aussage und Rede ist.

Es sind also die Laute, zu denen die Stimme gebildet wird, Zeichen der in der Seele hervorgerufenen Vorstellungen, und die Schrift ist wieder ein Zeichen der Laute. Und wie nicht alle dieselbe Schrift haben, so sind auch die Laute nicht bei allen dieselben. Was aber durch beide an erster Stelle angezeigt wird, die einfachen seelischen Vorstellungen, sind bei allen Menschen dieselben, und ebenso sind es die Dinge, deren Abbilder die Vorstellungen sind. Doch hiervon haben wir, da es eine andere Disziplin angeht, in den Büchern von der Seele gehandelt.

(b) Wie aber die Gedanken in der Seele bald auftreten, ohne wahr oder falsch zu sein, bald so, daß sie notwendig eins von beiden sind, so geschieht es auch in der Rede. Denn Falschheit und Wahrheit ist an Verbindung und Trennung der Vorstellungen geknüpft. Die Nomina und Verba für sich allein gleichen nun dem Gedanken ohne Verbindung und Trennung, wie z. B. das Wort Mensch oder weiß, wenn man sonst nichts hinzusetzt: Hier gibt es noch nicht Irrtum und Wahrheit. Dafür haben wir einen Anhaltspunkt z. B. an dem Wort Tragelaphos (Bockhirsch): es bedeutet zwar etwas, aber doch nichts Wahres oder Falsches, solange man nicht hinzusetzt, daß das Ding ist oder nicht ist, schlechthin oder zu einer bestimmten Zeit.

2. (c) Das Nomen also ist ein Laut, der konventionell etwas bedeutet, ohne eine Zeit einzuschließen und ohne daß ein Teil von ihm eine Bedeutung für sich hat. Denn in dem Eigennamen Kallippos hat Hippos (Pferd) für sich durchaus nicht die Bedeutung, die es in den Worten kalos Hippos (schönes Pferd) hat... Die Bestimmung ‹konventionell› (auf Grund einer Übereinkunft) will sagen, daß kein Nomen von Natur ein solches ist, son-

dern erst, wenn es zum Zeichen geworden ist. Denn auch die artikulierten Laute, z. B. der Tiere, zeigen etwas an, und doch ist keiner dieser Laute ein Nomen...

3. (d) Verbum ist ein Wort, das die Zeit mit anzeigt, dessen Teile nie etwas für sich bedeuten und das immer etwas zu verstehen gibt, was von einem anderen gilt. Daß es die Zeit mit anzeigt, soll heißen, daß z. B. ‹Gesundheit› ein Nomen ist, dagegen ‹ist gesund› ein Verbum, weil es noch dazu anzeigt, daß die Gesundheit jetzt vorhanden ist. Und es gibt immer etwas zu verstehen, was von einem anderen gilt, was nämlich an oder in einem Subjekte ist...

Die Verba sind, für sich allein ausgesprochen, Nomina und zeigen etwas an – denn wer sie spricht, bringt seine Aufmerksamkeit zum Stehen, und wer sie hört, läßt seine Aufmerksamkeit zum Stehen bringen –, aber sie zeigen noch nicht an, ob das Bezeichnete ist oder nicht. Denn auch wenn man sagt: sein, oder: nicht sein, wird kein wirkliches Ding damit bezeichnet, so wenig wie wenn man bloß für sich sagt: seiend. Denn dieses ist an sich nichts, zeigt aber eine Verbindung mit an, die man ohne die verbundenen Stücke nicht denken kann.

4. (e) Rede (λόγος, hier nicht Wort, sondern, entsprechend λέγειν, reden, eine etwas anzeigende Verbindung von Worten) ist ein Laut (φωνή Verbindung von Lauten), der konventionell etwas anzeigt und von dem ein einzelner Teil gesondert etwas anzeigt, als einfaches Sprechen (φάσις), nicht als ein Zusprechen (κατάφασις) oder Absprechen (ἀπόφασις) (Bejahung oder Verneinung). Ich will z. B. sagen, daß Mensch etwas anzeigt, aber nicht, daß er ist oder nicht ist; vielmehr kommt ein Zusprechen oder Absprechen erst heraus, wenn man etwas hinzusetzt. Aber von Mensch (gr. mehrsilbig: ἄνθρωπος) zeigt nicht jede einzelne Silbe etwas an. Denn auch in Maus (μῦς) hat ‹aus› (ῦς) keine anzeigende Kraft, sondern es ist nur so ein Laut. In den (wie Nomen und Verbum) zusammengefaßten Worten dagegen zeigt der Teil zwar etwas an, aber nicht für sich allein, wie wir eben bemerkt haben.

Es zeigt aber jede Rede etwas an, jedoch nicht in Weise eines natürlichen Organs, sondern, wie oben erklärt wurde, konventionell, d. h. auf Grund einer Übereinkunft. Dagegen sagt nicht jede etwas aus, sondern nur die, in der es Wahrheit oder Irrtum gibt. Das ist aber nicht überall der Fall. So ist die Bitte zwar eine Rede, aber weder wahr noch falsch. Doch wollen wir von den anderen Arten der Rede absehen, da ihre Erörterung eher in die Rhetorik oder Poetik gehört. Hier handelt es sich um die Rede im Sinne der Aussage.

5. (f) Die erste einheitliche aussagende Rede ist die Bejahung und dann die Verneinung. Alle anderen Reden sind durch Verbindung einheitlich.

Jede aussagende Rede muß ein Verbum oder die Beugung eines Verbums enthalten. Denn auch der Begriff (gr. gleichlautend mit Rede, λόγος) des Menschen ist, wenn man nicht hinzusetzt: ist oder war oder wird sein u. dgl., noch keine aussagende Rede.

Weshalb ‹auf Füßen gehendes zweifüßiges Sinnenwesen› ein eines, nicht vieles ist? – es kann ja der Mensch, den man so definiert, nicht darum einer sein, weil man diese Worte gleich hintereinander ausspricht – aber das zu erklären, ist Sache einer anderen Disziplin.

Die aussagende Rede ist eine, wenn sie entweder eines ausdrückt oder durch Verbindung eins ist; es sind der Reden viele, wenn sie entweder vieles und nicht eines ausdrücken oder unverbunden sind.

Das Nomen oder Verbum soll also nur ein Sprechen oder Sagen sein. Denn mit solcher bloßen Kundgabe durch die Stimme bringt man es zu keiner Aussage, mag nun einer fragen, oder mag er nicht fragen und man selbst mit der Rede den Anfang machen. Die Reden dagegen sind teils einfache Aussage, indem sie nämlich einem Subjekt etwas zu- oder absprechen, teils aus einfachen Aussagen zusammengesetzt, so daß sie eine zusammengesetzte Rede darstellen.

Die einfache Aussage ist ein Laut (eine Stimme, eine Verbindung von Worten), dazu bestimmt, den Bestand oder Nichtbestand eines Dinges mit Unterscheidung der Zeiten anzuzeigen.

2. Die logischen Elemente

(‹Erste Analytiken› [Analytica priora] I, 1; 24 a 10–24 b 30, übers. v. E. Rolfes, Philosophische Bibliothek Bd. 10, Felix Meiner Verlag, Hamburg 1975)

Gliederung: (a) Plan der Untersuchung. (b) Was ist ein Satz? (c) Apodiktischer, dialektischer und syllogistischer Satz. (d) Was ist ein Begriff? (e) Was ist ein Schluß?

(a) Zuerst müssen wir angeben, welchem Gegenstande die Untersuchung gilt und wessen Sache sie ist, daß sie nämlich dem Beweise gilt und Sache der beweisenden Wissenschaft ist; dann müssen wir bestimmen, was ein Satz ist, was ein Begriff und was ein Schluß, und welcher Schluß vollkommen und welcher unvollkommen ist; hernach, was es heißt, daß dieses in diesem als Ganzem ist oder nicht ist, und was wir damit meinen, wenn wir sagen, daß etwas von jedem oder von keinem ausgesagt wird.

(b) Ein Satz ist eine Rede, die etwas von etwas bejaht oder verneint. Sie ist entweder allgemein oder partikulär oder unbestimmt. Allgemein nenne ich sie, wenn etwas jedem oder keinem zukommt, partikulär, wenn es irgendeinem oder irgendeinem nicht oder nicht jedem zukommt, unbestimmt, wenn die Rede etwas zukommen oder nicht zukommen läßt ohne den Zusatz allgemein oder partikulär (so daß sie es unbestimmt läßt, in welcher von beiden Weisen es zu nehmen ist), wie z. B. in dem Satz: das Konträre fällt unter dieselbe Wissenschaft, oder: die Lust ist kein Gut.

(c) Der apodiktische Satz (Prämisse oder Vordersatz in dem wissenschaftlichen Beweis, Apodeixis) unterscheidet sich von dem dialektischen (Vordersatz in Disputationen) dadurch, daß der apodiktische Satz die Annahme des einen Gliedes des Widerspruchs ist – denn der Beweisende fragt nach ihm nicht, sondern nimmt ihn an –, während der dialektische Satz die Frage stellt (und beantwortet), ob das eine oder das andere Glied des Widerspruchs gelten soll. Das kann aber für die Weise, wie der Schluß in beiden Fällen zustande kommt, keinen Unterschied machen; denn der Beweisende wie der Fragende schließt auf Grund der Annahme, daß eines dem anderen zukommt oder nicht zukommt. So wird denn ein syllogistischer Satz (Vordersatz in einem Schluß) überhaupt die Bejahung oder Verneinung eines Dinges von einem anderen nach der angegebenen Weise sein; apodiktisch aber ist ein solcher Satz, wenn er wahr und aus den obersten Prinzipien abgeleitet ist, und als dialektischer Satz tritt er auf, einmal, wenn man den Gegner ausholt, als Frage nach dem einen oder dem anderen Gliede des Widerspruchs, und dann auch, wenn man schließt, als Annahme dessen, was ein Ansehen hat und wahrscheinlich ist, wie in der Topik (I, 10) erklärt wurde.

Was also ein Satz ist und wie sich der syllogistische, apodiktische und dialektische Satz unterscheidet, wird in der Folge ausführlich erklärt werden; soweit es hier nötig ist, genügen uns die vorliegenden Bestimmungen.

(d) Begriff (lat. terminus) nenne ich die Bestandteile, in die der Satz als in Prädikat und Subjekt der Prädizierung sich auflöst, mag nun das Sein bei der Bejahung hinzugesetzt oder bei der Verneinung, wo es Nichtsein wird, ausgeschieden werden.

(e) Ein Schluß ist eine Rede, in der, wenn etwas gesetzt wird, etwas von dem Gesetzten Verschiedenes notwendig dadurch folgt, daß dieses ist. Mit dem Ausdruck: dadurch, daß dieses ist, meine ich, daß die Folge seinetwegen eintritt, und damit, daß sie seinetwegen eintritt, daß es sonst keines, von außen zu nehmenden Begriffes bedarf, damit sich ihre Notwendigkeit ergibt.

Vollkommen nenne ich einen Schluß, der, damit seine Notwendigkeit einleuchtet, außer den Voraussetzungen keiner weiteren Bestimmung bedarf, unvollkommen einen solchen, der noch einer oder mehrerer weiteren Bestimmungen bedarf, die zwar wegen der zugrunde liegenden Begriffe notwendig gelten, aber nicht in den Vordersätzen enthalten sind.

Daß das eine in einem anderen als Ganzem ist, und daß das eine von jedem anderen ausgesagt wird, bedeutet dasselbe. Wir sagen aber, daß etwas von jedem ausgesagt wird, wenn sich keines von allen Einzeldingen, die unter das Subjekt fallen, namhaft machen läßt, von dem das andere nicht gelten würde. Dieselbe Bewandtnis hat es mit dem Ausdruck: von keinem ausgesagt werden.

3. Das Wissen auf Grund von Beweisen gründet im Unbeweisbaren

(‹Zweite Analytiken› [Analytica posteriora] I, 2–3; 71 b 9–72 b 25, übers. v. E. Rolfes, Philosophische Bibliothek Bd. 11, Felix Meiner Verlag, Hamburg 1990)

Gliederung: (a) Wissen heißt, die Ursache von etwas und seine Notwendigkeit kennen. Eine Weise des Wissens ist die auf Grund von Beweisen. (b) Jeder Beweis folgt aus Prämissen. Notwendige Beschaffenheit dieser Prämissen. (c) Die verschiedenen Arten der Prämissen. (d) These, Axiom, Hypothese und Definition als Prinzipien eines Schlusses. (e) Die unbewiesenen Prinzipien des Beweises müssen mit größerer Sicherheit gewußt werden als das daraus Bewiesene. (f) Zwei Folgerungen daraus: 1. Es gibt kein Wissen, da die Prinzipien nicht gewußt, d. h. bewiesen werden können. 2. Nur das Bewiesene ist gewußt, aber es läßt sich alles aus allem im Zirkel beweisen. (g) Aristoteles: Nicht jedes Wissen ruht auf Beweis. Die Prinzipien des Beweises sind notwendig unbewiesen gewußt.

2. (a) Wir glauben aber etwas zu *wissen*, schlechthin, nicht nach der sophistischen, akzidentellen Weise, wenn wir sowohl die Ursache, durch die es ist, als solche zu erkennen glauben, wie auch die Einsicht uns zuschreiben, daß es sich unmöglich anders verhalten kann.

Es leuchtet offenbar ein, daß das Wissen etwas Derartiges ist. Denn darin begegnen sich Nichtwissende und Wissende, daß die einen sich so zu verhalten glauben und die anderen sich wirklich so verhalten. Demnach kann das, was Gegenstand des Wissens schlechthin ist, sich unmöglich anders verhalten.

Ob es nun noch eine andere Weise des Wissens gibt, werden wir später erklären. Jetzt sagen wir, daß wir auch durch den *Beweis* wissen. Beweis nenne ich einen wissenschaftlichen Schluß. Wissenschaftlich aber nenne ich ihn, wenn wir durch ihn, sofern wir in seinem Besitze sind, wissen.

(b) Wenn nun das Wissen die behauptete Beschaffenheit hat, so muß auch die *apodeiktische, auf dem Beweise beruhende Wissenschaft* aus Prämissen entspringen, die wahr sind, die ersten und unvermittelt sind und bekannter und früher sind als der Schlußsatz und Ursache von ihm. Denn so werden die Prinzipien auch die Bedingung erfüllen, daß sie dem Bewiesenen eigentümlich sind. Einen *Schluß* kann es ja auch ohne solche eigentümliche Prämissen geben, aber keinen *Beweis*. Denn gedachter Schluß könnte keine *Wissenschaft* hervorbringen.

Wahr muß der wissenschaftliche Schluß nun sein, weil es nicht möglich ist, das nicht Seiende zu wissen, zu wissen also etwa, daß die Diagonale mit der Seite kommensurabel ist. *Aus ersten und ohne Beweis einleuchtenden Sätzen* aber muß er erfolgen, weil man dasjenige, wofür man keinen Beweis hat, nicht wissen kann. Denn etwas wissen, wofür es einen Beweis gibt, und zwar nicht in akzidenteller Weise es wissen, heißt einen Beweis dafür haben. Aber auch *Ursachen* müssen seine Vordersätze sein und *be-*

kannter und *früher*: Ursachen, weil wir dann wissen, wenn wir die Ursache einsehen, früher, eben weil sie Ursachen sind, zuvorerkannt, nicht nur in der anderen Weise, indem man versteht, was sie bedeuten, sondern auch, sofern man einsieht, daß sie sind und gelten.

Früher und bekannter ist etwas aber in zweifachem Sinne. Denn nicht dasselbe ist von Natur früher und für uns, und von Natur bekannter und für uns. Ich nenne für uns früher und bekannter was der sinnlichen Wahrnehmung näher liegt, schlechthin früher und bekannter was ihr ferner liegt. Ihr am fernsten ist das Allgemeinste, am nächsten das Einzelne. Und dieses beide ist sich entgegengesetzt.

(c) Aus den ersten Voraussetzungen aber gilt für mich erschlossen, was aus den eigentümlichen Prinzipien der Sache folgt. Denn Erstes und Prinzip nehme ich für dasselbe.

Prinzip des Beweises aber ist eine unvermittelte Prämisse, und unvermittelt eine solche, die keine andere vor sich hat.

Prämisse (Satz, Vordersatz) ist der entweder bejahende oder verneinende Teil der Aussage, die eines von einem aussagt: sie ist dialektisch, wenn sie in gleicher Weise den einen oder den anderen Teil annimmt, apodiktisch (beweisend), wenn sie bestimmt den einen als wahr annimmt. Aussage aber ist der eine oder der andere Teil des Widerspruchs (des sich Widersprechenden), und Widerspruch ist ein Gegensatz, der an sich kein Mittleres hat. Der Teil des Widerspruchs, der etwas von etwas aussagt, ist Bejahung, der Teil, der etwas von etwas ausschließt, ist Verneinung.

(d) Von den unvermittelten Prinzipien eines Schlusses nenne ich *Thesen* diejenigen, die man nicht beweisen kann und nicht jeder schon inne zu haben braucht, der irgend etwas lernen will, dagegen nenne ich die Prinzipien, die jeder, der lernen will, inne haben muß, *Axiome*. Denn es gibt einige solche Sätze, und wir pflegen diese Bezeichnung besonders auf sie anzuwenden.

Von den Thesen sind diejenigen, die einen von den beiden Teilen der Aussage annehmen – ich meine nämlich, daß etwas ist oder daß etwas nicht ist –, Hypothesen, diejenigen, die das nicht tun, *Definitionen*. Denn die Definition ist zwar eine Thesis (Setzung) – denn der Arithmetiker setzt, daß Einheit das quantitativ Unteilbare ist –, aber keine Hypothesis. Denn es ist nicht dasselbe, zu sagen, was Einheit ist, und daß Einheit ist.

(e) Da man aber das Ding daraufhin glauben und wissen muß, daß man einen solchen Schluß hat, den wir Beweis nennen, und dieser Schluß darauf beruht, daß das und das ist, woraus er hervorgeht, so muß man seine ersten Prinzipien, entweder alle oder einige, nicht nur zuvor erkennen, sondern auch in höherem Grade als den Schlußsatz.

Denn immer ist das, wodurch etwas ist, in höherem Grade, wie z. B. das, wodurch wir zur Liebe vermocht werden, in höherem Grade lieb ist. Da wir mithin durch die ersten Prinzipien wissen und glauben, so wissen und glauben wir sie auch in höherem Grade, weil wir durch sie auch das spätere wissen. Es ist aber nicht möglich, in höherem Grade als das, was man weiß, das zu glauben, was man weder weiß noch auch wo möglich besser durchschaut, als wenn man es wüßte. Das würde aber folgen, wenn einer, der durch Beweis zum Glauben vermocht wird, die Prinzipien nicht zuvor und besser erkännte. Denn man muß den Prinzipien, entweder allen oder einigen, mehr Glauben schenken als dem Schlußsatz.

Wer aber das durch Beweis vermittelte Wissen erwerben will, muß nicht nur in höherem Grade die Prinzipien kennen und ihnen mehr Glauben schenken als dem, was zu beweisen ist, sondern es darf ihm auch nichts gewisser und bekannter sein als das Gegenteil der Prinzipien, das den Schluß auf den entgegengesetzten Irrtum begründen würde, wenn anders der schlechthin Wissende in seiner Überzeugung unerschütterlich sein muß.

3. (f) Manche glauben nun, weil man die ersten Vordersätze wissen muß, gebe es keine Wissenschaft, während andere zwar den Bestand einer Wissenschaft gelten lassen, aber meinen, daß es für alles Beweise gibt; und doch ist weder das eine noch das andere wahr oder notwendig.

Denn diejenigen, nach deren Voraussetzung überhaupt kein Wissen möglich ist, wollen Wort haben, daß man bei der Verfolgung eines solchen ins Endlose gerät, da man wo kein Erstes ist, das Spätere nicht durch das Frühere wissen kann, und hierin haben sie recht, da das Unendliche sich nicht durchschreiten läßt. Und wenn es mit dem Fortschreiten einmal aufhört und Prinzipien sind, dann, wollen sie, seien dieselben unerkennbar, da es ja für sie keine Beweise gebe, was doch allein das Wissen ausmache. Kann man aber das Erste nicht wissen, dann kann man auch die Folgerungen aus ihm nicht schlechthin oder im eigentlichen Sinne wissen, sondern nur unter der Voraussetzung, daß jenes Erste Geltung hat.

Die anderen räumen die Möglichkeit des Wissens ein: es entstehe, sagen sie, nur durch Beweis. Aber es hindere nichts, daß es für alles einen Beweis gebe. Denn der Beweis könne im Zirkel geführt und wechselseitig eines aus dem anderen bewiesen werden.

(g) Wir aber sagen, daß weder jede Wissenschaft beweisend, noch die Wissenschaft der unvermittelten Prinzipien beweisbar ist. Und es liegt amtage, daß dem notwendig so ist. Denn wenn es notwendig ist, das Frühere, also das, woraus der Beweis geschieht, zu wissen, und man einmal bei dem Unvermittelten ankommt, so ist dieses notwendig unbeweisbar. Damit also halten wir es so, und dann sagen wir, daß es nicht nur eine Wissenschaft, sondern auch einen Anfang der Wissenschaft gibt, durch den wir die Definitionen erkennen.

4. Das Vermögen, die Prinzipien zu erkennen

(‹Zweite Analytiken› [Analytica posteriora] II, 19; 99 b 15–100 b 17)

Gliederung: (a) Das Problem der Erkenntnis der Prinzipien. (b) Notwendigkeit, die Prinzipien von Anfang an zu kennen und nicht zu kennen. (c) Als Vermögen, das diesen Forderungen entspricht, bietet sich der allen Lebewesen gemeine Sinn an. (d) Beharren der Wahrnehmung und Möglichkeit der Begriffsbildung als Stufen der Erkenntnisfähigkeit. (e) Erkenntnis des Prinzips auf dem Wege der Induktion von der Wahrnehmung des Einzelnen zum Allgemeinen. (f) Das Vermögen, die Prinzipien alles Wissens zu erkennen und damit das Prinzip jeder Wissenschaft, ist der Nus.

(a) Von dem Schluß und dem Beweis wissen wir nun, was beides ist und wie beides zustande kommt, und ebenso von der beweisenden Wissenschaft. Denn sie ist dasselbe. Von den Prinzipien aber wollen wir jetzt hören, wie man sie erkennt und welches der Habitus ist, durch den man sie erkennt. Doch wollen wir zuvor die einschlägigen Zweifel zu Wort kommen lassen.

Daß man nun nichts durch Beweis wissen kann, wenn man nicht seine ersten und unvermittelten Prinzipien kennt, steht von früher her fest.* Was aber diese Erkenntnis der unvermittelten Prinzipien angeht, so kann man zweifeln, ob sie dieselbe oder nicht dieselbe ist, ob beides unter die Wissenschaft fällt oder nicht, ob das eine wohl, das andere unter eine andere Gattung, und ob die Habitusse in uns kommen, ohne schon dagewesen zu sein, oder ob sie schon in uns waren, aber ohne unser Wissen.

(b) Wenn wir sie nun schon haben, so ist das ungereimt. Denn daraus folgte, daß wir Erkenntnisse hätten, gewisser, als der Beweis es ist, ohne es zu wissen. Wenn wir sie aber erwerben, ohne sie zuvor zu haben, wie könnten wir erkennen und lernen, da keine Erkenntnis vorangeht? Das ist ja unmöglich, wie wir schon von dem Beweise gesagt haben.

Man sieht also, es ist weder möglich, daß man den Habitus hat, noch daß er trotz allseitiger Unwissenheit und ohne den Besitz irgendeines anderen Habitus in einen kommt.

(c) Notwendig müssen wir somit bereits irgendein Vermögen haben, aber kein solches, das an Gewißheit über den gedachten stände.

Was aber dieses Vermögen angeht, so ist es laut dem Zeugnis der Erfahrung allen animalischen Wesen eigen: sie haben nämlich eine angeborene Urteilskraft, die man den Sinn nennt.

(d) Während aber der Sinn allen diesen Wesen einwohnt, stellt sich bei dem einen von ihnen ein Beharren und Bleiben des sinnlichen Wahrnehmungsbildes ein, bei den anderen nicht. Wo das nun nicht der Fall ist,

* Vgl. Zweite Anal. I, 2, 72 a 25 ff.

haben die betreffenden Wesen entweder überhaupt, oder von dem, was keinen bleibenden Eindruck hervorruft, keine Erkenntnis außer beim Akte der Wahrnehmung selbst. Wo es aber wohl der Fall ist, können sie auch bei neuen Wahrnehmungen die Erkenntnis noch in der Seele haben.

Wenn sich aber diese bleibenden Eindrücke mehren, tritt noch ein weiterer Unterschied auf, indem die einen aus dem Beharren der Wahrnehmungsbilder einen Begriff gewinnen, die anderen nicht.

(e) Aus der Wahrnehmung entsteht nun das Gedächtnis, wie wir das Beharren nennen, aus dem Gedächtnis, wenn derselbe Vorgang sich ihm oft unterbreitet, die Erfahrung; denn die der Zahl nach vielen Erinnerungen sind *eine* Erfahrung. Aus der Erfahrung aber oder aus jedem Allgemeinen, das in der Seele zur Ruhe gekommen ist – dem Einen *außer* den vielen, das als Eines zugleich in allen ist –, stammt das, was das Prinzip der Kunst und der Wissenschaft ist, der Kunst, wo es sich um das Werden, der Wissenschaft, wo es sich um das Seiende handelt. So sind denn die fraglichen Fertigkeiten weder schon vorher vollendet in der Seele vorhanden, noch entstehen sie aus anderen Vermögen, die auf eine vorzüglichere Erkenntnis angelegt wären, sondern sie nehmen vom Sinne ihren Ausgang, ähnlich wie wenn in der Schlacht alles flieht, aber Einer stehen bleibt, und nun ein Anderer und wieder ein Anderer sich ihm anschließt, bis die anfängliche Ordnung wiederhergestellt ist. Es hat aber die Seele eine solche besondere Art, daß sie dieses erleiden kann.

Was wir soeben gesagt haben, aber nicht deutlich genug, müssen wir noch einmal vortragen.

Wenn eine der individuellen Erscheinungen, die sich nach der Art nicht mehr unterscheiden, zum Stehen gekommen ist, so ist ein erstes Allgemeines in der Seele erreicht – denn man nimmt das Einzelne wahr, aber die Wahrnehmung geht auf ein allgemeines Objekt; sie geht z. B. auf den Menschen, nicht auf den Menschen Kallias –. Dann kommt es wieder bei diesen zum Stehen, bis sich das Unteilbare und Allgemeine einstellt, z. B. bei einem Sinnenwesen von der und der Art, bis das Sinnnenwesen erreicht ist, bei dem es dann ebenso weiter geht. Man sieht also, daß wir die ersten Prinzipien durch Induktion kennen lernen müssen. Denn so bildet auch die Wahrnehmung uns das Allgemeine ein.

(f) Da aber unter den verständigen Vermögen, durch die wir die Wahrheit erkennen, die einen immer wahr sind, die anderen den Irrtum zulassen, wie dies von der Meinung und dem Schluß gilt, während die Wissenschaft und der Nus immer wahr sind, und da der Wissenschaft sonst keine Gattung an Gewißheit vorgeht als der Nus, und da die Prinzipien bekannter sind als die Schlußsätze der Beweise, alle Wissenschaft aber auf Gründen fußt, nun, so kann es von den Prinzipien eine Wissenschaft nicht geben; da aber nur der Nus wahrer sein kann als die Wissenschaft, so müssen die Prinzipien dem Nus anheimfallen. Das erhellt, von diesem Grunde abgesehen, auch daraus, daß der Beweis nicht Prinzip des Beweises ist, somit auch nicht die Wissenschaft Prinzip der Wissenschaft. Wenn wir also außer der Wissenschaft sonst keine andere wahre Gattung haben, so muß der Nus das Prinzip der Wissenschaft sein. Und so ginge denn das Prinzip auf ihr Prinzip, sie als Ganzes aber steht in diesem Verhältnis zu dem ganzen Wissensstoff.

B. Metaphysik

1. Wesen und Ziel der Philosophie

(‹Metaphysik› I, 1–2; 980 a 21–983 a 23, übers. v. Hermann Bonitz, Philosophische Bibliothek Bd. 307, Felix Meiner Verlag, 3. Aufl., Hamburg 1989)

Gliederung: 1. Die Stufen der Erkenntnis und ihre höchste Form im Wissen.
(a) Das Sehen als Ursprung der Erkenntnis. (b) Wahrnehmung, Erinnerung, Erfahrung, Kunst und ihr Verhältnis zur Erkenntnis. (c) Vorrang der Erfahrung auf dem Gebiete des Handelns. (d) Im Gegensatz zur Erfahrung zeichnet sich das Wissen aus durch Kenntnis der Ursachen. (e) Das Gewußte ist lehrbar und hat seinen Zweck in sich selbst. (f) Gegenstand der Weisheit ist nicht die Nützlichkeit, sondern die ersten Prinzipien.
2. Bestimmung der Philosophie als der höchsten Wissenschaft.
(a) Bestimmung des landläufigen Begriffes vom Weisen. (b) Das Wissen des Weisen ist das Wissen des Allgemeinen, der Prinzipien. (c) Das Wissen der Ursachen ermöglicht das Lehren. (d) Das Wissen der Ursachen und Prinzipien ist das Wissen des im höchsten Sinne Wißbaren. (e) Das Wissen vom höchsten Zweck, dem Guten, ist das herrschende Wissen. (f) Alle diese Bestimmungen treffen für eine Wissenschaft, die Philosophie, zu. (g) Der Ursprung der Philosophie in der Verwunderung. (h) Sie ist Selbstzweck. (i) Sie hat göttlichen Charakter und ist darum Theologie. (k) Ihr Weg geht von der Verwunderung zum Wissen.

1. (a) Alle Menschen streben von Natur nach Wissen. Dies beweist die Liebe zu den Sinneswahrnehmungen; denn auch ohne den Nutzen werden sie an sich geliebt und vor allen anderen die Wahrnehmungen mittels der Augen. Nicht nämlich nur zum Zweck des Handelns, sondern auch, wenn wir nicht zu handeln beabsichtigen, ziehen wir das Sehen so gut wie allen andern vor. Ursache davon ist, daß dieser Sinn uns am meisten Erkenntnis gibt und viele Unterschiede aufdeckt. (b) Von Natur nun entstehen die Lebewesen mit sinnlicher Wahrnehmung, aus dieser entsteht bei einigen von ihnen keine Erinnerung, bei anderen wohl, und darum sind diese verständiger und gelehriger als jene, welche sich nicht erinnern können. Verständig ohne zu lernen sind alle diejenigen, welche keine Geräusche hören können, z. B. die Biene und was etwa sonst für Lebewesen der Art sind; dagegen lernen alle diejenigen, welche außer der Erinnerung auch diesen Sinn besitzen. Die anderen Lebewesen leben nun mit Vorstellungen und Erinnerungen und haben nur geringen Anteil an Erfahrung,

das Geschlecht der Menschen dagegen lebt auch mit Kunst und Überlegungen. Aus der Erinnerung entsteht nämlich für die Menschen Erfahrung; denn viele Erinnerungen an denselben Gegenstand bewirken das Vermögen *einer* Erfahrung, und es scheint die Erfahrung der Wissenschaft und Kunst fast ähnlich zu sein. Wissenschaft aber und Kunst gehen für die Menschen aus der Erfahrung hervor; denn ‹Erfahrung brachte Kunst hervor›, sagt Polos mit Recht, ‹Unerfahrenheit aber Zufall›. Die Kunst entsteht dann, wenn sich aus vielen durch die Erfahrung gegebenen Gedanken eine allgemeine Annahme über das Ähnliche bildet. Denn die Annahme, daß (z. B.) dem Kallias, der an dieser bestimmten Krankheit litt, dieses bestimmte Heilmittel half, und ebenso dem Sokrates und vielen Einzelnen, ist eine Sache der Erfahrung; daß es dagegen allen von solcher Beschaffenheit, die, nach *einem* Artbegriff begrenzt, an dieser Krankheit litten, zuträglich war, z. B. denen mit phlegmatischer, cholerischer, oder fieberartiger Beschaffenheit, diese Annahme gehört der Kunst an. (c) Zum Zweck des Handelns steht die Erfahrung der Kunst nicht nach, vielmehr sehen wir, daß die Erfahrenen mehr Erfolg haben als diejenigen, die ohne Erfahrung nur den (allgemeinen) Begriff besitzen. Die Ursache davon ist, daß die Erfahrung Erkenntnis vom Einzelnen ist, die Kunst hingegen vom Allgemeinen, die Handlungen und Entstehungen aber auf das Einzelne gehen. Denn nicht einen Menschen überhaupt heilt der Arzt, außer in akzidentellem Sinne, sondern Kallias oder Sokrates oder irgendeinen anderen von den so Benannten (Kranken), dem es zukommt, ein Mensch zu sein. Wenn nun jemand den Begriff besitzt ohne Erfahrung und das Allgemeine kennt, das darin enthaltene Einzelne aber nicht kennt, so wird er das rechte Heilverfahren oft verfehlen; denn Gegenstand des Heilens ist vielmehr das Einzelne. (d) Dennoch aber glauben wir, daß Wissen und Verstehen mehr der Kunst zukomme als der Erfahrung und halten die Künstler für weiser als die Erfahrenen, da Weisheit einen jeden mehr nach dem Maßstabe des Wissens begleite. Und dies deshalb, weil die einen die Ursache kennen, die anderen nicht. Denn die Erfahrenen kennen nur das Daß, aber nicht das Warum; jene aber kennen das Warum und die Ursache. Deshalb stehen auch die leitenden Künstler in jedem einzelnen Gebiete in höherer Achtung, wie wir meinen, und wissen mehr und sind weiser als die Handwerker, weil sie die Ursachen dessen, was hervorgebracht wird, wissen, während die Handwerker so wirken, wie einiges von dem Unbeseelten, das zwar etwas hervorbringt, wie z. B. das Feuer Wärme, aber ohne das zu wissen, was es hervorbringt. Wie das Unbeseelte durch ein natürliches Vermögen jedes hervorbringt, so die Handwerker durch Gewöhnung. Denn jene halten wir nicht nach der größeren Geschicklichkeit zum Handeln für weiser, sondern darum, weil sie im Besitz des Begriffes sind und die Ursachen kennen. (e) Überhaupt ist dies ein Zeichen des Wissenden und des Unwissenden, (den Gegenstand) lehren (bzw. nicht lehren) zu können, und darum sehen wir die

Kunst mehr für Wissenschaft an als die Erfahrung; denn die Künstler können lehren, die Erfahrenen aber nicht. (f) Ferner meinen wir, daß von den Sinneswahrnehmungen keine Weisheit gewähre, und doch geben sie die bestimmteste Kenntnis vom Einzelnen; aber das Warum geben sie von keinem Dinge an, z. B. von dem Feuer geben sie nicht an, warum es brennt, sondern nur, daß es brennt. Wer daher zuerst neben den gewöhnlichen Sinneswahrnehmungen eine Kunst erfand, der wurde natürlich von den Menschen bewundert, nicht nur wegen der Nützlichkeit seiner Erfindung, sondern wegen der Weisheit, die ihn vor den anderen auszeichnete. Bei dem Fortschritt in der Erfindung von Künsten, teils für die notwendigen Bedürfnisse, teils für die (angenehmere) Lebensführung, halten wir die letzteren immer für weiser als die ersteren, weil ihr Wissen nicht auf den Nutzen gerichtet ist. Als daher schon alles Derartige (Lebensnotwendige) erworben war, da wurden die Wissenschaften gefunden, die sich weder auf das Angenehme, noch auf die notwendigen Bedürfnisse des Lebens beziehen, und zwar zuerst in den Gegenden, wo man Muße hatte. Deshalb bildeten sich in Ägypten zuerst die mathematischen Künste (Wissenschaften) aus, weil dort dem Stande der Priester Muße gelassen war. Welcher Unterschied nun zwischen Kunst und Wissenschaft und dem übrigen Gleichartigen besteht, ist in der *Ethik* erklärt; der Zweck der gegenwärtigen Erörterung aber ist, zu zeigen, daß alle als Gegenstand der sogenannten Weisheit die ersten Ursachen und Prinzipien ansehen. Daher gilt, wie gesagt, der Erfahrene für weiser als der, welcher irgendeine Sinneswahrnehmung besitzt, der Künstler für weiser als der Erfahrene, und wieder der leitende Künstler vor dem Handwerker, die theoretischen Wissenschaften aber vor den hervorbringenden. Daß also die Weisheit eine Wissenschaft von gewissen Prinzipien und Ursachen ist, das ist hieraus klar.

2. (a) Da wir nun diese Wissenschaft suchen, müssen wir danach fragen, von welcherlei Ursachen und Prinzipien die Wissenschaft handelt, welche Weisheit ist. Nimmt man nun die gewöhnlichen Annahmen, welche wir über den Weisen haben, so dürfte vielleicht die Sache daraus eher deutlich werden. Wir nehmen nun erstens an, daß der Weise, soviel möglich, alles verstehe (erkenne), ohne dabei Wissen vom Einzelnen zu besitzen; ferner, daß der, welcher das Schwierige und für den Menschen nicht leicht Erkennbare zu erkennen vermag, weise sei (denn Sinneswahrnehmung ist allen gemeinsam und darum leicht und nichts Weises); ferner, daß in jeder Wissenschaft der Genauere und die Ursachen zu lehren Fähigere der Weisere sei; und daß unter den Wissenschaften die, welche um ihrer selbst und um des Wissens willen gesucht wird, eher Weisheit sei als die um anderweitiger Ergebnisse willen gesuchte, und ebenso die mehr gebietende im Vergleich mit der dienenden; denn der Weise müsse nicht Anordnungen entgegennehmen, sondern geben. Und nicht er müsse einem anderen, sondern ihm der weniger Weise gehorchen. (b) Dies sind

im ganzen die Annahmen, die wir über die Weisheit und die Weisen haben. Hierunter muß das Merkmal, alles zu verstehen (erkennen), dem zukommen, der am meisten die Wissenschaft vom Allgemeinen hat; denn dieser weiß gewissermaßen alles Untergeordnete. Auch ist gerade dies für die Menschen am schwersten zu erkennen: das am meisten Allgemeine; denn es liegt am entferntesten von den Sinneswahrnehmungen. Am genauesten aber sind unter den Wissenschaften die, welche sich am meisten auf das Erste (Prinzipien) beziehen; denn auf eine geringere Zahl von Prinzipien bezogene Wissenschaften sind genauer als diejenigen, bei denen noch bestimmende Zusätze hinzukommen; z. B. ist die Arithmetik genauer als die Geometrie. (c) Aber auch zu lehren fähiger ist die auf die Ursachen theoretisch gerichtete Wissenschaft; denn es lehren diejenigen (besser), die zu jedem die Ursachen angeben. (d) Wissen aber und Verstehen (Erkennen) um ihrer selbst willen kommen am meisten der Wissenschaft des im höchsten Sinne Verstehbaren (Erkennbaren) zu. Denn wer das Erkennen um seiner selbst willen wählt, der wird die höchste Wissenschaft am meisten wählen, dies ist aber die Wissenschaft des im höchsten Sinne Erkennbaren, im höchsten Sinne erkennbar aber sind das Erste (Prinzipien) und die Ursachen; denn durch diese und aus diesen wird das übrige erkannt, nicht aber sie aus dem Untergeordneten. (e) Am gebietendsten unter den Wissenschaften, gebietender als die dienende, ist die, welche den Zweck erkennt, weshalb jedes zu tun ist; dieser ist aber das Gute für jedes Einzelne und im ganzen das Beste in der gesamten Natur.

(f) Nach allem eben Gesagten fällt also die gesuchte Benennung derselben Wissenschaft zu: Sie muß nämlich eine auf die ersten Prinzipien und Ursachen gehende, theoretische sein; denn auch das Gute und das Weswegen ist eine der Ursachen. (g) Daß sie aber keine hervorbringende (poietische) ist, beweisen schon die ältesten Philosophen. Denn Verwunderung war den Menschen jetzt wie vormals der Anfang des Philosophierens, indem sie sich anfangs über das nächstliegende Unerklärte verwunderten, dann allmählich fortschritten und auch über Größeres Fragen aufwarfen, z. B. über die Erscheinungen an dem Mond und der Sonne und den Gestirnen und über die Entstehung des Alls. Wer sich aber über eine Sache fragt und verwundert, der glaubt sie nicht zu kennen. (Deshalb ist der Freund der Sagen auch in gewisser Weise ein Philosoph; denn die Sage besteht aus Wunderbarem.) (h) Wenn sie daher philosophierten, um der Unwissenheit zu entgehen, so suchten sie das Erkennen offenbar des Wissens wegen, nicht um irgendeines Nutzens willen. Das bestätigt auch der Verlauf der Sache; denn als so ziemlich alles zur Annehmlichkeit und (höheren) Lebensführung Nötige vorhanden war, da begann man diese Art der Einsicht zu suchen. Daraus erhellt also, daß wir sie nicht um irgendeines anderweitigen Nutzens willen suchen; sondern, wie wir den Menschen frei nennen, der um seiner selbst willen, nicht um eines anderen willen ist, so auch diese Wissenschaft als allein unter allen freie; denn sie allein ist um ihrer selbst willen.

(i) Darum möchte man auch mit Recht ihre Erwerbung für eine nicht (mehr) menschliche halten; denn in vielen Dingen ist die menschliche Natur knechtisch, und es dürfte daher wohl nach des Simonides Spruch ‹nur ein Gott dieses Vorrecht besitzen›, für den Menschen aber unziemlich sein, nicht die ihm angemessene Wissenschaft zu suchen. Wenn die Dichter recht haben und die Götter von Natur neidisch sind, so würde dies hier am meisten zutreffen, und es müßten alle unglückselig sein, die (in jener Wissenschaft) zu weit strebten. Aber weder kann Neid im göttlichen Wesen liegen, sondern, wie es schon im Sprichwort heißt: ‹Viel lügen die Dichter›, noch darf man eine andere Wissenschaft für ehrwürdiger halten als diese. Denn die göttlichste ist zugleich die ehrwürdigste. Göttlich aber dürfte allein sie in zweifachem Sinne sein: Einmal nämlich ist die Wissenschaft göttlich, welche der Gott am meisten haben mag, und zum andern die, welche das Göttliche zum Gegenstand haben dürfte. Bei dieser Wissenschaft allein trifft beides zugleich ein; denn Gott gilt allen für eine Ursache und Prinzip, und diese Wissenschaft möchte wohl allein oder doch am meisten Gott besitzen. Notwendiger als diese sind alle anderen, besser aber keine.

(k) Ihr Besitz muß jedoch für uns gewissermaßen in das Gegenteil der anfänglichen Forschung umschlagen. Denn es beginnen, wie gesagt, alle mit der Verwunderung darüber, ob sich etwas wirklich so verhält, wie etwa über die automatischen Kunstwerke, wenn sie die Ursache noch nicht eingesehen haben, oder über die Sonnenwenden oder die Inkommensurabilität der Diagonale (eines Rechtecks); denn verwunderlich erscheint es allen (anfänglich), sofern sie die Ursache noch nicht eingesehen haben, wenn etwas durch das kleinste Maß nicht meßbar sein soll. Es muß aber dann beim Gegenteil und ‹beim Besseren› enden nach dem Sprichwort, wie auch bei diesen Gegenständen, wenn man (die Ursache einzusehen) gelernt hat; denn über nichts würde sich ein der Geometrie Kundiger mehr verwundern, als wenn die Diagonale kommensurabel sein sollte.

Welches also das Wesen der gesuchten Wissenschaft ist und welches das Ziel, das die Untersuchung und das gesamte Verfahren (Methode) erreichen muß, ist hiermit ausgesprochen.

2. Unterscheidung der Metaphysik als der Wissenschaft vom Seienden von Physik und Mathematik

(‹Metaphysik› XI, 7; 1063 b 36–1064 b 14, übers. v. Hermann Bonitz, Philosophische Bibliothek Bd. 308, Felix Meiner Verlag, 2. Aufl., Hamburg 1984)

Gliederung: (a) Jede Wissenschaft geht von bestimmten Prinzipien aus, deren Gültigkeit sie voraussetzt. (b) Die Physik ist die Wissenschaft, die was betrachtet, das das Prinzip seiner Bewegung in sich hat. (c) Die Physik betrachtet ihren Gegenstand immer in Verbindung mit dem Stoff. (d) Die Metaphysik ist die Wissenschaft vom Sein, insofern es ist, dem ersten Prinzip. Sie ist Theologie. (e) Die Metaphysik ist damit als Wissenschaft allgemein und früher als die anderen Wissenschaften.

(a) Jede Wissenschaft sucht gewisse Prinzipien und Ursachen für jeden unter ihr befaßten Gegenstand des Wissens, z.B. die Heilkunde, die Gymnastik und so eine jede der übrigen, auf ein Hervorbringen gerichteten und mathematischen Wissenschaften. Jede derselben nämlich begrenzt sich eine bestimmte Gattung und beschäftigt sich mit dieser als mit etwas Existierendem und Seiendem, aber nicht insofern es ist; sondern das ist Gegenstand einer anderen, von dieser getrennten Wissenschaft. Von den bezeichneten Wissenschaften aber nimmt eine jede in jeder Gattung des Seienden das Was irgendwie an und versucht dann das übrige mit geringerer oder größerer Strenge zu erweisen. Sie nehmen aber das Was an teils aus der sinnlichen Wahrnehmung, teils als Voraussetzung; daher es denn auch aus Induktion erhellt, daß für das Wesen und das Was kein Beweis möglich ist. (b) Indem es nun eine Wissenschaft der Natur gibt, so ist offenbar, daß diese von den auf das Handeln und den auf das Hervorbringen gerichteten Wissenschaften verschieden sein muß. Bei einer Wissenschaft nämlich, die auf das Hervorbringen eines Werkes geht, liegt das Prinzip der Bewegung in dem Hervorbringenden und nicht in dem Hervorgebrachten, und dies Prinzip ist eine Kunst oder sonst irgendein anderes Vermögen. In ähnlicher Weise ist bei einer auf das Handeln gerichteten Wissenschaft die Bewegung nicht in dem Gegenstand der Handlung, sondern vielmehr in dem Handelnden. Die Wissenschaft des Physikers aber beschäftigt sich mit dem, was in sich selbst das Prinzip der Bewegung hat. Hieraus erhellt denn, daß die Physik weder eine auf das Handeln, noch eine auf das Hervorbringen gerichtete Wissenschaft ist, sondern eine betrachtende (theoretische); denn in eine von diesen drei Gattungen muß sie notwendig fallen. (c) Indem nun jede dieser Wissenschaften das Was irgendwie erkennen und als Prinzip gebrauchen muß, so dürfen wir nicht übersehen, in welcher Weise der Physiker zu definieren und wie er den Begriff des Wesens zu fassen hat, ob in der Weise wie das Stülpnasige oder wie das Hohle. Von diesen beiden nämlich wird der Begriff der Stülpnasigkeit immer in Verbindung mit dem Stoff des Gegenstandes ausgesprochen, der des Hohlen aber ohne den Stoff. Die Stülpnasigkeit nämlich entsteht an der Nase, und darum wird ihr Begriff immer nur in Verbindung mit dieser gedacht; das Stülpnasige nämlich ist eine hohle Nase. Offenbar muß nun der Begriff vom Fleisch, vom Auge und so von allen übrigen Teilen immer in Vereinigung mit dem Stoff angegeben werden. (d) Da es eine Wissenschaft gibt vom Seienden, insofern dies seiend und selbständig abtrennbar ist, muß untersucht werden, ob man diese für identisch mit der Physik zu halten hat oder vielmehr für eine andere. Die Physik handelt nun von den Dingen, die in sich selbst das Prinzip der Bewegung haben; die Mathematik dagegen ist zwar eine theoretische (Wissenschaft) und hat zum Gegenstand das Bleibende, aber nicht das Abtrennbare. Von demjenigen Seienden also, das abtrennbar und unbeweglich ist, handelt eine andere, von diesen beiden verschiedene Wissenschaft, sofern nämlich ein solches abtrennbares und unbewegtes Wesen existiert, wie wir zu beweisen versuchen werden. Und wofern es unter dem Seienden ein solches Wesen gibt, so muß da auch wohl das Göttliche sich finden, und dies würde das erste und vorzüglichste Prinzip sein. Es gibt also offenbar drei Gattungen betrachtender (theoretischer) Wissenschaften: Physik, Mathematik, Theologie. Die betrachtenden Wissenschaften sind die höchste Gattung unter allen Wissenschaften, und unter ihnen wieder die zuletzt genannte; denn sie handelt von dem Ehrwürdigsten unter allem Seienden, höher und niedriger aber steht eine jede Wissenschaft nach Maßgabe des ihr eigentümlichen Gegenstandes des Wissens. (e) Man könnte in Zweifel sein, ob man die Wissenschaft vom Seienden, insofern es ist, als allgemein zu setzen hat oder nicht. Von den mathematischen Wissenschaften nämlich handelt jede einzelne über eine bestimmt abgegrenzte Gattung, die allgemeine Mathematik aber ist allen Gattungen gemeinsam. Angenommen nun, die physischen Wesen seien die ersten unter allem Seienden, so würde auch die Physik die erste unter den Wissenschaften sein. Gibt es dagegen noch eine andere Natur und ein Wesen, das abtrennbar und unbewegt ist, so muß auch die Wissenschaft derselben von der Physik verschieden sein und früher als diese und muß darum allgemein sein, weil sie die frühere ist.

C. Physik

1. Der Weg der Erkenntnis verläuft von dem für uns Ersten, dem Einzelnen, zu dem an sich Ersten, dem Allgemeinen und Prinzip

(‹Physik› I, 1; 184 a 10–184 b 14, übers. v. Hans Günter Zekl, Philosophische Bibliothek Bd. 380, Felix Meiner Verlag, Hamburg 1987)

Da Wissen und Verstehen bei allen Sachgebieten, in denen es *Grund-Sätze* oder *Ursachen* oder *Grundbausteine* gibt, daraus entsteht, daß man eben diese kennen lernt – denn wir sind überzeugt, dann einen jeden Gegenstand zu erkennen, wenn wir seine ersten Ursachen zur Kenntnis gebracht haben und seine ersten Anfänge und (seinen Bestand) bis hin zu den Grundbausteinen –, deshalb ist klar: Auch bei der *Wissenschaft von der Natur* muß der Versuch gemacht werden, zunächst über die Grundsätze Bestimmungen zu treffen. Es ergibt sich damit der Weg von dem uns Bekannteren und Klareren zu dem in Wirklichkeit Klareren und Bekannteren. – Denn was uns bekannter ist und was an sich, ist nicht dasselbe. – Deshalb muß also auf diese Weise vorgegangen werden: Von dem der Natur nach Undeutlicheren uns aber Klareren hin zu dem, was der Natur nach klarer und bekannter ist. Uns ist aber zu allererst klar und durchsichtig das mehr Vermengte. Später erst werden aus diesem bekannt die Grundbausteine und die Grund-Sätze, wenn man es auseinandernimmt. Deswegen muß der Weg von den *Ganzheiten* zu den *Einzelheiten* führen. Denn nach der Sinneswahrnehmung ist immer das Ganze bekannter, Ganzheit bedeutet aber doch so ein Ganzes; denn die allgemeine Ganzheit umfaßt viele Einzelmomente als ihre Teile. – Ganz ähnlich geht es ja doch auch den *Wörtern* im Vergleich zur *Begriffserklärung*: Sie sagen unbestimmt ein Ganzes aus, z. B. ‹Kreis›, die Bestimmung des Kreises nimmt ihn dann in seine einzelnen Bestandsstücke auseinander. So machen es ja auch die Kinder: Anfangs reden sie jeden Mann mit ‹Vater› an und mit ‹Mutter› jede Frau, später unterscheiden sie hier ein jedes genauer.

2. Die vier Ursachen

(‹Physik› II, 3; 194 b 16–195 a 27)

Gliederung: (a) Die Notwendigkeit der Frage nach der Ursache des Werdens. (b) Die mehrfache Bedeutung von ‹Ursache›: Aus was, zu was, durch was und um wessen willen etwas wird. (c) Die verschiedenen Ursachen sind zugleich am Werk. (d) Endgültige Klassifizierung der Ursachen: Stoff und Form sowie Anfang der Bewegung und Endziel der Bewegung.

(a) Nachdem dies bestimmt ist, ist bezüglich der *Ursachen* die Untersuchung anzustellen, welche und wie viele der Zahl nach es sind. Da doch diese Anstrengung hier um der Erkenntnis willen unternommen wird, etwas erkannt zu haben wir aber nicht eher überzeugt sind, bevor wir das ‹Weshalb› eines jeden erfaßt haben – das heißt aber: seine erste Ursache erfaßt haben –, so ist es klar, daß auch wir dies hier zu tun haben hinsichtlich Werden und Vergehen und überhaupt jeder Art von natürlichem Wandel, damit wir in Kenntnis ihrer Anfangsgründe ein jedes Untersuchte auf sie zurückzuführen versuchen können.

(b) Auf *eine* Weise wird also Ursache genannt das, *woraus als schon Vorhandenem etwas entsteht*, z. B. das Erz Ursache des Standbilds, das Silber der Schale, und die Gattungen dieser Begriffe (sind es auch).

Auf eine *andere* aber die *Form* und das *Modell*, d. i. die vernünftige

Erklärung des ‹was es wirklich ist›, und die Gattungen davon – z. B. beim Oktavklang das Verhältnis 2 zu 1, und überhaupt der Zahlbegriff – und die Bestimmungsstücke, die in der Erklärung vorkommen, auch.

Des weiteren: Woher der *anfängliche Anstoß* zu Wandel oder Beharrung kommt; z. B. ist der Ratgeber Verursacher von etwas, und der Vater Verursacher des Kindes, und allgemein das Bewirkende (Ursache) dessen, was bewirkt wird, und das Verändernde dessen, was sich ändert.

Schließlich: Als das *Ziel*, d. i. das Weswegen; z. B. (Ziel) des Spazierengehens (ist) die Gesundheit. – ‹Weshalb geht er doch spazieren?› – Wir antworten: ‹Damit er sich wohlbefindet›, und indem wir so sprechen, meinen wir, den Grund angegeben zu haben. (Ursache ist) auch alles, was nach einem Anstoß durch Anderes zwischen diesem und dem Ziel erfolgt, z. B. für die Gesundheit die Abmagerungskur, die Entschlackung, Heilmittel oder ärztliches Werkzeug; alles dies ist ja um des Ziels willen da, der Unterschied unter einander besteht nur darin, daß es sich teils um Tätigkeiten, teils um Werkzeuge handelt.

(c) ‹Ursache› wird also etwa in so vielen Bedeutungen ausgesagt. Es ergibt sich nun, da von Ursächlichem in vielen Weisen die Rede sein kann, *daß es auch viele Ursachen eines und desselben Gegenstandes geben kann*, und zwar nicht nebenbei zutreffend; so ist z. B. Ursache des Standbilds sowohl die Bildhauerei wie auch das Erz, nicht über ein Anderes vermittelt, sondern insofern es Standbild ist, nur nicht auf die gleiche Weise, sondern das eine als Stoff, das andere als ‹Woher der Bearbeitung›. Es kommt auch *wechselseitige Verursachung* bei einigen Dingen vor, z. B. körperliche Anstrengung als Ursache guter Verfassung und (umgekehrt) diese als Ursache der Anstrengung; nur, nicht auf die gleiche Weise, sondern das eine als Ziel, das andere als Ausgangspunkt der Veränderung.

Weiter, *ein und dasselbe* ist (auch Ursache) *gegenteiliger* (Folgen): Etwas, das, als Anwesendes, ursächlich ist für dies, das machen wir bisweilen, als Abwesendes, verantwortlich für das Eintreten des Gegenteils davon, z. B. die Abwesenheit des Steuermanns für den Schiffbruch, dessen Anwesenheit Ursache der Rettung gewesen wäre.

(d) Alle die jetzt aufgezählten Formen von Ursache fallen unter *vier besonders augenfällige Weisen:* (1) Die Buchstaben der Silben, der Stoff der handwerklichen Erzeugnisse, Feuer und die übrigen derartigen Körper, die Teile eines Ganzen und auch die Voraussetzungen des Schlusses – all das ist im Sinne des *‹Woraus›* ursächlich. Die eine Seite dieser (Zusammensetzungen ist ursächlich) im Sinne des Zugrundeliegenden, z. B. die Teile; (2) die andere Seite im Sinne des *‹was-es-wirklich-ist›*, nämlich das Ganze, die Zusammensetzung, die Form. (3) Same hingegen, Arzt, Ratgeber und überhaupt Bewirkendes, alles dies ist *‹woher der Ausgangspunkt von Wandel und Beharrung›*. (4) Schließlich (sind Dinge ursächlich) als das *Ziel* und das *Gute* der anderen. Das Weswegen will doch ein Bestes und Ziel der anderen (Dinge) sein. – Es soll dabei keinen Unterschied machen, ob man es als ‹Gut› schlechthin oder nur als ‹Gut, das dafür gehalten wird› anspricht.

Das sind also die Ursachen, und so viele sind es der Art nach.

3. Das Wesen der Bewegung als Verwirklichung des Potentiellen

(‹Physik› III, 1; 200 b 12–201 b 15)

Gliederung: (a) Die Erörterung der Natur muß notwendig das Wesen der Bewegung untersuchen. (b) Das Bewegbare und das Bewegende. (c) Bewegung gibt es nicht außerhalb der faktischen Dinge. (d) So viel Arten des Seienden es gibt, so viel Arten der Bewegung gibt es. (e) Bewegung ist die Verwirklichung des der Potenz nach Seienden. (f) Ist jedes Bewegende auch ein Bewegbares? (g) Abschließende Bestimmung der Bewegung: Bewegung ist die Verwirklichung des Potentiellen, insofern es potentiell ist.

1 (a) Da Naturbeschaffenheit Anfangsgrund von Veränderung und Wandel ist, diese unsere Untersuchung aber um Naturbeschaffenheit geht, so darf nicht verborgen bleiben, was *Veränderung* denn ist. Denn wenn man hier in Unkenntnis ist, ist man es notwendig auch bezüglich des Naturbegriffs.

Wenn wir unsere Bestimmungen bezüglich von Veränderung getroffen haben, ist zu versuchen, auf gleiche Weise das durchzugehen, was sich daran anschließt: Verändernde Bewegung scheint in den Bereich des *Zusammenhängenden* zu gehören, in dem Begriff ‹zusammenhängend› erscheint allererst (die Bestimmung) *‹unbegrenzt›*; wenn man nämlich ‹zusammenhängend› bestimmt, tritt nebenbei ein, daß man oftmals den Begriff ‹unbegrenzt› mitbenutzt, denn ‹unbegrenzt teilbar› – das ist eben ‹zusammenhängend›.

Zudem, ohne die Begriffe *‹Ort›*, *‹leer›* und *‹Zeit›* kann Veränderung nicht sein. Es ist also klar, daß deswegen und wegen der Tatsache, daß diese Begriffe für alles gemeinsam und allgemein sind, ihre Untersuchung durchzuführen ist, und zwar indem man jeden einzelnen von ihnen vornimmt – die Anschauung des Einzelfalles ist der des Allgemeinen ja nachgeordnet –: Zuerst also, wie gesagt, zum Begriff *‹Veränderung›*.

(b) Es ist also vorhanden das eine allein im Modus der *Wirklichkeit*, das andere nach *Möglichkeit und Wirklichkeit*, eines ist ein ‹dieses-da›, anderes ein ‹so viel›, anderes ‹so geartet› und, was die übrigen Grundaussageweisen von ‹seiend› angeht, so weiter. Von dem, was ‹in Beziehung auf etwas› ausgesagt wird, tritt das eine (Teilstück) als ‹bezogen auf Überschuß und Mangel› auf, das andere als ‹bezogen auf Handelndes und Leidendes›, allgemein: Veränderndes und Veränderbares. Das Verändernde ist ja ein Veränderndes eines Veränderbaren, und umgekehrt das Veränderliche ist veränderbar durch ein Veränderndes. (c) Es gibt aber keine Veränderung abgesehen von den Dingen: es wandelt sich ja je das sich Wandelnde entweder seinem Wesen nach oder nach dem ‹wieviel› oder dem ‹wie geartet› oder nach dem Ort – oberhalb dieser ist nichts Allgemeines zu greifen, wie wir behaupten, was nicht entweder ein ‹dieses› oder irgendwieviel oder irgendwiegeartet oder irgendeine andere der Grundaussagen wäre. So kann es also auch nicht Wandel und Veränderung von etwas geben neben dem Aufgezählten, wenn es doch neben dem Aufgezählten nichts gibt. (d) Jede (dieser Grundaussagen) trifft auf alles in zwei Weisen zu, z. B. das ‹dieses› – eine Weise davon ist ‹Gestalt›, die andere ‹noch fehlende Bestimmung› –, und nach dem ‹wie geartet› – eine ist ‹weiß›, die andere ‹schwarz› –, und nach dem ‹wieviel› – das eine ‹abgeschlossen›, das andere ‹unvollendet›. Ähnlich auch nach der Ortsbewegung – das eine ‹oben›, das andere ‹unten›, oder das eine ‹leicht›, das andere ‹schwer›. Also: Von Veränderung und Wandel gibt es so viele Formen wie von ‹seiend›.

(e) Indem nun in jeder Gattung genau getrennt sind das eine als ‹in angestrebter Wirklichkeit da›, das andere als ‹der Möglichkeit nach vorhanden›, so (gilt): *Das endliche Zur-Wirklichkeit-Kommen eines bloß der Möglichkeit nach Vorhandenen, insofern es eben ein solches ist – das ist* (entwickelnde) *Veränderung*; z. B. die des eigenschaftlich Wandelbaren, insofern es eigenschaftlich wandelbar ist, (ist) *‹Eigenschaftsveränderung›*; die dessen, was wachsen kann oder, seines Gegenteils, dessen, was schwinden kann – denn eine gemeinsame Bezeichnung über beiden gibt es nicht – (heißt) *‹Wachsen›* und *‹Schwinden›*; die dessen, was entstehen und vergehen kann, (heißt) *‹Werden›* und *‹Vergehen›*, die dessen, was sich fortbewegen kann, *‹Ortsbewegung›*.

Daß der Veränderungsbegriff dieses besagt, wird aus Folgendem klar: Wenn etwas, das gebaut werden kann, insofern wir eben diese Eigenschaft von ihm aussagen, zu seiner endlichen Verwirklichung kommt, dann wird es (eben) gebaut, und dies ist dann ‹Bauen›. Ebenso auch: ‹Lernen›, ‹Heilen›, ‹Umwälzen›, ‹Springen›, ‹Reifen›, ‹Altern›. (f) Da nun einiges, als dieses selbe, sowohl der Möglichkeit wie auch der Verwirklichung nach da ist – nicht gleichzeitig oder in derselben Hinsicht, sondern z. B. so: Warm der Wirklichkeit, kalt der Möglichkeit nach –, werden diese Dinge nunmehr viele Wirkungen aufeinander ausüben und viele von einander erfahren. Alles wird ja sein zugleich *Wirkung ausübend* und *Wirkung erfahrend*. Was also natürlich Anstoß und Veränderung gibt, (ist selbst auch) veränderbar. Alles derartige setzt ja in Bewegung, in Bewegung auch selbst (befindlich). Nun meinen einige, überhaupt alles Veränderung Anstoßende sei auch selbst in Veränderung begriffen, indessen, über diesen Punkt wird in anderen Zusammenhängen Klarheit erreicht werden, wie es sich damit verhält – es gibt nämlich etwas, das Veränderung in Bewegung setzt und selbst unveränderlich ist –; (feststeht:) (g) Das endliche Zur-Wirklichkeit-Kommen des der Möglichkeit nach Seienden, wenn es (das Ding) schon in der Wirklichkeit und tätig ist, nicht insofern es es selbst, sondern insofern es veränderbar ist, das ist Veränderung. Mit dem ‹insofern› meine ich dies: Es ist (z. B.) dieser Erzklumpen der Möglichkeit nach ein Standbild, trotzdem ist hier nicht das Zur-Wirklichkeit-Kommen des Erzes, insofern es eben Erz ist, die Veränderung; ‹Erz-sein› und ‹der-Möglichkeit-nach-etwas-sein› sind ja nicht dasselbe, indessen, wenn dies ohne weiteres und dem Begriffe nach dasselbe wäre, dann wäre (hier) eben das Zur-Wirklichkeit-Kommen des Erzes als Erz die Veränderung. Es ist aber, wie gesagt, nicht dasselbe – klar wird das an den Gegensätzen: ‹Gesundsein-können› und ‹Kranksein-können› sind verschieden, sonst wären ja auch ‹Kranksein› und ‹Gesundsein› dasselbe; das Zugrundeliegende hingegen, das da gesund oder krank ist – mag das der Flüssigkeitshaushalt sein oder die Blutzusammensetzung –, das ist ein und dasselbe. – Da sie nun also nicht dasselbe sind, so wie auch ‹Farbe› und ‹sichtbar› nicht dasselbe sind, (so gilt also:) Das Zur-Wirklichkeit-Kommen des Möglichen, insofern es möglich ist, das ist ganz offenkundig: *Veränderung*.

Daß dies also der Begriff davon ist und (außerdem) daß Veränderung genau dann stattfindet, wenn die Verwirklichung selbst sich vollzieht – und weder vorher noch nachher –, das ist klar. Ein jedes kann ja bald in Tätigkeit sein, bald auch nicht, z. B. etwas, woran man bauen kann; und die Tätigkeit an so einem Baubaren, insofern es eben baubar ist, das ist ‹Bauen› – diese tätige Verwirklichung (heißt so) entweder als ‹Bauen› oder als ‹Haus›; aber wenn es schon ein Haus ist, ist es nicht mehr baubar; man baut nur an etwas, das noch zu bauen ist, die tätige Verwirklichung muß also das Bauen sein –; Bauen ist aber eine (planvolle) Veränderung. Aber dieselbe Beweisführung ist passend auch bei allen anderen Fällen von Veränderung.

D. Theologie

Der unbewegte Beweger

(‹Metaphysik› XII, 7; 1072 a 19–1073 a 13, übers. v. Hermann Bonitz, Philosophische Bibliothek Bd. 308, Felix Meiner Verlag, Hamburg 1984)

Die Kontinuierlichkeit von Zeit und Bewegung fordert etwas, das diese Bewegung kontinuierlich verursacht; die Frage nach der Ursache der dauernden Bewegung führt zur Frage nach dem Ersten und Ewigen, dem Ursprung der sich wandelnden Welt.

Gliederung: (a) Die Existenz eines immer Bewegten kann allein die Kontinuität der Bewegung in der Welt des Werdens erklären. (b) Das immer Bewegte muß bewegt sein von einem selbst nicht bewegten Beweger. (c) Dieser Beweger ist sowohl das, was gedacht wird als auch das, was erstrebt wird. (d) Das Unbewegte ist unveränderlich, der unbewegte Beweger ist notwendige Ursache und Prinzip der Bewegung und der Natur. (e) Das Leben des unbewegten Bewegers ist das vollkommenste und voller Freude. (f) Das Tätigsein der Vernunft in Betrachtung ihrer selbst ist das göttlichste Tätigsein. (g) Die Gottheit ist die Tätigkeit der Vernunft; sie ist höchstes, bestes und ewiges Leben. (h) Das Vollendete ist schon am Anfang des Werdens, nicht erst am Ende. (i) Die göttliche Wesenheit hat keine Größe und ist keiner qualitativen Veränderung unterworfen.

(a) Da es nun aber angeht, daß sich die Sache so verhalte, und wenn sie nicht sich so verhielte, alles aus der Nacht und dem Beisammen aller Dinge und dem Nicht-Seienden hervorgehen würde, so lösen sich demnach diese Schwierigkeiten, und es gibt etwas, das sich immer in unaufhörlicher Bewegung bewegt, diese Bewegung aber ist die Kreisbewegung. Dies ist nicht nur durch den Begriff, sondern auch durch die Sache selbst deutlich. Also ist der erste Himmel ewig. Also gibt es auch etwas, das bewegt. (b) Da aber dasjenige, was bewegt wird und bewegt, ein Mittleres ist, so muß es auch etwas geben, das ohne bewegt zu werden, selbst bewegt, das ewig und Wesen und Wirklichkeit ist. (c) Auf solche Weise aber bewegt das Erstrebte und das Intelligible (Erkennbare); es bewegt, ohne bewegt zu werden. Von diesen beiden ist das erste (als Prinzipien) dasselbe. Denn Gegenstand des Begehrens ist dasjenige, was als schön erscheint, Gegenstand des Willens ist an sich das, was schön ist. Wir erstreben aber etwas vielmehr, weil wir es für gut halten, als daß wir es für gut hielten, weil wir es erstreben. Prinzip ist die Vernunfttätigkeit. Die Vernunft wird vom Intelligiblen bewegt, intelligibel aber an sich ist die eine Reihe der Zusammenstellung (der Gegensätze); in ihr nimmt das Wesen die erste Stelle ein, und unter dieser die einfache, der wirklichen Tätigkeit nach existierende (Eines aber und Einfach ist nicht dasselbe; denn das Eine bezeichnet ein Maß, das Einfache aber ein bestimmtes Verhalten), aber auch das Schöne und das um seiner selbst willen Erstrebbare findet sich in derselben Reihe, und das erste (als Prinzip) ist entweder das beste oder dem analog. Daß aber der Zweck zu dem Unbewegten gehört, macht die Unterscheidung deutlich; denn es gibt einen Zweck für etwas und von etwas; jener ist unbeweglich, dieser nicht. Jenes bewegt wie ein Geliebtes, und durch das (von ihm) Bewegte bewegt es das übrige. (d) Wenn nun etwas bewegt wird, so ist es möglich, daß es sich auch anders verhalte. Wenn also Ortsbewegung die erste Wirklichkeit (wirkliche Tätigkeit) insofern ist, als das Bewegte in Bewegung ist, so ist insofern auch möglich, daß es sich anders verhalte, nämlich dem Orte, wenn auch nicht dem Wesen nach. Nun gibt es aber etwas, was ohne bewegt zu werden selbst bewegt und in Wirklichkeit (in wirklicher Tätigkeit) existiert; bei diesem ist also auf keine Weise möglich, daß es sich anders verhalte. Denn Ortsbewegung ist die erste unter den Veränderungen, und unter ihr die Kreisbewegung; diese Bewegung aber wird von jenem ersten Bewegenden hervorgebracht. Also ist es notwendig seiend, und inwiefern es notwendig ist, ist es auch so gut und in diesem Sinne Prinzip. Notwendig nämlich wird in mehreren Bedeutungen gebraucht, einmal als das gegen den eigenen Trieb mit Gewalt Erzwungene, dann als das, ohne welches das Gute nicht sein kann, drittens als das, was nicht anders möglich ist, sondern absolut ist. Von einem solchen Prinzip also hängen der Himmel und die Natur ab. (e) Sein Leben aber ist das beste, und wie es bei uns nur kurze Zeit stattfindet, da beständige Dauer uns unmöglich ist, so ist es bei ihm immerwährend. Denn seine Wirklichkeit (wirkliche Tätigkeit) ist zugleich Lust. (f) Und deshalb ist Wachen, Wahrnehmen, Vernunfttätigkeit das Angenehmste, und durch diese erst Hoffnungen und Erinnerungen. Die Vernunfttätigkeit an sich aber geht auf das an sich Beste, die höchste auf das Höchste. Sich selbst erkennt die Vernunft in Ergreifung des Intelligiblen; denn intelligibel wird sie selbst, den Gegenstand berührend und erfassend, so daß Vernunft und Intelligibles dasselbe sind. Denn die Vernunft ist das aufnehmende Vermögen für das Intelligible und das Wesen. Sie ist in wirklicher Tätigkeit, indem sie das Intelligible hat. Also ist jenes (das Intelligible) noch in vollerem Sinne göttlich als das, was die Vernunft Göttliches zu haben scheint, und die Betrachtung (theoretische Tätigkeit) ist das Angenehmste und Beste. (g) Wenn sich nun so gut, wie wir zuweilen, der Gott immer verhält, so ist er bewundernswert, wenn aber noch besser, dann noch bewundernswerter. So verhält er sich aber. Und Leben wohnt in ihm; denn der Vernunft Wirklichkeit (wirkliche Tätigkeit) ist Leben, jener aber ist die Wirklichkeit (Tätigkeit), seine Wirklichkeit (Tätigkeit) an sich ist bestes und ewiges Leben. Der Gott, sagen wir, ist das ewige, beste Lebewesen, so daß dem Gott Leben und beständige Ewigkeit zukommen; denn dies ist der Gott. (h) Alle diejenigen aber, welche, wie die Pythagoreer und Speusippos, annehmen, das Schönste und Beste sei nicht im Prinzip enthalten – weil ja auch bei den Pflanzen und Tieren die Prinzipien zwar Ursachen sind, das Schöne und Vollkommene aber erst in dem daraus Hervorgehenden sich findet –, haben keine richtige Ansicht; denn der Same geht aus anderem, ihm selbst vorausgehenden Vollendeten hervor, und das erste ist nicht der Same, sondern das Vollendete. So würde man z. B. vom Menschen sagen, daß er früher sei als der Same, nämlich nicht von dem Menschen, der aus diesem Samen wird, sondern von einem anderen, aus welchem der Same hervorgegangen ist. Daß es also ein ewiges, unbewegtes, von dem Sinnlichen getrennt selbständig existierendes Wesen gibt, ist aus dem Gesagten klar. (i) Es ist aber auch erwiesen, daß dieses Wesen keine Größe haben kann, sondern unteilbar und unzertrennlich ist. Denn die unendliche Zeit hindurch bewegt es, nichts Begrenztes aber hat ein unbegrenztes (unendliches) Vermögen. Da nun jede Größe begrenzt oder unbegrenzt sein muß, so kann es eine begrenzte Größe aus dem angegebenen Grunde nicht haben, eine unbegrenzte Größe aber darum nicht, weil es überhaupt keine unbegrenzte Größe gibt. Aber es ist auch ferner erwiesen, daß es keiner Affektion und keiner Qualitätsveränderung unterworfen ist; denn alle übrigen Bewegungen folgen erst der Ortsbewegung nach. Von diesem also ist offenbar, warum es sich so verhält.

E. Seelenlehre

Die Vermögen der Seele; ihr Verhältnis zum Körper

(‹Über die Seele› [De anima] II, 2; 413 a 20–414 a 28, übers. v. A. Busse, Philosophische Bibliothek Bd. 4, Verlag Felix Meiner, Leipzig 1922)

Gliederung: (a) Die Seele als Prinzip des Lebens. Bestimmung des Lebens. (b) Pflanze und Tier: Vegetative und sensitive Seele. (c) Bestimmung der vier Seelenvermögen. Einheit und Vielheit der Seele. (d) Das Vorhandensein verschiedener Seelenkräfte unterscheidet die Seelenkräfte. (e) Die Seele ist die Wirklichkeit, d. h. die Wesensform des ihr zugehörigen Körpers.

(a) Wir nehmen also die Untersuchung wieder auf und sagen, daß das Beseelte von dem Unbeseelten sich durch das Leben unterscheidet. Da aber das Wort Leben mannigfache Bedeutungen hat, so bemerken wir, daß wir ein Wesen schon als lebend ansehen, wenn auch nur eine von diesen Kräften vorhanden ist, wie Denken, Sinneswahrnehmung, Bewegung und Stillstand im Raum, ferner Bewegung im Sinne der Ernährung, sowie Abnahme und Wachstum. Deshalb scheinen auch alle Pflanzen zu leben; denn sie haben offenbar in sich eine Kraft und einen Grundtrieb derart, daß sie Wachstum und Abnahme nach entgegengesetzten Richtungen hin erfahren. Denn es ist nicht etwa so, daß sie nur nach oben wachsen, nach unten aber nicht, sondern sie wachsen in gleicher Weise nach beiden Seiten, ja nach allen Richtungen, so viele sich auch immer ernähren, und sie leben immerfort, solange sie Nahrung aufnehmen können.

(b) Diese Kraft kann von den anderen Kräften getrennt sein, dagegen können die anderen ohne sie, wenigstens bei den sterblichen Wesen, nicht bestehen. Das sieht man deutlich an den Pflanzen, die kein anderes seelisches Vermögen besitzen. Somit kommt den Lebewesen auf Grund dieses Grundtriebes das Leben zu, das Tier aber beginnt mit der Sinneswahrnehmung. Denn auch die Wesen, welche sich nicht bewegen oder den Ort wechseln, aber Sinneswahrnehmung haben, nennen wir Tiere und nicht etwa bloß Lebewesen.

Von den Sinnen ist der Tastsinn der erste, und dieser findet sich denn auch bei allen. Und wie die Ernährungskraft von dem Tastsinn und der gesamten Sinnesempfindung getrennt bestehen kann, so kann wiederum der Tastsinn von den anderen Sinnen geschieden werden. Unter der Ernährungskraft verstehen wir den Teil der Seele, an dem auch die Pflanzen teilhaben. Die Tiere aber besitzen offenbar insgesamt den Tastsinn. Worin beides seinen Grund hat, werden wir später erörtern.

(c) Jetzt wollen wir nur soviel sagen, daß die Seele die Grundursache der genannten Kräfte ist und durch folgende vier Vermögen bestimmt wird: durch die Ernährung, die Wahrnehmung, die Denkkraft und die Bewegung. Ob aber jede dieser Kräfte die Seele oder ein Teil der Seele ist, und ob im letzteren Falle der Seelenteil sich derart verhält, daß er nur dem Begriffe nach trennbar ist oder auch dem Orte nach, diese Fragen sind zum Teil leicht zu entscheiden, zum Teil bieten sie auch Schwierigkeiten. Denn schon bei den Pflanzen zeigt sich, daß einige, auch wenn sie zerteilt und die Teile voneinander getrennt sind, doch offensichtlich weiterleben, jedenfalls weil die in ihnen lebende Seele der Wirklichkeit nach in jeder Pflanze eine Einheit, der Möglichkeit nach aber eine Vielheit bildet, und dasselbe können wir auch hinsichtlich anderer Seelenkräfte an den in zwei Teile zerschnittenen Insekten erkennen. Denn jeder der beiden Teile hat Sinneswahrnehmung und Ortsbewegung; wenn aber Sinneswahrnehmung, dann auch Vorstellungskraft und Begehren. Denn wo Sinnesempfindung ist, da ist auch Unlust und Lust, und wo diese sind, da ist notwendig auch die Begierde.

(d) Über die Vernunft und die Denkkraft ist noch nichts klargestellt, vielmehr scheint dies eine besondere Seelenart zu sein, die allein sich trennen kann, wie das Ewige vom Vergänglichen. Was aber die übrigen Seelenteile betrifft, so ist aus unseren Erörterungen einleuchtend, daß sie nicht trennbar sind, wie manche behaupten. Daß sie jedoch begrifflich verschieden sind, liegt auf der Hand. Denn der Begriff des Wahrnehmungsvermögens ist ein anderer als der der Urteilskraft, wofern auch das Wahrnehmen etwas Anderes als das Urteilen ist. Ebenso verhält es sich mit jeder anderen der genannten Seelenkräfte. Ferner besitzen einige Lebewesen alle diese Seelenkräfte, manche wieder nur einige, andere lediglich eine, und darauf wird sich auch die Unterscheidung der Lebewesen stützen. Der Grund davon wird später zu betrachten sein. Etwas Ähnliches begegnet uns auch bei den Sinnen. Denn manche haben alle Sinne, andere wieder nur einige, noch andere lediglich einen, den unentbehrlichsten, nämlich den Tastsinn.

(e) Nun ist das, wodurch wir leben und wahrnehmen, zweierlei, wie auch das, wodurch wir wissen, erstens die Wissenschaft, zweitens unsere Seele ist, da auf beidem unser Wissen beruht, und ebenso auch das, wodurch wir gesund sind, teils die Gesundheit, teils irgendein Teil des Körpers oder auch der ganze Körper ist. In diesen Beispielen ist die Wissenschaft und die Gesundheit Gestalt und Form und Begriff und gleichsam die Wirklichkeit des Aufnahmefähigen, und zwar die Wissenschaft die Wirklichkeit des zur Aufnahme der Wissenschaft Fähigen, die Gesundheit die Wirklichkeit des zur Aufnahme der Gesundheit Fähigen; denn die Wirksamkeit der gestaltenden Kräfte scheint sich in dem Leidenden und dem der näheren Bestimmung Unterworfenen zu entfalten. Ebenso ist in erster Linie die Seele das, wodurch wir leben und wahrnehmen und denken. Daher wird sie als Begriff und Form, aber nicht als Stoff und Grundlage anzusehen sein. Denn unter Wesenheit (Substanz) verstehen wir, wie gesagt, dreierlei, erstens die Form, zweitens den Stoff, drittens das aus beiden Zusammengesetzte. Der Stoff ist das Mögliche, die Form das Wirkliche. Da nun das aus beiden Zusammengesetzte ein beseeltes Wesen ist, so ist der Körper nicht die Wirklichkeit einer Seele, sondern die Seele die Wirklichkeit eines bestimmten Körpers. Und deswegen haben die recht, welche glauben, daß die Seele einerseits nicht ohne Körper, andererseits aber nicht selbst ein Körper sein kann. Denn sie ist nicht ein Körper, aber eine Bestimmtheit des Körpers. Deshalb ist sie in einem Körper und zwar in einem Körper von bestimmter Beschaffenheit; und es ist nicht etwa so, wie die früheren Forscher annahmen, die sie in einen Körper eintreten ließen, ohne zu bestimmen, welcher Körper es sei und von welcher Art, wiewohl doch der Augenschein zeigt, daß nicht jedes Beliebige von jedem Beliebigen aufgenommen wird. Unsere Auffassung dagegen steht auch mit vernünftiger Erwägung im Einklang. Denn die vollendete Wirklichkeit eines jeden Dinges muß natürlich in dem Möglichen, d. h. in dem zugehörigen Stoffe sein. Hieraus geht deutlich hervor, daß die Seele eine Wirklichkeit und zwar die Wesensform dessen ist, was die Möglichkeit hat, ein so bestimmtes Wesen zu sein.

F. Ethik

1. Bestimmung der Ethik und ihrer Aufgaben

(‹Nikomachische Ethik› I, 1; 1094 a 1–1094 b 10, übers. v. E. Rolfes, Philosophische Bibliothek Bd. 5, Felix Meiner Verlag, 4. Aufl., Hamburg 1985)

Gliederung: (a) Das Ziel jeder Handlung ist ein Gut, sei es eine Tätigkeit oder ein Ding. (b) Vielheit der Handlungen und Ziele. Sie sind hierarchisch geordnet. (c) Das höchste Ziel ist das, das um seiner selbst willen erstrebt wird. (d) Die Wissenschaft, die sich mit dem höchsten Gut beschäftigt, ist die Staatslehre. Die Ethik ist ein Teil von ihr. (e) Strenge Akribie ist auf diesem Gebiet nicht möglich, es gehört zur Sache, sich mit einem Umriß zu begnügen.

(a) Jede Kunst und jede Lehre, desgleichen jede Handlung und jeder Entschluß, scheint ein Gut zu erstreben, weshalb man das Gute treffend als dasjenige bezeichnet hat, wonach alles strebt. Doch zeigt sich ein Unterschied der Ziele. Die einen sind Tätigkeiten, die anderen noch gewisse Werke oder Dinge außer ihnen. Wo bestimmte Ziele außer den Handlungen bestehen, da sind die Dinge ihrer Natur nach besser als die Tätigkeiten.

(b) Da der Handlungen, Künste und Wissenschaften viele sind, ergeben sich auch viele Ziele. Das Ziel der Heilkunst ist die Gesundheit, das der Schiffsbaukunst das Schiff, das der Strategik der Sieg, das der Wirtschaftskunst der Reichtum. Wo solche Verrichtungen unter *einem* Vermögen stehen, wie z. B. die Sattlerkunst und die sonstigen mit der Herstellung des Pferdezeuges beschäftigten Gewerbe unter der Reitkunst, und diese wieder nebst aller auf das Kriegswesen gerichteten Tätigkeit unter der Strategik, und ebenso andere unter anderen, da sind jedesmal die Ziele der architektonischen, d. h. der leitenden Verrichtungen vorzüglicher als die Ziele der untergeordneten, da letztere nur um der ersteren willen verfolgt werden. Und hier macht es keinen Unterschied, ob die Tätigkeiten selbst das Ziel der Handlungen bilden oder außer ihnen noch etwas anderes, wie es bei den genannten Künsten der Fall ist.

(c) Wenn es nun ein Ziel des Handelns gibt, das wir seiner selbst wegen wollen, und das andere nur um seinetwillen, und wenn wir nicht alles wegen eines anderen uns zum Zwecke setzen – denn da ginge die Sache ins Unendliche fort, und das menschliche Begehren wäre leer und eitel –, so muß ein solches Ziel offenbar das Gute und das Beste sein. Sollte seine Erkenntnis nicht auch für das Leben eine große Bedeutung haben und uns helfen, gleich den Schützen, die ein festes Ziel haben, das Rechte besser zu treffen? So gilt es denn, es wenigstens im Umriß darzustellen und zu ermitteln, was es ist und zu welcher Wissenschaft oder zu welchem Vermögen es gehört.

(d) Allem Anschein nach gehört es der maßgebendsten und im höchsten Sinne leitenden Wissenschaft an, und das ist offenbar die Staatskunst. Sie bestimmt, welche Wissenschaften oder Künste und Gewerbe in den Staaten vorhanden sein, und welche und wie weit sie von den Einzelnen erlernt werden sollen. Auch sehen wir, daß die geschätztesten Vermögen: die Strategik, die Ökonomik, die Rhetorik, ihr untergeordnet sind. Da sie also die übrigen praktischen Wissenschaften in den Dienst ihrer Zwecke nimmt, auch autoritativ vorschreibt, was man zu tun und was man zu lassen hat, so dürfte ihr Ziel die Ziele der anderen als das höhere umfassen, und dieses ihr Ziel wäre demnach das höchste menschliche Gut. Denn wenn dasselbe auch für den Einzelnen und für das Gemeinwesen das gleiche ist, so muß es doch größer und vollkommener sein, das Wohl des Gemeinwesens zu begründen und zu erhalten. Man darf freilich schon sehr zufrieden sein, wenn man auch nur einem Menschen zum wahren Wohle verhilft, aber schöner und göttlicher ist es doch, wenn dies bei einem Volke oder einem Staate geschieht. Darauf also zielt die gegenwärtige Disziplin ab, die ein Teil der Staatslehre ist.

(e) Was die Darlegung betrifft, so muß man zufrieden sein, wenn sie denjenigen Grad von Bestimmtheit erreicht, den der gegebene Stoff zuläßt. Die Genauigkeit darf man nicht bei allen Untersuchungen in gleichem Maße anstreben, so wenig als man das bei den verschiedenen Erzeugnissen der Künste und des Handwerks tut. Das sittlich Gute und das Gerechte, das die Staatswissenschaft untersucht, zeigt solche Gegensätze und solche Unbeständigkeiten, daß es scheinen könnte, als ob es nur auf dem Gesetz, nicht auf der Natur beruhe. Und eine ähnliche Unbeständigkeit haftet auch den verschiedenen Gütern und Vorzügen an, indem viele durch sie zu Schaden kommen. Schon mancher ist wegen seines Reichtums und mancher wegen seines Mutes zugrunde gegangen. So muß man sich denn, wo die Darstellung es mit einem solchen Gegenstand zu tun hat und von solchen Voraussetzungen ausgeht, damit zufrieden geben, die Wahrheit in gröberen Umrissen zu beschreiben. Und ebenso muß man, wo nur das häufiger Vorkommende behandelt und vorausgesetzt werden kann, auch nur solches folgern wollen. Ganz ebenso hat aber auch der Hörer die einzelnen Sätze aufzunehmen. Darin zeigt sich der Kenner, daß man in den einzelnen Gebieten je den Grad von Genauigkeit verlangt, den die Natur der Sache zuläßt, und es wäre genauso verfehlt, wenn man von einem Mathematiker Wahrscheinlichkeitsgründe annehmen, wie wenn man von einem Redner in einer Ratsversammlung strenge Beweise fordern wollte.

2. Die Glückseligkeit ist das höchste Gut und Selbstzweck

(‹Nikomachische Ethik› I, 5; 1097 a 15–b 21)

Gliederung: (a) Jede Handlung verfolgt ein Gut, ihr Ziel. Das gemeinsame Ziel aller Handlungen wäre das gemeinsame Gut. (b) Das höchste Gut ist das, was schlechthin um seiner selbst willen erstrebt wird. (c) Die Glückseligkeit ist das Gut, welches wir um seiner selbst willen erstreben. (d) Das höchste Gut ist das, was an sich genügt und das Leben für sich allein begehrenswert macht. (e) Die Glückseligkeit genügt an sich und kann durch nichts ein größeres Gut werden. (f) Zusammenfassung: Glückseligkeit ist das höchste Gut.

(a) Kommen wir nun wieder auf das fragliche Gut zurück, um zu ermitteln, was es sein möge. Wir sehen, daß es in jeder Tätigkeit und Kunst immer ein anderes ist: ein anderes in der Medizin, in der Strategik usw. Was ist nun also das eigentümliche Gut einer jeden? Doch wohl das, wegen dessen in jeder alles andere geschieht. Das wäre in der Medizin die Gesundheit, in der Strategik der Sieg, in der Baukunst das Haus, in anderen Künsten wieder ein anderes und bei allem Handeln und Wollen das Ziel. Dieses ist es immer, wegen dessen man das übrige tut. Wenn es daher für alles, was unter die menschliche Handlung fällt, ein gemeinsames Ziel gibt, so ist dieses das durch Handeln erreichbare Gut, und wenn mehrere, diese. So ist denn unsere Erörterung auch auf diesem Wege wieder zu dem gleichen Ergebnis gelangt. Jedoch müssen wir versuchen, dasselbe noch besser zu verdeutlichen.

(b) Da der Ziele zweifellos viele sind und wir derer manche nur wegen anderer Ziele wollen, z. B. Reichtum, Flöten und überhaupt Werkzeuge, so leuchtet ein, daß sie nicht alle Endziele sind, während doch das höchste Gut ein Endziel und etwas Vollendetes sein muß. Wenn es daher nur ein Endziel gibt, so muß dieses das Gesuchte sein, und wenn mehrere, dasjenige unter ihnen, welches im höchsten Sinne Endziel ist. Als Endziel in höherem Sinne gilt uns das seiner selbst wegen Erstrebte gegenüber dem eines andern wegen Erstrebten und das, was niemals wegen eines anderen gewollt wird, gegenüber dem, was ebensowohl deswegen wie wegen seiner selbst gewollt wird, mithin als Endziel schlechthin und als schlechthin vollendet, was allezeit seinetwegen und niemals eines anderen wegen gewollt wird. (c) Eine solche Beschaffenheit scheint aber vor allem die Glückseligkeit zu besitzen. Sie wollen wir immer wegen ihrer selbst, nie wegen eines anderen, während wir die Ehre, die Lust, den Verstand und jede Tugend zwar auch ihrer selbst wegen wollen (denn wenn wir auch nichts weiter von ihnen hätten, so würden uns doch alle diese Dinge erwünscht sein), doch wollen wir sie auch um der Glückseligkeit willen in der Überzeugung, eben durch sie ihrer teilhaftig zu werden. Die Glückseligkeit dagegen will keiner wegen jener Güter und überhaupt um keines anderen willen.

(d) Zu demselben Ergebnis mag uns der Begriff des Genügens führen. Das vollendet Gute muß sich selbst genügen. Wir verstehen darunter ein Genügen nicht bloß für den Einzelnen, der für sich lebt, sondern auch für seine Eltern, Kinder, Frau, Freunde und Mitbürger überhaupt, da der Mensch von Natur für die staatliche Gemeinschaft bestimmt ist. Indessen muß hier eine Grenze gezogen werden. Denn wollte man dies noch weiter auf die Vorfahren und Nachkommen und auf die Freunde der Freunde ausdehnen, so käme man an kein Ende. Dies soll später in Betracht gezogen werden. Als sich selbst genügend gilt uns demnach das, was für sich allein das Leben begehrenswert macht, so daß es keines Weiteren bedarf. (e) Für etwas Derartiges aber halten wir die Glückseligkeit, ja für das Allerbegehrenswerteste, ohne daß sie mit anderem, was man auch begehrt, von gleicher Art wäre. Denn wäre sie das, so würde sie offenbar durch den Hinzutritt des kleinsten Gutes noch in höherem Grade begehrenswert werden, da das Hinzugefügte ein Mehr des Guten bedeutet und das größere Gut auch naturgemäß immer mehr begehrt wird.

(f) Also: die Glückseligkeit stellt sich dar als ein Vollendetes und sich selbst Genügendes, da sie das Endziel allen Handelns ist.

3. Ethische und dianoëtische Tugenden

(‹Nikomachische Ethik› I, 13; 1102a 26–1103a 10)

Gliederung: (a) Die Seele des Menschen hat einen vernünftigen und einen unvernünftigen Teil. (b) Die zum unvernünftigen gehörende vegetative Seele ist nicht spezifisch menschlich; es gibt bei ihr keinen Unterschied von Gut und Böse. (c) Das Begehrende in der Seele wirkt der Vernunft entgegen, ist ihr aber hörig. (d) Es gibt also drei Teile der Seele: den unvernünftigen, vegetativen, den vernünftigen und den begehrenden, der sowohl zum Vernünftigen als auch zum Unvernünftigen gehört. (e) Die Tugenden des vernünftigen Teiles der Seele sind die dianoëtischen, die des begehrenden die ethischen.

(a) Einiges aus der Seelenlehre ist nun in den exoterischen Schriften ausreichend behandelt und mag hier Verwendung finden. So, daß die Seele einen unvernünftigen und einen vernünftigen Teil hat. Ob diese beiden Teile sich so von einander unterscheiden wie die Teile des Körpers und alles Teilbare, oder ob sie ihrer Natur nach untrennbar und nur dem Begriffe nach zwei sind wie die innere und äußere Seite der Kreisperipherie, ist für unseren Zweck gleichgültig. (b) In dem unvernünftigen Vermögen ist wieder ein Teil als ein allem Lebendigen Gemeinsames, nämlich das vegetative Vermögen, das Prinzip der Ernährung und des Wachstums. Denn ein solches Seelenvermögen ist wohl in allem, was sich ernährt, so schon für die Embryonen anzunehmen und ebenso für die ausgebildeten Individuen, und zwar mit größerer Wahrscheinlichkeit als irgendein anderes. Dasselbe hat nun offenbar eine generelle, nicht die spezifisch menschliche Vollkommenheit. Denn dieser Teil und dieses Vermögen scheint ganz besonders im Schlafe tätig zu sein; im Schlafe aber sind der Gute und der Schlechte am wenigsten zu erkennen. Daher auch das Sprichwort: Zwischen den Glücklichen und den Unglücklichen ist ihr halbes Leben lang kein Unterschied. Dies ist auch einleuchtend. Denn der Schlaf ist eine Untätigkeit der Seele, insofern sie tugendhaft und schlecht genannt wird, nur daß manche von den im wachen Zustande vorausgegangenen Bewegungen sich allmählich im Schlafe einigermaßen zur Geltung bringen und in dieser Hinsicht die Träume tugendhafter Menschen besser werden als die beliebiger Leute.

(c) Doch genug hiervon und lassen wir das vegetative Vermögen, da es von Natur an der menschlichen Tugend keinen Teil hat. Es scheint aber auch ein anderer Teil der Seele ohne Vernunft zu sein, jedoch in gewisser Beziehung an der Vernunft teilzunehmen. Wir loben nämlich an dem Enthaltsamen und Unenthaltsamen die Vernunft und den vernünftigen Seelenteil. Denn er ermahnt richtig und zum Guten. Aber die Erfahrung lehrt, daß den Genannten noch ein anderes Prinzip außer der Vernunft eingepflanzt ist, das dieser widerstrebt und widerstreitet. Wie gelähmte Leibesteile, wenn man sie nach rechts bewegen will, umgekehrt sich nach links drehen, so und nicht anders verhält es sich mit der Seele: die Begierden des Unenthaltsamen gehen auf das Gegenteil von dem, was die Vernunft gebietet, nur daß man die Verkehrung am Leibe sieht, dagegen an der Seele nicht. Trotzdem mögen wir überzeugt sein, daß auch in der Seele etwas außer der Vernunft vorhanden ist, was dieser entgegensteht und widerstreitet. Inwieweit dasselbe von der Vernunft verschieden ist, ist hier gleichgültig. Und doch scheint es, wie gesagt, an der Vernunft teilzunehmen. Es gehorcht ihr ja beim Enthaltsamen. Noch gehorsamer aber ist es beim Mäßigen und Starkmütigen, bei denen alles mit der Vernunft im Einklang steht.

(d) Es erweist sich also auch das unvernünftige Vermögen als zweifach: das pflanzliche hat gar nichts mit der Vernunft gemein, das sinnlich begehrende dagegen und überhaupt das strebende Vermögen nimmt an ihr in gewisser Weise teil, insofern es auf sie hört und ihr Folge leistet. Das wäre also etwa in der Art, wie wir uns in praktischen Dingen nach dem Rate des Vaters und der Freunde, nicht wie in der Wissenschaft nach den Sätzen der Mathematik richten. Daß aber der unvernünftige Teil gewissermaßen von der Vernunft überredet wird, beweisen auch die Ermahnungen, alle Zurechtweisung und Ermunterung. Soll man aber diesem Teil ebenfalls Vernunft zuschreiben, so ist auch das vernünftige Vermögen zweifach: das eine hat eigentlich Vernunft und hat sie in sich selbst, das andere hat sie wie ein Kind, das auf seinen Vater hört.

(e) Nach diesem Unterschied wird auch die Tugend eingeteilt. Von den Tugenden nennen wir die einen *dianoëtische* oder *Verstandestugenden*, die anderen *ethische* oder *sittliche Tugenden*. Verstandestugenden sind Weisheit, Verstand und Klugheit, sittliche Tugenden Freigebigkeit und Mäßigkeit. Denn wenn wir von dem sittlichen Charakter sprechen, sagen wir nicht, daß einer weise oder verständig, sondern daß er sanft und mäßig ist. Wir loben aber auch den Habitus der Weisheit. Ein lobenswerter Habitus wird aber Tugend genannt.

G. Politik

1. Der natürliche Aufbau des Staates aus seinen Elementen und seine Bedeutung für das politische Wesen Mensch

(‹Politik› I, 1–2; 1252a–1253a 38, übers. v. E. Rolfes, Philosophische Bibliothek Bd. 7, Felix Meiner Verlag, 4. Aufl., Hamburg 1981)

Gliederung: (a) Alle Gemeinschaft strebt nach einem Gut, nach dem höchsten die höchste Gemeinschaft, der Staat. (b) Irrige Meinung vieler, die einzelnen Gemeinschaftsformen unterschieden sich nur durch die Zahl der Beteiligten. (c) Die Untersuchung soll nach der Methode der Analyse durchgeführt werden. (d) Die kleinsten natürlichen Gemeinschaften: Mann und Frau, Herr und Sklave. (e) Weib und Sklave sind nur bei den Barbaren identisch, denn die Barbaren sind von Natur nicht mehr als Sklaven. (f) Die erste Gemeinschaft ist darum Familie oder Haus. (g) Es folgt die Dorfgemeinde; ihre natürliche Herrschaftsform ist das Königtum. (h) Es folgt der Staat. Er ist sich selbst genug und Ziel aller übrigen Gemeinschaften. (i) Der Staat ist darum von Natur, der Mensch ist zum Staate geschaffen. (k) Die Sprache, durch die Gerecht und Ungerecht angezeigt wird, macht den Menschen vor allen Tieren zum politischen Wesen. (l) Der Staat als das Ganze ist früher als der Teil, der Mensch. (m) Der nicht durch die Gerechtigkeit der Gemeinschaft gebundene Staatenlose ist seiner Menschlichkeit verlustig.

1. (a) Da jeder Staat uns als eine Gemeinschaft entgegentritt und jede Gemeinschaft als eine menschliche Einrichtung, die ein bestimmtes Gut verfolgt – denn um dessentwillen, was ihnen ein Gut zu sein scheint, tun alle alles –, so erhellt, daß zwar alle Gemeinschaften nach irgendeinem Gut streben, vorzugsweise aber und nach dem allervornehmsten Gute diejenige, die die vornehmste von allen ist und alle anderen in sich schließt. Das ist aber der sogenannte Staat und die staatliche Gemeinschaft.

(b) Die nun meinen, daß zwischen dem Leiter eines Freistaats oder eines Königreichs, einem Hausverwalter und einem Herrn kein wesentlicher Unterschied bestehe, haben unrecht. Sie glauben nämlich, diese verschiedenen Inhaber bestimmter Gewalten unterschieden sich je nach der großen oder kleinen Zahl, aber nicht der Art nach, so nämlich, daß wer nur wenige unter sich habe, ein Herr sei, wer ihrer mehr, ein Hausvater, und wer ihrer noch mehr, Leiter eines Freistaats oder eines Königreichs, da ja zwischen einem großen Hause und einem kleinen Staate kein Unterschied sei; was aber den Leiter eines Freistaats und den eines Königreichs betreffe, so sei einer, wenn er allein und selbstherrlich vorstehe, Leiter eines Königreichs, wenn er es aber nach staatsrechtlichen Normen tue, so daß er abwechselnd befehle und gehorche, sei er Leiter eines Freistaats.

(c) Aber diese Behauptungen sind nicht richtig, und daß wir das mit Recht erklären, wird einleuchtend werden, wenn wir die Sache auf dem hier gebotenen Wege betrachten. Wie man nämlich auch bei anderen Objekten das Zusammengesetzte bis in seine nicht mehr zusammengesetzten Teile zerlegen muß – was die Teile des Ganzen sind –, so müssen wir auch den Staat in seine Bestandteile verfolgen und werden dann auch bezüglich jener Gewalten besser einsehen, wie sie sich von einander unterscheiden und was sich wissenschaftlich über jede einzelne von ihnen ausmachen läßt.

2. Die beste Anwendung dieses Verfahrens ist, wie bei anderen Gegenständen, so auch hier, daß man die Dinge betrachtet, so wie sie ursprünglich entstehen und sich entwickeln.

(d) Es ist also notwendig, daß sich zuerst diejenigen Individuen verbinden, die ohne einander nicht sein können, also einmal Weibliches und Männliches der Fortpflanzung wegen – und zwar nicht aus Willkür, sondern nach dem auch den anderen Sinnenwesen und den Pflanzen innewohnenden Triebe, ein anderes, ihnen gleiches Wesen zu hinterlassen –, dann zweitens von Natur Herrschendes und Beherrschtes der Erhaltung wegen. Denn was von Natur dank seinem Verstande vorzusehen vermag, ist ein von Natur Herrschendes und von Natur Gebietendes, was dagegen mit den Kräften des Leibes das so Vorhergesehene auszuführen imstande ist, das ist ein Beherrschtes und von Natur Sklavisches, weshalb sich denn die Interessen des Herrn und des Sklaven begegnen.

(e) Weib und Sklave sind von Natur geschieden. Denn die Natur macht nichts in jener sparsamen Weise wie die Schmiede das delphische Messer, sondern immer je eines für eines; erhält doch jedes Werkzeug seine größte Vollendung dann, wenn es nicht zu vielen Verrichtungen dient, sondern nur zu einer. Aber bei den Barbaren stehen Weib und Sklave auf einer Stufe, was daher kommt, daß ihnen das von Natur Herrschende abgeht und sie es nur zu einer Gemeinschaft von Sklave und Sklavin bringen. Darum sagen die Dichter:

‹Billig ist, daß über die Barbaren der Hellene herrscht›,

um damit auszudrücken, daß ein Barbar von Natur und ein Sklave dasselbe ist.

(f) Aus diesen beiden Gemeinschaften nun entsteht zuerst das Haus, und Hesiod hat mit Recht in seinem Gedichte * gesagt:

‹Allererst nun ein Haus und das Weib und den pflügenden Ochsen›;

denn der Ochse ersetzt dem kleinen Mann den Knecht. So ist denn die für das tägliche Zusammenleben bestehende natürliche Gemeinschaft das Haus oder die Familie; Charondas nennt ihre Glieder Tischgenossen, und der Kreter Epimenides nennt sie Herdgenossen.

(g) Dagegen ist die erste Gemeinschaft, die aus mehreren Familien um eines über den Tag hinausreichenden Bedürfnisses willen entsteht, die Dorfgemeinde. Sie wird am natürlichsten als eine Kolonie, eine Pflanzung der Familie betrachtet, und ihre Glieder werden hin und wieder Milchvettern und Kindeskinder genannt. Daher standen auch zuerst die Staaten und stehen jetzt noch die ausländischen Völker unter Königen, weil sie sich gleichsam aus Untergebenen von Königen gebildet haben, indem jede Familie von dem Ältesten wie von einem Könige beherrscht wird und so dann wegen der gemeinsamen Abstammung die gleiche Einrichtung für die ganze Sippe bestehen muß. Diese patriarchalische Gewalt meint Homer, wenn er sagt **:

‹Jeder gibt das Gesetz für seine Kinder und Weiber.› Denn die Zyklo-

---

* Werke und Tage 405.

** Od. IX, 114f.

pen, von denen er da redet, lebten zerstreut, und so hausten die Menschen in der Urzeit überhaupt. Ebendarum ist es auch die allgemeine Sage, daß die Götter einen König haben, weil die Menschen teils noch gegenwärtig von Königen regiert werden, teils im Altertum es wurden. Wie nämlich der Mensch die Gestalt der Götter der seinigen ähnlich denkt, so urteilt er auch über ihre Lebenseinrichtungen.

(h) Endlich ist die aus mehreren Dorfgemeinden gebildete vollkommene Gesellschaft der Staat, eine Gemeinschaft, die gleichsam das Ziel vollendeter Selbstgenügsamkeit erreicht hat, die um des Lebens willen entstanden ist und um des vollkommenen Lebens willen besteht. Darum ist alles staatliche Gemeinwesen von Natur, wenn anders das gleiche von den ersten und ursprünglichen menschlichen Vereinen gilt. Denn der Staat verhält sich zu ihnen wie das Ziel, nach dem sie streben; das ist aber eben die Natur. Denn die Beschaffenheit, die ein jedes Ding beim Abschluß seiner Entstehung hat, nennen wir die Natur des betreffenden Dinges, sei es nun ein Mensch oder ein Pferd oder ein Haus oder was sonst immer. Auch ist der Zweck und das Ziel das Beste; nun ist aber das Selbstgenügen Ziel und Bestes.

(i) Hieraus erhellt also, daß der Staat zu den von Natur bestehenden Dingen gehört und der Mensch von Natur ein staatliches Wesen ist, und daß jemand, der von Natur und nicht bloß zufällig außerhalb des Staates lebt, entweder schlecht ist oder besser als ein Mensch, wie auch der von Homer als ein Mann ‹ohne Geschlecht und Gesetz und Herd› gebrandmarkte. Denn er ist gleichzeitig von Natur ein solcher (staatsloser Mensch) und ‹nach dem Kriege begierig›, indem er isoliert dasteht wie ein Stein im Brett.

(k) Daß aber der Mensch mehr noch als jede Biene und jedes schwarm- oder herdenweise lebende Tier ein Vereinswesen ist, liegt amtage. Die Natur macht, wie wir sagen, nichts vergeblich. Nun ist aber einzig der Mensch unter allen animalischen Wesen mit der Sprache begabt. Die Stimme ist das Zeichen für Schmerz und Lust und darum auch den anderen Sinneswesen verliehen, indem ihre Natur so weit gelangt ist, daß sie Schmerz und Lust empfinden und beides einander zu erkennen geben. Das Wort aber oder die Sprache ist dafür da, das Nützliche und das Schädliche und so denn auch das Gerechte und das Ungerechte anzuzeigen. Denn das ist den Menschen vor den anderen Lebewesen eigen, daß sie Sinn haben für Gut und Bös, für Gerecht und Ungerecht und was dem ähnlich ist. Die Gemeinschaftlichkeit dieser Ideen aber begründet die Familie und den Staat.

(l) Darum ist denn auch der Staat der Natur nach früher als die Familie und als der einzelne Mensch, weil das Ganze früher sein muß als der Teil. Hebt man das ganze menschliche Kompositum auf, so kann es keinen Fuß und keine Hand mehr geben, außer nur dem Namen nach, wie man etwa auch eine steinerne Hand Hand nennt; denn nach dem Tode ist sie nur mehr eine solche. Ein jedes Ding dankt nämlich die eigentümliche Bestimmtheit seiner Art den besonderen Verrichtungen und Vermögen, die es hat, und kann darum, wenn es nicht mehr die betreffende Beschaffenheit hat, auch nicht mehr als dasselbe Ding bezeichnet werden, es sei denn im Sinne bloßer Namensgleichheit.

Man sieht also, daß der Staat sowohl von Natur besteht, wie auch früher ist als der Einzelne. Denn wenn sich der Einzelne in seiner Isolierung nicht selber genügt, so muß er sich zum Staate ebenso verhalten, wie andere Teile zu dem Ganzen, dem sie angehören.

(m) Wer aber nicht in Gemeinschaft leben kann, oder ihrer, weil er sich selbst genug ist, gar nicht bedarf, ist kein Glied des Staates und demnach entweder ein Tier oder ein Gott. Darum haben denn alle Menschen von Natur in sich den Trieb zu dieser Gemeinschaft, und der Mann, der sie zuerst errichtet hat, ist der Urheber der größten Güter. Denn wie der Mensch in seiner Vollendung das vornehmste Geschöpf ist, so ist er auch, des Gesetzes und Rechtes ledig, das schlechteste von allen. Die bewaffnete Ungerechtigkeit ist am ärgsten, und der Mensch tritt ausgestattet mit den Waffen seiner intellektuellen und moralischen Fähigkeiten ins Dasein, Waffen, die, wie sonst keine, so ganz entgegengesetzt gebraucht werden können. Deshalb ist er ohne Moralität das ruchloseste und roheste und in bezug auf Geschlechts- und Gaumenlust das allergemeinste Geschöpf. Die Gerechtigkeit aber, der Inbegriff aller Moralität, ist ein staatliches Ding. Denn das Recht ist nichts anderes als die in der staatlichen Gemeinschaft herrschende Ordnung, und eben dieses Recht ist es auch, das über das Gerechte entscheidet.

2. Sinn und Formen der Staatsverfassung

(‹Politik› III, 6–7; 1278b–1279b 10)

Gliederung: A Der gemeine Nutzen als höchstes Kriterium für jede Staatsform. (a) Verfassung ist die Ordnung der Gewalten im Staat. (b) Drei Ursachen für den Bestand des Staates: Natürliche Veranlagung, gemeiner Nutzen und Wunsch nach Leben. (c) Zwei Grundformen der Verfassung: Zum Nutzen des Herrn: die despotische; zum Nutzen der Gemeinschaft: die patriarchalische und die republikanische. (d) Notwendigkeit des Ämterwechsels bei einer auf Rechtsgleichheit gegründeten Staatsform. (e) Grundsätzlich ist die dem Nutzen der Allgemeinheit dienende Staatsform gut, die despotische dagegen eine Entartung.

B Die drei Verfassungsformen und ihre Entartungen. (a) Drei mögliche Machthaber, die an sich weder gut noch schlecht sind: der Einzelne, die Wenigen, die Menge. (b) Die drei positiven Staatsformen: Königtum, Aristokratie, Politie. (c) Die Entartungen, die dem Nutzen der Herrschenden dienen: Tyrannis, Oligarchie, Demokratie.

6. A (a) *Verfassung ist die Ordnung des Staates in bezug auf die Gewalten überhaupt und besonders in bezug auf die oberste von allen.* Die oberste Gewalt wird überall durch die Regierung des Staates repräsentiert, und in seiner Regierung wieder liegt seine Verfassung. Ich meine z. B., daß in den demokratischen Staaten das Volk die oberste Gewalt in Händen hat und in den Oligarchien die Wenigen, und daß wir deshalb die Verfassung in beiden Fällen als eine andere bezeichnen, und eben dieses selbe werden wir von den anderen Verfassungen sagen.

(b) Wir müssen aber, um hier die nötige Grundlage zu gewinnen, vor allem angeben, für welchen Zweck der Staat da ist, und auf wie viele Arten der Mensch und das ganze gesellschaftliche Leben regiert werden können. Schon in den ersten Erörterungen, in denen die Hausverwaltung und die Stellung von Herr und Knecht behandelt worden ist, haben wir gesagt, daß der Mensch ein von Natur auf die staatliche Gemeinschaft angelegtes Wesen ist, und deshalb verlangen die Menschen, auch wenn sie durchaus keiner gegenseitigen Hilfe bedürfen, nichtsdestoweniger nach dem Zusammenleben; indessen führt auch der gemeinsame Nutzen sie zusammen, insofern die Gemeinschaft für jeden zur Vollkommenheit des Lebens beiträgt. *Dieses nun ist des Staates vornehmste Bestimmung wie für alle insgesamt, so für jeden einzelnen insbesondere.* Aber die Menschen treten auch um des Lebens selbst willen zusammen – denn vielleicht ist schon im Leben allein ein Teil des Guten zu finden – und erhalten die staatliche Gemeinschaft schon um des bloßen Daseins willen aufrecht, vorausgesetzt, daß das Ungemach des Lebens nicht gar zu sehr überwiegt. Sieht man doch, wie die Menge der Menschen vieles Ungemach aus Anhänglichkeit an das Leben erträgt, als bärge es eine Art stillen Glückes und natürlicher Süßigkeit in sich.

(c) Was nun die gewöhnlich aufgeführten Formen der Herrschaft betrifft, so kann es nicht schwer fallen, ihren Unterschied anzugeben. Wir handeln von ihnen ja auch des öfteren in den exoterischen Schriften. Die Despotie, die Gewalt des Herrn über den Sklaven, besteht, wenn auch in Wahrheit der Nutzen des Knechtes von Natur und des Herrn von Natur derselbe ist, nichtsdestoweniger zum Vorteil des Herrn, und zum Vorteil des Sklaven besteht sie nur mitfolgender Weise, insofern nämlich als, wenn der Sklave umkäme, auch die Herrschaft ein Ende haben müßte. Die Gewalt über die Kinder aber, das Weib und das ganze Haus, jene Gewalt, die wir die ökonomische, die hausväterliche nennen, besteht entweder zum Besten der Untergebenen, oder zum gemeinsamen Besten beider Teile zugleich, der Untergebenen an und für sich, wie wir das auch bei den anderen Künsten, der Medizin z. B. und der Gymnastik, sehen; mitfolgend aber können diese Künste auch denen von Vorteil sein, die sie ausüben; denn nichts hindert, daß der Lehrer der Gymnastik mitunter auch selbst einer der Übenden ist, wie der Steuermann immer einer von den Schiffern ist. Der Lehrer der Gymnastik also oder der Steuermann hat das Wohl der ihm Untergebenen im Auge; wird er aber selbst einer von ihnen, so kommt ihr Vorteil mitfolgend auch ihm zugute; denn der eine ist Schiffer und der andere wird, obschon Lehrer, einer der Übenden.

(d) Daher geht auch in bezug auf die Ämter im Staate, wenn er auf volle Rechtsgleichheit der Bürger gegründet ist, die allgemeine Forderung dahin, daß sie abwechselnd bekleidet werden sollen, wobei ursprünglich, wie natürlich, das Verlangen maßgebend war, daß die Last des Staatsdienstes abwechselnd getragen würde, und für unser Wohl auch wieder einmal ein anderer sorgte, nachdem man selbst während der Amtszeit für den Vorteil dieses anderen gesorgt hatte. Nun aber will man wegen der Vorteile, die aus der Leitung des Gemeinwesens und dem Staatsamt entspringen, beständig an der Regierung bleiben, gerade wie wenn kränkelnden Menschen im Amte immerwährende Gesundheit beschieden wäre. Man würde vielleicht in einem solchen Falle den Ämtern kaum ärger nachjagen können, als es jetzt geschieht.

(e) So sieht man denn, *daß alle diejenigen Verfassungen, die auf den gemeinen Nutzen abzielen, richtige sind nach dem Maßstabe des Rechtes schlechthin*, und daß dagegen diejenigen, die nur auf den eigenen Vorteil der Regierenden abzielen, sämtlich fehlerhafte Verfassungen und Entartungen der richtigen sind; sie sind despotischer Art, *der Staat ist aber eine Gemeinschaft freier Leute*.

7. B (a) Nachdem wir dieses erklärt haben, ist das Nächstfolgende, daß wir die Verfassungen darauf ansehen, wie viele an Zahl ihrer sind und welche, und zwar zuerst die richtigen Verfassungen, weil, wenn diese hinreichend ins Licht gestellt sind, sich daraus auch die Ausartungen ergeben müssen.

Da Verfassung und Regierung dasselbe bedeutet, die Regierung das Herrschende in den Staaten ist, und Herrschendes wieder entweder einer oder wenige oder die Menge sein muß, so werden, wenn dieser eine oder die wenigen oder die Menge die Herrschaft zum allgemeinen Besten führen, diese Verfassungen notwendig richtige sein, geschieht es aber nur zum eigenen Vorteil des einen oder der wenigen oder der Menge, so sind es Ausartungen; denn man darf die Angehörigen eines solchen Staates entweder für keine Bürger erklären, oder sie müssen an den Vorteilen desselben ihren Anteil haben.

(b) Von den Monarchien pflegt man diejenige, die auf das gemeine Beste sieht, *Königtum* zu nennen, die Herrschaft weniger, die aber ihrer doch mehr sind als einer, *Aristokratie*, entweder darum, weil die Besten regieren, oder darum, weil diese Herrschaft das Beste für den Staat und seine Glieder verfolgt; wenn endlich das Volk den Staat zum gemeinen Besten verwaltet, so gebraucht man dafür die allen Staatsverfassungen gemeinsame Bezeichnung *Politie*. Es hat das seinen guten Grund. Einer oder wenige mögen sich leicht durch Tugend hervortun; daß ihrer mehr den Anforderungen jeder Tugend genau entsprechen, ist schon schwer, dagegen ist das sehr wohl in bezug auf die kriegerische Tugend angängig, weil sie eine Tugend der Massen ist. Daher ist auf Grund dieser Staatsform die Gewalt vorwiegend bei der wehrhaften Bevölkerung, und Staatsbürger sind hier die Waffentragenden.

(c) Parekbasen oder Ausartungen der genannten Verfassungen sind: vom Königtum die *Tyrannis*, von der Aristokratie die *Oligarchie* und von der Politie die *Demokratie*. Denn die Tyrannis ist eine Monarchie (Alleinherrschaft) zum Nutzen des Monarchen, die Oligarchie verfolgt den Vorteil der Reichen und die Demokratie den Vorteil der Armen, aber dem Wohle der Gesamtheit dient keine von ihnen.

H. Poetik

Mittel und Gegenstand der darstellenden Künste

(‹Über die Dichtkunst› [Poetik] Kap. 1–2; 1447 a 8–1448 a 18, übers. v. A. Gudeman, Philosophische Bibliothek Bd. 1, Verlag Felix Meiner, Leipzig 1921)

Gliederung: (a) Thema des Werkes: Die Dichtkunst. (b) Die Künste sind nachahmende Darstellungen und unterscheiden sich nach Mittel, Gegenstand und Art der Darstellung. (c) Rhythmus, Rede und Harmonie sind die Mittel der behandelten Künste. (d) Die verschiedene Anwendung dieser Mittel in den einzelnen Künsten. (e) Gegenstand der Nachahmung sind handelnde Menschen, d. h. das Sittliche. (f) Dichtkunst wie Malerei ahmen bessere, schlechtere oder ebenso gute Menschen nach wie wir sind. (g) Die verschiedenen Gegenstände der einzelnen Künste.

1. (a) Wir wollen reden über die Dichtkunst, sowohl an sich, wie über ihre Arten, deren Wesen im einzelnen und wie die dichterischen Stoffe gestaltet werden müssen, wenn anders die Dichtung kunstvoll sein soll; ferner über Zahl und Beschaffenheit der Teile eines Dichtwerks und desgleichen, was sonst noch in dasselbe Untersuchungsgebiet fallen mag. Und zwar gehen wir, wie dies naturgemäß, von dem ersten zuerst aus.

(b) Das Epos also und die Dichtung der Tragödie, ferner die Komödie, die dithyrambische Poesie und der größte Teil der Auletik und Kitharistik, sie alle sind in ihrer Gesamtheit *nachahmende Darstellungen* (Mimesis).

(c) Es besteht aber unter ihnen eine dreifacher Unterschied, nämlich in bezug auf die verschiedenen Mittel, die verschiedenen *Gegenstände* und die verschiedene *Art* der Darstellung und zwar nicht in gleicher Weise.

Wie nämlich manche sowohl mit Farben als auch mit Figuren, sei es auf Grund künstlerischer Begabung, sei es infolge einer durch Übung erlangten Geschicklichkeit, andere dagegen mit der Stimme vieles nachbildend nachahmen, so wird auch in den erwähnten Künsten insgesamt die Nachahmung vermittelst des *Rhythmus*, der *Rede* und der *Harmonie* bewerkstelligt und zwar gesondert oder miteinander vermischt. (d) *Harmonie und Rhythmus allein* wenden beispielsweise die Auletik und Kitharistik an und was es sonst noch an Künsten derselben Art geben mag, wie z. B. die Kunst der Syrinx (Hirtenpfeife); allein mit *Rhythmus ohne Harmonie*, die Kunst der Tänzer, denn diese ahmen mittelst rhythmischer Körperbewegungen Charaktereigenschaften, Gemütsstimmungen und Handlungen nach.

Die Kunstform aber, die sich bloß der Rede bedient, sei es der ungebundenen, sei es der metrischen und, falls der letzteren, entweder mehrere Versmaße miteinander verbindet oder nur *eine* Versgattung anwendet, *hat bis jetzt keinen Namen.* Denn wir wüßten keine gemeinsame Bezeichnung anzugeben für die Mimen eines Sophron und Xenarchos und die *Sokratischen* Gespräche einerseits, noch andrerseits für eine nachahmende Darstellung in (jambischen) Trimetern oder im elegischen Distichon oder in irgendwelchen anderen Versmaßen dieser Art. Allerdings knüpft man gewöhnlich an die betreffende Versbezeichnung das Wort ‹dichten› und nennt so die einen Elegiendichter, andere epische Dichter, indem man sie nicht auf Grund der nachahmenden Darstellung zu Dichtern stempelt, sondern des gemeinsamen Metrums wegen. Ja, man pflegt sogar denjenigen so zu nennen, der irgend etwas aus der Medizin oder der Naturwissenschaft in Versen darstellt und doch haben Homer und Empedokles nichts miteinander gemein als das Metrum, so daß man zwar jenen mit Recht einen Dichter nennt, diesen aber vielmehr als einen Naturforscher bezeichnen sollte. In ähnlicher Weise käme auch dem der Dichtername zu, der in seiner nachahmenden Darstellung allerlei Versmaße verwendet, wie dies Chairemon in seinem Epyllion ‹Der Kentaur›, in dem die verschiedenartigsten Versmaße vorkommen, getan hat. So mag also das Urteil über diese Dinge lauten.

Nun gibt es *einige Künste, die sich aller* genannten Darstellungsmittel bedienen, ich meine nämlich des Rhythmus, der gesungenen Rede und des Metrums, wie z. B. die *Dithyramben- und Nomendichtung*, die *Tragödie* sowohl wie die *Komödie*. Sie unterscheiden sich aber wiederum darin, daß die beiden ersteren diese Mittel durchgängig, diese aber nur an bestimmten Teilen anwenden. Dies sind also die Unterschiede der Künste nach ihren Darstellungsmitteln.

2. (e) Da nun die Nachahmenden *Handelnde nachahmen*, so folgt daraus mit Notwendigkeit, daß diese entweder tugend- oder lasterhaft sind, denn allein auf diese Gegensätze laufen doch wohl stets unsere sittlichen Eigenschaften hinaus, indem sich alle in bezug auf ihren Charakter durch Laster und Tugend unterscheiden.

(f) Dementsprechend ahmen die Dichter Handelnde nach, die entweder besser als wir Durchschnittsmenschen sind oder schlechter oder auch diesen ähnlich. Dasselbe finden wir bei den Malern, denn Polygnot pflegte bessere, Pauson schlechtere und Dionysios der Wirklichkeit entsprechende Menschen nachzubilden.

(g) Fernerhin ist es klar, daß auch eine jede der erwähnten nachahmenden Darstellungen eben diese Unterschiede aufweisen wird, insofern aber eine verschiedene sein wird, als sie verschiedene *Objekte* nachahmt. Denn auch beim Tanze, dem Spiel der Flöte und Guitarre können diese Unähnlichkeiten auftreten und nicht minder in der prosaischen und rein metrischen Darstellung. So hat z. B. Homer bessere Charaktere, Kleophon uns ähnliche, Hegemon der Thasier aber, der erste Parodiendichter und Nikochares, der Verfasser der ‹Deliade›, schlechtere nachgeahmt. In ähnlicher Weise können bei den Dithyramben und Nomen diese Verschiedenheiten eintreten. Man könnte nämlich nachahmend darstellen wie Argas... oder wie Timotheos und Philoxenos den Kyklopen dargestellt haben. Und eben darin besteht auch ein Unterschied zwischen der Tragödie und Komödie, denn diese will schlechtere Charaktere nachahmend darstellen, jene dagegen bessere als sie heutzutage sind.

V. EPIKUR (341–270 v. Chr.)

Anweisungen zum glückseligen Leben

(‹Brief an Menoikeus›, aus: Von der Überwindung der Furcht. Katechismus, Lehrbriefe, Spruchsammlung, Fragmente, eingel. und übertr. v. O. Gigon, 3. Aufl., Artemis Verlag, Zürich und München 1983, S. 100–105)

Epikuros grüßt den Menoikeus

Wer jung ist, soll nicht zögern zu philosophieren, und wer alt ist, soll nicht müde werden im Philosophieren. Denn für keinen ist es zu früh und für keinen zu spät, sich um die Gesundheit der Seele zu kümmern. Wer behauptet, es sei noch nicht Zeit zu philosophieren oder die Zeit sei schon vorübergegangen, der gleicht einem, der behauptet, die Zeit für die Glückseligkeit sei noch nicht oder nicht mehr da. Darum soll der Jüngling und der Greis philosophieren, der eine, damit er im Alter noch jung bleibe an Gütern durch die Freude am Vergangenen, der andere, damit er gleichzeitig jung und alt sei durch die Furchtlosigkeit vor dem Künftigen. Wir müssen uns also kümmern um das, was die Glückseligkeit schafft: wenn sie da ist, so besitzen wir alles, wenn sie aber nicht da ist, dann tun wir alles, um sie zu besitzen.

Wozu ich dich dauernd gemahnt habe, das tue auch und kümmere dich darum und begreife es als Elemente des guten Lebens.

Erstens halte Gott für ein unvergängliches und glückseliges Lebewesen, so wie die allgemeine Vorstellung von Gott im Menschen angelegt ist, und hänge ihm nichts an, was seiner Unvergänglichkeit fremd oder seiner Glückseligkeit unangemessen wäre. Glaube vielmehr von ihm alles, was seine Glückseligkeit und Unvergänglichkeit zu sichern vermag. Götter nämlich existieren; denn die Gotteserkenntnis hat sichtbare Gewißheit. Sie sind aber nicht so, wie es die Leute meinen. Denn die Leute halten gar nicht die Gedanken über die Götter fest, die sie haben. Gottlos ist nicht der, der die Götter der Menge beseitigt, sondern der, der den Göttern die Ansichten der Menge anhängt. Denn die Aussagen der Menge über die Götter sind nicht Vorahnungen, sondern falsche Vermutungen. Darum entstehen von den Göttern her die größten Schädigungen für die Schlechten und auch Förderungen ‹für die Guten›. Denn da die Götter durch und durch mit ihren eigenen Tugenden vertraut sind, akzeptieren sie nur Wesen, die ihnen ähnlich sind; doch alles, was nicht derart ist, schließen sie aus als fremd.

Gewöhne dich an den Gedanken, daß der Tod uns nichts angeht. Denn alles Gute und Schlimme beruht auf der Wahrnehmung. Der Tod aber ist der Verlust der Wahrnehmung. Darum macht die rechte Einsicht, daß der Tod uns nichts angeht, die Sterblichkeit des Lebens genußreich, indem sie uns nicht eine unbegrenzte Zeit dazugibt, sondern die Sehnsucht nach der Unsterblichkeit wegnimmt. Denn im Leben gibt es für den nichts Schreckliches, der in echter Weise begriffen hat, daß es im Nichtleben nichts Schreckliches gibt. Darum ist jener einfältig, der sagt, er fürchte den Tod nicht, weil er schmerzen wird, wenn er da ist, sondern weil er jetzt schmerzt, wenn man ihn erwartet. Denn was uns nicht belästigt, wenn es wirklich da ist, kann nur einen nichtigen Schmerz bereiten, wenn man es bloß erwartet.

Das schauerlichste Übel also, der Tod, geht uns nichts an; denn solange wir existieren, ist der Tod nicht da, und wenn der Tod da ist, existieren wir nicht mehr. Er geht also weder die Lebenden an noch die Toten; denn die einen geht er nicht an, und die anderen existieren nicht mehr. Die Menge freilich flieht bald den Tod als das ärgste der Übel, bald sucht sie ihn als Erholung von den Übeln im Leben. Der Weise dagegen lehnt weder das Leben ab noch fürchtet er das Nichtleben. Denn weder belästigt ihn das Leben, noch meint er, das Nichtleben sei ein Übel. Wie er bei der Speise nicht einfach die größte Menge vorzieht, sondern das Wohlschmeckendste, so wird er auch nicht eine möglichst lange, sondern eine möglichst angenehme Zeit zu genießen trachten.

Wer aber dazu mahnt, der Jüngling solle edel leben und der Greis edel sterben, der ist töricht, nicht nur weil das Leben liebenswert ist, sondern auch weil die Sorge für ein edles Leben und diejenige für einen edlen Tod eine und dieselbe ist.

Noch viel schlimmer steht es mit dem, der sagt: ‹Das beste ist, nicht geboren zu sein – wenn man aber geboren ist, so eilig als möglich zu den

Toren des Hades zu streben.› Wenn er das nämlich aus Überzeugung sagt, warum scheidet er dann nicht aus dem Leben? Dies steht ihm ja frei, wenn er wirklich zu einem festen Entschlusse gekommen ist. Wenn es aber bloßer Spott ist, so ist es ein einfältiger Spott bei Dingen, die Spott nicht vertragen.

Es ist ferner zu bedenken, daß die Zukunft weder vollständig in unserer Gewalt ist noch vollständig unserer Gewalt entzogen. Wir werden also niemals erwarten, daß das Künftige sicher eintreten wird, noch daran verzweifeln, daß es jemals eintreten werde.

Ferner ist zu beachten, daß die Begierden teils natürliche, teils nichtige sind. Von den natürlichen wiederum sind die einen notwendig, die anderen bloß natürlich. Von den notwendigen endlich sind die einen notwendig zur Glückseligkeit, die anderen zur Ungestörtheit des Leibes, die dritten zum Leben überhaupt. Eine unverwirrte Betrachtung dieser Dinge weiß jedes Wählen und Meiden zurückzuführen auf die Gesundheit des Leibes und die Beruhigtheit der Seele; denn dies ist die Erfüllung des seligen Lebens. Um dessentwillen tun wir nämlich alles: damit wir weder Schmerz noch Verwirrung empfinden. Sobald einmal dies an uns geschieht, legt sich der ganze Sturm der Seele. Das Lebewesen braucht sich dann nicht mehr aufzumachen nach etwas, was ihm noch fehlte, und nach etwas anderem zu suchen, durch das das Wohlbefinden von Seele und Leib erfüllt würde. Dann nämlich bedürfen wir der Lust, wenn uns die Abwesenheit der Lust schmerzt. Wenn uns aber nichts schmerzt, dann bedürfen wir der Lust nicht mehr.

Darum nennen wir auch die Lust Anfang und Ende des seligen Lebens. Denn sie haben wir als das erste und angeborene Gut erkannt, von ihr aus beginnen wir mit allem Wählen und Meiden, und auf sie greifen wir zurück, indem wir mit der Empfindung als Maßstab jedes Gut beurteilen. Und eben weil sie das erste und angeborene Gut ist, darum wählen wir auch nicht jede Lust, sondern es kommt vor, daß wir über viele Lustempfindungen hinweggehen, wenn sich für uns aus ihnen ein Übermaß an Lästigem ergibt. Wir ziehen auch viele Schmerzen Lustempfindungen vor, wenn uns auf das lange dauernde Ertragen der Schmerzen eine größere Lust nachfolgt. Jede Lust also, da sie eine uns angemessene Natur hat, ist ein Gut, aber nicht jede ist zu wählen; wie auch jeder Schmerz ein Übel ist, aber nicht jeder muß natürlicherweise immer zu fliehen sein. Durch wechselseitiges Abmessen und durch die Beachtung des Zuträglichen und Abträglichen vermag man dies alles zu beurteilen. Denn zu gewissen Zeiten gehen wir mit dem Gut um wie mit einem Übel und mit dem Übel wiederum wie mit einem Gute.

Wir halten auch die Selbstgenügsamkeit für ein großes Gut, nicht um uns in jedem Falle mit Wenigem zu begnügen, sondern damit wir, wenn wir das Viele nicht haben, mit dem Wenigen auskommen, in der echten Überzeugung, daß jene den Überfluß am süßesten genießen, die seiner am wenigsten bedürfen, und daß alles Naturgemäße leicht, das Sinnlose aber schwer zu beschaffen ist, und daß bescheidene Suppen ebensoviel Lust erzeugen wie ein üppiges Mahl, sowie einmal aller schmerzende Mangel beseitigt ist, und daß Wasser und Brot die höchste Lust zu verschaffen vermögen, wenn einer sie aus Bedürfnis zu sich nimmt. Sich also zu gewöhnen an einfaches und nicht kostspieliges Essen verschafft nicht nur volle Gesundheit, sondern macht den Menschen auch unbeschwert gegenüber den notwendigen Verrichtungen des Lebens, bringt uns in eine zufriedenere Verfassung, wenn wir in Abständen uns einmal an eine kostbare Tafel begeben, und erzeugt Furchtlosigkeit vor den Wechselfällen des Zufalls. Wenn wir also sagen, daß die Lust das Lebensziel sei, so meinen wir nicht die Lüste der Wüstlinge und das bloße Genießen, wie einige aus Unkenntnis und weil sie mit uns nicht übereinstimmen oder weil sie uns mißverstehen, meinen, sondern wir verstehen darunter, weder Schmerz im Körper noch Beunruhigung in der Seele zu empfinden. Denn nicht Trinkgelage und ununterbrochenes Schwärmen und nicht Genuß von Knaben und Frauen und von Fischen und allem anderen, was ein reichbesetzter Tisch bietet, erzeugt das lustvolle Leben, sondern die nüchterne Überlegung, die die Ursachen für alles Wählen und Meiden erforscht und die leeren Meinungen austreibt, aus denen die schlimmste Verwirrung der Seele entsteht.

Für all dies ist der Anfang und das größte Gut die Einsicht. Darum ist auch die Einsicht noch kostbarer als die Philosophie. Aus ihr entspringen alle übrigen Tugenden, und sie lehrt, daß es nicht möglich ist, lustvoll zu leben ohne verständig, schön und gerecht zu leben, noch auch verständig, schön und gut, ohne lustvoll zu leben. Denn die Tugenden sind von Natur verbunden mit dem lustvollen Leben, und das lustvolle Leben ist von ihnen untrennbar.

Denn schließlich, wen könntest du höher stellen als jenen, der über die Götter fromme Gedanken hat und der hinsichtlich des Todes vollkommen ohne Furcht ist, der das Endziel der Natur begriffen hat und der verstanden hat, daß die oberste Grenze des Guten leicht zu erfüllen und leicht zu beschaffen ist, daß aber die oberste Grenze des Übels entweder der Zeit oder dem Schmerze nach nur schmal ist?

Die Notwendigkeit aber, die einige als Herrin von allem einführen, ‹verwirft er als leere Meinung›. Denn besser wäre es, sich dem Mythos von den Göttern anzuschließen, als sich zum Sklaven der Schicksalsnotwendigkeit der Naturphilosophen zu machen. Denn der Mythos deutet die Hoffnung an, daß die Götter durch die ihnen erwiesenen Ehren beeinflußbar seien; das Schicksal aber hat eine unerbittliche Notwendigkeit.

Den Zufall aber hält der Weise weder für eine Gottheit, wie es die Menge tut – denn Gott tut nichts auf ungeordnete Weise –, noch hält er ihn für eine unstete Ursache; denn er glaubt nicht, daß durch ihn Gutes und Übles zum glückseligen Leben den Menschen gegeben werde, wohl aber, daß er den Ausgangspunkt großer Güter und Übel bilde. Für besser hält er es, mit vernünftiger Überlegung Unglück zu haben als ohne Überlegung Glück zu haben. Denn schöner ist es, wenn beim Handeln der rechte Entschluß ‹nicht zur rechten Erfüllung kommt, als wenn ein unrechter Entschluß› durch den Zufall zu rechter Erfüllung gelangt.

Dieses und was dazu gehört, überdenke Tag und Nacht in dir selber und zusammen mit dem, der deinesgleichen ist. Dann wirst du niemals, weder im Wachen noch im Schlafen, beunruhigt werden, und du wirst unter den Menschen leben wie ein Gott. Denn keinem sterblichen Wesen gleicht der Mensch, der inmitten unsterblicher Güter lebt.

VI. LUCIUS ANNAEUS SENECA
(4 v. Chr. bis 65 n. Chr.)

Verteidigung der stoischen Lehre, daß der Weise von allen Affekten frei sein müsse

(‹Briefe an Lucilius›, Brief 85, übers. v. O. Apelt, Philosophische Bibliothek Bd. 190, Verlag Felix Meiner, Leipzig 1924)

Gliederung: (a) Der Satz, daß die Tugend allein zum vollen Glück zu verhelfen vermag, soll bewiesen werden. (b) Die stoische Beweiskette für das Glück des Einsichtigen. (c) Ablehnung peripatetischer Einwände: der Weise ist schlechthin vollkommen. (d) Nicht auf geringe Intensität, sondern auf das Fehlen überhaupt der Affekte kommt es an. (e) Vorhandene Affekte sind wie wilde Tiere nicht zu zügeln. (f) Man kann – da jedes Laster, ist es einmal vorhanden, unwiderstehlich zunimmt – nicht von einem Mittelmaß des Lasters reden. (g) Der Weise darf auch nicht nur äußerlich von den Affekten berührt werden. (h) Gegen Akademie und Epikur: Das Sittlichgute ist das höchste Gut; die Tugend ist hinreichend zur Glückseligkeit. (i) Das glückliche Leben der Tugend als das höchste Gut bedarf keiner Sache mehr. (k) Verteidigung des Satzes, daß der Tapfere nichts fürchtet und darum ohne Trauer, d. h. glücklich ist. (l) Der Weise bewährt sich gerade in den sogenannten Übeln. Vergleich mit dem Steuermann. (m) Glück und Unglück sind dem Weisen nicht mehr als der Stoff, aus dem er sein Leben formt.

1. (a) Bisher verfuhr ich schonend mit dir und ließ alle noch etwa zu erledigenden kniffliche Punkte beiseiteliegen, indem ich mich darauf beschränkte, dir gleichsam einen Vorgeschmack zu geben von der Art, wie unsere Schule zu beweisen sucht, daß die Tugend allein imstande sei, uns zum vollen Lebensglück zu verhelfen. Jetzt stellst du an mich die Forderung, ich solle dir eine volle Übersicht geben über alle die Schlußfolgerungen, die entweder wir Stoiker aufstellen oder die von anderen ersonnen worden sind, um uns lächerlich zu machen: wollte ich mich darauf einlassen, so würde dies kein Brief, sondern ein Buch werden. Ich versichere

dich immer wieder, daß ich an diesem Beweisverfahren keinen Gefallen finde. Ich schäme mich, mit einer Pfrieme bewaffnet zum Kampfe zu schreiten für Götter und Menschen.

2. (b) ‹Wer volle Einsicht besitzt, beherrscht sich selbst; wer sich selbst beherrscht, bleibt sich gleich; wer sich gleich bleibt, ist ungestört; wer ungestört ist, ist frei von Betrübnis; wer frei von Betrübnis ist, ist glücklich: also ist der Einsichtige glücklich, und die Einsicht genügt zum glücklichen Leben.›

3. (c) Dieser Schlußfolgerung treten einige Peripatetiker mit der Behauptung entgegen, die Ausdrücke ungestört, sich gleichbleibend und betrübnislos habe man nicht in strengem Sinn zu nehmen, sondern nur so, daß ‹ungestört› nur in dem Sinne von ‹selten und in geringem Maße gestört› zu nehmen sei, ebenso bezeichne ‹betrübnislos› nur den, der nicht geradezu beherrscht wird von der Betrübnis und nur ausnahmsweise und in geringem Maße dieser Schwäche unterliegt, denn völlige Betrübnislosigkeit stehe im Widerspruch mit der menschlichen Natur. Der Weise werde von der Betrübnis nicht überwältigt, wohl aber berührt. Und dem entspricht auch, was sie sonst noch im Sinne ihrer Schule sagen. 4. Sie beseitigen dadurch nicht die Affekte, sondern mäßigen sie nur. Wie verschwindend aber ist das, was wir dem Weisen einräumen, wenn er nur kraftvoller ist als der Schwächste, nur freudvoller als der Betrübteste, nur maßvoller als der Zügelloseste, nur größer als der Niedrigste. Was würde man sagen, wenn ein Ladas* seine Schnelligkeit bewundern wollte im Vergleich mit Lahmen und Krüppeln?**

Über das Saatfeld flöge dahin sie, ohne den Halmen
Nur im geringsten wehe zu tun; durch die Mitte des Meeres
Würde sie leichthin schweben auf schwellenden Wogen, und nimmer
Würde der eilende Fuß das Meeresgewässer benetzen.

Das ist die Schnelligkeit, die ihr Maß in sich selbst trägt und nicht im Vergleich zu dem Langsamsten gepriesen wird. Willst du etwa einen leicht Fiebernden gesund nennen? Eine Krankheit, wenn auch noch so geringfügig, ist doch noch etwas anderes als die volle Gesundheit.

5. (d) ‹Der Weise›, sagt man, ‹ist von störenden Aufregungen frei›, wie man von kernlosen Granatäpfeln spricht, nicht weil sie überhaupt keinen Kern, sondern weil sie minder harte haben. Das trifft nicht zu. Denn nicht die Unerheblichkeit der Gebrechen macht meines Erachtens den tugendhaften Mann aus, sondern das völlige Freisein von ihnen. Nicht auf das Unbedeutende derselben kommt es an, sondern auf ihr Nichtvorhanden-

* Ladas war ein Schnelläufer Alexanders des Großen.
** Vgl. Aen. VII, 808 ff, auf die volskische Heldin Camilla bezogen.

sein überhaupt. Denn sind irgendwelche da, so werden sie zunehmen und bisweilen als Störenfriede auftreten. Wie der schwere und vollendete Star das Auge völlig blind macht, so trübt es der leichtere. 6. Läßt du beim Weisen irgendwelche Affekte zu, so wird die Vernunft ihnen nicht gewachsen sein; sie wird von ihnen wie von einem Gießbach fortgerissen werden, zumal, wenn du nicht nur *einen* Affekt als zu bekämpfenden Widersacher bei ihm zuläßt, sondern alle insgesamt. Mehr vermag der Massenangriff der wenn auch für sich noch so unbedeutenden Untugenden als das Ungestüm einer einzigen, wenn auch noch so großen. 7. Es plagt ihn die Geldgier, wenn auch nur in bescheidenem Maße. Es plagt ihn der Ehrgeiz, wenn auch nicht stark aufregend. Es plagt ihn der Jähzorn, wenn auch nicht bis zur Unversöhnlichkeit. Es plagt ihn die Unbeständigkeit, wenn auch nicht bis zur flatterhaften Beweglichkeit. Es plagt ihn die Wollust, wenn auch nicht bis zur Raserei. Besser wäre es mit dem bestellt, der *ein* Laster in seiner vollen Entfaltung hätte, als mit dem, der zwar geringfügigere, aber alle hat.

8. (e) Ferner kommt es nicht darauf an, wie stark der Affekt ist. So unbedeutend auch immer er ist, er kennt keinen Gehorsam, nimmt keinen Rat an. So wie kein Tier der Vernunft gehorcht, weder ein wildes noch ein Haustier oder sonst eines von sanfter Art – denn sie sind von Natur taub gegen die Stimme der Vernunft –, so kennen auch die Affekte, mögen sie auch noch so unscheinbar sein, keinen Gehorsam gegen die Vernunft und hören nicht auf sie. Tiger und Löwen legen niemals ihre Wildheit ab; sie sind wohl ab und zu nachgiebiger, aber gerade, wenn man es am wenigsten erwartet, bricht ihr eben noch besänftigter Grimm in erhöhter Stärke wieder aus. Die bloße Dämpfung unserer Laster bietet niemals sichere Gewähr. 9. Und weiter: Wenn die Vernunft ihr Werk richtig betreibt, so können überhaupt keine Affekte aufkommen; haben sie gegen den Willen der Vernunft ihren Anfang genommen, so werden sie auch gegen ihren Willen sich behaupten. Denn es ist leichter, ihr Aufkommen zu verhüten als über ihren stürmischen Drang Herr zu werden.

(f) Falsch also und nutzlos ist die bekannte Aufstellung eines Mittelmaßes; sie steht auf gleicher Stufe mit der etwaigen Behauptung, man müsse maßvoll wahnsinnig, maßvoll krank sein. 10. Nur der Tugend ist Mäßigung eigen, die verunstaltete Seele will von Mäßigung nichts wissen. Es ist leichter, ihre Gebrechen mit der Wurzel zu entfernen, als sie in Zucht zu nehmen. Wer möchte zweifeln, daß die eingewurzelten und verhärteten Gebrechen der menschlichen Seele, die wir Krankheiten nennen, kein Maß kennen, wie Habsucht, Grausamkeit, Zügellosigkeit, Ruchlosigkeit. Also sind auch die Affekte maßlos, denn sie bilden den Übergang zu jenen. 11. Und weiter: räumt man der Betrübnis, der Furcht, der Begierde sowie den übrigen verwerflichen Seelenregungen irgend welches Recht ein, so hat man sie nicht mehr in seiner Gewalt. Warum? Weil die Anreizungen dazu von außen kommen. Je nachdem also diese erregenden Ursachen größer oder kleiner sind, wird sich auch ihre Zunahme gestalten. Die Furcht wird größer sein, je erheblicher der uns erschreckende Gegenstand ist oder je geringer die Entfernung, aus der wir ihn erblicken, die Begierde um so heftiger, je bedeutender die Sache ist, die den Wunsch, sie zu erlangen, in uns erweckt hat. 12. Liegt es nicht in unserer Gewalt, ob wir Affekte haben, so haben wir auch über die Größe derselben keine Gewalt: hast du ihnen einmal gestattet zu beginnen, so werden sie im Verein mit ihren Veranlassungen zunehmen und eine Bedeutung erlangen, die ihrer Zunahme entspricht. Bedenke ferner, daß sie, so unbedeutend sie auch zunächst sein mögen, sich immer mehr ins Maßlose entwickeln. Das Verderbliche hält niemals Maß. Mag eine Krankheit anfänglich auch noch so unbedeutend sein, sie greift doch um sich, und der geringfügigste steigernde Umstand läßt den kranken Körper zusammenbrechen. 13. Ist es aber nicht reiner Unverstand, zu glauben, daß Dinge, deren Anfänge wir nicht in der Gewalt unseres Willens hatten, ihre Eingrenzung erhalten durch eben diese Gewalt? Wo soll mir die Kraft herkommen, dem ein Ende zu setzen, das überhaupt nicht aufkommen zu lassen ich zu schwach war? Ist es doch leichter, etwas mir überhaupt fern zu halten als es in Schranken zu halten, wenn man es einmal zugelassen hat.

14. (g) Einige machen folgende Unterscheidung geltend: ‹Der maßvolle und einsichtige Mensch bleibt zwar seiner Sinnesweise und Grundstimmung nach im Besitze seiner Ruhe, nicht aber den besonderen Umständen nach. Denn, was seine Seelenverfassung anlangt, so erleidet er keine Aufregung, weder durch Betrübnis noch durch Furcht, aber es treten mancherlei äußere Umstände ein, die eine Störung verursachen.› 15. Was wollen sie damit sagen? Dies: Der Weise ist nicht zornsüchtig, aber er gerät doch ab und zu in Zorn; er ist nicht furchtsam, aber er fürchtet sich bisweilen, mit anderen Worten, er leidet zwar nicht an der Schwäche der Furchtsamkeit, ist aber doch dem Affekt der Furcht zugänglich. Läßt man dies gelten, so wird bei öfterer Wiederholung des Vorgangs die Furcht zur dauernden Schwäche werden, und der Zorn, einmal zugelassen in die Seele, wird jene dem Zorn abholde Seelenverfassung außer Geltung setzen. 16. Zudem wird, wer gegen die von außen kommenden Einwirkungen nicht unempfindlich und der Furcht zugänglich ist, wenn es gilt, tapfer vorzugehen gegen Feindesmacht und Feuerbrand für Vaterland, Gesetze und Freiheit, nur zaghaft zu Felde ziehen und zögernd – ein Zwiespalt der Seele, der auf den Weisen nicht zutrifft.

17. (h) Ferner ist, denke ich, darauf zu achten, daß wir nicht zwei Sätze, deren jeder für sich zu beweisen ist, miteinander vermengen. So wird gesondert einerseits bewiesen, daß das Sittlichgute das einzige (wahre) Gut sei, anderseits gleichfalls für sich, daß zum glücklichen Leben die Tugend genüge. Ist das sittlich Gute das alleinige Gut, so wird jedermann zugeben, daß die Tugend zur glücklichen Tugend hinreiche; dagegen wird

man nicht zugeben, daß, wenn die Tugend allein glücklich macht, das Sittlichgute das einzige Gute sei. 18. Xenokrates und Speusippos* glauben, man könne durch die Tugend allein glücklich werden, nicht aber das Sittlichgute sei das einzige Gut. Auch Epikur hält sich für glücklich, da er im Besitz der Tugend sei, aber die Tugend selbst, meint er, reiche nicht hin zur Glückseligkeit, denn die Quelle der Glückseligkeit sei nicht die Tugend selbst, sondern die Lust, die sie mit sich führe. Eine haltlose Unterscheidung. Denn er behauptet zugleich, die Tugend sei niemals ohne Lust; ist sie aber immer mit ihr verbunden und unzertrennlich von ihr, so genügt sie auch für sich allein. Denn sie schließt die Lust in sich, ohne welche sie nicht ist, auch wenn sie allein ist. 19. (i) Geradezu abgeschmackt ist die Behauptung, man werde glücklich sein auch durch die Tugend allein, nur nicht vollkommen glücklich. Wie dies vor sich gehen solle, ist mir unerfindlich. Denn das glückliche Leben schließt das vollendete, nicht zu überbietende Gut in sich. Ist dem aber so, so ist es auch vollkommen glücklich. Wenn das Leben der Götter nichts Größeres und Besseres über sich hat, das glückliche Leben aber ein göttliches ist, so ist jede Erweiterung und Erhöhung ausgeschlossen. 20. Wenn ferner das glückliche Leben jedes weiteren Bedürfnisses enthoben ist, so ist jedes glückliche Leben vollkommen und das glückliche Leben ist zugleich das glücklichste. Zweifelst du etwa, ob das glückliche Leben das höchste Gut sei? Wenn es das höchste Gut in sich hat, so kann auch sein Glück nicht überboten werden. So wenig das höchste Gut einer Steigerung fähig ist – denn was könnte über das Höchste noch hinausgehen? – so wenig auch das glückliche Leben, das ohne das höchste Gut nicht denkbar ist. Nimmst du an, daß ein glückliches Leben das andere an Glück übertreffe, dann mußt du auch große Unterschiede gelten lassen, und so wird es nach deiner Ansicht unzählige Abstufungen des höchsten Gutes geben, während ich doch unter dem höchsten Gut dasjenige verstehe, das keine Stufen über sich hat. 21. Ist einer weniger glücklich als ein anderer, so wird er folgerecht das Leben dieses anderen, Glücklicheren, sich mehr wünschen als das seine. Der Glückliche aber zieht seinem eigenen Leben nichts vor. Entweder also bleibt dem Glücklichen etwas zu wünschen übrig, was er lieber sein möchte als das was er ist, oder er wünscht sich das nicht, was besser ist als das was er hat; beides aber ist unglaublich. Denn je einsichtsvoller er ist, um so mehr wird er sicherlich seine ganze Kraft auf dasjenige richten, was das Beste ist, und dies auf alle Weise zu erlangen suchen. Wie kann aber einer glücklich sein, der noch etwas wünschen kann, ja wünschen muß?

22. (k) Ich will dir sagen, woher dieser Irrtum stammt: man verkennt,

---

* Der Neffe Platons und Nachfolger in der Leitung der Akademie. Ihm folgt Xenokrates in der Leitung der Schule.

daß das glückliche Leben nur *eines* ist. Was ihm den obersten Rang verleiht, ist seine Beschaffenheit, nicht sein Größenverhältnis. Daher bewahrt es seine Gleichheit, mag es nun lang sein oder kurz, weithin ausgreifend oder zusammengedrängt, über weite Räume und nach vielen Seiten hin ausgedehnt oder auf *einen* Punkt beschränkt. Wer es nach Zahl, Maß und Teilen schätzt, nimmt ihm gerade das, was es vor allem andern voraus hat. Worin besteht aber dieser auszeichnende Vorzug des glücklichen Lebens? Darin, daß ihm an der Fülle nichts fehlt. 23. Der Zweck des Essens und Trinkens ist, sollte ich meinen, die Sättigung. Der eine ißt mehr, der andere weniger; das hat nichts zu besagen: beide sind eben satt. Der eine trinkt mehr, der andere weniger; auch dies hat nichts zu besagen: beide sind sie des Durstes ledig. Der eine hat länger gelebt, der andere kürzer: das macht keinen Unterschied, wenn den einen seine vielen Jahre nicht glücklicher machten als den anderen seine wenigen. Wen du weniger glücklich nennst, der ist eben *nicht* glücklich; die Bedeutung des Wortes läßt keine Einschränkung zu.

24. ‹Wer tapfer ist, ist ohne Furcht, wer ohne Furcht ist, ist ohne Traurigkeit: wer ohne Traurigkeit ist, ist glücklich.›

Das ist ein unserer Schule geläufiger Schluß. Dem sucht man mit der Einwendung zu begegnen, wir ließen einen falschen und sehr streitigen Satz als zugestanden gelten, nämlich den, daß, wer tapfer sei, ohne Furcht sei. ‹Wie?›, sagt man; ‹der Tapfere sollte drohende Übel nicht fürchten? Dann müßte er wahnsinnig und verrückt sein, nicht tapfer. Die Furcht des Tapferen beschränkt sich allerdings auf einen sehr geringen Grad, aber ganz frei von Furcht ist er nicht.› 25. Wer dies behauptet, verfällt wieder in den gerügten Fehler: an die Stelle der Tugenden setzt er geringere Fehler. Denn wer sich fürchtet, wenn auch nur selten und in geringem Maße, der ist nicht frei von dieser Untugend, sondern leidet nur in einem geringeren Maße an ihr. ‹Aber der ist doch nicht recht bei Sinnen, der drohende Übel nicht fürchtet.› Du hast recht mit deiner Behauptung, sofern es wirklich Übel sind: aber, wenn er weiß, daß es keine Übel sind und daß als Übel nur die Schande zu gelten hat, dann kann er ruhig der Gefahr ins Antlitz blicken und verachten, was andere fürchten; oder man müßte, wenn es töricht und unsinnig ist, Übel nicht zu fürchten, diese um so mehr fürchten, je einsichtsvoller man ist. 26. ‹Eurer Meinung nach›, entgegnet man, ‹wird der Tapfere sich der Gefahr in die Arme liefern.› Keineswegs: er wird sie nicht fürchten, wohl aber meiden; Vorsicht ist ziemend für ihn, nicht aber Furcht. ‹Wie also?› entgegnet man, ‹Tod, Kerker, Flammenqual und sonstigen Ansturm des Schicksals wird er nicht fürchten?› Nein; denn er weiß, das sind keine wahren, sondern nur scheinbare Übel. All diese Dinge hält er nur für Schreckbilder des menschlichen Lebens. 27. Schildere ihm Gefangenschaft, Geißelhiebe, Ketten, Elend, Verunstaltung der Gliedmaßen sei es durch Krankheit sei es durch Gewalttätigkeit und was sich sonst vorbringen läßt, er rechnet die Furcht zu den

Wahnvorstellungen. Nur Furchtsame haben dergleichen zu fürchten. Oder hältst du das für ein Übel, was wir bisweilen freiwillig auf uns nehmen müssen?

28. Du fragst, was ein Übel sei? Die Dinge über sich Herr werden zu lassen, die man als Übel bezeichnet, und ihnen dasjenige zu opfern, wofür man alles auf sich nehmen muß, nämlich die Freiheit. Es ist vorbei mit der Freiheit, wenn wir nicht alles verachten, was uns unter ein Joch beugen will. Man würde nicht im unklaren darüber sein, was dem Tapferen zieme, wenn man wüßte, was Tapferkeit ist. Sie ist nicht etwa blinde Draufgängerei, nicht Liebe zur Gefahr oder ungestümes Verlangen nach dem Grauenhaften: sie ist die Einsicht in den Unterschied zwischen dem, was ein Übel und was keines sei. Die Tapferkeit ist mit sorglichster Hingebung auf den Selbstschutz bedacht, dabei aber doch erstaunlich geduldig in Ertragung dessen, was sich fälschlich als Übel darstellt. 29. ‹Wie also? Wenn das Schwert gezückt wird gegen den Nacken des Tapferen, wenn ein Glied nach dem andern durchbohrt wird, wenn er seine Eingeweide aus seinem Unterleib hervorquellen sieht, wenn man absatzweise, um ihm die Qualen desto fühlbarer zu machen, das Marterwerk wiederholt, wenn aufs neue das Blut durch die schon im Vertrocknen begriffenen Eingeweide rinnt, da soll er furchtlos bleiben? Da soll er deiner Behauptung nach keine Schmerzen empfinden?› Schmerz empfindet er allerdings; denn keine Tugend entäußert sich der menschlichen Empfindung. Aber Furcht liegt ihm fern: unbesiegt blickt er von hoher Warte auf seine Schmerzen. Du fragst, wie es da mit seiner Gemütsstimmung stehe? Wie solchen, die einem kranken Freunde Zuspruch spenden.

30. (1) ‹Jedes Übel schadet. Was schadet, macht schlechter. Schmerz und Armut machen nicht schlechter, also sind sie keine Übel.›

‹Eure Folgerung ist nicht zutreffend›, wirft man uns ein, ‹denn wenn etwas schadet, macht es nicht (notwendig) auch schlechter. Unwetter und Sturm schadet dem Steuermann, macht ihn aber nicht schlechter.› 31. Einige Stoiker erwidern darauf folgendermaßen: der Steuermann werde allerdings schlechter durch Sturm und Unwetter, weil er nicht durchführen kann, was er sich vorgenommen, und seinen Kurs nicht halten kann; er werde aber nur in seiner Leistung schlechter, nicht in seiner Kunst. Ihnen erwidert der Peripatetiker: ‹Also wird auch den Weisen Armut, Schmerz und was dergleichen mehr ist schlechter machen. Denn dies wird ihm zwar seine Tugend nicht rauben, aber den Leistungen derselben hinderlich sein.› 32. Damit hätte er recht, wenn es nicht mit dem Beruf des Steuermanns ganz anders bestellt wäre als mit dem des Weisen. Der Weise braucht nicht alles, was er in den Geschäften des Lebens in Angriff nimmt, unter allen Umständen auch ins Werk zu setzen, wohl aber soll er durchweg vernunftgemäß handeln. Des Steuermanns Aufgabe ist es, sein Schiff unter allen Umständen in den Hafen zu bringen; die Berufsfertigkeiten sind Dienerinnen, sie müssen leisten, was sie versprechen: die

Weisheit ist Herrin und Lenkerin. Die Fertigkeiten *dienen* dem Leben, die Weisheit gebietet. 33. Meiner Ansicht nach müßte die Antwort anders lauten, nämlich: Durch ein Unwetter wird weder die Kunst des Steuermanns schlechter noch auch die Ausübung seiner Kunst. Der Steuermann hat sich nicht anheischig gemacht zu glücklichem Ausgang der Fahrt, sondern nur seine nützlichen Dienste und seine seemännische Sachkunde zur Verfügung gestellt. Diese tritt um so mehr hervor, je größer der Widerstand ist, den ihr der Zufall entgegensetzt. Wer dem Meeresgott zurufen konnte: ‹Neptun, niemals sollst du dies Schiff anders in deine Gewalt bekommen, außer im rechten Kurs›, der hat seiner Kunst Genüge getan: der Sturm hindert nicht die Wirksamkeit des Steuermanns, sondern den Erfolg. 34. ‹Wirklich?› erwidert man, ‹schadet dem Steuermann nicht das, was ihn hindert, den Hafen zu erreichen, was seine Anstrengungen vergeblich macht, ihn entweder zurücktreibt oder ihn nicht vorwärts kommen läßt und sein Schiff entmastet?› Es schadet ihm nicht als dem Steuermann, es schadet ihm nur als Mitfahrendem. Davon abgesehen hindert es die Kunst des Steuermanns so wenig, daß es sie vielmehr ins rechte Licht stellt. Denn bei ruhigem Wetter kann, wie man zu sagen pflegt, jeder Steuermann sein. Das Fahrzeug leidet unter diesen Hemmnissen, nicht die Kunst des Steuermanns als solchen. 35. Der Steuermann spielt eine doppelte Rolle: die eine teilt er mit allen, die mit ihm dasselbe Schiff bestiegen haben: auch er selbst ist Passagier; die andere kommt ihm ausschließlich zu: er ist der Steuermann. Das Unwetter schadet ihm als Passagier, nicht als Steuermann. 36. Sodann ist die Kunst des Steuermanns ein Gut für andere, sie ist den Mitfahrenden dienstbar wie die des Arztes seinen Patienten. Die Weisheit dagegen ist ein Gemeingut: sie gilt einerseits denen, mit denen der Weise lebt, anderseits ihm selbst als sein Eigentum. Daher mag sie unter Umständen dem Steuermann auch wohl schaden, wenn nämlich seine anderen versprochene Dienstleistung durch Unwetter gehemmt wird; 37. dem Weisen aber geschieht kein Schade, weder von seiten der Armut noch des Schmerzes noch der sonstigen Lebensstürme. Denn nicht seine gesamte Tätigkeit wird gehemmt, sondern nur soweit sie sich auf andere bezieht; er selbst ist immer in Wirksamkeit und im Erfolg dann am größten, wenn er in Kampf mit dem Schicksal gerät. Denn da vertritt er recht eigentlich die Sache der Weisheit, die, wie gesagt, ein Gut für andere wie für ihn selbst ist.

38. (m) Ferner hindert ihn nichts, auch dann anderen zu nützen, wenn ihn selbst irgend welche Schicksalshärte bedrängt. Die Armut ist schuld, daß er nicht als Lehrer für die staatsmännische Laufbahn auftreten kann; dafür lehrt er aber, wie man sich mit der Armut abfinden soll. Durch das ganze Leben zieht sich seine Wirksamkeit hindurch. So schließt kein Schicksal, kein Ereignis die Tätigkeit des Weisen aus. Denn er treibt eben das, wodurch er verhindert wird anderes zu betreiben. Beiden Aufgaben ist er gewachsen: er ist ein Lenker des Glücks und ein Überwinder des

Unglücks. 39. Ja, er hat sich so in Zucht genommen, daß er wie im Glück so im Unglück der Tugend treu bleibt und seinen Blick nicht auf ihre wechselnden Gegenstände, sondern auf sie selbst gerichtet hält. Daher bildet weder die Armut für ihn ein Hindernis noch der Schmerz noch was sonst die Unkundigen irre führt und zu Fall kommen läßt. Du meinst wohl, er fühle sich durch die Widerwärtigkeiten bedrückt? Ihm dienen sie als Stoff für seine Berufstätigkeit. 40. Nicht bloß aus Elfenbein verstand Phidias Bildwerke zu schaffen, auch aus Erz stellte er solche her. Hättest du ihm Marmor geboten oder einen noch minderwertigeren Stoff, er hätte daraus das nach Maßgabe dieses Stoffes denkbar vollkommenste Kunstwerk hergestellt. So wird der Weise, wenn es die Umstände erlauben, seine Tugend als reicher Mann entfalten, wenn nicht, dann als armer; wenn möglich, im Vaterland, wenn nicht, in der Verbannung; wenn möglich, als Feldherr, wenn nicht, als einfacher Soldat; wenn möglich, in voller Gesundheit, wenn nicht, als Gebrechlicher. Welches Schicksal ihm auch beschieden ist, er wird etwas Denkwürdiges daraus machen. 41. Es gibt gewisse Tierbändiger, die die grimmigsten und im Falle etwaiger Begegnung dem Menschen furchtbarsten Tiere dem Umgang mit Menschen zugänglich machen, und nicht zufrieden, ihnen ihre Wildheit ausgetrieben zu haben, sie in den vertrautesten Verkehr mit den Menschen bringen: dem Löwen steckt der Bändiger seine Hand in den Rachen, der Tiger küßt seine Wächter, ein einziger Mohr läßt den Elefanten sich knielings zur Erde beugen und auf dem Seile gehen. So ist der Weise ein Meister in der Kunst, die Übel zu bändigen, Schmerz, Armut, Schmach, Kerker, Verbannung, die sonst überall Schrecken erzeugen, sie wandeln sich in Milde, wenn sie an ihn kommen.

VII. MARCUS AURELIUS
(161–180 n. Chr. römischer Kaiser)

‹An sich selbst›

(übers. v. C. Cless, Langenscheidtsche Bibliothek sämtlicher griechischer und römischer Klassiker, Berlin o. J.)

1. Die Güter dieser Welt sind weder gut noch übel (II, 1)

All dein Thun und Denken sei so beschaffen, als ob du möglicherweise im Augenblick aus diesem Leben scheiden solltest. Von Menschen aber sich trennen müssen, kann ja, wofern es Götter gibt, nichts Schreckliches sein, denn diese werden dich doch wohl nicht dem Elend zur Beute geben; gibt es aber keine oder kümmern sie sich nicht um die menschlichen Angelegenheiten, was soll mir dann noch das Leben in einer Welt ohne Götter und ohne Vorsehung? Doch es gibt Götter, und sie kümmern sich um die menschlichen Angelegenheiten und haben es ganz in die Hand des Menschen gelegt, daß er nicht in wirkliche Übel gerate. Gäbe es aber außerdem noch ein anderes Übel, so hätten sie auch in der Hinsicht dafür gesorgt, daß es nur bei ihm stünde, davon nicht betroffen zu werden. Was aber den Menschen selbst nicht verschlimmert, wie sollte das sein Leben verschlimmern können? Die Allnatur hätte weder unwissentlich noch wissentlich, indem sie nämlich unfähig gewesen wäre, so etwas zu verhüten oder wiedergutzumachen, einer solchen Nachlässigkeit sich schuldig gemacht, und ebensowenig aus Unvermögen oder Ungeschicklichkeit ein so großes Versehen begangen, guten und bösen Menschen Güter und Übel in gleichem Maße ohne Unterschied zukommen zu lassen. Tod aber und Leben, Ehre und Unehre, Unlust und Lust, Reichtum und Armut, dies alles wird Guten und Bösen in gleicher Weise zu teil, trägt aber an und für sich weder zur Erhöhung, noch zur Verminderung ihres sittlichen Wertes etwas bei, ist also weder ein Gut noch ein Übel.

2. Der Mensch, der in sich selbst ruht, wird von äußeren Dingen nicht beeinflußt (IV, 3)

Man sucht Zurückgezogenheit auf dem Lande, am Meeresufer, auf dem Gebirge; und auch du hast die Gewohnheit, nach einem Aufenthaltsorte dieser Art dich lebhaft zu sehnen. Aber dieses alles verrät im Grunde eine sehr beschränkte Ansicht. Steht es dir ja frei, zu jeder dir beliebigen Stunde dich auf dich selbst zurückzuziehen. Giebt es ja doch für den Menschen keine geräuschlosere und ungestörtere Zufluchtsstätte, als seine eigene Seele, zumal wenn er in sich Eigenschaften trägt, bei deren Betrachtung für ihn alsobald eine vollkommen glückliche Stimmung eintritt, eine Stimmung, worunter ich nichts anderes verstehe, als sittliche Wohlordnung. Gönne dir nun immerdar dieses Zurücktreten ins Innere und verjünge so dich selbst! Kurz aber und einfach seien die Grundsätze, deren bloße Vergegenwärtigung sogleich genügen wird, deine Seele vollständig zu reinigen, allen Unmut aus dir zu entfernen und dich fern von Widerwillen in die Verhältnisse zurückzubegleiten, in welche du wiedereintreten mußt. Denn auf was solltest du auch unwillig sein? ‹Auf die Schlechtigkeit der Menschen?› Aber sei doch des Grundgesetzes eingedenk, daß die vernünftigen Wesen füreinander geboren sind, daß Duldsamkeit ein Teil der Gerechtigkeit ist, daß die Menschen unvorsätzlich sündigen, und dann wieviel händelsüchtige, argwöhnische, feindselige, gewaltlustige Menschen schon ins Grab gestreckt und zu Asche geworden sind – und setze dann deinem Unmut endlich einmal ein Ziel! ‹Aber du bist vielleicht mit dem Lose unzufrieden, das dir infolge der Einrichtung des Weltalls beschieden ist?› Da rufe dir doch jenen Doppelsatz ins Gedächtnis: ‹Entweder waltet eine Vorsehung oder der Zusammenstoß von Atomen›, oder erinnere dich auch der Beweisgründe für die Wahrheit, diese Welt sei einem Staate gleich. ‹Oder berühren dich etwa deine körperlichen Zustände noch schmerzlich?› Nun da beherzige eben, daß der denkende Geist, wenn er sich einmal gesammelt hat und seiner eigenen Kraft bewußt geworden ist, von keinem sanfteren oder rauheren Windeshauche beeinflußt wird. Im übrigen pflichte dem bei, was du schon über Unlust und Lust gehört und dir als wahr angeeignet hast! ‹Aber vielleicht treibt dich eitle Ruhmsucht hin und her?› Da beachte es doch, wie schnell alles ins Grab der Vergessenheit sinkt, wie in dieser Zeit ohne Anfang und Ende alles durcheinander gärt, wie nichtig das Lobgetöne ist, wie wandelbar und urteilslos die über uns geformte gute Meinung und wie eng der Raum, von welchem sie begrenzt wird! Ist ja die ganze Erde nur ein Punkt im All, und welch kleiner Winkel auf ihr ist deine Wohnung! Und hier, wieviel sind derer, die dich preisen werden, und von welcher Beschaffenheit sind sie? Denke also doch endlich an den Rückzug in jenes Teilchen deiner selbst, und vor allem zerstreue und überreize dich nicht, sondern bleibe frei und sieh dir die Dinge an als Mann, als Mensch, als Bürger, als sterbliches Wesen! Unter den Wahrheiten aber, welche dir am meisten zur Hand sein müssen, richte vorzüglich auf folgende zwei dein Augenmerk: einmal, daß die Gegenstände der Sinnenwelt deine Seele nicht berühren, sondern Außendinge sind und unbeweglich bleiben, mithin Störungen deines Seelenfriedens nur aus deiner Einbildung entstehen, und dann, daß alles, was du siehst, gar schnell sich verändert und nicht mehr sein wird. Und von wievielen Veränderungen bist du selbst schon Augenzeuge gewesen! Erwäge doch ohne Unterlaß: Die Welt beruht auf Wechsel, das Leben auf Meinung.

3. Preis des Lebens trotz seiner Vergänglichkeit (IV, 48)

Bedenke es stets, wieviele Ärzte schon dahin gestorben sind, die oft am Lager ihrer Kranken die Stirne in ernste Falten gelegt, und wieviele Astrologen, welche den Tod anderer mit großer Wichtigkeit vorausgesagt! Wieviele Philosophen, die über Tod und Unsterblichkeit ihre tausenderlei Gedanken ausgebrütet, wieviele Kriegshelden, die eine Menge Menschen getötet, wieviele Gewaltherrscher, die, gleich als wären sie selbst unsterblich, ihre Macht über fremdes Leben mit furchtbarem Übermute gemißbraucht haben! Wieviele Städte sind nach ihrem ganzen Umfang, daß ich so sage, gestorben, Helice und Pompeji, und Herkulanum und unzählige andere! Durchgehe nun auch der Reihe nach alle deine Bekannten! Der eine hat diesen, der andere jenen zu Grabe bestattet und ist sofort selbst hingestreckt worden, und das alles in so kurzer Zeit! – Siehe denn also im ganzen genommen das Menschliche jeder Zeit als etwas Flüchtiges und Geringhaltiges an! Was gestern noch weich war, ist morgen schon eine einbalsamierte Leiche oder ein Haufen Asche. Durchlebe demnach diesen Augenblick von Zeit der Natur gemäß, dann scheide heiter von hinnen, gleich der gereiften Olive! Sie fällt ab, ihre Erzeugerin preisend und voll Dankes gegen den Baum, welcher sie hervorgebracht hat.

4. Unglück ist Glück durch tapferes Tragen (IV, 49)

Sei wie ein Fels, an dem sich beständig die Wellen brechen! Er bleibt stehen, und rings um ihn legen sich die angeschwollenen Gewässer. Ich Unglücklicher, daß mir dieses Schicksal widerfahren mußte! Nicht doch, sondern glücklich bin ich, daß ich trotz diesem Schicksal kummerlos bleibe, weder von der Gegenwart gebeugt, noch von der Zukunft geängstigt! So etwas hätte ja jedem begegnen können, aber nicht jeder wäre dabei kummerfrei geblieben. Warum wäre nun jenes eher ein Unglück, als dieses ein Glück? Nennst du aber überhaupt etwas ein Unglück für einen Menschen, was doch mit der Natur des Menschen in keinem Widerspruch steht? Oder scheint dir etwas der Natur des Menschen zu widersprechen, was nicht gegen den Willen seiner Natur ist? Was ist aber dieser Wille? Du kennst ihn. Hindert dich nun wohl dein Schicksal, gerecht, hochherzig, besonnen, verständig, vorsichtig im Urteil, truglos, bescheiden, freimütig zu sein und die anderen Eigenschaften zu haben, in deren Besitz die Eigentümlichkeit der Menschennatur besteht? Erinnere dich also, bei jeder Veranlassung zur Unlust die Wahrheit geltend zu machen, dies ist kein Unglück, vielmehr es mit edlem Mute zu tragen, ein Glück.

5. Das Schicksal ist der Teil der Natur, der uns angemessen ist (V, 8)

Gerade wie der Ausdruck zu verstehen ist: der Asklepiade habe diesem und jenem Kranken das Reiten oder ein kaltes Bad oder das Barfußgehen verordnet, ebenso auch der: die Allnatur habe diesem oder jenem eine Krankheit oder Verstümmelung oder einen Verlust oder etwas anderes derart verordnet. Denn dort bedeutet der Ausdruck: ‹Er hat's verordnet› soviel: ‹Er hat es ihm als zur Gesundheit dienlich angeordnet›, hier aber soviel als: ‹Was jedem Menschen begegnet, ist für ihn als der Naturnotwendigkeit gemäß angeordnet.› In ähnlicher Weise sagen wir ja, dieses und jenes füge sich für uns, wie die Baukünstler von den Quadersteinen in den Mauern oder Pyramiden sagen: ‹Sie fügen sich›, wenn sie durch irgendeine Zusammensetzung ineinander passen. Denn durch alles geht eine Harmonie; und gleichwie aus allen Körpern zusammengenommen die Welt ein so vollendeter Körper wird, so wird auch aus allen wirkenden Ursachen zusammengenommen eine so vollendete ursächliche Kraft, das Schicksal. Was ich hier sage, verstehen auch die allerunwissendsten Menschen; denn sie sagen ja: ‹Das hat sich ihm geschickt›; also wurde jenes diesem zugeschickt und dieses jenem zugeordnet. Lasset uns mithin derlei Schickungen so annehmen, wie die Mittel, welche ein Asklepiade verordnet! Schmeckt ja auch unter diesen vieles bitter, und doch heißen wir's in Aussicht auf Genesung willkommen. Denke dir also dasjenige, was die gemeinschaftliche Natur für vollständige Erreichung des Zieles erklärt, als etwas deiner Gesundheit Ähnliches, und heiße alles, was geschieht, wenn es dir auch als noch so hart erscheint, willkommen, weil es zum Ziele hinführt, nämlich zur Gesundheit der Welt und zum gedeihlichen Wirken und zur Seligkeit des höchsten Gottes! Denn er würde einem Menschen nichts derart zuschicken, wenn es nicht dem Ganzen zuträglich wäre. Schickt ja nicht einmal ein Wesen gewöhnlicher Art einem andern von ihm abhängigen etwas zu, das demselben nicht förderlich ist. Aus zwei Gründen mußt du also mit deinem Geschicke zufrieden sein: fürs erste nämlich, weil es dich traf und dir verordnet wurde und in Verkettung mit einer langen Reihe vorhergegangener Ursachen auf dich irgendwie Bezug hatte, fürs andere aber, weil es für den Beherrscher des Ganzen Grund seines gedeihlichen Wirkens, seiner Vollkommenheit, ja sogar seiner Fortdauer ist. Denn das Weltganze würde verstümmelt, wenn du am Zusammenhang und Zusammenhalt wie der Bestandteile, so denn auch der wirkenden Ursachen auch nur das geringste lostrennen wolltest. Du trennst es aber los, soviel an dir ist, wenn du damit unzufrieden bist und es gewissermaßen wegzuräumen suchst.

VIII. PLOTIN (geb. ca. 205 n. Chr.)

Die drei ursprünglichen Wesenheiten: die Seele, der Geist und das Eine

(‹Enneade› V, 1, 2–7, übers. v. R. Harder, Philosophische Bibliothek Bd. 211 a/b, Felix Meiner Verlag, Hamburg 1956, S. 211 ff)

Gliederung: In § 1 zeigt Plotin, daß die Seele, da sie sich dem Werden zuwandte, sich vom Ursprünglichen schied. Die notwendige Rückkehr zum Ursprünglichen soll einmal bewirkt werden durch Aufzeigen der Wertlosigkeit dessen, was wird, zum andern – das ist die Aufgabe der folgenden Paragraphen – durch eine Bestimmung der eigentlichen Bedeutung der Seele und ihres Ursprungs.

(a) Die Seele als Ursache allen Lebens. (b) Die Seele als das Wertvollste im Kosmos wie im einzelnen. (c) Der Geist als Stufe des Seins, die göttlicher ist als die Seele. (d) Der Geist umfaßt die Seele, er steht außerhalb der Zeit. (e) Die ersten Prinzipien, die im Geist gründen. (f) Die Vielheit des Geistes fordert als Voraussetzung die Einheit. (g) Wie kann aus Einheit die Vielheit entstehen? (h) Das Werden des Zweiten kann nicht durch Bewegung des Ersten, Einen, entstehen. (i) Das Zweite, der Geist, wird gezeugt als Ausfluß des Ersten und Einen, wie das Licht als Ausfluß der Sonne. (k) Nähere Bestimmung des Einen und seines Verhältnisses zum Geist. (l) Die Seele wird gezeugt als Ausfluß des Geistes. Ihr Verhältnis zum Geist entspricht dem des Geistes zum Einen.

(a) So bedenke denn also erstlich jede Seele dies, daß sie selbst es ist die alle Lebewesen geschaffen hat und ihnen Leben einhauchte, welche die Erde nährt und welche das Meer, die in der Luft sind und die göttlichen Gestirne am Himmel; daß sie die Sonne und sie unsern gewaltigen Kosmos geschaffen hat, sie ihn formte, sie ihn in bestimmter Ordnung kreisen läßt; und daß sie das alles tut als eine Wesenheit die verschieden ist von den Dingen die sie formt, die sie bewegt und lebendig macht: daß sie notwendig wertvoller ist als diese, denn sie werden oder vergehen, je wie die Seele sie verläßt oder ihnen das Leben dargibt, sie selbst aber ist immerdar weil sie ‹sich selbst nicht verläßt›.

Auf welche Weise sie aber das Leben spendet im gesamten All wie bei den Einzelwesen, das mache sie sich folgendermaßen klar. Sie möge betrachten die große Seele, sie die selber auch Seele ist, und keine kleine, und dieses Betrachtens wert geworden ist wenn sie sich vom Trug und dem was die übrigen betört frei gemacht hat in einem Zustand der Stille; stille sei ihr nicht nur der Leib der sie umgibt, die brandende Flut des Körpers, sondern überhaupt die ganze Umwelt, es ruhe die Erde, es ruhe Meer Luft und der Himmel selbst sei ohne Bewegung (?). Dann stelle sie sich vor, wie von allen Seiten in den stillstehenden Himmel die Seele gleichsam von außen einströmt und sich ergießt und von überall her eindringt und hineinleuchtet; so wie eine dunkle Wolke Sonnenstrahlen, die sie mit ihrem Licht treffen, leuchten machen und ihr einen goldstrahlenden Anblick geben: so hat auch die Seele als sie in den Leib des Himmels eintrat, ihm Leben gewährt, ihm Unsterblichkeit gewährt, ihn der unbewegt lag auferweckt. Und er, durch die vernunftvolle Leitung der Seele in ewige Bewegung versetzt, wurde ein ‹glückseliges Lebewesen›. So erhielt der Himmel seine Würde erst als die Seele sich in ihn einsiedelte, welcher ehe die Seele kam toter Körper war, Erde und Wasser, oder vielmehr Finsternis des Stoffes, das Nichtseiende und ‹was den Göttern verhaßt ist› wie es irgendwo heißt.

(b) Noch klarer und deutlicher wird der Seele Kraft und Wesen, wenn man nur hierbei seine Gedanken darauf richtet, in welcher Weise sie den Himmel umfaßt und durch ihren eigenen Willen führt. Seiner ganzen Ausdehnung nach soweit er reicht, hat sie sich ihm dargegeben und in jedem Abstande, sei er groß oder klein, ist er beseelt, wobei die körperliche Masse anders und anders gelegen ist, das eine Stück hier das andere dort befindlich, die einen am entgegengesetzten Weltort, die andern sonst durch Abstand voneinander getrennt; die Seele aber ist mitnichten so beschaffen, sie zerstückt sich nicht in Teile und bringt dann das Einzelding mit einem Seelenstück zum Leben, sondern alles lebt vermöge der ganzen Seele, sie ist ganz allerwärts zugegen, dem Vater der sie erzeugte darin es gleichtuend, daß sie Eines und daß sie überall ist. Durch ihre Kraft also ist der Himmel, welcher ein Vieles, hier und dort Verschiedenes ist, ein Eines, vermöge der Seele ist unser Kosmos ein Gott; so ist auch die Sonne ein Gott weil sie beseelt ist, und die andern Gestirne, und wir, wenn wir denn etwas sind, sind es aus diesem Grunde, denn ‹Leichen gehören vor die Türe geworfen mehr noch als Mist›. Sie also, welche Göttern Ursache daß sie Götter sind, muß notwendig eine Gottheit sein ehrwürdiger als jene. Aber auch unsere Seele ist von gleicher Art, und betrachtest du sie nur ohne die Zusätze und nimmst sie in ihrer Reinheit, so wirst du eben das als das Wertvollste in uns antreffen was Seele ist, und wertvoller als alles was da körperlich ist. Denn das ist alles Erde; oder wenn es denn Feuer ist: was soll denn das Brennende an ihm etwa anderes sein (*als Seele*)? Ebenso alles aus diesem Zusammengesetzte, auch wenn du noch Wasser und wenn du noch Luft hinzunimmst. Kann all dies Körperliche aber nur deshalb Gegenstand deines Trachtens sein weil es beseelt ist, weshalb will man da sich selbst fahren lassen und nach einem andern trachten? Ist es aber die Seele, die du im andern bewunderst, so bewunderst du damit dich selbst.

(c) Da nun die Seele ein so wertvolles, ein göttliches Ding ist, so halte dich durch solche Begründung nunmehr überzeugt, daß du mit einem solchen Mittel zu Gott hingelangen kannst und steige gerüstet zu ihm hinauf: gewißlich wirst du ihn nicht ferne antreffen, der Zwischenstufen sind nicht viele. Stelle dir also den ihr nach oben benachbarten Bereich vor, welcher noch göttlicher als sie, die göttliche, ist, nach dem und von dem die Seele kommt; denn obgleich sie ein Ding von der Art ist wie unsere Darlegung gezeigt hat, ist sie doch ein Abbild des Geistes; so wie der ausgesprochene Gedanke (*Wort*) ein Abbild des Gedankens (*Wort*) in der Seele ist, so ist die Seele selbst der ausgesprochene Gedanke des Geistes, die ganze Wirkungs- und Lebenskraft, die er ausströmt, um ein anderes zur Existenz zu bringen; so wie beim Feuer zu scheiden ist die ihm innewohnende und die von ihm gespendete Wärme – nur daß man beim Geist die Wirkungskraft nicht als Ausfließendes denken muß, sondern die Wirkungskraft beharrt in ihm, während die äußere als eine gesonderte in die Existenz tritt. Da also die Seele vom Geist stammt, ist sie nur geist*haft*, ihr Geist bewegt sich in Überlegungen, ihre Vollendung erhält sie erst wieder vom Geist, der gleichsam wie ein Vater den Sohn aufzieht, den er als ein im Verhältnis zu ihm noch Unvollkommenes erzeugt hatte. So kommt also der Seele die Existenz vom Geist; es besteht aber auch die Verwirklichung ihres Begriffs darin daß sie den Geist schaut. Denn wenn sie hineinblickt in den Geist, so hat sie das was sie denkend verwirklicht, in sich selbst als ihr Zugehöriges, und das allein darf man *tätige* Verwirklichung der Seele nennen, was sie geistgemäß und als ihr zugehörig verwirklicht, während das Niedere ihr von anderwärts kommt und ein *Leiden* einer entsprechend niedrigen Seele ist.

So erhöht also der Geist die Göttlichkeit der Seele noch weit mehr, indem er ihr Vater ist und indem er bei ihr gegenwärtig ist; denn es ist nichts zwischen ihnen als die Andersheit, diese jedoch besteht nur in dem Sinne daß die Seele die nächste Stufe und der aufnehmende Stoff ist, der Geist aber die Form; und selbst diese Materie des Geistes ist noch schön, da sie geisthaft und einfach ist.

(d) Von wie edler Beschaffenheit aber der Geist ist, das wird schon eben daraus deutlich, daß er höher steht als die Seele, die etwas so Herrliches ist; man mag es aber auch aus folgendem ersehen. Wenn einer unsere sichtbare Welt bewundert in Anbetracht ihrer Größe und Schönheit und der Ordnung ihres ewigen Umschwunges, und die Götter, die in ihr sind, die einen sichtbar andere auch unsichtbar, und die Dämonen und alle Tiere und Pflanzen, so schreite er empor zu ihrem Urbilde, ihrem wahrhafteren Sein, und sehe wie auch dort oben dies alles vorhanden ist, als geistige Wesen, die aus sich selbst ewig beharren in dem Bewußtsein und dem Leben die ihnen angestammt sind, und als ihr Schutzherr der ‹unvermischte› Geist, die unermeßliche Weisheit und das Leben dort oben recht eigentlich ein Leben unter Sat-ur-nus als einem Gotte welcher Sattheit und Nus (*Geist*) ist; er umfaßt in sich alles Unsterbliche, den ganzen Geist, die ganze Gottheit, die ganze Seele; und zwar als ewig Ruhendes, denn wozu soll er Veränderung suchen da es mit ihm gut bestellt ist, und wem sollte er nachgehen da er in sich selbst alles besitzt? Auch Zuwachs kann er nicht wünschen da er völlig vollendet ist; weshalb auch alles was bei ihm ist, vollendet ist, damit er durchaus vollkommen sei und nichts in sich trage, was es nicht sei; und da er nichts in sich hat was er nicht denkt (?), so ist sein Denken kein Suchen sondern ein Haben. Seine Seligkeit ist nicht hinzuerworben, sondern er ist in Ewigkeit alles, ist die wahrhaftige Ewigkeit. Von ihr ist die Zeit, welche die Seele umkreist, nur ein Abbild, welche das eine vorübergehen und das andere auf sich zukommen läßt; denn anderes und wieder anderes ist es was in der Seele ist, bald ein Sokrates, bald ein Pferd, immer ein bestimmtes Ding unter den seienden. Der Geist dagegen ist alles; so hat er alles als auf derselben Stelle ruhendes; er ist nur, immer gilt von ihm das ‹ist›, niemals das ‹wird sein›, denn auch in der Zukunft ‹ist› er, noch das ‹vergangen›, denn nichts geht in der oberen Welt vorbei, sondern alles steht immerdar in Ewigkeit, da es immer dasselbe bleibt gleichsam zufrieden mit seinem Zustand. Von alledem ist jedes Einzelne Geist und Seiendes, und das Gesamte ist Gesamtgeist und Gesamtseiendes, wobei der Geist im Denken das Seiende existent macht und das Seiende, indem es gedacht wird, dem Geist sein Denken und sein Sein gibt.

(e) Ursache aber des Denkens ist etwas anderes, was zugleich Ursache des Seienden ist; für beide zugleich also ist noch etwas anderes als Ursache vorhanden. Sie existieren nämlich gewiß gemeinsam und verlassen einander nicht, aber doch besteht dieses Eine, das zugleich Geist und Seiendes, Denkendes und Gedachtes ist, aus zweien, dem Geist als dem Denken, dem Seienden als dem Gedachten; denn es könnte gar kein Denken statthaben wenn nicht Andersheit da wäre wie auch Selbigkeit. So ergeben sich als erste Prinzipien *Geist*, *Seiendes*, *Andersheit*, *Selbigkeit*; dazu muß man auch noch Bewegung und Ruhe nehmen; Bewegung sofern der Geist denkt, Ruhe um der Selbigkeit willen; Andersheit, damit es Denkendes und Gedachtes geben kann (denn sonst wenn man die Andersheit ausscheidet, dann wird es Eines sein und nur schweigen; ferner müssen auch die Gegenstände des Denkens Andersheit zueinander haben); und Selbigkeit, da es mit sich selbst eines ist; aber es ist auch in ihnen allen ein Gemeinsames, so gut in ihnen, sofern sie verschieden sind, Andersheit ist. Die Mehrheit der Prinzipien, die sich so ergibt, konstituiert *Zahl* und *Wieviel*, ferner die Eigentümlichkeit jedes einzelnen von ihnen *Wiebeschaffenheit*; und aus ihnen allen geht als aus Prinzipien das übrige hervor.

(f) Eine Vielheit also ist dieser Gott (*der Geist*), der über der Seele ist. Ihr aber wird zuteil im Bereich dieser Dinge zu weilen wenn sie sich daran heftet und es durchsetzt sich nicht davon zu trennen; ist sie ihm nun nahe gekommen und gleichsam eines mit ihm geworden, so forscht sie wer es denn ist der ihn erzeugt hat, der Einfache, der vor einer solchen Vielheit liegt, der die Ursache seines Seins und seines Vielseins ist, der die Zahl hervorbringt. Denn die Zahl ist nicht das Erste, liegt doch vor der Zweiheit das Eine, die Zweiheit ist erst das Zweite, sie kommt von dem Einen her, dieses ist erst ihr Bestimmendes während sie selbst von sich aus ‹unbestimmt› ist; und erst wenn sie bestimmt wird, ist sie Zahl. Zahl aber ist gleichsam Substanz, und Zahl ist auch die Seele; denn nicht Massen sind das Erste oder Größen; die massigen Dinge hier, die die Wahrnehmung für seiende hält, sind später; so ist auch in dem Samen nicht die Flüssigkeit das Wertvolle, sondern das was man nicht sieht, und das ist Zahl und Begriff. Die Zahl also von der man in der geistigen Welt spricht, und die Zweiheit sind Formbegriffe und sind Geist; indes ist die Zweiheit unbestimmt da sie gleichsam als zugrundeliegender Stoff begriffen wird, die Zahl aber, die aus ihr und dem Einen entsteht, ist Form, indem jedes einzelne (*der geistigen Prinzipien*) gleichsam von den in es eintretenden Gestalten geformt wird; dabei wird es auf eine Weise durch Einwirkung des Einen, auf die andere aber durch eigenes Tun geformt so wie das Sehen in seinem Vollzuge; denn das Denken des Geistes ist ein Sehen welches blickt; und beide sind eins.

(g) Wie sieht der Geist nun und wen, und wie ist er überhaupt zur Existenz gekommen und aus Jenem geworden, daß er überhaupt sehen kann? Von der Notwendigkeit, daß die genannten Prinzipien des Geistes existieren müssen, ist unsere Seele nunmehr durchdrungen, sie verlangt aber noch nach Klärung jener ja schon von den Denkern der alten Zeit vielbesprochenen Frage, wie aus dem Einen, als einem so beschaffenen wie wirs ihm zuschreiben, zur Existenz kommen konnte irgend etwas wie Vielheit oder Zweiheit oder Zahl, wieso es nicht bei sich selbst verharrte, sondern diese ausgebreitete Vielheit aus ihm geflossen ist, die wir in der Wirklichkeit antreffen, von der wir aber fordern daß sie auf das Eine zurückgeführt werden muß. So sei denn das Folgende gesagt – zuvor aber Gott selbst angerufen nicht mit dem Schall von Worten, sondern indem wir uns mit der Seele zum Gebet nach Ihm strecken, denn auf diese Weise können wir für uns allein zu ihm allein beten – der Schauende möge seinen Blick, während Gott selbst nur bei sich ist gleichsam im inneren Heiligtum und geruhig beharrt jenseits über allen Dingen, auf die Götterbilder richten die gleichsam im äußeren Bezirk des Tempels stehen – oder vielmehr auf das erste Götterbild welches da in die Erscheinung tritt und auf die folgende Weise erscheint.

(h) Alles was sich bewegt, muß etwas haben zu dem es sich hinbewegt. Da nun Jenes (*das Eine*) nichts hat zu dem es sich bewegen könnte, so dürfen wir nicht annehmen, daß es sich bewege; sondern was etwa nach ihm entsteht, muß notwendig entstanden sein indem Jenes unverwandt auf sich selbst gerichtet war; ganz ausschließen müssen wir dabei die Entstehung in der Zeit, da wir es zu tun haben mit dem ewig Seienden; sondern wir legen ihnen nur dem Ausdruck nach Entstehung bei, um damit dem Verhältnis von Ursache und Wirkung und ihrer Rangordnung gerecht zu werden, und müssen also sagen, daß das was in ihrem Sinne aus dem Ersten entsteht, entsteht indem Jenes sich nicht bewegt. Denn wenn es sich bewegte während etwas entsteht, so würde das Entstehende erst nach der Bewegung als ein Drittes eintreten und nicht gleich als Zweites. Wenn also etwas Zweites, unmittelbar nach Jenem seiendes dasein muß, so muß es in die Existenz getreten sein, während Jenes unbewegt war, sich nicht zu ihm neigte oder einen Entschluß faßte oder überhaupt sich irgend bewegte.

(i) Aber wie kommt das zustande und als was muß man es sich denken? Es umgibt Jenes, ist ein rings aus ihm strahlender Glanz, aus ihm wobei Es aber beharrt; so wie der Glanz der Sonne der sie gleichsam umspielt der ständig aus ihr geboren wird wobei sie aber beharrt. Alle seienden Dinge lassen so, solange sie Bestand haben, aus ihrem Wesen notwendig ein Existentes zur Wirklichkeit werden, welches außen um sie liegt und abhängt von der Gegenwart ihrer Kraft, als ein Abbild gleichsam der Urbilder aus denen es hervorwuchs: das Feuer die von ihm ausstrahlende Wärme; auch der Schnee verschließt die Kälte nicht nur in seinem Innern; vorzüglich bezeugen das alle wohlriechenden Stoffe, denn solange sie da sind, strömt ein Etwas ringsum aus ihnen hervor, und daher gewährt ihre Existenz allem Benachbarten Genuß. Ferner aber: alles was soweit gelangt ist daß es reif ist, zeugt; das nun was ewig reif und vollendet ist, zeugt ewig und ein Ewiges, zeugt aber ebenfalls etwas das geringer ist als es. Was muß man also von dem Allervollkommensten und Reifsten erwarten? Nichts kann aus Ihm hervorgehen als das Größte nach ihm; das Größte aber nach ihm ist der Geist und folgt ihm sogleich als Zweites. Sieht doch der Geist Jenen und bedarf allein seiner, während er des Geistes in keiner Hinsicht bedarf. Auch muß das was aus einem Höheren als der Geist erzeugt wird, Geist sein; der Geist ist höher als alle andern Dinge, denn die sind nach ihm, wie denn auch die Seele der Gedanke des Geistes und sozusagen seine Wirksamkeit ist, so wie der Geist die des Einen. Nun ist der Gedanke in der Seele nur ein dunkler, denn er ist gleichsam nur ein Nachbild des Geistes, und darum muß sie auf den Geist blicken; der Geist aber gleichermaßen auf Jenen, damit er Geist sei. Er sieht Ihn aber nicht als von ihm getrennter, sondern weil er unmittelbar nach Jenem ist und nichts dazwischensteht, wie auch nichts zwischen Seele und Geist. Es verlangt ja ein jegliches nach seinem Erzeuger und liebt ihn, und ganz besonders wenn Erzeuger und Erzeugtes allein sind; ist aber der Erzeuger auch noch das höchste Gut, so ist das Erzeugte mit Notwendigkeit bei ihm, so daß es allein durch die Andersheit von ihm geschieden ist.

(k) Wir nennen aber, denn wir müssen uns deutlicher ausdrücken, den Geist ein Abbild von Jenem erstlich darum, weil das Erzeugte in gewissem Sinne ein ‹Jenes› sein, vieles von Ihm bewahren und Ähnlichkeit mit ihm haben muß, wie sie auch das Licht mit der Sonne hat. Aber doch ist Jenes nicht Geist; wie kann es da den Geist erzeugen? Nun, in dem Gerichtetsein auf sich selbst erblickte es sich selbst, und dies Erblicken ist der Geist (*Denken*). Denn das was dies Auffassen tätigt, ist etwas anderes als Wahrnehmung oder Geist... Die Wahrnehmung als Linie und so weiter... Aber der Kreis ist doch seiner Beschaffenheit nach teilbar, während das Eine sich nicht so bewegt. Nun, es gilt auch hier, daß es Eines ist, aber dies Eine ist Vermögen und Möglichkeit aller Dinge; die Dinge also deren Vermögen es ist, erblickt das Denken das sich gleichsam abspaltet von diesem Vermögen; denn sonst wäre es nicht Geist. Hat doch das Eine schon von sich selbst aus eine Art Selbstgewahren von seinem Vermögen, davon, daß es die Substanz hervorzubringen vermag. Bestimmt doch auch der Geist durch sich das Sein für sich vermittels des Vermögens das vom Einen ausgeht, und weil das Sein sozusagen ein Teil der Dinge ist die Jenem gehören und aus Jenem kommt, erhält es von Jenem seine Kraft und wird zum Sein vollendet von Jenem und aus Jenem. Mit sich selbst nun als einem das gleichsam abgeteilt ist aus sich, dem dabei doch Ungeteilten, sieht Es das Leben, das Denken und alle Dinge, weil Jenes nichts von allen Dingen ist; denn deshalb können ja alle Dinge von Jenem stammen, weil Jenes durch keinerlei Form eingenommen ist. Denn Jenes ist nur Eines; wäre es alles, so gehörte es zu den seienden Dingen; deshalb ist es nichts von den Dingen die im Geiste sind, sondern diese stammen aus ihm. Sie sind daher auch Wesenheiten; denn sie sind bereits bestimmt und ein jedes hat sozusagen seine Form. Denn dem Seienden kommt es nicht zu im Unbestimmten gleichsam hin- und herzuschweben, sondern durch Bestimmung und Begrenzung befestigt zu sein, durch Ständigkeit; Ständigkeit (*Status*) aber ist für die geistigen Dinge Begrenzung (*Bestimmung*) und Form, und durch sie kommen sie überhaupt zur Existenz.

(I) ‹Dies fürwahr ist die Sippschaft› aus welcher der Geist von dem wir handeln stammt; denn es ist des Geistes als des Allerreinsten würdig, aus keinem andern Ursprung als aus dem ersten Urgrund zu erwachsen, und indem er in die Entstehung tritt nunmehr alles Seiende mit sich selbst zugleich zu erzeugen, die Ideen in all ihrer Schönheit und alle die geistigen Götter. Indem er aber erfüllt ist mit dem was er zeugte da er es gleichsam wieder verschlingt, damit er es in sich behalte und es nicht aus ihm herausstürze in die Materie, nicht großgezogen werde bei der Rhea, wie die Geheimkulte und die Göttersagen es versteckt andeuten wenn sie lehren Saturn, der weiseste Gott vor der Entstehung des Zeus, trage wieder in sich was er erzeuge, weshalb er auch erfüllt ist und Geist in Sattheit; dann aber erzeuge er Zeus, welcher dann die Sattheit (*der Sohn*) selbst ist: denn der Geist erzeugt die Seele da er Geist in voller Reife ist. Da er nämlich in voller Reife steht, mußte er zeugen, da er eine so große Kraft war, konnte er nicht zeugungsunfähig sein. Aber auch hier konnte das Erzeugte nicht besser sein, sondern es mußte geringer, mußte eine Nachbildung von ihm sein, ebenfalls unbestimmt, aber seine Bestimmtheit erhaltend und gleichsam zur Gestalt gemacht von seinem Erzeuger. Das Erzeugnis aber des Geistes ist irgendwie Gedanke und Existenz, nämlich das Organ welches nachdenkt; dieses ist es das sich um den Geist herumbewegt, ist das vom Geist ausstrahlende Licht, ein Nachklang, fest an ihn gebunden, nach der einen Seite hin von ihm bewirtet und so sich ersättigend, genießend, Teil an ihm nehmend und ihn denkend, nach der anderen Seite hin aber sich befassend mit den Dingen die nach ihm selbst sind, vielmehr auch seinerseits diese Dinge erzeugend, die notwendig geringer sind als die Seele; von ihnen aber ist später zu handeln.

Über die Autoren

Maximilian Forschner (Jahrgang 1943) ist Professor für Philosophie an der Universität Erlangen-Nürnberg.

Wichtigste Veröffentlichungen: Gesetz und Freiheit. Zum Problem der Autonomie bei Kant, München/Salzburg 1974; Rousseau, Freiburg/München 1977; Die stoische Ethik. Über den Zusammenhang von Natur-, Sprach- und Moralphilosophie im altstoischen System, Stuttgart 1981; Lexikon der Ethik (gem. m. Höffe [Hg.], Schöpf, Vossenkuhl), München 1977, ³1986; Mensch und Gesellschaft. Grundbegriffe der Sozialphilosophie, Darmstadt 1989.

Hinrich Knittermeyer (1891–1958) war 1922–1945 Direktor der Bremer Staatsbibliothek.

Wichtigste Veröffentlichungen: Der Terminus transzendental in seiner historischen Bedeutung bis zu Kant, (Diss.) Marburg 1920; Die Philosophie und das Christentum, Jena 1927; Schelling und die romantische Schule, München 1929; Immanuel Kant, Bremen 1939; Jacob Burckhardt, Stuttgart 1949; Die Philosophie der Existenz, Wien/Stuttgart 1952; Das Problem des Mythos, Bremerhaven 1955; (a.d. Nachl.) Der Mensch der Erkenntnis, Hamburg 1962; Grundgegebenheiten des menschlichen Daseins, München/Basel 1963.

Erwin Metzke (1906–1956) war zuletzt Professor für Philosophie in Tübingen.

Wichtigste Veröffentlichungen: Geschichtliche Wirklichkeit, Berlin 1935; Paracelsus' Anschauung von der Welt und vom menschlichen Leben, Berlin 1943; Leibniz, Köln 1943; Handlexikon der Philosophie, 2. Aufl. 1949; Sakrament und Metaphysik. Eine Lutherstudie, Stuttgart 1949; Hegels Vorreden mit Einleitung und Kommentar, Heidelberg 1949; (Hg.) Marxismus-Studien, Bd. I, Tübingen 1953.

Herbert Schnädelbach (Jahrgang 1936) ist Professor für Philosophie an der Universität Hamburg.

Wichtigste Veröffentlichungen: Hegels Theorie der subjektiven Freiheit, (Diss.) Frankfurt 1966; Erfahrung, Begründung und Reflexion. Versuch über den Positivismus, Frankfurt 1971; Geschichtsphilosophie nach Hegel. Die Probleme des Historismus, Freiburg/München 1974; Reflexion und Diskurs. Fragen einer Logik der Philosophie, Frankfurt 1977; Philosophie in Deutschland 1831–1933, Frankfurt 1983/(engl.) Cambridge 1984; Vernunft und Geschichte. Vorträge und Abhandlungen, Frankfurt 1987; (Hg.) Rationalität. Philosophische Beiträge, Frankfurt 1984; (Hg. gem. m. E. Martens) Philosophie. Ein Grundkurs, Reinbek 1985.

Karl Vorländer (1860–1928) war zuletzt Oberschulrat und Professor für Philosophie in Münster.

Wichtigste Veröffentlichungen: Der Formalismus der Kantischen Ethik in seiner Notwendigkeit und Fruchtbarkeit, (Diss.) Marburg 1893; Kant und der Sozialismus, Berlin 1900; Die neukantische Bewegung im Sozialismus, Berlin 1902; Geschichte der Philosophie, 1. Aufl. 1903, 2. Aufl. Leipzig 1908; Kant, Schiller, Goethe. Gesammelte Aufsätze, Leipzig 1907 / 2. Aufl. 1923; Kant und Marx. Ein Beitrag zur Philosophie des Sozialismus, Tübingen 1911 / 2. Aufl. 1926; Immanuel Kants Leben, Leipzig 1911/2. Aufl. 1921; Marx, Engels und Lassalle als Philosophen, Berlin 1921/3. Aufl. 1926; Kant, Fichte, Hegel und der Sozialismus, Berlin 1920; Immanuel Kant. Der Mann und das Werk, 2 Bde., Leipzig 1924; Von Machiavelli bis Lenin. Neuzeitliche Staats- und Gesellschaftstheorien, Leipzig 1926; (Hg.) Kants Werke in der ‹Philosophischen Bibliothek›, Leipzig/Hamburg.

Namenregister

(Erfaßt sind die im philosophiegeschichtlichen Teil von Karl Vorländer genannten Namen.)

rowohlts enzyklopädie

Eine Auswahl

Aristoteles
Metaphysik (544)
Politik (545)

Kurt Bayertz (Hg.)
Praktische Philosophie
Grundorientierungen angewandter Ethik (522)

Eberhard Braun / Felix Heine / Uwe Opolka
Politische Philosophie
Ein Lesebuch. Texte, Analysen, Kommentare (406)

Ferdinand Fellmann
Symbolischer Pragmatismus
Hermeneutik nach Dilthey (508)
Lebensphilosophie
Elemente einer Theorie der Selbsterfahrung (533)

Heiner Hastedt / Ekkehard Martens
Ethik
Ein Grundkurs (538)

Anton Hügli/Poul Lübcke (Hg.)
Philosophie im 20. Jahrhundert
Band 1: Phänomenologie, Hermeneutik, Existenzphilosophie und Kritische Theorie (455)
Band 2: Wissenschaftstheorie und Analytische Philosophie (456)

Ekkehard Martens / Herbert Schnädelbach (Hg.)
Philosophie
Ein Grundkurs. 2 Bde. (457)

Dietmar v. d. Pfordten
Ökologische Ethik
Zur Rechtfertigung menschlichen Verhaltens gegenüber der Natur (567)

Platon
Sämtliche Werke
Band 1 (561), Band 2 (562), Band 3 (563), Band 4 (564)

Nicole D. Schmidt
Philosophie und Psychologie
Trennungsgeschichte, Dogmen und Perspektiven (556)